사례로 보는
조례의 이해

사례로 보는
조례의 이해

박영욱 지음

머리말

지방자치가 발전하면서 조례에 대한 중요성이 날로 높아져 가고 있습니다. 각 지방자치단체의 실정에 맞는 조례를 제정하거나 개정하여야 하기 때문입니다. 그러나 조례에 대한 이론서는 많이 있지만 실제 적용하는 데에 한계가 있는 것도 사실입니다.

제가 조례에 관심을 갖게 된 시기는 법제처 행정법제국에서 행정자치부(지방행정)와 법무부 담당 법제관실에 근무하면서부터입니다. 그 뒤 2006년 제주특별자치도에 파견되어 법제심의관실 TF팀장으로서 실제로 조례와 규칙을 심사하면서 깊어졌다고 할 수 있습니다.

조례에 대하여 공부하면 할수록 어려운 것 같습니다. 그동안 조례에 대하여 많은 강의도 하고, 한 지방자치단체의 법제자문위원으로 활동하며, 그리고 지방자치단체의 공무원들로부터 다양한 질의를 받으면서 조례에 대하여 지방자치단체 공무원들이 쉽게 이해하고 적용할 수 있는 방법을 마련하는 것이 필요하다는 생각이 떠나지 아니하였습니다.

그리하여 조례에 대한 이론적인 설명은 가급적 피하고, 실제 문제가 되는 사례 위주로 설명하는 것이 좋다고 생각하였습니다.

이 책은 전체가 총 3부로 구성되어 있습니다. 제1부는 조례 실무로, 조례의 의의, 조례의 제정·개정 범위와 한계, 절차, 입법형식에 관한 자료 등을 포함하였고, 제2부는 단답형 질의응답 및 사례로, 그동안 질의를 받았고 지방공무원들이 궁금해했던 내용을 헌법재판소 결정례, 대법원 판례, 법제처 유권해석, 법제처 자치법규 의견제시 등의 사례를 들어 단답형으로 답변하였으며, 제3부는 상담 사례로, 여러 지방자치단체에 대하여 상담한 내용으로 구성하였습니다.

조례에 대하여 많이 알고 계신 분들이 많을 텐데 부족한 제가 이렇게 책을 내는 이유는 조례를 공부하고 실무를 담당하는 공무원들과 연구하는 분들께 조금이라도 도움이 되었으면 하기 때문입니다. 부족한 부분에 대하여는 앞으로 계속 보완하겠다는 약속을 드립니다.

지방자치단체에 근무하는 많은 공무원들께서 도움을 주셨지만, 특히 이 책을 끝까지 읽어 주시고 조언을 아끼지 않은 제주특별자치도 규제개혁법무과 최성두 씨에게 감사드립니다.

그리고 항상 곁에 있는 아내 민수에게는 인생을 재미있게 살길 바라고, 딸 채원과 아들 원식에게는 한 번뿐인 중학교 생활을 열심히 하길 바랍니다.

끝으로 이 책을 낼 수 있도록 도와주신 한국학술정보(주) 대표이사님과 관계자님들께도 다시 한번 감사드립니다.

2013. 1.
광화문 사무실에서
박영욱

CONTENTS

CONTENTS

CONTENTS

Chapter 3. 상담 사례

별첨 자료 모음

CONTENTS

Chapter 1 조례 실무

1장 조례 개요

1. 자치법규

1) 조례

지방자치단체가 법령의 범위 안에서 그 사무에 관하여 지방의회의 의결을 거쳐 제정하는 자치법규

2) 규칙

지방자치단체의 장이 자기 권한에 속하는 사무집행에 필요한 사항을 법령이나 조례의 범위 안에서 자율적으로 제정하는 자치법규

> 구 여객자동차운수사업법 시행규칙(2001. 6. 30. 건설교통부령 제285호로 개정되기 전의 것) 제17조 제1항에 따라 지방자치단체가 제정한 개인택시운송사업면허사무처리규칙은 재량권 행사의 기준으로 마련된 행정청 내부의 사무처리준칙에 불과하고, 그 규칙에서 정하고 있는 서류 이외에 이에 준하는 객관적이고 합리적인 증거자료에 의하여 개인택시운송사업면허를 받고자 하는 사람의 운전경력을 인정할 수 있다(대법원 2002. 1. 22. 선고 2001두8414 판결).

2. 자치법규의 효력

1) 자치법규 상호 간의 효력

○주민에 대한 외부적 효력에는 우열의 차이가 없으나, 상호 간 충돌 시 조례가 우선
→법령에서 어디(조례 또는 규칙 등)에 정하라고 했는지부터 확인 필요

2) 공간적 효력

○해당 지방자치단체의 구역에 한정되는 것이 원칙임.

○다만, 다음과 같은 경우 예외적으로 그 지방자치단체의 구역 밖에서도 효력
- 다른 지방자치단체의 구역에 있는 법인·단체 또는 그 기관이나 개인에게 위탁하는 경우(「지방자치법」 제104조 제3항)
- 공공시설을 관계 지방자치단체의 동의를 받아 그 지방자치단체의 구역 밖에 설치한 경우(「지방자치법」 제144조 제3항)
- 소관 사무의 일부를 다른 지방자치단체나 그 장에게 위탁하여 처리하게 한 경우(「지방자치법」 제151조 제1항)

3) 시간적 효력

○공포·시행되어 실효 또는 폐지될 때까지 효력
○특별한 규정이 없으면 공포일부터 20일 후 효력 발생(「지방자치법」 제26조 제7항)

> 지방자치단체의 장이 조례안을 이송받고 20일 이내에 공포하지 아니하거나 재의요구를 하지 아니하여 「지방자치법」 제26조 제5항에 따라 조례가 확정된 경우, 확정된 후 5일 이내에 지방자치단체의 장이 공포하지 않으면 지방의회의 의장이 공포할 수 있습니다(법제처 유권해석 11-0330, 2011. 6. 30).

○원칙적으로 시행 이후 발생한 사실에 대하여만 효력(→소급입법 금지)
○예외적으로 소급입법 인정

> 기존의 법에 의하여 형성되어 이미 굳어진 개인의 법적 지위를 사후입법을 통하여 박탈하는 것 등을 내용으로 하는 진정소급입법은 개인의 신뢰보호와 법적 안정성을 내용을 하는 법치국가원리에 의하여 특단의 사정이 없는 한 헌법적으로 허용되지 아니하는 것이 원칙이며, 진정소급입법이 허용되는 예외적인 경우로는 일반적으로 국민이 소급입법을 예상할 수 있었거나 법적 상태가 불확실하고 혼란스러웠거나 하여 보호할 만한 신뢰의 이익이 적은 경우와 소급입법에 의한 당사자의 손실이 없거나 아주 경미한 경우, 그리고 신뢰보호의 요청에 우선하는 심히 중대한 공익상의 사유가 소급입법을 정당화하는 경우 등을 들 수 있다(헌법재판소 1998. 9. 30. 선고 97헌바38 결정).

법령은 일반적으로 장래 발생하는 법률관계를 규율하고자 제정되는 것이므로 그 시행 후의 현상에 대하여 적용되는 것이 원칙이고, 다만 예외적으로 법령이 그 시행 전에 생긴 현상에 대하여도 적용되는 경우가 있는바, 이것을 법령의 소급적용이라고 한다. 법령의 소급적용, 특히 행정법규의 소급적용은 일반적으로는 법치주의의 원리에 반하고, 개인의 권리·자유에 부당한 침해를 가하며, 법률생활의 안정을 위협하는 것이어서, 이를 인정하지 않는 것이 원칙이고(법률불소급의 원칙 또는 행정법규불소급의 원칙), 다만 법령을 소급적용하더라도 일반 국민의 이해에 직접 관계가 없는 경우, 오히려 그 이익을 증진하는 경우, 불이익이나 고통을 제거하는 경우 등의 특별한 사정이 있는 경우에 한하여 예외적으로 법령의 소급적용이 허용된다(대법원 2005. 5. 13. 선고 2004다8630 판결).

2005년 8월 5일 「지방자치법 시행령 제15조 및 별표 6」(대통령령 제18991호)이 개정되어 지방의회 의원의 회기수당을 위 「별표 6」에서 정하는 범위 안에서 당해 지방자치단체의 재정능력을 감안하여 조례로 정하도록 하였으므로 지방자치단체가 지방의회의원에 대한 회기수당을 증액하면서 개정법령의 시행일인 2005. 8. 5.자부터 적용될 수 있도록 조례를 개정하는 것은 소급입법의 원칙에 반하지 않는 다고 할 것입니다(법제처 유권해석 05-0075, 2005. 11. 7).

4) 인적 효력

○ 해당 지방자치단체의 주민에 대하여만 효력이 미치는 것이 원칙
○ 예외적으로 ① 해당 지방자치단체의 구역에 들어 온 다른 지방자치단체의 주민, ② 특
　별 관계 자(공공시설 이용자, 공물의 특별허가 사용자 등)에도 효력이 미침.

2장 조례의 제정·개정 범위와 한계

1. 조례제정권의 법적 근거 및 한계

1) 헌법

제117조 ① 지방자치단체는 **주민의 복리에 관한 사무**를 처리하고 재산을 관리하며, **법령의 범위 안에서** 자치에 관한 규정을 제정할 수 있다.

2) 지방자치법

제22조(조례) 지방자치단체는 법령의 범위 안에서(**법령우위의 원칙**) 그 사무(**소관사항의 원칙**)에 관하여 조례를 제정할 수 있다. 다만, 주민의 권리 제한 또는 의무 부과에 관한 사항이나 벌칙을 정할 때에는 법률의 위임(**법률유보의 원칙**)이 있어야 한다.

제24조(조례와 규칙의 입법한계) 시·군 및 자치구의 조례나 규칙은 시·도의 조례나 규칙을 위반하여서는 아니 된다(**광역지방자치단체 조례의 효력우위 원칙**).

제30조(의회의 설치) 지방자치단체에 의회를 둔다.

제93조(지방자치단체의 장) 특별시에 특별시장, 광역시에 광역시장, 특별자치시에 특별자치시장, 도와 특별자치도에 도지사를 두고, 시에 시장, 군에 군수, 자치구에 구청장을 둔다(**집행기관과 의결기관과의 권한 분리 및 배분 원칙**).

2. 소관사항의 원칙

○ 지방자치단체의 "사무 범위 안에서" 조례 제정 가능
○「지방자치법」 제22조 본문 중 "그 사무"에 대하여 어디까지 조례로 정할 수 있는지 범위가 문제

1) 자치사무

○ 자치사무에 관하여 조례 제정 가능

○「지방자치법」 제9조 제2항에 열거되지 아니한 "주민의 복리에 관한 사무"도 조례
제정 가능하나, 「지방자치법」 제9조 제2항에 열거된 사무라도 법률에 다른 규정이
있으면 조례 제정 불가능

2) 단체위임사무

○「지방자치법」 제9조 제1항에서 법령에 의하여 지방자치단체에 속하는 사무를 말하며,
지방자치단체가 위임의 범위에서 자신의 이름과 책임으로 처리하므로 조례 제정 가능

3) 기관위임사무

○ 원칙적으로 기관위임사무는 조례 제정이 불가능하나, 기관위임사무를 규정한 개별법
령에서 특별히 조례로 정하도록 위임하는 경우에 그 범위에서 조례 제정 가능

4) 국가사무

○ 원칙적으로 국가사무는 조례 제정이 불가능하나, 법률의 위임이 있는 경우에는 국가
사무에 대하여 조례 제정 가능

참고
※ 법령표현상 지방자치단체의 사무구분기준

구분	자치사무	단체위임사무	기관위임사무
법적근거	「지방자치법」 제9조 제1항·제2항(관할구역의 자치사무)	「지방자치법」 제9조 제1항·제2항(법령에 따라 자치단체에 속하는 사무)	「지방자치법」 제102조, 제104조, 「정부조직법」 제6조 제1항(법령에 따라 지방자치단체의 장에게 위임된 사무)
사무성질 및 판단기준	자치단체가 자기 책임과 부담하에 주민의 공공복리를 위하여 처리하는 사무와 자치단체의 존립목적을 위한 사무 •법령에 다음과 같이 규정된 사무 － 시·도지사는 ……을 하여야 한다.	국가사무 중 법령의 규정에 따라 자치단체에게 위임한 사무 •법령에 다음과 같이 규정된 사무	국가적 이해관계가 현저한 사무로서 시도지사, 시장·군수·구청장이 위임받아 처리하는 국가사무 •법령에 다음과 같이 규정된 사무

사무성질 및 판단기준	─ 시장·군수·구청장은 …… 을 하여야 한다.	─ 시·도, 시·군·구에게 …… 을 위임한다.	─ 시·도지사에게 위임한다. ─ 시장·군수·구청장에게 위임한다.
경비부담	•지방의 자체재원 ＋ 국가의 장려적 보조금	•지방의 자체재원 ＋ 국가의 부담금	•전액 국가 부담 원칙
국가의 감독	소극적 감독 •위법성 감독	소극적 감독 •위법성 감독	소극적 감독과 적극적 감독 •위법성 및 부당사항 감독 •시정, 취소, 정지, 이행명령, 대집행 등 •포괄적 감독
지방의회 관여	허용	허용	원칙적 관여 불가

※ 자치사무인지 기관위임사무인지 구별기준

① 법령상 시·도지사나 시장·군수·구청장이라고 하여 모두 자치사무는 아님.

②「지방자치법」제9조 제2항 사무는 모두 자치사무라 할 수 없음.

③ 대통령령에서 위임받은 사무는 전형적인 기관위임사무임.

④ 지방이양사무인지 확인이 필요함(지방이양사무: 자치사무).

⑤ 법령의 규정 형식과 취지를 우선 고려하여야 할 것이지만 그 외에도 그 사무의 성질이 전국적으로 통일적인 처리가 요구되는 사무인지 여부나 그에 관한 경비부담과 최종적인 책임귀속의 주체 등도 아울러 고려하여 판단이 필요함(대법원 2001. 11. 27. 선고 2001추57 판결)

※ 법정수임사무 도입 논의

○ 2012. 9. 19.「지방자치법 일부 개정법률안」(2011. 10. 31. 국회에 제출하였으나 2012. 5. 29. 임기만료로 폐기된 것을 재추진)에서는 지방자치단체의 사무를 '자치사무'와 '법정수임사무'로 크게 이분화하고, '단체위임사무'는 자치사무로 전환하며, '기관위임사무'는 사무의 성격 등을 고려하여 재분류하여 국가로 환원 또는 법정수임사무로 전환하거나 지방이양을 통해 자치사무로 전환

<지방자치단체 사무 변경내용>

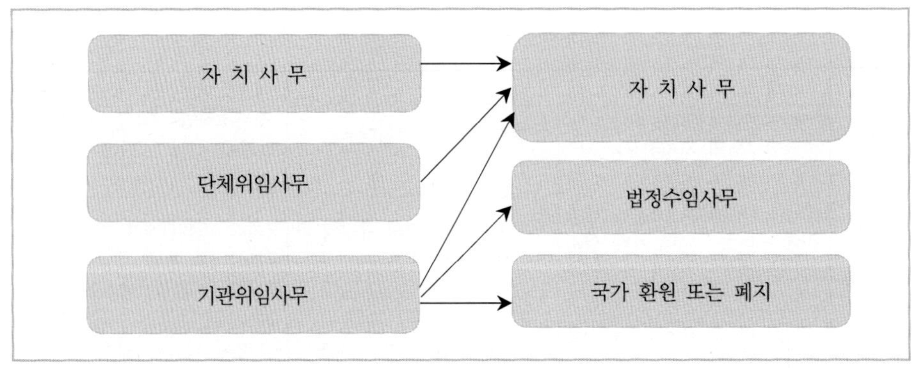

ㅇ "법정수임사무"란 국가사무이나 적정한 처리를 위하여 법령 또는 조례에 따라 시·도 또는 시·군 및 자치구가 수임한 사무로서 기관위임사무와 비교할 때 기관위임사무는 중앙행정기관의 법령 제정·개정에 의한 일방적인 신설이 가능하나, 법정수임사무는 「지방자치법 시행령」에 법정수임사무 목록을 명시하여 중앙행정기관의 일방적인 법정수임사무 증설을 방지할 수 있고, 기관위임사무의 경우에는 지방의회의 조례제정이나 행정사무감사·조사가 불가능하나, 법정수임사무는 지방의회의 조례제정이나 행정사무감사·조사가 가능하게 되어 지방자치단체의 자율성을 강화함.

<기관위임사무와 법정수임사무 비교>

구분	기관위임사무	법정수임사무
개념	•법령 등에 따라 국가 또는 상급 자치단체가 자치단체장에게 사무처리를 위임하는 사무	•법령 등에 따라 국가 또는 상급 자치단체로부터 자치단체가 수임하여 처리하는 사무
법령규정 형식	- 시·도지사에게 위임한다. - 시장·군수·구청장에게 위임한다.	- 시·도의 법정수임 사무로 처리한다. - 시·군·자치구의 법정수임사무로 처리한다.
사무의 신설	•중앙행정기관의 법령 제·개정에 의한 일방적 신설 가능	•「지방자치법 시행령」에 법정수임사무 목록을 명시하여 중앙행정기관의 일방적 증설 방지 ※개별 법령과 「지방자치법 시행령」에 동시 규정
지방의회 관여	•관여 불가	•허용 - 조례 제정 가능 - 행정사무감사(조사) 가능
국가의 감독	•포괄적 지휘·감독 가능	•감독수단 법정주의 - 법령에 따른 감독수단만 허용 ※조언·권고·지도·자료제출 요구(제166조), 시정명령, 취소·정지(제169조) 등
국가·지방 의 관계	•상·하 관계 ※기관위임사무 처리 시 자치단체는 국가의 하부행정기관	•대등·협력 관계
경비부담	•전액 국가부담 원칙	<좌동>

〈행정안전부 제공〉

※ 조례로 규정할 사항인지 규칙으로 규정할 사항인지 구별기준

ㅇ조례로 규정할 수 있는 사항

－법령에 따라 조례로 정하도록 규정된 사항

－주민의 권리의무에 관한 사항

－지방자치단체의 재정부담 수반사항

－행정조직·기관의 설치에 관한 사항

－그 밖에 의회의결을 거침으로서 주민의사를 반영시킬 필요가 있는 사항

ㅇ규칙으로 규정할 수 있는 사항

－법령에 따라 규칙으로 제정할 수 있도록 규정된 사항

－기관위임사무에 관한 사항

－지방자치단체의 사무 중 지방자치단체의 장의 전속적 권한에 속하는 사무에 관한 사항

－조례의 위임 또는 시행에 관하여 필요한 사항

－그 밖에 지방의회나 다른 집행기관의 권한에 속하지 아니한 지방자치단의 사무에 관한 사항

5) 사례

① 공원조례중개정조례안무효(대법원 2000. 5. 30. 선고 99추85 판결)

도시계획법 제12조 제1항 단서에서 규정하는 '경미한 도시계획의 변경'에 해당하기 때문에 도시계획법 제10조 제1항, 같은 법 시행령 제6조 제1항 제4호에 의하여 조성계획의 결정 및 변경결정에 관한 건설교통부장관의 권한이 지방자치단체의 장에게 위임되어 있을 뿐이므로, 지방자치단체의 장의 도시공원 조성계획의 결정 및 변경결정에 관한 사무는 기관위임사무에 해당하며, 한편 도시공원법 제30조는 도시공원의 설치 및 관리에 관하여 필요한 사항은 당해 지방자치단체의 조례로 정한다고 규정하고 있으나, 여기에서 '도시공원의 설치 및 관리에 필요한 사항'이라 함은 지방자치법 제9조 제2항 제4호 (카)목에서 규정하는 자치사무를 말하고 도시공원 조성계획의 결정 및 변경결정에 관한 사무는 여기에 해당하지 않는다고 할 것이며…… 지방자치단체는 도시공원 조성계획의 결정·변경결정에 관한 사항을 조례로 정할 수 없다.

② 조례안재의결무효확인청구(대법원 2001. 11. 27. 선고 2001추57 판결)

헌법 제117조 제1항과 지방자치법 제15조(현행 제22조)에 의하면 지방자치단체는 법령의 범위 안에서 그 사무에 관하여 자치조례를 제정할 수 있으나, 이때 "사무"란 지방자치법 제9조 제1항에서 말하는 지방자치단체의 자치사무와 법령에 의하여 지방자치단체에 속하게 된 단체위임사무를 가리키므로 지방자치단체가 자치조례를 제정할 수 있는 것은 원칙적으로 이러한 자치사무와 단체위임사무에 한하므로, 국가사무가 지방자치단체의 장에게 위임된 기관위임사무와 같이 지방자치단체의 장이 국가기관의 지위에서 수행하는 사무일 뿐 지방자치단체 자체의 사무라고 할 수 없는 것은 원칙적으로 자치조례의 제정 범위에 속하지 않는다.

③ 김해시국토이용관리법위반자에대한과태료부과징수조례 재의요구(1999. 7. 14, 재의결 결과: 부결)

ㅇ조례내용
시장은 과태료의 금액을 정함에 있어서는 당해 위반기간 및 토지가격을 참작하여 별표의 과태료 부과기준에 따라 과태료 금액을 정하여야 한다(제6조 제1항).

○ 재의요구 이유

- 「지방자치법」 제15조에서는 지방자치단체는 법령의 범위 안에서 조례를 제정할 수 있도록 규정되어 있으나 주민의 권리제한, 의무부과에 관한 사항 또는 벌칙을 정할 때에는 법률의 위임이 있어야 한다고 규정함으로써 국가사무(기관위임사무)를 법령의 위임 없이 조례로 제정할 수는 없으며,

- 토지거래 허가업무의 경우는 전국적 통일을 기해야 할 사무로서 기관위임사무로 판단되고, 과태료 징수절차에 대하여는 조례로 정하도록 위임이 되어(국토이용법 제33조의2 제3항) 있으나 과태료 부과대상행위에 대하여는 위임이 되어 있지 않을 뿐만 아니라, 과태료 금액은 당해 위법행위의 동기와 결과를 참작하여 건설교통부장관 또는 허가관청이 정하도록 규정하고 있는 점 등을 고려해 볼 때 과태료 부과대상행위와 금액 등의 세부사항은 조례로 규정할 수 없는 것으로 판단됨.

④ 다단계판매업자 등록사무 등에 대한 법제처 유권해석(08 – 0155, 2008. 8. 8.)

방문판매법 제13조 등에서는 다단계판매업자 등록사무 등에 관하여 중앙행정기관인 공정거래위원회와 시·도지사의 권한을 동시에 병렬적으로 규정하고 있어 법규의 규정 형식만으로는 자치사무, 단체위임사무, 기관위임사무성이 명확하다고 할 수 없습니다.

그러나, 다단계판매업자 등록사무 등의 성질을 보면, 방문판매법 제1조에서는 이 법은 방문판매, 전화권유판매, 다단계판매, 계속거래 및 사업권유거래 등에 의한 재화 또는 용역의 공정한 거래에 관한 사항을 규정함으로써 소비자의 권익을 보호하고 시장의 신뢰도 제고를 통하여 국민경제의 건전한 발전에 이바지함을 목적으로 한다고 규정하고 있고, 또한, 다단계판매업에 대한 규제사무는 불법다단계판매로 소비자의 피해가 지역적으로 한정되지 아니하는 점을 고려하면, 피해의 방지와 국민경제의 건전성 제고를 위해 국가가 통일적으로 수행해야 할 필요가 인정됩니다.

그리고, 경비부담에 관하여 보면, 방문판매법 제36조에서 공정거래위원회가 특수판매에서의 공정거래질서 확립 및 소비자의 권익을 보호하기 위한 사업을 시행하는 기관 또는 단체에 대하여 예산 범위 안에서 필요한 지원을 할 수 있도록 하고 있고, 책임의 최종적인 귀속주체에 관하여 보면, 같은 법 제40조 제1항에서 시·도지사 또는 시장·군수·구청장은 제41조의 규정에 의한 시정권고를 하는 경우에는 대통령령이 정하는 바에 따라 공정거래위원회에 보고하도록 정하고, 같은 법 제40조 제2항에서 공정거래위원회는 이 법의 효율적인 시행을 위하여 필요하다고 인정할 때에는 그 소관사항에 관하여 시·도지사 또는 시장·군수·구청상 등에 내하여 조사·확인 또는 자료의 제출을 요구하거나 기타 시정에 필요한 조치를 요구할 수 있도록 정하고 있으며, 같은 법 제42조에서는 다단계사업자가 같은 법 규정에 의한 의무를 이행하지 아니하는 경우 시정을 위한 조치를 명할 수 있는 자는 공정거래위원회만 해당합니다.

이상과 같은 점을 고려하면, 다단계판매업자 등록사무 등은 전국적으로 통일적 처리가 요구되는 중앙행정기관인 공정거래위원회의 고유 업무인 국가사무로서 시·도지사에게 위임된 기관위임사무에 해당한다고 볼 것입니다.

⑤ 「에너지이용 합리화법」에 따른 과태료의 부과·징수권에 대한 법제처 자치법규 의
   견제시(11-0029, 2011. 5. 11)

「에너지이용 합리화법」 제69조 제1항 및 같은 법 시행령 제50조에 따르면 「에너지이용 합리화법」 제78조 제4항 제1호와 제11호에 따른 지식경제부장관의 과태료의 부과·징수권한을 시·도지사에게 위임하도록 규정하고 있고, 같은 법 제69조 제2항에서는 시·도지사는 지식경제부장관으로부터 위임받은 해당 권한의 일부를 지식경제부장관의 승인을 받아 시장·군수·자치구의 구청장 등에게 재위임할 수 있도록 규정하고 있는바, 같은 법 제78조 제4항 제1호와 제11호에 따른 과태료 부과·징수권한은 지식경제부장관의 권한이나 법령에 따라 시·도지사에게 위임된 기관위임사무라고 할 것이고, 이러한 기관위임사무에 대하여는 에너지이용 합리화법령에서 조례로 재위임할 수 있도록 명시적으로 규정하고 있지 않는 한, 시의 조례로 시장이 구청장 등에게 재위임할 수 없다고 할 것입니다.

3. 법령우위의 원칙

1) 의의

○「헌법」제117조 제1항 및 「지방자치법」 제22조 본문에 지방자치단체의 조례는 「법령의 범위 안」에서 규정할 수 있음.

○「법령」의 의미

일반적으로 법률과 대통령령·부령 등의 법형식을 말하나, 이러한 법령의 명시적 위임에 의하여 중앙행정기관의 장 등이 정하는 행정규칙과 국내법적 효력이 인정되는 국제법규도 포함됨. 다만, 행정규칙은 구체적으로 범위를 정하여 위임하는 수권법률에 근거한 것이어야 함.

○「법령의 범위 안에서」의 의미

－ "법령에 저촉되지 아니하는 범위 안에서" 또는 "법령에 위반하지 아니하는 한도 안에서"로 해석할 것인지 또는 이를 더욱 좁게 해석하여 "법령에 근거하여" 또는 "법령의 위임에 의하여"로 해석할 것인지가 문제가 되나, 조례가 법령의 명문 규정이나 전체적 입법취지와 모순 저촉되지 아니하는 범위 안에서 제정될 수 있음을 의미

－ "법령에 위반되지 아니하는 범위 안"을 의미(대법원 2001. 11. 24. 선고 2000추29 판결)

2) 국가의 법령이 있는 경우

지방자치단체는 법령에 위반되지 아니하는 범위 내에서 그 사무에 관하여 조례를 제정할 수 있는 것이고, 조례가 규율하는 특정사항에 관하여 그것을 규율하는 국가의 법령이 이미 존재하는 경우에도 조례가 법령과 별도의 목적에 기하여 규율함을 의도하는 것으로서 그 적용에 의하여 법령의 규정이 의도하는 목적과 효과를 전혀 저해하는 바가 없는 때, 또는 양자가 동일한 목적에서 출발한 것이라고 할지라도 국가의 법령이 반드시 그 규정에 의하여 전국에 걸쳐 일률적으로 동일한 내용을 규율하려는 취지가 아니고 각 지방자치단체가 그 지방의 실정에 맞게 별도로 규율하는 것을 용인하는 취지라고 해석되는 때에는 그 조례가 국가의 법령에 위반되는 것은 아니다(대법원 1997. 4. 25. 선고 96추244 판결).

3) 근거법률이 공백인 경우

① 법률이 폐지되어 법률이 공백인 경우
○ 국가 전체의 입장에서 해당 행위를 법규법으로서 규제할 필요가 없다고 하여 법령을 폐지한 경우에는 조례 제정 불가능
○ 전국에 걸쳐 통일적인 규제를 할 필요까지는 없었기 때문에 국법으로서는 폐지하였으나, 지역의 특수사정으로 인한 규제까지 금지하지는 아니하겠다는 취지인 경우에는 조례 제정 가능

② 법률이 미비된 경우
○ 해당 사안의 성격에 비추어 어떠한 규제도 행하여서는 아니 되며 자연적 자유로 방치하여야 할 것으로 판단되는 경우에는 조례 제정 불가능. 그렇지 아니한 경우에는 조례 제정 가능
○ 주민의 권리를 제한하거나 의무부과 또는 벌칙을 규정하는 것이 아니한 법령에서 규율하고 있지 않은 국법상 공백상태의 사항에 대하여도 조례 제정 가능

지방자치단체는 그 내용이 주민의 권리의 제한 또는 의무의 부과에 관한 사항이거나 벌칙에 관한 사항이 아닌 한 법률의 위임이 없더라도 조례를 제정할 수 있다 할 것인데(당원 1970. 2. 10. 선고 69다2121 판결 참조), 이 사건 정보공개조례안은 앞에서 본 바와 같이 행정에 대한 주민의 알 권리의 실현을 그 근본내용으로 하면서도 이로 인한 개인의 권익침해 가능성을 배제하고 있으므로 이를 들어 주민의 권리를 제한하거나 의무를 부과하는 조례라고는 단정할 수 없고 따라서 그 제정에 있어서 반드시 법률의 개별적 위임이 따로 필요한 것은 아니라 할 것이다(대법원 1992. 6. 23. 선고 92추17 판결).

※ 조례가 법률에 위반하는지 여부에 대한 판단기준

- 사안이 전국을 통하여 획일적·통일적으로 규제할 필요가 있는 사안인지의 여부
- 지방에 따라 규제에 차이가 있더라도 관계가 없는 사안인지의 여부
- 보다 적극적으로 지역의 실정에 맞추어 규제하는 것이 그 의의와 합리성이 인정되는 사안인지 여부 등

4) 사례

① 인천광역시남구의회행정사무감사및조사에관한조례(대법원 1997. 2. 25. 선고 92추213 판결)

> 불출석 또는 증언거부한 증인에 대하여 부과하도록 한 목적이 증인의 집방의회에 자발적인 출석과 증언을 유도함과 동시에 제재를 가함으로써 지방의회가 조사 및 감사활동의 원활한 수행을 도모하기 위한 데 있다 할 것이므로 위반자의 신분이나 지위의 높고 낮음에 따라 과태료금액에 차등을 두는 것은 그 부과목적에 비추어 볼 때 합리성을 인정할 수 없고 지위의 높고 낮음만을 기준으로 한 부당한 차별대우라 할 것이어서 헌법에 규정된 평등원칙을 위반한 것이다.

② 조례안재의결무효확인(대법원 1997. 4. 25. 선고 96추244 판결)

> 지방의회가 2년 이상 당해 지방자치단체의 관내에 거주하는 자로서 법률상 부양의무자가 있으나 부양의무를 이행할 수 없는 자로 인정되어 사실상 생활에 어려움이 있는 자활보호대상자 중 65세 이상의 노쇠자·18세 미만의 아동·임산부·폐질 또는 심신장애로 인하여 근로능력이 없는 자를 보호대상자로 결정하여 그들에게 생활보호법 소정의 생계비 수준에 준하여 당해 지방자치단체 예산의 범위 내에서 생계비를 지원하도록 하는 내용의 저소득주민생계보호지원조례안을 의결한 경우, 당해 조례안의 규정에 의하여 결정된 보호대상자에 대한 생계비의 보조는 지방자치법 제9조 제2항 제2호 (다)목 소정의 '생활곤궁자의 보호 및 지원'에 해당하여 지방자치단체의 사무에 속하는 것임이 분명하고, 따라서 이는 지방자치단체가 개인 또는 공공기관이 아닌 단체에 기부·보조 또는 기타 공금의 지출을 할 수 있는 경우를 규정한 지방재정법 제14조 제1항 제1호 소정의 '법률의 규정이 있는 경우'에 해당함.
> 비록 생활보호법이 자활보호대상자에게는 생계비를 지원하지 아니하도록 규정하고 있다고 할지라도 그 규정에 의한 자활보호대상자에게는 전국에 걸쳐 일률적으로 동일한 내용의 보호만을 실시하여야 한다는 취지로는 보이지 아니하고, 각 지방자치단체가 그 지방의 실정에 맞게 별도의 생활보호를 실시하는 것을 용인하는 취지라고 보아야 할 것이라는 이유로, 당해 조례안의 내용이 생활보호법의 규정과 모순·저촉되는 것이라고 할 수 없음.
> 지방자치단체가 그 재정권에 의하여 확보한 재화는 구성원인 주민의 희생으로 이룩된 것이므로 이를 가장 효율적으로 사용함으로써 건전한 재정의 운영을 하여야 하는 것이나, 주민의 복리에 관한 사무를 처리하는 권한과 의무를 가지는 지방자치단체의 재정능력범위 내에서 생활보호법과는 별도로 생활

곤궁자를 보호하는 내용의 조례를 제정·시행하는 것은 지방자치제도의 본질에 부합하는 것으로서 이로 인하여 당해 지방자치단체 재정의 건전한 운영에 지장을 초래하는 것이 아닌 한 이를 탓할 수는 없는바, 생활보호법에 모순·저촉되지 않는 별도의 생활보호제도를 두는 것을 내용으로 한 조례안이 생계비 지급대상이 되는 자활보호대상자의 구체적인 선정기준(보호대상자의 범위 및 선정 기준)은 규칙으로 정하도록 하고, 보호대상자에게 지급되는 생계비의 액수 또한 당해 지방자치단체 예산의 범위 내에서만 정하도록 규정함으로써 자치단체장에게 생활보호에 소요되는 예산의 규모를 결정할 수 있는 권한을 부여하고 있다면 당해 조례안의 시행으로 인하여 당해 지방자치단체 재정의 건전한 운영에 지장을 초래할 것으로 보이지 국가와 지방자치단체가 분담하도록 규정하고 있는 생활보호법 제3조에 위배된다고 볼 수 없다.

③ 조례안재의결무효확인(대법원 1997. 4. 25 선고 96추251 판결)

차고지확보 대상을 자가용자동차 중 승차정원 16인 미만의 승합자동차와 적재정량 2.5t 미만의 화물자동차까지로 정하여 자동차운수사업법령이 정한 기준보다 확대하고, 차고지확보 입증서류의 미제출을 자동차등록 거부사유로 정하여 자동차관리법령이 정한 자동차 등록기준보다 더 높은 수준의 기준을 부가하고 있는 차고지확보제도에 관한 조례안은 비록 그 법률적 위임근거는 있지만 그 내용이 차고지확보기준 및 자동차등록기준에 관한 상위법령의 제한범위를 초과하여 무효이다.

④ 단양군공유재산관리조례중개정조례안에대한재의결(대법원 2001. 11. 24. 선고 2000추29 판결)

지방자치법 제15조에서 말하는 '법령의 범위 안'이라는 의미는 '법령에 위반되지 아니하는 범위 안'이라는 의미로 풀이되는 것으로서, 특정 사항에 관하여 국가 법령이 이미 존재할 경우에도 그 규정의 취지가 반드시 전국에 걸쳐 일률적인 규율을 하려는 것이 아니라 각 지방자치단체가 그 지방의 실정에 맞게 별도로 규율하는 것을 용인하고 있다고 해석될 때에는 조례가 국가 법령에서 정하지 아니하는 사항을 규정하고 있다고 하더라도 이를 들어 법령에 위반되는 것이라고 할 수가 없다.
지방자치법 제35조 제1항 제6호 및 그 시행령 제15조의3과 지방재정법 제77조 및 그 시행령 제84조는 일정한 중요재산의 취득과 처분에 관하여는 관리계획으로 정하여 지방의회의 의결을 받도록 규정하면서도 공유재산의 대부와 같은 관리행위가 지방의회의 의결사항인지 여부에 관하여는 명시적으로 규정하고 있지 아니하지만, 우선 지방자치법 제35조 제2항에서 그 제1항이 정하고 있는 사항 이외에 지방의회에서 의결되어야 할 사항을 조례로써 정할 수 있도록 규정하고 있을 뿐만 아니라, 일반적으로 공유재산의 관리가 그 행위의 성질 등에 있어 그 취득이나 처분과는 달리 지방자치단체장의 고유권한에 속하는 것으로서 지방의회가 사전에 관여하여서는 아니 되는 사항이라고 볼 근거는 없는 것이므로, 지방자치법과 지방재정법 등의 국가 법령에서 위와 같이 중요재산의 취득과 처분에 관하여 지방의회의 의결을 받도록 규정하면서 공유재산의 관리행위에 관하여는 별도의 규정을 두고 있지 아니하더라도 이는 공유재산의 관리행위를 지방의회의 의결사항으로 하는 것을 일률적으로 배제하고자 하는 취지는 아니고 각각의 지방자치단체에서 그에 관하여 조례로써 별도로 정할 것을 용인하고 있는 것이라고 보아야 한다.

지방자치법 제9조 제2항 제1호 자목 등의 규정에 의하면 조례안에서 규정하고 있는 공유재산의 관리는 지방자치단체의 자치사무에 해당하는 것임이 분명하고, 따라서 위 조례안은 자치조례로서 지방자치법 제15조에서 규정하고 있는 '법령의 범위 안'이라는 사항적 한계가 적용될 뿐이라고 할 것인데, 조례안에서 그 소정의 공유재산 관리행위를 지방의회의 의결사항으로 규정하고 있는 것은 지방자치법 제35조 제2항의 규정에 기한 것으로서 같은 법 제15조에서 정하고 있는 법령의 범위 안이라는 자치조례의 사항적 한계 내의 규정이라고 할 것이므로, 이를 들어 법령에 위반된 조례 규정이라고 할 수가 없고, 또한 위 조례안에 의하면 군유지의 관리행위에 관하여 국유지와 도유지의 경우보다 더 엄격한 지방의회의 관여가 이루어지게 되는 결과가 된다고 하더라도, 국유지와 도유지의 관리행위 자체가 원래 지방의회의 관여가 허용되는 자치사무에 속하지 아니하는 것인 이상, 위와 같은 사정을 들어 형평에 반한다고 할 것도 아니다.

⑤ 전라북도학교급식조례재의결무효확인(대법원 2005. 9. 9. 선고 2004추10 판결)

'1994년 관세 및 무역에 관한 일반협정'(General Agreement on Tariffs and Trade 1994, 이하 'GATT'라 한다)은 1994. 12. 16. 국회의 동의를 얻어 같은 달 23. 대통령의 비준을 거쳐 같은 달 30. 공포되고 1995. 1. 1. 시행된 조약인 '세계무역기구(WTO) 설립을 위한 마라케쉬협정'(Agreement Establishing the WTO)(조약 1265호)의 부속 협정(다자간 무역협정)이고, '정부조달에 관한 협정'(Agreement on Government Procurement, 이하 'AGP'라 한다)은 1994. 12. 16. 국회의 동의를 얻어 1997. 1. 3. 공포시행된 조약(조약 1363호, 복수국가 간 무역협정)으로서 각 헌법 제6조 제1항에 의하여 국내법령과 동일한 효력을 가지므로 지방자치단체가 제정한 조례가 GATT나 AGP에 위반되는 경우에는 그 효력이 없다.

특정 지방자치단체의 초·중·고등학교에서 실시하는 학교급식을 위해 위 지방자치단체에서 생산되는 우수 농수축산물과 이를 재료로 사용하는 가공식품(이하 '우수농산물'이라고 한다)을 우선적으로 사용하도록 하고 그러한 우수농산물을 사용하는 자를 선별하여 식재료나 식재료 구입비의 일부를 지원하며 지원을 받은 학교는 지원금을 반드시 우수농산물을 구입하는 데 사용하도록 하는 것을 내용으로 하는 위 지방자치단체의 조례안이 내국민대우원칙을 규정한 '1994년 관세 및 무역에 관한 일반협정'(General Agreement on Tariffs and Trade 1994)에 위반되어 그 효력이 없다.

4. 법률유보의 원칙

① 조례로써 주민의 권리·의무와 관련된 사항을 규율하려고 할 때에는 반드시 법률의 위임이 있어야 하는지 여부(「지방자치법」 제22조 단서의 위헌성 논쟁)

② 법률에서 조례로 포괄적 위임이 가능한지 여부

③ 헌법과 관련하여 기본권제한, 죄형법정주의, 조세법률주의 및 재산권법정주의 논란

1) 「지방자치법」 제22조 단서의 위헌성 논쟁

(1) 학설

가. 위헌설

○ 「헌법」 제117조에 따라 자치입법권이 보장되고 있고, 이에 따라 지방자치단체는 그 사무에 대하여 그 내용 여하를 불문하고 조례로 정할 수 있을 것이므로 「지방자치법」 제22조 단서의 규정은 최소한 그 자치사무에 대하여는 「헌법」 제117조에 반하는 것이라는 견해

나. 합헌설

○ 「지방자치법」 제22조 단서조항이 아니더라도 이미 「헌법」 제37조 제2항의 기본권 제한에 관한 법률유보에 의하여 제한을 받는 것이고, 「지방자치법」 제22조 단서는 「헌법」 제37조 제2항을 확인하는데 불과한 것이므로 「헌법」 제117조에 반하는 것이 아니라는 견해

(2) 사례

① 전라북도공동주택입주자보호를위한조례안무효확인(대법원 1995. 5. 12. 선고 94추28 판결)

> 지방자치법 제15조는 원칙적으로 헌법 제117조 제1항의 규정과 같이 지방자치단체의 자치입법권을 보장하면서, 그 단서에서 국민의 권리제한, 의무부과에 관한 사항을 규정하는 조례의 중대성에 비추어 입법정책적 고려에서 법률의 위임을 요구한다고 규정하고 있는바, 이는 기본권제한에 대하여 법률유보 원칙을 선언한 헌법 제37조 제2항의 취지에 부합하므로 조례제정에 있어서 위와 같은 경우에 법률의 위임근거를 요구하는 것이 위헌성이 있다고 할 수 없다.

② 부천시담배자동판매기설치금지조례 제4조 등 위헌확인, 강남구담배자동판매기설치
   금지조례 제4조 등 위헌확인(헌법재판소 92헌마264 결정)

> 헌법 제117조 제1항은 "지방자치단체는 주민의 복리에 관한 사무를 처리하고 재산을 관리하며, 법령의 범위 안에서 자치에 관한 규정을 제정할 수 있다."고 규정하고 있고, 지방자치법 제15조는 이를 구체화하여 "지방자치단체는 법령의 범위 안에서 그 사무에 관하여 조례를 제정할 수 있다. 다만, 주민의 권리제한 또는 의무부과에 관한 사항이나 벌칙을 정할 때에는 법률의 위임이 있어야 한다."고 규정하고 있다. 이 사건 조례들은 담배소매업을 영위하는 주민들에게 자판기 설치를 제한하는 것을 내용으로 하고 있으므로 주민의 직업선택의 자유, 특히 직업수행의 자유를 제한하는 것이 되어 지방자치법 제15조 단서 소정의 주민의 권리의무에 관한 사항을 규율하는 조례라고 할 수 있으므로 지방자치단체가 이러한 조례를 제정함에 있어서는 법률의 위임을 필요로 한다.

③ 인제군레포츠산업육성에관한조례 재의요구(1996. 7. 26, 재의결과: 부결)

> **재의요구 사유**
>
> ○ 레프팅투어 사업을 하고자 하는 자가 2인 이상일 경우 수용능력과 이용객의 안전을 위하여 사업자 수를 제한할 수 있도록 규정(제8조 제4항)]
> － 레프팅투어 사업은 체육시설의설치·이용에관한법률상 등록 또는 신고 대상이 아니므로 레프팅사업 제15조 위배
> ○ 사업자가 시설물을 철거하지 않을시 그 시설물에 대한 재산권을 포기하도록 규정(제12조 제3항)
> － 재산권 포기 규정은 법률의 위임 없이 재산권을 제한한 것으로 헌법 제23조 제3항 위배

2) 포괄적 위임이 가능한지 여부

(1) 의의

○ 국가의 행정입법에서 요구되는 위임의 내용, 목적, 범위 등을 구체적으로 정하여 위임하여야 하는 것은 아니고, 포괄적·개괄적인 위임도 가능

○ 포괄적 위임이 가능한 이유

－ 조례제정권자인 지방의회는 주민의 선거에 의하여 직접 선출됨으로 인하여 그 지역에서의 민주적 정당성을 지니고 있는 주민의 대표기관임.

－「헌법」이 지방자치단체에 대하여 포괄적인 자치권을 보장하고 있는 취지로 볼 때, 조례제정권에 대한 지나친 제약은 바람직하지 아니함.

(2) 사례: 부천시담배자동판매기설치금지조례 제4조 등 위헌확인, 강남구담배자동판
매기설치금지조례 제4조 등 위헌확인(헌법재판소 1995. 4. 20. 선고 92헌마264 결정)

조례의 제정권자인 지방의회는 선거를 통해서 그 지역적인 민주적 정당성을 지니고 있는 주민의 대표
기관이고 헌법이 지방자치단체에 포괄적인 자치권을 보장하고 있는 취지로 볼 때, 조례에 대한 법률
의 위임은 법규명령에 대한 법률의 위임과 같이 반드시 구체적으로 범위를 정하여야 할 필요가 없으
며 포괄적인 것으로 족하다.
자동판매기를 통한 담배판매는 구입자가 누구인지를 분별하는 것이 곤란하여 청소년의 담배구입을 막
기 어렵고, 또 그 특성상 판매자와 대면하지 않는 익명성·비노출성으로 인하여 청소년으로 하여금
심리적으로 담배구입을 용이하게 하고, 주야를 불문하고 언제라도 담배구입을 가능하게 하며, 청소년
이 쉽게 볼 수 있는 장소에 설치됨으로써 청소년에 대한 흡연유발효과도 매우 크다고 아니할 수 없으
므로, 청소년의 보호를 위하여 자판기설치의 제한은 반드시 필요하다고 할 것이고 이로 인하여 담배
소매인의 직업수행의 자유가 다소 제한되더라도 법익형량의 원리상 감수되어야 할 것이다.

3) 죄형법정주의와 법률유보

(1) 의의

○ 종전의 「지방자치법」 제20조에서는 "시·도는 당해 지방자치단체의 조례로써 3월
  이하의 징역 또는 금고, 10만 원 이하의 벌금, 구류, 과료 또는 50만 원 이하의 과
  태료의 벌칙을 정할 수 있다."라고 규정하여 조례에 의하여 벌칙을 제정할 수 있도
  록 위임하고 있었으므로 위 조항의 합헌성 여부에 대하여 논쟁이 제기
○ 조례로 벌칙을 정할 때에는 법률의 위임이 필요

(2) 사례: 경상북도의회에서의증언.감정등에관한조례(안)무효확인청구의소(대법원 1995.
   6. 30. 선고 93추83 판결)

지방의회에서의 사무감사·조사를 위한 증인의 동행명령장제도도 증인의 신체의 자유를 억압하여 일
정장소로 인치하는 것으로서 헌법 제12조 제3항의 "체포 또는 구속"에 준하는 사태로 보아야 하고,
거기에 현행범 체포와 같이 사후에 영장을 발부받지 아니하면 목적을 달성할 수 없는 긴박성이 있다
고 인정할 수는 없으므로, 헌법 제12조 제3항에 의하여 법관이 발부한 영장의 제시가 있어야 함에도
불구하고 동행명령장을 법관이 아닌 지방의회 의장이 발부하고 이에 기하여 증인의 신체의 자유를 침
해하여 증인을 일정장소에 인치하도록 규정된 조례안은 영장주의원칙을 규정한 헌법 제12조 제3항에
위반된 것이다.
지방자치법 제15조 단서는 지방자치단체가 법령의 범위 안에서 그 사무에 관하여 조례를 제정하는 경
우에 벌칙을 정할 때에는 법률의 위임이 있어야 한다고 규정하고 있는데, 불출석 등의 죄, 의회모욕

죄, 위증 등의 죄에 관하여 형벌을 규정한 조례안에 관하여 법률에 의한 위임이 없었을 뿐만 아니라, 구 지방자치법(1994. 3. 16, 법률 제4741호로 개정되기 전의 것) 제20조가 조례에 의하여 3월 이하의 징역 등 형벌을 가할 수 있도록 규정하였으나 개정된 지방자치법 제20조는 형벌권을 삭제하여 지방자치단체는 조례로써 조례위반에 대하여 1,000만 원 이하의 과태료만을 부과할 수 있도록 규정하고 있으므로, 조례위반에 형벌을 가할 수 있도록 규정한 조례안 규정들은 현행 지방자치법 제20조에 위반되고, 적법한 법률의 위임 없이 제정된 것이 되어 지방자치법 제15조 단서에 위반되고, 나아가 죄형법정주의를 선언한 헌법 제12조 제1항에도 위반된다.

4) 조세법률주의와 법률유보

○ 조세법률주의와 관련하여 「헌법」 제59조에서는 "조세의 종목과 세율은 법률로 정한다."고 규정하고 있고, 지방세에 관하여는 「지방자치법」 제135조에서 "지방자치단체는 법률로 정하는 바에 따라 지방세를 부과·징수할 수 있다."고 하고 있음.

○ 한편, 「지방세기본법」 제5조 제1항에서는 "지방자치단체는 지방세의 세목(稅目), 과세대상, 과세표준, 세율, 그 밖에 부과·징수에 필요한 사항을 정할 때에는 이 법 또는 지방세관계법에서 정하는 범위에서 조례로 정하여야 한다."고 하고 있음.

○ 따라서 조례로 지방세의 세목·세율 등을 창설할 수 있는지가 문제가 되나, 조례로써 지방세의 세목·세율 등을 창설할 수 없음.

(1) 학설

① 지방세 창설긍정설

「헌법」 제59조에서 말하는 조세의 종목과 세율을 「법률」로 정하도록 요청하고 있으나 이 「법률」의 범위에 조례도 포함된다고 보는 견해

② 지방세 창설부정설

「헌법」 제59조의 조세는 국세만을 의미하고 지방세는 포함되지 않는다고 보지만 지방세는 「헌법」 제117조에서 "지방자치단체는 주민의 복리에 관한 사무를 처리하고 재산을 관리하며 법령의 범위 안에서 자치에 관한 규정을 제정할 수 있다."라고 규정함으로써 이에 근거를 두고 조례로써 새로운 세목도 창설할 수 없다고 주장하는 견해

(2) 사례

① 지방세법 제9조 위헌소원(헌법재판소 1998. 4. 30. 선고 96헌바62 결정)

> 지방세법 제9조에서 지방자치단체가 과세면제·불균일과세 또는 일부과세를 하고자 할 경우에 내무부장관의 허가를 받도록 한 취지는 과세면제 등 제도의 무분별한 남용으로 국민의 조세부담의 불균형 또는 지방자치단체 간의 지방세과세체계에 혼란을 초래할 우려가 있을 뿐만 아니라 지방세법 본래의 취지에도 맞지 않는 결과가 발생할 수가 있고, 나아가 과세면제 등으로 인한 지방자치단체의 세수입의 손실은 지방교부세법에 의한 지방교부세의 배분에서 그 보충을 꾀하려 할 것이고 이 경우 과세면제 등으로 인한 세수입손실의 결과는 결국 다른 지방자치단체의 지방교부세 감소라는 결과를 가져올 가능성도 있으므로, 이러한 불합리한 결과를 피하기 위하여 내무부장관이 지방자치단체의 과세면제 등 일정한 사항에 관한 조례제정에 한하여 사전허가제도를 통하여 전국적으로 이를 통제·조정함으로써 건전한 지방세제를 확립하기 위해 마련한 제도인 것으로 이해되고, 따라서 위 규정이 지방자치단체의 조례제정권의 본질적 내용을 침해하는 규정으로서 지방자치단체의 조례제정권을 규정한 헌법 제117조 제1항, 제118조에 위반되거나 지방자치법 제9조, 제35조 제1항 제1호의 저촉되는 규정이라고 할 수 없다.

② 부산직할시검인계약서제도실시에따른시세불균일과세에관한조례 제2조 등 위헌확인
　　(헌법재판소 1995. 10. 26. 선고 94헌마242 결정)

> 조세평등주의는 특정의 납세의무자를 불리하게 차별하는 것을 금지할 뿐만 아니라 합리적 이유 없이 특별한 이익을 주는 것도 허용하지 아니하는 바, 부산직할시검인계약서제도실시에따른시세불균일과세에관한조례 제2조, 제3조는 검인계약서제도 실시로 인해 개인 간의 거래의 경우, 실거래가격이 입증되는 법인과의 거래의 경우와는 달리, 종전과 달라진 조세부담의 급증에 따른 조세저항을 줄이고 성실신고를 유도하여 이 제도의 조기정착을 도모하고자 한 것이므로 감세대상의 선정에 있어서 자의적이거나 합리성이결여되었다고 할 수 없으므로, 조세평등주의에 위반되지 않는다.
> 위 조례규정들은 모법인 지방세법 제7조 제2항이 정한 범위 안에서 과세요건과 세율을 정하고 있고, 그 구성요건이나 법적 효과에 있어서 특별한 해석의 여지도 없을 만큼 명확하며, 또한 법률이 조례로서 과세요건 등을 확정할 수 있도록 조세입법권을 부분적으로 지방자치단체에 위임한 것이 잘못된 것이라고 할 수도 없으므로, 조세법률주의나 위임입법의 한계에 위반되지 않는다.

5) 재산권법정주의와 법률유보

재산권에 대한 규제는 법률로써만 가능하고, 조례로써는 불가능

※ 조례에서 과태료를 규정하기 위한 조건

① 법률에서 과태료에 관한 사항을 조례에 위임한 경우

② 법률에서 과태료의 부과원인이 되는 의무부과를 조례로 위임한 경우

5. 광역지방자치단체 조례의 효력우위 원칙

1) 개론

○ 법질서의 통일성 유지를 위하여 시·군 및 자치구의 조례는 시·도의 조례나 시·도지사가 제정하는 규칙에 위반할 수 없도록 하고 있음(「지방자치법」 제24조).

○ 현실적으로는 「지방자치법」상 시·도와 시·군·자치구는 다 같이 독립된 별개의 법인으로서 지방자치단체로서는 그 지위에 있어서 상하관계가 아니고, 시·도조례가 시·군 및 자치구의 사무에 관한 조례를 규정할 수 있는 법상 근거가 없음.

○ 따라서 「지방자치법」 제24조는 ① 시·군·자치구가 시·도로부터 위임받은 사무(단체위임사무), ② 시·도와 공동으로 행하는 사무, ③ 법령에서 시·도 자치법규로 정하도록 규정한 사무 등과 관련된 조례를 제정·개정할 때에만 적용된다고 제한적으로 해석하여야 할 것이고, 이러한 경우 외에는 광역지방자치단체에 유사한 조례가 존재한다고 하더라도 기초지방자치단체에서는 조례 제정 가능

2) 사례: 법제처 자치법규 의견제시 12-0226(2012. 7. 25.)

「인천광역시 참전유공자 예우 및 지원에 관한 조례」에서는 참전명예수당의 지급액 중 인천광역시에서 부담할 시비 지급액을 정한 뒤 해당 수당의 지원에 관한 사항을 군수·구청장에게 위임하고 있는 바, 같은 조례에 따르면 시와 군이 지급할 참전명예수당의 부담률이 정해져 군에서 지급할 액수가 사실상 결정됨에 따라, 시·군 및 자치구의 조례나 규칙은 시·도의 조례나 규칙을 위반하여서는 아니 된다는 「지방자치법」 제24조에 비추어 볼 때 이를 초과하여 참전명예수당을 지급하는 내용으로 강화군의 조례를 개정하는 것이 광역자치단체인 인천광역시의 조례에 부합하지 않는 것이 아닌지에 대하여 의문이 생길 수 있습니다.

그러나, 광역지방자치단체와 기초지방자치단체의 조례에서 동일한 사항에 관하여 규율하고 있다고 하더라도, 해당 사항이 각 지방자치단체에서 고유사무로 행할 수 있는 것으로서 반드시 광역과 기초의 상하관계 내에서 행해지는 것이 아닌 경우에는 광역지방자치단체에 유사한 조례가 존재한다는 사실만으로, 기초지방자치단체에서 조례제정이나 집행에 반드시 영향을 받는 것은 아니라고 할 것인바, 참전유공자법을 살펴보면, 제4조에서 국가 및 지방자치단체는 참전유공자의 예우와 지원을 위하여 참전유공자의 복지를 증진하기 위한 사업 등을 행하도록 규정하고 있을 뿐, 지방자치단체의 참전명예수당 등 지급과 관련하여 광역지방자치단체와 기초지방자치단체 간의 유기적·계층적 관계를 규정하는 등의 특별한 규정을 두고 있지 않으므로, 인천광역시 조례인 「인천광역시 참전유공자 예우 및 지원에 관한 조례」에서는 원칙적으로 인천광역시의 자치사무로서 인천광역시의 참전명예수당 지급에 관하여 규정한 것이라 할 수 있고, 이 사안과 관련된 「인천광역시 참전유공자 예우 및 지원에 관한 조례」에

서 참전명예수당의 지급액과 지급액 중 시비 지급액을 정하고 있다고 하더라도, 「강화군 참전유공자 지원 조례」(이하 "참전유공자조례"라 함)에서 강화군의 자치사무로서 지급하는 참전명예수당을 반드시 인천광역시 조례에서 정한 군비 지급액만큼만 지급하도록 규정하여야 하는 것은 아니라고 할 것입니다(법제처 자치법규 의견제시 12-0089 회신례 취지 참조).

따라서, 「인천광역시 참전유공자 예우 및 지원에 관한 조례」에 따라 사실상 참전명예수당에 대한 시와 군의 부담률이 정해진다고 하더라도 강화군의 참전명예수당 지급은 강화군의 자치사무로 지급하는 것이므로, 강화군에서는 참전유공자조례에서 그 자치사무로서 지급하는 참전명예수당의 지급액을 「인천광역시 참전유공자 예우 및 지원에 관한 조례」에 따른 군비 부담액 보다 더 큰 액수로 정할 수 있을 것으로 보입니다.

6. 집행기관과 의결기관과의 권한 분리 및 배분 원칙

1) 의회와 집행기관의 관계

○ 견제와 균형
  • 지방의회
    − 지방자치단체의 의사를 내부적으로 결정하는 최고의결기관
    − 조례의 제정·개폐, 예산의 심의확정, 결산의 승인 등의 의결권, 행정사무감사 및 조사권과 이와 관련하여 서류의 제출요구, 단체장의 출석 및 답변요구권
  • 지방자치단체의 장
    − 외부에 대하여 지방자치단체의 대표로서 지방자치단체의 의사를 표명하고 그 사무를 통할하는 집행기관
    − 통할 대표권, 사무관리 집행권, 직원임명권, 재의요구권, 제소권

○ 지방의회가 지방자치단체의 장에 대한 견제의 범위에서 집행권에 소극적·사후적으로 개입하는 것은 가능

○ 집행기관의 결정 등에 대하여 지방의회의 사전의결 또는 승인을 받도록 하는 등 법령에 규정되지 아니한 의무를 지방자치단체의 장에게 부과하여 집행기관의 사무집행에 사전적·실질적으로 관여하는 것과 법령에 규정이 없는 새로운 견제장치를 만드는 것은 불가능

○ 지방자치단체의 장의 기관구성원 임명 위촉권한이 조례에 의하여 비로소 부여되는 경우는 조례에 의하여 단체장의 임명권한에 견제나 제한을 가하는 규정을 둘 수 있지만, 상위법령에서 단체장에게 기관구성원 임명·위촉권한을 부여하면서도

임명·위촉권의 행사에 대한 의회의 동의를 받도록 하는 등의 견제나 제약을 규정하고 있거나 그러한 제약을 조례 등에서 할 수 있다고 규정하고 있지 아니하면 조례에서 견제나 제약 규정 불가능

○ 지방자치단체의 장은 행정기구(합의제 행정기관 포함)를 설치할 고유한 권한과 이를 위한 조례안의 제안권을 가지도록 하는 반면, 지방의회는 지방자치단체의 장이 제출한 조례안에 대하여 미리 지방자치단체의 장의 의견을 들어 행정기구를 축소하거나 하나로 묶어서 합치거나 폐지하는 것과 정원을 감축하는 것은 가능

○ 집행기관 위원회의 위원 일부를 지방의회의장이 추천하는 것은 불가능

○ 지방의회의원은 지방의회의 본회의 및 위원회의 활동과 아무런 관련 없이 의원 개인의 자격에서 집행기관의 사무집행에 간섭 불가능

2) 사례

(1) 집행기관의 권한을 침해한 사례

① 지방의회조례안의결취소(대법원 1992. 7. 28. 선고 92추31 판결)

> 광주직할시서구동정자문위원회조례중개정조례안 중 동정자치위원회를 구성하는 위원의 위촉과 해촉에 관한 권한을 동장에게 부여하면서 그 위촉과 해촉에 있어서 당해 지역 구의원과 협의하도록 한 규정은 지방자치단체의 하부집행기관인 동장에게 인사와 관련된 사무권한의 행사에 있어서 당해 지역 구의원과 협의하도록 의무를 부과하는 한편 구의원에게는 협의의 권능을 부여 한 것이나, 이는 구의회의 본회의 또는 위원회의 활동과 관련 없이 구의원에게 하부집행기관의 사무집행에 관여하도록 함으로써 하부집행기관의 권능을 제약한 것에 다름 아니므로, 이러한 규정은 법이 정한 의결기관과 집행기관 사이의 권한분리 및 배분의 취지에 위반되는 위법한 규정이라고 볼 수밖에 없다.

② 도시계획위원회조례중개정조례(안)무효확인(대법원 1993. 2. 9. 선고 92추93 판결)

> 지방자치단체장의 기관구성원 임명 위촉권한이 조례에 의하여 비로소 부여되는 경우는 조례에 의하여 단체장의 임명권한에 견제나 제한을 가하는 규정을 둘 수 있다고 할 것이나, 상위법령에서 단체장에게 기관구성원 임명·위촉권한을 부여하면서도 임명·위촉권의 행사에 대한 의회의 동의를 받도록 하는 등의 견제나 제약을 규정하고 있거나 그러한 제약을 조례 등에서 할 수 있다고 규정하고 있지 아니하는 한 당해 법령에 의하여 임명·위촉권은 단체장에 전속적으로 부여된 것이라고 보아야 할 것이어서 하위법규인 조례로써는 단체장의 임명 위촉권을 제약할 수 없다 할 것이고 지방의회의 지방자치단체사무에 대한 비판·감시·통제를 위한 행정사무감사 및 조사권의 행사의 일환으로 위와 같은 제약을 규정하는 조례를 제정할 수도 없다.

직할시장이 도시계획위원회위원을 위촉하기 전에 시의회의 동의를 얻도록 규정한 대구직할시도시계획
위원회조례가 도시계획법 제76조 제2항, 같은 법 시행령 제58조의2 제3항, 지방자치법 제15조에 위
반되어 위법하다.

③ 전라북도행정불만처리조례안무효확인(대법원 1994. 4. 26. 선고 93추175 판결)

지방의회가 집행기관의 인사권에 관하여 소극적 사후적으로 개입하는 것은 그것이 견제의 범위 안에
드는 경우에는 허용되나, 집행기관의 인사권을 독자적으로 행사하거나 동등한 지위에서 합의하여 행사
할 수는 없으며, 사전에 적극적으로 개입하는 것도 원칙적으로 허용되지 아니하므로 조례안에 규정된
행정불만처리조정위원회 위원의 위촉, 해촉에 지방의회의 동의를 받도록 한 것은 사후에 소극적으로
개입하는 것으로서 지방의회의 집행기관에 대한 견제권의 범위에 드는 적법한 규정이라고 보아야 될
것이나, 그 일부를 지방의회 의장이 위촉하도록 한 것은 지방의회가 집행기관의 인사권에 사전에 적
극적으로 개입하는 것으로서 지방자치법이 정한 의결기관과 집행기관 사이의 권한분리 및 배분의 취
지에 배치되는 위법한 규정이며, 또 집행기관의 인사권에 의장 개인의 자격으로는 관여할 수 있는 권
한이 없고 조례로써 이를 허용할 수도 없으며, 따라서 의장 개인이 위원의 일부를 위촉하도록 한 조
례안의 규정은 그 점에서도 위법하다.
정부조직법 제3조, 행정기관의조직과정원에관한통칙 제18조, 지방자치법 제112조, 지방교육자치에관한
법률 제25조, 제26조, 제27조 등의 규정을 종합하면, 교육감은 도의 교육, 학예에 관한 사무를 고유
적으로 분장하게 하기 위하여 설치한 특별지방행정기관인 집행기관으로서 교육, 학예에 관한 도의 사
무 및 국가에서 위임한 교육, 학예에 관한 행정사무를 독자적으로 관장하도록 하고 있으므로, 지방자
치단체의 일반 집행기관인 도지사가 위와 같은 교육감의 고유업무에 대한 행정불만처리사무까지 관장
하도록 한 것은 위 법률 등에 규정된 교육감의 고유권한을 침해하는 것으로서 위법하다.

④ 국·시비보조금신청절차에관한조례안무효확인(대법원 1995. 5. 10. 선고 95추87 판결)

지방자치법상 의결기관과 집행기관 사이의 권한의 분리 및 배분의 취지에 비추어 보면, 지방의회는
지방자치단체의 예산을 심의·확정할 권한이 있으므로 지방자치단체의 재정 부담을 수반하는 국·시
비보조금의 사업이 적절하지 않다고 판단되면 관련 예산안에 대한 심의를 통하여 사후에 감시·통제
할 수 있으나, 법령상 지방자치단체의 장에게 예산안 편성 또는 국·시비보조금의 예산계상 신청 등
의 사무에 관한 집행권한을 부여하면서도 그 권한행사에 대한 의회의 사전의결 또는 사후승인을 받도
록 하는 등의 권한행사를 견제·제한하는 규정을 두거나 그러한 내용의 조례를 제정할 수 있다고 규
정하고 있지 아니하는 한, 하위법규인 조례로써는 단체장의 예산안 편성권 또는 국·시비보조금의 예
산계상 신청권을 본질적으로 제약하는 내용의 규정을 할 수 없고, 이러한 내용의 조례가 제정되었다
면 이는 지방자치법에 위배된다.
이 사건 조례안 제4조 제1항, 제2항 및 제5조는 집행기관인 구청장에게 예산안 편성과 관련하여 국·
시비보조금의 예산계상 신청을 함에 있어 구의회의 사전의결 또는 사후승인을 받도록 하는 등의 법령

에 없는 의무를 부과함과 동시에 구의회로 하여금 집행기관의 사무집행에 사전에, 실질적으로 관여하
도록 함으로써 집행기관의 권능을 제약하는 것이어서 각 법률 및 광역시 조례의 관계 규정에 위반된다.

⑤ 재단법인광주비엔날레지원조례중개정조례안재의결무효확인(대법원 2001. 2. 23. 선
　　고 2000추67 판결)

지방자치단체의 장이 그 소속 지방공무원에 대한 파견에 관하여 가지는 임용권 역시 지방자치단체의
장의 고유권한에 속하는 것임이 명백하므로, 이에 대하여 지방의회가 상호 견제의 범위를 넘어 적극
적으로 관여하는 것은 결국 위와 같은 법령 규정에 위반된 것이다.
조례안에서 지방자치단체의 장이 재단법인 광주비엔날레의 업무수행을 지원하기 위하여 소속 지방공
무원을 위 재단법인에 파견함에 있어 그 파견기관과 인원을 정하여 지방의회의 동의를 얻도록 하고,
이미 위 재단법인에 파견된 소속 지방공무원에 대하여는 조례안이 조례로서 시행된 후 최초로 개회되
는 지방의회에서 동의를 얻도록 규정하고 있는 경우, 그 조례안 규정은 지방자치단체의 장의 고유권
한에 속하는 소속 지방공무원에 대한 임용권 행사에 대하여 지방의회가 동의 절차를 통하여 단순한
견제의 범위를 넘어 적극적으로 관여하는 것을 허용하고 있다는 이유로 법령에 위반된다.

⑥ 지방의회조례안의결취소(대법원 2001. 12. 11. 선고 2001추64 판결)

지방자치법상 지방자치단체의 집행기관과 지방의회는 서로 분립되어 각기 그 고유 권한을 행사하되
상호 견제의 범위 내에서 상대방의 권한 행사에 대한 관여가 허용되나, 지방의회는 집행기관의 고유
권한에 속하는 사항의 행사에 관하여는 견제의 범위 내에서 소극적·사후적으로 개입할 수 있을 뿐
사전에 적극적으로 개입하는 것은 허용되지 아니하고, 또 집행기관을 비판·감시·견제하기 위한 의결
권·승인권·동의권 등의 권한도 법상 의결기관인 지방의회에 있는 것이지 의원 개인에게 있는 것이
아닌바, 주민자치센터설치·운영조례안에서 당해 동 구의원 개인이 그 운영위원회의 당연직 위원장이
된다고 규정하고 있는 것은 지방의회 의원 개인이 하부 행정기관인 동장의 권한에 속하는 주민자치센
터의 설치와 운영을 심의하는 보조기관인 운영위원회의 구성과 운영에 적극적·실질적으로 사전에 개
입하여 관여할 수 있게 함을 내용으로 하는 것으로서 지방의회 의원의 법령상 권한 범위를 넘어 법령
에 위반된다.

⑦ 광주광역시북구행정기구설치조례일부개정조례안에 대한 수정안재의결무효확인청구
　　(대법원 2005. 8. 19. 선고 2005추48 판결)

지방자치법령은 지방자치단체의 장으로 하여금 지방자치단체의 대표자로서 당해 지방자치단체의 사무와
법령에 의하여 위임된 사무를 관리·집행하는 데 필요한 행정기구를 설치할 고유한 권한과 이를 위한

조례안의 제안권을 가지도록 하는 반면 지방의회로 하여금 지방자치단체의 장의 행정기구의 설치권한을 견제하도록 하기 위하여 지방자치단체의 장이 조례안으로서 제안한 행정기구의 축소, 통폐합의 권한을 가지는 것으로 하고 있으므로, 지방의회의원이 지방자치단체의 장이 조례안으로서 제안한 행정기구를 종류 및 업무가 다른 행정기구로 전환하는 수정안을 발의하여 지방의회가 의결 및 재의결하는 것은 지방자치단체의 장의 고유 권한에 속하는 사항의 행사에 관하여 사전에 적극적으로 개입하는 것으로서 허용되지 아니한다.

⑧ 조례안재의결무효(대법원 2009. 9. 24. 선고 2009추53 판결)

지방자치법상 지방자치단체의 집행기관과 지방의회는 서로 분립되어 각기 그 고유권한을 행사하되 상호 견제의 범위 내에서 상대방의 권한 행사에 대한 관여가 허용되나, 지방의회는 집행기관의 고유권한에 속하는 사항의 행사에 관하여는 견제의 범위 내에서 소극적·사후적으로 개입할 수 있을 뿐 사전에 적극적으로 개입하는 것은 허용되지 않는다. 이에 더하여, 지방자치법 제116조에 그 설치의 근거가 마련된 합의제 행정기관은 지방자치단체의 장이 통할하여 관리·집행하는 지방자치단체의 사무를 일부 분담하여 수행하는 기관으로서 그 사무를 독립하여 수행한다 할지라도 이는 어디까지나 집행기관에 속하는 것이지 지방의회에 속한다거나 집행기관이나 지방의회 어디에도 속하지 않는 독립된 제3의 기관에 해당하지 않는 점, 지방자치단체의 행정기구와 정원기준 등에 관한 규정 제3조 제1항의 규정에 비추어 지방자치단체의 장은 집행기관에 속하는 행정기관 전반에 대하여 조직편성권을 가진다고 해석되는 점을 종합해 보면, 지방자치단체의 장은 합의제 행정기관을 설치할 고유의 권한을 가지며 이러한 고유권한에는 그 설치를 위한 조례안의 제안권이 포함된다고 봄이 상당하므로, 지방의회가 합의제 행정기관의 설치에 관한 조례안을 발의하여 이를 그대로 의결, 재의결하는 것은 지방자치단체장의 고유권한에 속하는 사항의 행사에 관하여 지방의회가 사전에 적극적으로 개입하는 것으로서 관련 법령에 위반되어 허용되지 않는다.

(2) 집행기관의 권한을 침해하지 아니한 사례

① 인천광역시금고운영에관한조례안재의결무효확인(대법원 2000. 6. 13. 선고 99추92 판결)

지방의회는 법령의 범위 안에서 그 자치사무인 금고지정 사무에 관하여 조례를 제정할 수 있고, 지방자치단체의 장은 지방의회가 조례로써 정한 금고지정 사무의 집행방법과 절차 등에 따라 금고지정권을 행사하여야 할 것이고 다만 그 조례의 내용이 지방자치단체장의 금고지정 사무에 관한 집행권을 본질적으로 침해하는 것이라면 이는 집행기관의 권한을 침해하는 것이므로 지방의회의 권한 밖의 사항으로서 허용될 수 없을 것이다.
지방의회는 법령의 범위 안에서 자치사무인 금고지정사무에 관한 조례를 제정할 수 있으며, 시의회가 제정한 조례안이 금고지정사무에 관한 지방자치단체의 집행권을 본질적으로 침해하는 것이라 할 수 없는바, 원고가 청구한 사항은 이유 없어 기각함.

② 조례안재의결무효확인청구(대법원 2001. 11. 27. 선고 2001추57 판결)

지방자치단체의 도시가스공급안정에관한조례안에서 시장이 도시가스사업법 제18조의3의 규정에 의한 가스공급시설 공사계획을 수립하고자 할 때에 시의회 소관 상임위원회에 보고하게 하고 있으나, 이는 그 공사계획의 적정성 여부에 대한 통제수단으로 비록 그 수립 전에 사전적으로 통제하는 것이기는 하나 매년 당해 연도를 포함한 2년간의 계획을 수립하는 것이고 이미 제출된 일반도시가스사업자의 가스공급계획을 기초로 수립되는 것이며, 보고 후 반드시 시의회의 의결이나 의견에 따라야 하는 등 법적 구속도 없으므로 지방자치단체장의 고유한 집행권을 침해한 것이라고 할 수 없고, 또한 시장이 같은 법 제20조의 규정에 따라 도시가스의 요금 및 기타 공급조건에 관한 공급규정을 승인하거나 상당한 기간을 정하여 변경을 요구하는 경우에도 먼저 위 공급규정이 같은 법 제20조 제2항 각 호의 기준에 적합한지 여부에 대하여 사전 검토가 선행될 것이고 그 검토 의견 또한 공개되어야 할 사항이며, 반드시 시의회의 의결이나 의견에 따라야 하는 공급규정의 승인이나 변경 요구를 하여야 하는 등 법적 구속도 없으므로, 위 조례안에서 그 공급규정의 승인이나 변경 요구 전에 시의회에 보고하고 의견을 청취하도록 규정하였다고 하여 지방자치단체장의 집행권을 본질적으로 침해한 것이라고 할 수 없고, 같은 법 제20조 제3항에 규정된 산업자원부장관의 시·도지사에 대한 공급규정의 내용변경을 위한 필요한 명령권한을 박탈하거나 배제하는 것이 아니어서 그에 직접적으로 위배된다고 할 수도 없다.

③ 조례안재의결무효확인의소(대법원 2009. 8. 20. 선고 2009추77 판결)

헌법 제117조 제1항과 지방자치법 제22조에 의하면 지방자치단체는 법령의 범위 안에서 그 사무에 관하여 자치조례를 제정할 수 있고, 지방자치법은 의결기관으로서의 지방의회와 집행기관으로서의 지방자치단체장에게 독자적 권한을 부여하는 한편, 지방의회는 행정사무감사와 조사권 등에 의하여 지방자치단체장의 사무집행을 감시 통제할 수 있게 하고 지방자치단체장은 지방의회의 의결에 대한 재의 요구권 등으로 의회의 의결권행사에 제동을 가할 수 있게 함으로써 상호 견제와 균형을 유지하도록 하고 있으므로, 지방의회는 자치사무에 관하여 법률에 특별한 규정이 없는 한 조례로써 위와 같은 지방자치단체장의 고유권한을 침해하지 않는 범위 내에서 조례를 제정할 수 있다고 할 것이다(대법원 1992. 7. 28. 선고 92추31 판결; 대법원 2000. 6. 13. 선고 99추92 판결 등 참조).
그런데 이 사건 조례안은 지방자치단체장이 경로당에 대한 지원계획을 수립하고, 예산 편성 전까지 그에 대해 군의회와 협의하여야 한다고 규정하고 있기는 하나, 지방자치단체장이 반드시 그 협의 결과에 따라야 하는 등의 법적 구속은 없을 뿐만 아니라, 오히려 지방자치단체 사무의 원활한 집행을 위해서는 집행기관과 입법기관의 협력이 필요하다는 점에 비추어 보면, 이 사건 조례안이 지방자치단체장의 고유한 집행권을 침해하는 것으로 보기는 어렵다.

3장 재의요구 및 제소

구분	제26조에 따른 재의요구	제107조 · 제108조에 따른 재의요구	제172조에 따른 재의요구
재의 대상 요건	조례안	지방의회의 의결	지방의회의 의결
재의 요건	이의가 있을 때(§26③)	• 월권 · 법령위반 또는 공익을 현저히 해한다고 인정되는 때(§107①) • 예산상집행 불가능 경비 포함, 의무비 또는 응급복구비 삭감 (§108①)	법령에 위반되거나 공익을 현저히 저해한다고 판단될 때
재의 요구 권자	지방자치단체의 장	좌동	주무부장관, 시 · 도지사의 요구에 따라 지방자치단체의 장
재의 요구 기간	조례안 이송일부터 20일 이내	의결사항을 송부받은 날부터 20일 이내	명문규정 없음 (조례안 20일 이내: 통설)
재의 회부 기간	부득이한 사유가 없는 한 재의요구서 도착일부터 10일 이내 (영 §71)	좌동	규정 없음.
수정 여부	불허	불허(영 §37②)	명문규정 없음.
재이견 정족수	재적의원 과반수 출석, 출석의원 2/3 이상 찬성	좌동	좌동
대법원 제소	명문규정 없음.	재의결사항이 법령에 위반된다고 인정되는 때 재의결된 날부터 20일 이내에 대법원에 제소	• 지방자치단체의 장: 재의결사항이 법령에 위반된다고 판단될 때, 재의결된 날부터 20일 이내에 법원에 제소 • 주무부장관, 시 · 도지사: 자치단체장이 제소하지 않을 경우 (재의요구지시를 받기 전에 공포한 경우 포함) 직접 제소
집행 정지		집행정지결정신청 가능	집행정지결정신청 가능

※ **조례안 대법원 제소 시 심리 3대 원칙**

① 해당 소송을 재의결무효확인소송으로 처리

② 해당 소송의 심리 범위를 재의요구 시의 위법 사유에 한정

→ 제소 시에는 재의요구 시 제기한 위법 사유 외에는 새로운 위법 사유를 추가할 수 없으므로 재의요구 시 항상 제소를 생각하고, 위법 사유를 가능한 많이 제기할 필요가 있음.

③ 해당 소송의 판결주문에서 재의결의 효력범위 전체에 대하여 판단

→ 제소 시 한 조문만 위법 사유가 있다면 조례 전체가 무효가 되므로 약간이라도 논란이 있는 조문에 대하여도 재의요구를 할 필요가 있음.

4장 조례 입법절차

1. 지방자치단체의 장이 제출하는 조례의 입법과정

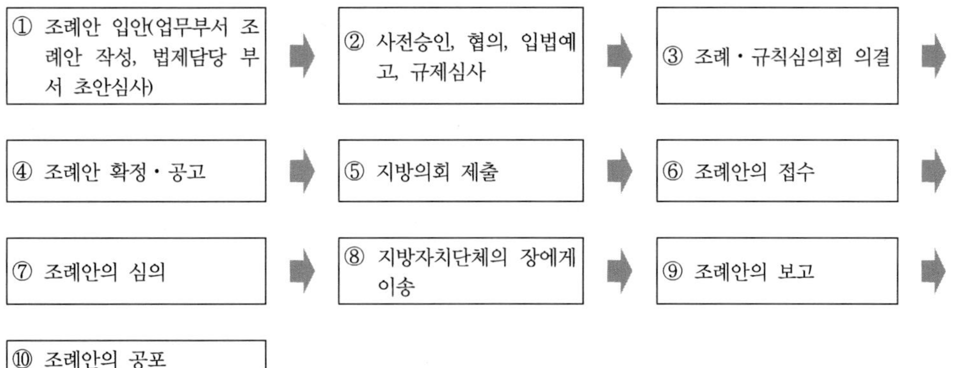

* 교육조례의 경우 시·도 교육감 소속의 "법제심의위원회" 의결을 거쳐야 한다(「지방교육자치에 관한 법률 시행령」 제2조).

2. 지방의회 의원이 발의하는 조례의 입법과정

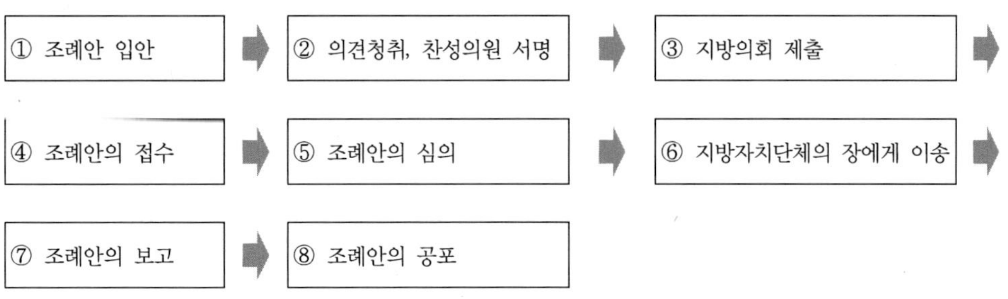

3. 주민이 발의하는 조례의 입법과정

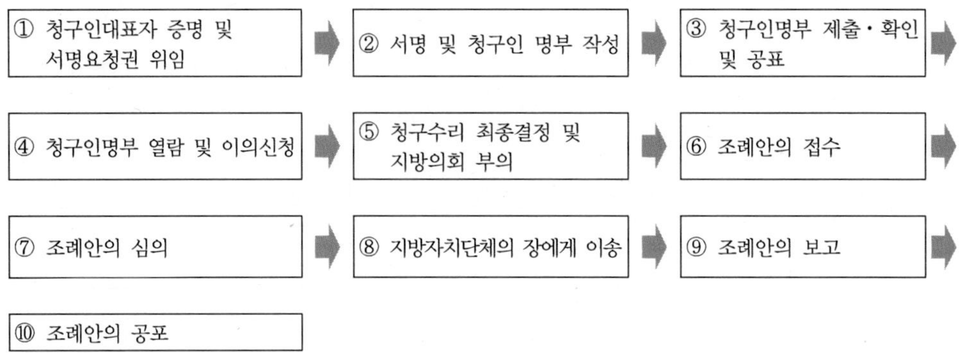

※ 법률과 조례 입안 절차 중 중앙과 지방의 차이점

구분	중앙	지방
1. 입법계획	있음.	없음.
2. 제안권자	국회의원, 정부	지방의원, 지방자치단체의 장, 주민
3. 기구정원 입법예고	직제 및 직제 시행규칙은 대부분 입법예고 생략(상위 법령의 단순한 집행을 위한 경우)	기구나 정원의 조정을 내용으로 하는 조례·규칙의 제정·개정안을 마련한 경우에는 입법예고. 다만, 추가적인 경비가 소요되지 아니하거나 기구·정원의 감축 또는 하위직으로의 직급 조정을 내용으로 하는 경우(추가적인 경비가 소요되지 아니하지만 상위직으로의 직급 조정을 내용으로 하는 경우는 제외한다)에는 입법예고 절차 생략 가능
4. 부의안건 공고	없음.	있음.
5. 비용추계 자료와 재원 조달방안의 제출	있음.	있음.
6. 의회의결	제한 없음.	지방자치단체의 장이 제안한 기구와 정원에 관한 조례안을 의결할 때 지방행정조직의 합리적 운용과 건전한 재정운영을 위하여 기구를 축소하거나 기구를 하나로 묶어서 합치거나 폐지하여 합치는 것, 정원을 감축하는 것 의결 가능. 이 경우 미리 지방자치단체의 장의 의견을 들어야 함.
7. 재의요구	이송 후 15일 이내	이송 후 20일 이내
8. 제소	불가능	가능

※ 조례·규칙심의회와 법제심의원회의 비교

구분	조례·규칙심의회	법제심의위원회
1. 소속	지방자치단체의 장	시·도교육감
2. 근거	「지방자치법 시행령」 제28조 지방자치단체의 규칙	「지방교육자치에 관한 법률 시행령」 제2조 시·도의 교육규칙

3. 기능	1. 지방자치단체의 장이 지방의회에 제출하는 조례안 2. 지방의회의 의결을 거친 조례공포안. 다만, 지방자치단체의 장이 지방의회에 제출하여 원안 의결된 조례공포안 제외 3. 주민의 조례 제정·개정·폐지 청구를 받은 경우 유효 서명의 확인, 이의신청 및 청구요건에 관한 사항 4. 지방자치단체의 장이 제정·개정·폐지하려는 규칙안 5. 예산안·결산안, 그 밖에 지방의회에 제출하는 안건 중 지방자치단체의 장이 심의회의 심의·의결이 필요하다고 인정하는 안건	1. 조례안 교육위원회에 제출 2. 교육규칙 제정·개정·폐지 ※「지방교육자치에 관한 법률」제3조에 지방자치단체의 교육·학예에 관한 사무를 관장하는 기관의 설치와 그 조직 및 운영 등에 관하여 이 법에서 규정한 사항을 제외하고는 그 성질에 반하지 않는 한「지방자치법」의 관련 규정을 준용 가능
4. 의장	지방자치단체의 장	부교육감(2명인 경우 제1부교육감)
5. 부의장	부단체장	없음.
6. 회의	재적위원 과반수의 찬성으로 의결	재적위원 과반수의 출석으로 개의, 출석위원 과반수로 의결

참고 1. 규칙의 제정·개정 범위와 한계

1. 규칙제정권의 법적 근거

1) 지방자치법
제23조(규칙) 지방자치단체의 장은 법령이나 조례가 위임한 범위에서(법령 및 조례 우위의 원칙) 그 권한에 속하는 사무(소관사항의 원칙)에 관하여 규칙을 제정할 수 있다.
제24조(조례와 규칙의 입법한계) 시·군 및 자치구의 조례나 규칙은 시·도의 조례나 규칙을 위반하여서는 아니 된다(광역자치단체 조례의 효력우위원칙).

2) 지방교육자치에 관한 법률
제25조(교육규칙의 제정) ① 교육감은 법령 또는 조례의 범위 안에서 그 권한에 속하는 사무에 관하여 교육규칙을 제정할 수 있다.

2. 규칙의 제정 범위와 한계
○ 법령이나 조례에서 규칙으로 위임한 사항 또는 조례를 집행하기 위한 사항이어야 하고, 위임을 받은 사항인 경우 위임범위를 일탈하지 아니하여야 함.
○ 조례 제일 마지막 조문에 "(시행규칙)"이라는 조문이 있더라도, 규칙에서는 조례에서 정하지 아니한 사항을 모두 정할 수 있는 것은 아니고, 법령이나 조례에 규정이 없는 주민의 권리·의무와 관련된 새로운 입법사항을 독자적으로 규정할 수 없고 단순히 조례의 집행을 위한 것만 정할 수 있음.

3. 규칙 입법절차

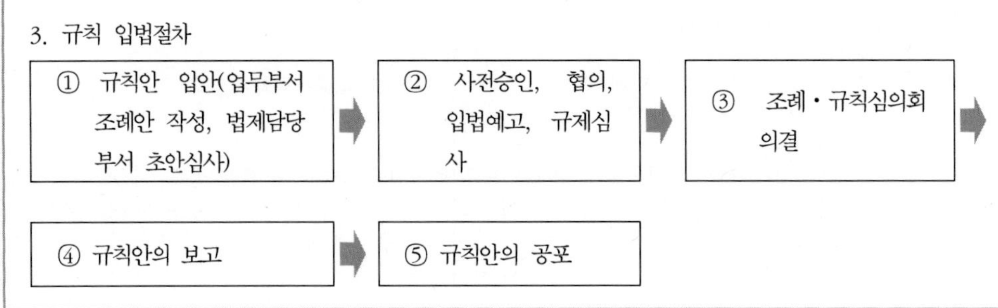

참고 2. 조례 입안심사 시 고려할 사항

① 인용조문 등 상위 법령 확인
② 협의부서와 협의 여부 및 규제개혁위원회의 심사 확인
③ 종전 조례와의 비교
④ 경과조치, 적용례, 특례 등 규정 필요 여부 판단
⑤ 하부행정기관 등에 위임할지 여부 확인, 사무위임 조례나 해당 조례의 개정 필요 여부 결정
⑥ 조례 제·개정 시 규칙도 검토하여 조례로 상향 조정 여부 확인
⑦ 의원입법으로 제정·개정된 조례의 개정·폐지 시 해당 지방의회의원에게 미리 설명
⑧ 표준조례안은 입안심사의 표준안이 아니라 단순한 참고용

참고 3. 조례 입안심사 시 고려할 법령

① 권한 위임 및 사무 위탁(재위임, 재위탁): 「지방자치법」 제104조
② 기부·보조·출연과 그 밖의 공금 지출, 출자: 「지방재정법」 제17조
③ 행정재산의 관리위탁: 「공유재산 및 물품관리법」 제27조
④ 사용료, 수수료, 분담금: 「지방자치법」 제136조부터 제140조까지
－국가가 지방자치단체나 그 기관에 위임한 사무와 자치사무의 수수료 중 전국적으로 통일할 필요가 있는 수수료에 관한 사항: 「지방자치법」 제139조 제1항 단서
⑤ 법령에 의하지 아니하고 지방자치단체에 설치하는 기금: 「지방자치법」 제142조 및 「지방자치단체 기금관리기본법」
⑥ 개별 법령에 의하지 아니한 자문기관: 「지방자치법」 제116조의2 및 「지방자치법 시행령」 제80조
⑦ 공무원의 보수: 「지방공무원법」 제44조 제4항 및 「지방공무원 보수규정」

5장 입법형식 참고자료

1. 자문위원회

○「지방자치법」 제116조의2와「지방자치법 시행령」 제80조에서는 지방자치단체는 그
  소관사무의 범위 안에서 필요한 경우에는 조언·권고·건의·심의 또는 조사를 목
  적으로 하는 심의회·위원회 등의 자문기관을 조례로 설치할 수 있도록 하고 있음.

○자문기관인 위원회규정에서 규정되고 있는 조항들은
  1) 설치근거(목적)
  2) 위원회의 기능
  3) 위원회의 구성
  4) 임기
  5) 위원장의 직무
  6) 회의
  7) 분과위원회 또는 소위원회
  8) 전문위원
  9) 간사
  10) 실무위원회
  12) 관계기관 등에의 협조요청
  13) 공청회 등의 개최
  14) 수당
  15) 운영세칙 등

☞ 법령에서 위임된 사항만 규정하고, 중복된 규정은 하지 아니함.
☞ 위원회만으로 된 조례인 경우 제명은「국가과학기술 자문회의법」,「문화중심도시조
   성위원회규정」,「법무자문위원회규정」,「정책기획위원회규정」 등과 같이「☆☆도

(시) ○○위원회 조례」로 하는 것이 타당하다고 판단됨.
- ☞ 위원회 규정이 조례 중 일부인 경우에는 조제목을 "○○위원회 설치"로 함.
- ☞ 「지방자치단체의 행정기구와 정원 등에 관한 규정」 제5조 제3항에 따라 자문기관에는 상설의 사무처나 사무국·과·담당관을 둘 수 없음.
- ☞ 위원회 조례 개정 시에는 위원의 임기 및 연임 규정 등에 대한 경과조치에 대하여 신경을 써야 함.

◇◇도조례 제   호

◇◇도○○위원회(○○심의회) 조례안

제○조(목적) (「▽▽법」에 설치할 수 있다고 한 경우: 「▽▽법」 제○조에 따라) ○○에 관하여 ◇◇도지사의 자문(심의, 조정)에 조언하게 하기 위하여 ◇◇도지사 소속으로 ○○위원회(○○심의회)를 둔다.

☞ 자문위원회 설치 근거가 법률에 나오는 경우에는 "「○○법」 제○조에 따라 ○○위원회의 기능·구성 및 운영 등에 관하여 필요한 사항을 정함을 목적으로 한다." 라고 표현함.

제○조(기능) ○○위원회(이하 "위원회"라 한다)는 다음 각 호의 사항을 심의(조정, 심의·의결)한다.

1. ________________________

2. ________________________

3. ________________________

☞ 다른 위원회와 기능이 중복되지 아니하는지 확인 필요

☞ "다음의 사항에 관하여 ◇◇도지사의 자문에 응한다."는 표현도 가능

제○조(구성) ① 위원회는 위원장 1명과 부위원장 1명을 포함한 ○명 이내의 위원으로 구성한다.

☞ 다만, 위원 중 민간전문가를 일정한 기준 이상으로 위촉하여야 하는 경우에는 단서에 "다만, ○○ 관련 분야에 관한 전문지식을 갖춘 민간전문가가 3분의 1 이상 참여하도록 하여야 한다."로 표현

〈공무원과 민간인 공동으로 구성하는 경우〉

② 위원회의 위원장은 ○○가 되고, (부위원장은 ●●가 되며,) 위원은 △△와 ◎◎에 관한 학식과 경험이 풍부한 사람 중에서 ◇◇도지사가 위촉하는 자가 된다.

☞ 통상 공무원은 "임명", 민간인은 "위촉"한다로 표현

〈민간위원으로만 구성하는 경우〉

② 위원회의 위원장과 위원은 ○○에 관한 학식과 경험이 풍부한 사람 중에서 ◇◇도지사가 위촉한다.

☞ 위원장을 위원 중에서 호선하는 경우로 하고자 하는 경우에는 "위원은 --위촉하며,

위원장은 위원 중에서 호선한다."로 표현

〈공무원인 위원으로만 구성하는 경우〉

② 위원회의 위원장은 ○○가 되고, 부위원장은 △△가 되며, 위원은 ▽▽가 된다.

제○조(임기) 위촉위원의 임기는 ○년으로 한다. (다만, 보궐위원의 임기는 전임위원 임기의 남은 기간으로 한다.)

☞ 공무원인 위원(당연직 위원)의 경우에는 해당 직위에 있는 기간 동안만 위원이 된다는 점에서 따로 임기규정을 두지 않음.

☞ 위촉위원이 임기 중에 사퇴하게 되어 후임자를 위촉하는 경우 새로 위촉된 위원(보궐위원)의 임기에 관하여 해석상 논란이 생기는 경우가 있으므로 모든 위원의 임기를 통일시켜야 할 특별한 사유가 있을 때에는 "보궐위원의 임기는 전임위원 임기의 남은 기간으로 한다."고 규정함.

〈연임제한규정을 두고자 하는 경우〉

제○조(임기) 위촉위원의 임기는 --년으로 하되, ○차례만 연임할 수 있다(연임할 수 없다).

☞ 연임제한에 관한 규정을 두고자 하는 경우에는 "위원의 임기는 --년으로 하되, ○차례만 연임할 수 있다."로 표현

☞ 계속하여 연임하는 경우에는 연임에 관한 규정을 두지 아니함.

제○조(위원장의 직무) ① 위원장은 위원회를 대표하고, 위원회의 업무를 총괄한다.

② 위원장이 부득이한 사유로 직무를 수행할 수 없을 때에는 (부위원장이 그 직무를 대행하며, 위원장과 부위원장이 모두 부득이한 사유로 직무를 수행할 수 없을 때에는) 위원장이 미리 지명한 위원이 그 직무를 대행한다.

제○조(회의) ① 위원장은 위원회의 회의를 소집하며, 그 의장이 된다.

☞ "위원회의 회의는 위원장이 필요하다고 인정하는 때(또는 위원 ○인 이상의 요구가 있는 때) 위원장이 소집한다."도 가능

☞ 정기회의 및 임시회의 규정을 둘 때에는 "정기회의는 분기마다 1회(매월 1회, 연 2회, 매년 1회 등) 소집하며, 임시회의는 위원장이 필요하다고 인정하는 때에 이를 소집한다."로 규정

② 위원회의 회의는 재적위원 과반수의 출석으로 개의(開議)하고, 출석위원 과반수의 찬성으로 의결한다.

☞ 가부동수의 경우 부결된 것으로 명시하지 아니하여도 되고, "가부동수인 때에는 위원장이 결정권을 가진다."라는 규정은 할 수 없음.

제○조(분과위원회 또는 소위원회) ① 위원회의 업무를 효율적으로 수행하기 위하여 필요하면 위원회에 (○개 이내의) 분과위원회 또는 소위원회를 둘 수 있다.

  ☞ 분과위원회 또는 소위원회의 위원은 본 위원회의 위원으로 구성함.

  ☞ 분과위원회 또는 소위원회의 의결을 본 위원회의 의결로 간주하려는 경우에는 "이 경우 분과위원회 또는 소위원회의 의결은 위원회의 의결로 본다."로 표현(다만, 분과위원회 또는 소위원회가 나오는 경우 설치 근거가 되는 해당 법령에서 표현)

② 분과위원회 또는 소위원회의 설치·운영에 필요한 사항은 위원회의 의결을 거쳐 위원장이 정한다.

  ☞ 분과위원회 또는 소위원회의 위원은 본 위원회의 위원으로 구성하는데, 본 위원회의 위원과 다른 위원으로 전문위원회를 둘 수 있음.

제○조(전문위원회) ① 위원회는 위원회의 심의사항을 미리 연구·검토하기 위하여 위원회에 전문위원회를 둘 수 있다.

② 전문위원회는 전문위원회의 위원장을 포함한 ○명 이내의 위원으로 구성한다.

③ 전문위원회의 위원장은 ○○가 되고, 위원은 ○○에 관한 학식과 경험이 풍부한 사람 중에서 위원장이 위촉한다.

④ 전문위원의 임기는 ○년으로 하되, 연임할 수 있다.

⑤ 전문위원회에 간사위원 ○명을 두되, ○○ 중에서 위원장이 지명하는 자가 된다.

⑥ 전문위원회의 구성 및 운영 등에 필요한 사항은 위원회의 의결을 거쳐 위원장이 정한다.

제○조(간사) ① 위원회에 위원회의 사무를 처리할 간사 ○명을 둔다.

② 간사는 ○○소속 ○급 공무원 중에서 위원장이 임명한다.

  ☞ 간사를 명확히 규정하고자 할 때에는 "위원회에 위원회의 사무를 처리할 간사 1명을 두되, 간사는 ○○업무를 담당하는 국장(과장, 사무관 등)이 된다."로 규정

제○조(실무위원회) ① ○○하기 위하여 위원회에 실무위원회를 둔다.

② 실무위원회의 위원장은 ○○이 되며, 위원은 ○○이 된다.

제○조(관계기관 등에의 협조요청) 위원회(실무위원회 등)는 직무수행을 위하여 필요한 때에는 관계전문가를 참석하게 하여 의견을 듣거나 관계기관, 단체 등에 대하여 자료 및 의견의 제출 등 필요한 협조를 요청할 수 있다.

제○조(공청회 등의 개최) 위원회는 필요하다고 인정하는 때에는 관계전문가, 관계기관 및 단체 등에 조사 또는 연구를 의뢰하거나 공청회·세미나의 개최 등을 통하여 이해

관계인 또는 주민의 의견을 수렴할 수 있다.

제○조(수당 등) 위원회(및 실무위원회 등) 위원과 위원회(및 실무위원회 등)에 참석하여 발언하는 관계전문가에 대하여는 예산의 범위에서 수당과 여비를 지급할 수 있다. 다만, 공무원인 위원이 그 소관 업무와 직접적으로 관련되는 위원회에 출석하는 경우에는 그러하지 아니하다.

☞ 위원에 대한 수당은 법령에 명시하지 않더라도 예산상의 조치로 지급 가능. 또한, 「◇◇도 각종 실비변상 조례」에서 각종 위원회 위원의 일비와 여비를 규정하고 있음.

☞ 공무원인 위원의 경우에는 국가에서는 「행정기관의 조직과 정원에 관한 통칙」 제20조 제5항의 규정과 중복되므로 규정하지 아니하는 것이 바람직한데, 지방에서는 위 통칙을 적용받지 아니하므로 규정해도 무방함.

제○조(운영세칙) 이 조례에서 규정한 것 외에 위원회(및 실무위원회)의 운영 등에 필요한 사항은 위원회의 의결을 거쳐 위원장이 정한다.

부칙

제○조(시행일) 이 조례는 공포한 날(○○년 ○○월 ○○일)부터 시행한다.

제○조(다른 조례의 폐지) ▽▽도○○위원회 조례는 폐지한다.

2. 기금

○「지방자치법」제133조에서는 지방자치단체는 행정목적의 달성을 위하여 또는 공익
　상 필요한 경우에는 특정한 자금의 운용을 위한 기금을 설치할 수 있다고 규정하고
　있고, 동 기금의 운용에 관하여 필요한 사항은 조례로 정하도록 하고 있음.

○「지방자치단체 기금관리기본법」에서는 지방기금의 전반에 관한 기본원칙과 기준을
　정하고 있음.

☞ 법령에서 위임된 사항만 규정하고, 중복된 규정은 하지 아니함.
☞ 기금으로만 된 조례인 경우 제명은「공공자금관리기금법」,「관광진흥개발기금법」,「군
　인복지기금법」,「남북협력기금법」등과 같이 기금이라고 하여도 기금의 설치, 운용
　및 관리가 포함되게 되므로「◇◇도○○기금 조례」로 하는 것이 타당하다고 판단됨.
☞ 기금 조례 개정 시에는 기금운용위원회 위원의 임기 및 연임 규정 등에 대한 경과조
　치에 대하여 신경을 써야 함.

◇◇도조례 제   호

◇◇도○○기금 조례안

제○조(목적) 이 조례는 ◇◇도의 주민복리를 증진하기 위하여 ◇◇도○○기금을 설치하고 그 관리·운용에 필요한 사항을 정함을 목적으로 한다.

☞ 법령에 따라 반드시 설치하도록 되어 있는 경우에는 "「○○법」 제○조에 따라 ○○기금을 설치하고 그 관리·운용에 관하여 필요한 사항을 정함을 목적으로 한다."라고 표현함.

제○조(기금의 설치) ◇◇도지사는 이 조례의 목적을 수행하기 위한 사업 등의 지원에 필요한 재원을 확보하기 위하여 ◇◇도○○기금(이하 "기금"이라 한다)을 설치한다.

제○조(기금의 조성) ① 기금은 다음의 재원으로 조성한다.

1. ◇◇도의 출연금

2. 제○조 및 제○조에 따른 차입금

3. 법인·단체·개인의 기부금

4. 채권의 발행으로 조성된 자금

5. 그 밖에 기금의 운용으로 생기는 수익금

② (생   략)

제○조(장기차입) ◇◇도지사는 기금의 재원을 마련하기 위하여 필요한 때에는 기금의 부담으로 ○○특별회계, 다른 기금, 금융기관 등으로부터 자금을 장기차입할 수 있다.

제○조(일시차입) ① ◇◇도지사는 기금의 운용상 필요하면 기금의 부담으로 한국은행, 그 밖의 금융기관으로부터 자금을 일시차입할 수 있다.

② 제1항에 따른 일시차입금은 해당 회계연도에 상환하여야 한다.

제○조(기금의 용도) 기금은 다음 각 호의 어느 하나에 해당하는 용도에 사용한다.

1. 대한노인회 ◇◇연합회 지도 육성

2. 노인능력 은행 및 공동작업장 운영 지도

3. (생   략)

4. 그 밖의 노인복지증진에 관한 사항

제○조(융자의 신청) 제○조 제○항에 따른 융자를 받으려는 자는 다음 각 호의 서류를 갖추어 ◇◇도지사에게 융자신청을 하여야 한다.

　　1.

　　2.

제○조(융자의 기간 등)

　① 융자의 기간은 ○년으로 한다.

　② 융자금의 이율은 연 ○퍼센트로 정한다.

　③ 융자금은 ○년 거치 후 ○년 균분으로 상환한다.

　④ 그 밖의 융자금의 금액, 융자조건 및 그 밖에 필요한 사항은 규칙으로 정한다.

제○조(융자금의 면제) ◇◇도지사는 제○항 제○호에 따른 융자대상기관으로부터 지원을 받은 사업자가 해당 사건의 실패로 인하여 그에 해당하는 융자금의 상환이 불가능할 경우에는 규칙으로 정하는 바에 따라 그 원리금의 전부 또는 일부를 면제할 수 있다.

제○조(보고 및 환수) ① ◇◇도지사는 필요하다고 인정할 때에는 기금을 사용하는 자에게 ○○에 대하여 보고하게 할 수 있다.

　② ◇◇도지사는 기금을 사용하는 자가 해당 기금지출목적 외에 사용한 때에는 지출된 기금의 전부를 환수할 수 있다.

　③ 제2항에 따른 기금의 환수에 대하여는 지방세체납처분의 예에 따른다.

제○조(기금의 관리·운용) ① 기금은 ◇◇도지사가 관리·운용한다.

　② (생　　략)

　☞ 기금의 관리 및 운용에 관한 사무의 위임 또는 위탁(법 §6②): 조례에 명시

　☞ 지방채 발행(법 §6③), 회계연도 및 출납폐쇄(법 §7), 기금운용계획 및 결산(법 §8), 기금운용계획안의 내용(법 §9), 기금운용계획 불성립시의 기금운용계획 집행(법 §10), 기금운용계획의 변경(법 §11), 지출사업의 이월(법 §12) 및 기금운용의 성과분석(법 §14)은 「지방자치단체 기금관리기본법」에 규정된 사항이므로 다시 규정할 필요가 없음.

　☞ 「지방자치단체 기금관리기본법」 제16조에 따라 통합관리기금을 설치할 수 있고, 설치·운용에 관하여 필요한 사항은 조례로 정하도록 하고 있음.

제○조(○○기금운용심의위원회의 설치) ① ○○기금의 관리 및 운용에 관한 중요한 사항을 심의하기 위하여 ○○기금운용심의위원회(이하 "위원회"라 한다)를 둔다.

　☞ 기금의 효율적인 운용을 위하여 필요한 경우에는 기금운용심의위원회를 통합하여 설치·운영할 수 있음(법 §13①)

　※ 일반적인 위원회에서 기금운용심의위원회의 기능을 수행할 수는 없음.

② 위원회의 위원은 위원장 ○명(과 부위원장 ○명)을 포함한 ○명 이내의 위원으로 구성한다.

③ 위원장은 ○○○이 되고, 위원은 ○○와 기금운용 또는 기금 관련 분야에 관한 전문지식을 갖춘 민간전문가 중에서 ◇◇도지사가 위촉한다. 다만, 기금운용 또는 기금 관련 분야에 관한 전문지식을 갖춘 민간전문가가 3분의 1 이상 참여하도록 하여야 한다.

☞ 통상 공무원은 "임명", 민간인은 "위촉"한다로 표현

④ 제○항의 위촉위원의 임기는 ○년으로 하되, (○차례만) 연임할 수 있다.

☞ 공무원인 위원(당연직 위원)의 경우에는 해당 직위에 있는 기간 동안만 위원이 된다는 점에서 따로 임기규정을 두지 않음.

☞ 위촉위원이 임기 중에 사퇴하게 되어 후임자를 위촉하는 경우 새로 위촉된 위원(보궐위원)의 임기에 관하여 해석상 논란이 생기는 경우가 있으므로 모든 위원의 임기를 통일시켜야 할 특별한 사유가 있을 때에는 "보궐위원의 임기는 전임위원의 임기의 남은 기간으로 한다."고 규정함.

제○조(위원장의 직무) ① 위원장은 위원회를 대표하고, 위원회의 업무를 총괄한다.

② 위원장이 부득이한 사유로 직무를 수행할 수 없을 때에는 (부위원장이 그 직무를 대행하며, 위원장과 부위원장이 모두 부득이한 사유로 직무를 수행할 수 없을 때에는) 위원장이 미리 지명한 위원이 그 직무를 대행한다.

제○조(회의) ① 위원장은 위원회의 회의를 소집하며, 그 의장이 된다.

☞ "위원회의 회의는 위원장이 필요하다고 인정하는 때(또는 위원 ○명 이상의 요구가 있는 때) 위원장이 소집한다."도 가능

② 위원회의 회의는 재적위원 과반수의 출석으로 개의(開議)하고, 출석위원 과반수의 찬성으로 의결한다.

☞ 가부동수의 경우 부결된 것으로 명시하지 아니하여도 되고, "가부동수인 때에는 위원장이 결정권을 가진다."라는 규정은 할 수 없음.

제○조(수당 등) 위원회 위원과 위원회에 참석하여 발언하는 관계전문가에 대하여는 예산의 범위에서 수당과 여비를 지급할 수 있다. 다만, 공무원인 위원이 그 소관 업무와 직접적으로 관련되는 위원회에 출석하는 경우에는 그러하지 아니하다.

☞ 위원에 대한 수당은 법령에 명시하지 않더라도 예산상의 조치로 지급 가능. 또한, 「◇◇도 각종 실비변상 조례」에서 각종 위원회 위원의 일비와 여비를 규정하고

있음.

☞ 공무원인 위원의 경우에는 국가에서는 「행정기관의 조직과 정원에 관한 통칙」 제20조 제5항의 규정과 중복되므로 규정하지 아니하는 것이 바람직한데, 지방에서는 위 통칙을 적용받지 아니하므로 규정해도 무방함.

제○조(운영세칙) 이 조례에서 규정한 것 외에 위원회의 운영 등에 필요한 사항은 위원회의 의결을 거쳐 위원장이 정한다.

제○조(여유자금의 운용) ◇◇도지사는 ○○기금에 여유자금이 있을 때에는 다음 각 호의 방법으로 이를 운용할 수 있다.

1. 국채·공채의 매입

2. 「금융위원회의 설치 등에 관한 법률」 제38조에 따른 기관에의 예탁

3. 그 밖에 규칙으로 정하는 방법

제○조(기금의 회계기관)

<위임·위탁하지 아니할 경우 규정방식>

① ◇◇도지사는 기금의 수입과 지출에 관한 사무를 수행하게 하기 위하여 기금운용관과 기금출납원을 둔다.

☞ 기금의 종류별로 기금운용관과 기금출납원은 반드시 두어야 하고, 필요한 경우 분임기금운용관을 둘 수 있음(영 §4).

② 제1항의 기금운용관은 ○○을 담당하는 ○장, 기금출납원은 ○○을 담당하는 사무관으로 한다.

<위임·위탁할 경우 규정방식>

① ◇◇도지사는 기금의 수입과 지출에 관한 사무를 행하게 하기 위하여 기금운용관과 기금출납원을 임명하여야 한다.

② ◇◇도지사는 기금의 관리·운용에 관한 업무의 일부를 위임(또는 위탁)한 경우에는 위임(또는 위탁)받은 기관의 소속공무원(또는 임·직원) 중에서 위임(또는 위탁)받은 업무를 수행하기 위한 기금운용관과 기금출납원을 임명하여야 한다(기금운용관과 기금출납원을 명시할 필요가 있는 경우: ----임명하여야 하되, 기금운용관은 ◎◎시의 ○○을 담당하는 ○장, 기금출납원은 ◎◎시의 ○○을 담당하는 사무관으로 한다).

> ① ◇◇도지사는 기금의 수입과 지출에 관한 사무를 수행하게 하기 위하여 기금운용관과 기금출납원을 둔다.
> ② 제1항의 기금운용관은 ○○을 담당하는 ○장, 기금출납원은 ○○을 담당하는 사무관으로 한다.
> ③ ◇◇도지사는 기금의 관리·운용에 관한 업무의 일부를 ◎◎시장에게 위임한 경우에는 ◎◎의 공무원 중에서 위임받은 업무를 수행하기 위한 기금운용관과 기금출납원을 임명하여야 한다.
> ④ 제3항의 기금운용관은 ◎◎의 ○○을 담당하는 ○장, 기금출납원은 ◎◎의 ○○을 담당하는 사무관으로 한다.

제○조(기금계정의 설치) ① ◇◇도지사는 ○○기금의 수입 및 지출을 명확하게 하기 위하여 「지방재정법」 제77조에 따른 지정한 금고에 ○○기금계정을 설치하여야 한다.

② · ③ (생 략)

제○조(기금의 회계 및 결산 등) ① (생 략)

② 관리기관은 ○○기금의 회계를 다른 회계와 구분하여 회계처리하여야 한다.

③~⑥ (생 략)

제○조(○○기금의 이익 및 결손의 처리) ① ○○기금의 결산상 이익금이 생긴 때에는 이를 전액 적립하여야 한다.

② ○○기금의 결산상 손실금이 생긴 때에는 제1항에 따른 적립금으로 보전하고, 그 적립금에 부족이 있는 때에는 ◇◇도가 일반회계에서 이를 보전할 수 있다.

③ (생 략)

제○조(시행규칙) 이 조례의 시행에 필요한 사항은 규칙으로 정한다.

부칙

제○조(시행일) 이 조례는 공포한 날(○○년 ○○월 ○○일)부터 시행한다.

제○조(다른 조례의 폐지) □□도○○○기금 조례는 폐지한다.

제○조(기금의 유효기간) ① 이 조례는 ○○년 ○○월 ○○일까지 효력을 가진다.

☞ 기금의 존속기한(법 §4, 영 §3)

- 기금의 존속기한 조례에 명시 필요. 다만, 법률에 의하여 의무적으로 설치·운용되는 기금 제외

- 기금의 존속기한 5년 이내, 다만, 사업수행에 필요한 재원조성 등에 5년 이상이 소요될 것으로 예상되는 경우 10년 이내

☞ 몇 개의 조문으로 이루어진 기금의 경우에는 그 조문을 인용함.

② 이 조례의 효력이 종료되는 당시의 이 회계의 채권·채무 등 모든 권리 및 의무는 ◇◇도○○기금(특별회계 또는 일반회계)가 이를 승계한다.

제○조(종전의 기금에 관한 경과조치) ① 이 조례 시행 당시 종전 ◇◇도의 조례에 따른 ○○기금은 이 조례에 따른 ○○기금으로 본다.

② 종전의 ○○기금에 따른 보조·융자, 이자율, ○○ 등은 이 조례에 따른 ○○기금의 보조·융자, 이자율, ○○ 등으로 본다.

3. 특별회계

○ 지방자치단체의 경우, 특별회계는「지방재정법」제9조 제2항에 따라「지방공기업법」에 따른 지방직영기업 그 밖의 특정사업을 운영할 때 또는 특정자금이나 특정세입·세출로서 일반세입·세출과 구분하여 회계처리할 필요가 있을 때에 한하여 법률 또는 조례로 설치할 수 있음.

☞ 법령에서 위임된 사항만 규정하고, 중복된 규정은 하지 아니함.

☞ 특별회계로만 된 조례인 경우 제명은「국유재산관리특별회계법」,「군인연금특별회계법」,「농어촌구조개선특별회계법」등과 같이 특별회계라고 하여도 특별회계의 설치, 운용 및 관리가 포함되게 되므로「◇◇도○○특별회계 조례」로 하는 것이 타당하다고 판단됨. 다만,「◇◇도개발사업특별회계 편성 및 운영 조례」와 같이 법령에서 위임된 것만 정할 때에는 달리 정할 수 있음.

☞ 특별회계 조례 개정 시에는 융자기간, 이자율 등에 대한 경과조치에 대하여 신경을 써야 함.

◇◇도조례 제   호

◇◇도○○특별회계 조례안

제○조(목적) 이 조례는 ○○를 위한 자금을 효율적으로 운용·관리하기 위하여 ◇◇도
○○특별회계를 설치함을 목적으로 한다.

　　☞ 법령에 따라 반드시 설치하도록 되어 있는 경우에는 "「○○법」 제○조에 따라 ○
　　　○특별회계를 설치하고 그 운용·관리에 관하여 필요한 사항을 정함을 목적으로
　　　한다."라고 표현함.

제○조(회계의 운용 및 관리) ◇◇도○○특별회계(이하 "회계"라 한다)는 ◇◇도지사가
운용·관리한다.

제○조(세입) 회계의 세입은 다음 각 호와 같다.

　1. ~ 5. (생 략)

제○조(세출) 회계의 세출은 다음 각 호와 같다.

　1. ~ 5. (생 략)

제○조(일반회계로부터의 전입) ① ◇◇도는 매 회계연도마다 다음 각 호의 금액에 해
당하는 세입예산액을 일반회계로부터 이 회계에 전입하여야 한다.

　1. 「○○ 조례」에 따른 ○세의 1000분의 858에 해당하는 금액

　2. (생 략)

　② ~ ④ (생 략)

제○조(장기차입) 회계에 속하는 경비를 지급하기 위하여 필요하면 회계의 부담으로 장
기차입을 할 수 있다.

　　☞ 일시차입에 대한 규정은 「지방재정법」 제14조에 나와 있음.

　　☞ 지방재정법

제14조(일시차입금) ① 지방자치단체의 장은 예산에 계상(計上)된 범위의 지출을 위하여
일시차입금이 필요할 때에는 그 한도액에 대하여 회계연도마다 회계별로 미리 지방의
회의 의결을 얻어야 한다.

　② 일시차입금은 해당 회계연도의 수입으로 상환하여야 한다.

제○조(잉여금의 처리) 회계연도마다 회계의 세입세출의 결산상 잉여금이 있을 때에는
이월결손금을 보전하고 그 잔여는 이를 적립금으로 적립하여야 한다.

제○조(예비비) 회계는 예측할 수 없는 예산외의 지출과 예산초과지출에 충당하기 위하여 예비비를 예산에 계상할 수 있다.(하여야 한다.)

　☞ 「지방재정법」 제43조 단서에서는 특별회계(교육비특별회계는 제외한다)의 경우에는 예비비를 계상하지 아니할 수 있도록 하고 있음.

제○조(회계처리의 원칙) 회계의 예산 및 회계에 관하여는 사업의 경영성과 및 재정상태를 명백히 하기 위하여 재산의 증감 및 변동을 그 발생의 사실에 따라 회계처리한다.

제○조(세출예산의 이월): 「지방재정법」 제50조에서 규정하고 있으므로 규정할 필요가 없음.

　☞ 「지방재정법」

제50조(세출예산의 이월) ① 세출예산 중 경비의 성질상 당해 회계연도 내에 그 지출을 끝내지 못할 것이 예상되어 명시이월비로서 특히 그 취지를 세입·세출예산에 명시하여 미리 지방의회의 의결을 얻은 금액은 이를 다음 회계연도에 이월하여 사용할 수 있다.

제○조(융자의 신청) 제○조제○항에 따라 융자를 받으려는 자는 다음 각 호의 서류를 갖추어 ◇◇도지사에게 융자신청을 하여야 한다.

　1.
　2.

제○조(융자의 기간 등) ① 융자의 기간은 ○년으로 한다.

　② 융자금의 이율은 연 ○퍼센트로 정한다.

　③ 융자금은 ○년 거치 후 ○년 균등배분으로 상환한다.

　④ 그 밖의 융자금의 금액, 융자조건 및 그 밖에 필요한 사항은 규칙으로 정한다.

제○조(융자금의 회수) ◇◇도지사는 융자를 받은 자가 다음 각 호의 어느 하나에 해당하면 그 상환기일 전이라도 융자금의 전부 또는 일부를 상환하게 할 수 있다.

　1. 융자금을 융자목적에 위반하여 다른 용도에 사용한 경우

　2. 해당 사업의 목적달성이 불가능한 경우

　3. 「○○법」 또는 이 조례에 따른 명령을 위반한 경우

제○조(융자금의 면제) ◇◇도지사는 제○항 제○호에 따른 융자대상기관으로부터 지원을 받은 사업자가 해당 사건의 실패로 인하여 그에 해당하는 융자금의 상환이 불가능할 경우에는 규칙으로 정하는 바에 따라 그 원리금의 전부 또는 일부를 면제할 수 있다.

제○조(회계사무의 위탁) ① ◇◇도지사는 이 회계의 운용·관리와 준비금의 운용·관리 등에 관한 사무의 일부를 규칙으로 정하는 기관 또는 단체에 위탁할 수 있다.

② ◇◇도지사는 제1항에 따라 이 회계의 운용·관리 등에 관한 사무를 위탁한 경우에는 위탁받은 기관 또는 단체의 임·직원 중에서 당해 사무를 수행할 회계관계직원을 임명할 수 있다.

③ (생   략)

④ 제2항에 따라 임명된 회계관계직원에 관하여「회계관계직원등의책임에관한법률」을 준용한다.

제○조(감독과 명령) ◇◇도지사는 제○조 제○항에 따라 사무를 위탁받은 기관 또는 단체에 대하여 감독상 필요한 범위에서 이 회계의 운용·관리나 자금관리에 관한 보고 또는 관계서류의 제출을 명하거나 소속공무원에게 그 사무를 감독하게 할 수 있다.

제○조(시행규칙) 이 조례의 시행에 필요한 사항은 규칙으로 정한다.

부칙

제○조(시행일) 이 조례는 공포한 날부터 시행한다.

제○조(다른 조례의 폐지) ◇◇도○○특별회계 조례는 폐지한다.

제○조(유효기간) 이 조례는 ○○년 ○월 ○일까지 효력을 가진다.

제○조(채권채무의 승계에 관한 경과조치) 이 조례의 효력이 종료되는 당시의 이 회계의 채권채무 등 모든 권리 및 의무는 ◇◇도○○특별회계 조례에 따른 ○○특별회계가 이를 승계한다.

제○조(종전의 특별회계에 관한 경과조치) 종전의 ○○특별회계에 따른 보조·융자, 이자율, ○○ 등은 이 조례에 따른 ○○특별회계의 보조·융자, 이자율, ○○ 등으로 본다.

Chapter 2 단답형 질의응답 및 사례

1장 소관사항의 원칙

1. 법령상 지방자치단체의 장이 처리하도록 규정하고 있는 사무가 자치사무인지 기관위임사무인지 판단방법은?

「헌법」 제117조 제1항과 「지방자치법」 제22조에 따르면, 지방자치단체는 법령의 범위 안에서 그 사무에 관하여 자치조례를 제정할 수 있으나, 이때 사무란 「지방자치법」 제9조 제1항에서 말하는 지방자치단체의 자치사무와 법령에 의하여 지방자치단체에 속하게 된 단체위임사무를 가리키므로 지방자치단체가 자치조례를 제정할 수 있는 것은 원칙적으로 이러한 자치사무와 단체위임사무에 한정합니다.

그러므로 국가사무가 지방자치단체의 장에게 위임된 기관위임사무와 같이 지방자치단체의 장이 국가기관의 지위에서 수행하는 사무일 뿐 지방자치단체 자체의 사무라고 할 수 없는 것은 원칙적으로 자치조례의 제정범위에 속하지 않는다(대법원 1992. 7. 28. 선고 92추31 판결; 1995. 12. 12. 선고 95추32 판결 등 참조) 할 것입니다.

물론, 기관위임사무에 있어서도 그에 관한 개별법령에서 일정한 사항을 조례로 정하도록 위임하고 있는 경우에는 위임조례를 만들 수 있다고 하겠으나, 이때에도 그 내용은 개별 법령이 위임하고 있는 사항에 관한 것으로서 개별 법령의 취지에 부합하는 것이라야만 하고, 그 범위를 벗어난 경우에는 위임조례로서의 효력도 인정할 수 없다 할 것입니다.

자치사무와 기관위임사무는 쉽게 구분되는 것도 있지만(전형적인 기관위임사무), 대부분의 경우에는 쉽지는 아니하다 할 것입니다. 대법원에서 판결하는 조례에 관한 사건 중에서 사무 구분이 많은 부분을 차지하겠습니까? 통상 7할이 국가사무 및 기관위임사무이고, 3할이 자치사무라고 합니다. 중앙부처에서는 시·도지사나 시장·군수·구청장으로써 있으면 자치사무로 보는 경우가 많이 있는 것도 사실입니다.

자치사무와 기관위임사무를 구분하기에 앞서 몇 가지 전제조건을 살펴보는 것이 좋을 것 같습니다. 첫째로, 법령에 시·도지사나 시장·군수·구청장이라고 되어 있더라도 이

것이 전부 자치사무가 아니라는 것입니다. 시·도지사나 시장·군수·구청장은 지방자치단체의 장, 즉 자치사무를 수행하는 역할도 수행하지만, 중앙행정기관의 일선행정기관장, 즉 기관위임사무를 수행하는 역할도 수행하기 때문입니다.

둘째로, 「지방자치법」 제9조 제2항에 예시된 사무라 하더라도 전부 자치사무는 아니라고 할 것입니다. 왜냐하면, 「지방자치법」 제9조 제2항 단서에서 법률에 이와 다른 규정이 있으면 그러하지 아니하다라고 되어 있으므로 자치사무로 예시되어 있더라도 다른 법률에서 국가 및 기관위임사무라고 하면 자치사무가 아니다라는 것입니다.

셋째로, 법률에서 시·도지사나 시장·군수·구청장에게 위임할 수 있다고 규정하고, 대통령령에서 시·도지사나 시장·군수·구청장에게 위임하는 경우는 전형적인 기관위임사무라 할 것입니다.

넷째로, 최근 지방이양사무가 많아지고 있어 이에 대한 확인도 필수적이라 할 것입니다. 물론, 지방이양사무가 되어도 법률에서는 시·도지사나 시장·군수·구청장으로 되어 있어 기관위임사무와 차이가 없다 할 것입니다. 따라서 지방이양사무인지 여부는 법률만 보면 알 수 없고, 그 법률의 개정이유와 내용, 법률 연혁 등을 종합적으로 살펴보아야 알 수 있습니다.

마지막으로, 대법원 판례에 따르면 법령상 지방자치단체의 장이 처리하도록 규정하고 있는 사무가 기관위임사무에 해당하는지 여부를 판단함에 있어서는 그에 관한 법령의 규정 형식과 취지를 우선 고려하여야 할 것이지만 그 외에도 그 사무의 성질이 전국적으로 통일적인 처리가 요구되는 사무인지 여부나 그에 관한 경비부담과 최종적인 책임귀속의 주체 등도 아울러 고려하여 판단하여야 할 것입니다.

한편, 2012년 9월 19일(2011. 10. 31. 국회에 제출하였으나 2012. 5. 29. 임기만료로 폐기된 것을 재추진) 국가와 지방자치단체 간 국가위임사무를 폐지하고, 법정수임사무를 새롭게 신설하는 내용의 「지방자치법 일부개정법률안」이 정부안으로 국회에 제출되었습니다.

그동안 중앙과 지방자치단체 간 또는 광역과 기초자치단체 간 사무구분체계가 복잡하고 불명확하다는 지적이 많았습니다. 이러한 배경 하에서 정부는 국가위임사무를 폐지하고, 법정수임사무를 새롭게 도입하여 국가사무와 자치사무를 단순화시키고 사무구분을 좀 더 명확히 하려는 「지방자치법 일부개정법률안」을 마련한 것입니다.

만약 이 법률안이 통과되어 공포·시행되면 자치사무와 기관위임사무 구분을 하지 아니하여도 되므로 조례 제정 여부에 대한 많은 부분을 해소할 수 있을 것입니다.

1) 자치사무라는 사례

───── 대법원 1992. 6. 23. 선고 92추17 판결 【행정정보공개조례(안)재의결】 ─────

지방자치법 제11조 제2호에 의하면 지방자치단체는 물가정책, 금융정책, 수출입정책 등 전국적으로 통일적 처리를 요하는 국가사무는 처리할 수 없게 규정하고 있으나, 정보공개사무의 처리가 반드시 전국적으로 통일을 요하는 것이라고 보기 어려울 뿐 아니라 행정정보공개제도를 악용하는 행위에 대하여는 현행법에 의하여도 그 처벌이나 권리구제가 가능한 터에 이 사건 정보공개조례안은 그 제5조에서 다른 법령에서 공개할 수 없도록 규정하고 있는 정보, 집행기관 내부 또는 다른 기관과의 상호 간 의사 결정 과정에 있는 정보로서 공개하는 것이 적정한 의사결정에 지장을 가져올 우려가 명백한 정보, 국가 또는 공공단체 상호 간 협의 또는 의뢰에 의해 작성, 취득한 정보로서 공개함으로 인하여 이들 간의 협력관계를 손상할 우려가 있는 정보 등을 공개하지 아니할 수 있도록 규정하고 있으므로 원고가 우려하는 바와 같은 공익저해나, 국가 및 타 자치단체와의 마찰이 발생할 소지가 크다고 할 수 없어 전국적으로 통일체계화된 법적 기준도 굳이 필요하다고 할 수 없다.
오히려 행정정보의 공개제도는 이미 오래전부터 세계 각국에서 채택하여 시행되어 오고 있는 실정으로서 우리나라의 경우에도 그와 관련된 입법이 바람직한 것은 부인할 수 없으나(이러한 의미에서 원고도 행정정보공개제도 자체가 위헌, 위법이라는 주장은 하지 않고 있다), 뒤에서 보는 바와 같이 정보공개조례안은 국가위임사무가 아닌 자치사무 등에 관한 정보만을 공개대상으로 하고 있다고 풀이되는 이상 반드시 전국적으로 통일된 기준에 따르게 할 것이 아니라 지방자치단체가 각 지역의 특성을 고려하여 자기 고유사무와 관련된 행정정보의 공개사무에 관하여 독자적으로 규율할 수 있다고 보여지므로 구태여 국가의 입법미비를 들어 이러한 지방자치단체의 자주적인 조례제정권의 행사를 가로막을 수는 없다고 하여야 할 것이다.

───── 대법원 1995. 3. 28. 선고 94다45654 판결 【손해배상】 ─────

호적법에 의하면 호적에 관한 사무는 시, 읍, 면의 장이 이를 관장하되(제2조), 이는 시, 읍, 면의 사무소의 소재지를 관할하는 가정법원장 또는 가정법원장의 명을 받은 가정법원지원장이 감독한다(제4조)고 규정되어 있고, 구 호적법(1990. 12. 31. 법률 제4298호로 개정되기 전의 것)에 의하면 호적법의 규정에 의하여 납부하는 수수료 및 과태료를 서울특별시, 직할시, 시, 읍, 면의 수입으로 하고(제6조 제1항), 시, 읍, 면의 장이 관장하는 호적사무에 요하는 비용은 당해 시, 읍, 면의 부담으로 한다(제7조)라고 규정되어 있으며, 지방자치법 제9조 제1항은 지방자치단체는 그 관할구역의 자치사무와 법령에 의하여 지방자치단체에 속하는 사무를 처리한다고 규정하고, 같은 조 제2항은 각 호에서 제1항의 규정에 의한 지방자치단체의 사무를 열거하면서 제1호 (차)목으로 호적 및 주민등록관리를 예시하되, 그 단서에서 법률에 이와 다른 규정이 있는 경우에는 그러하지 아니하다고 규정하고 있는바, 이와 같은 호적법 및 지방자치법의 제규정에 비추어 보면 호적사무는 국가의 사무로서 국가의 기관위임에 의하여 수행되는 사무가 아니고 지방자치법 제9조가 정하는 지방자치단체의 사무라고 할 것이고, 단지 일반행정사무와는 달리 사법적 성질이 강하여 법원의 감독을 받게 하는 데 지나지 아니한다 고 할 것이다.

대법원 1996. 11. 29. 선고 96추84 판결

> **【학교급식시설지원에관한조례안재의결무효확인】**
>
> 학교급식의 실시에 관한 사항은 고등학교 이하 각급 학교의 설립·경영·지휘·감독에 관한 사무로서 지방자치단체 중 특별시·광역시·도의 사무에 해당하나, 학교급식시설의 지원에 관한 사무는 고등학교 이하 각급 학교에서 학교급식의 실시에 필요한 경비의 일부를 보조하는 것이어서 그것이 곧 학교급식의 실시에 관한 사무에 해당한다고 보기 어려울 뿐만 아니라, 지방교육재정교부금법 제11조 제5항은 시·군·자치구가 관할구역 안에 있는 고등학교 이하 각급 학교의 교육에 소요되는 경비의 일부를 보조할 수 있다고 규정하고 있으므로, 학교급식시설의 지원에 관한 사무는 시·군·자치구의 자치사무에 해당한다.

대법원 2006. 10. 12. 선고 2006추38

> **판결 【지방의회조례안재의결무효확인청구】**
>
> 지방자치법 제15조에 의하면 지방자치단체는 그 내용이 주민의 권리의 제한 또는 의무의 부과에 관한 사항이거나 벌칙에 관한 사항이 아닌 한 법률의 위임이 없더라도 그의 사무에 관하여 조례를 제정할 수 있는바, 지방자치단체의 세 자녀 이상 세대 양육비 등 지원에 관한 조례안은 저출산 문제의 국가적·사회적 심각성을 십분 감안하여 향후 지방자치단체의 출산을 적극 장려토록 하여 인구정책을 보다 전향적으로 실효성 있게 추진하고자 세 자녀 이상 세대 중 세 번째 이후 자녀에게 양육비 등을 지원할 수 있도록 하는 것으로서, 위와 같은 사무는 지방자치단체 고유의 자치사무 중 주민의 복지증진에 관한 사무를 규정한 지방자치법 제9조 제2항 제2호 (라)목에서 예시하고 있는 아동·청소년 및 부녀의 보호와 복지증진에 해당되는 사무이고, 또한 위 조례안에는 주민의 편의 및 복리증진에 관한 내용을 담고 있어 그 제정에 있어서 반드시 법률의 개별적 위임이 따로 필요한 것은 아니다.

법제처 유권해석 08-0170(2008. 9. 1.)

> 기초지방자치단체가 그 소속 공무원이 적법한 공무집행 과정에서 형사소추되는 경우 고의나 과실이 없다고 판단되는 때에 변호사비용으로서 1회에 한하여 500만 원 이내에서 지원할 수 있도록 하는 것은 「지방자치법」 제9조(지방자치단체의 사무범위)에 해당되어 같은 법 제22조에 의한 조례로 정할 수 있고, 「지방재정법」 제17조 제1항에 위반되지 아니합니다. 다만, 지원방법이나 지원내용 등이 「지방공무원법」, 「지방공무원 보수규정」, 「지방공무원 수당 등에 관한 규정」 등 관련 규정의 내용 및 취지에 어긋나지 않아야 할 것입니다.

2) 기관위임사무 및 국가사무라는 사례

대법원 1999. 9. 17. 선고 99추30 판결

【울진군발전소주변지역지원산업시행에관한조례무효확인청구의소】

헌법 제117조 제1항과 지방자치법 제15조에 의하면 지방자치단체는 법령의 범위 안에서 그 사무에 관하여 자치조례를 제정할 수 있으나 이때 사무란 지방자치법 제9조 제1항에서 말하는 지방자치단체의 자치사무와 법령에 의하여 지방자치단체에 속하게 된 단체위임사무를 가리키므로 지방자치단체가 자치조례를 제정할 수 있는 것은 원칙적으로 이러한 자치사무와 단체위임사무에 한한다. 그러므로 국가사무가 지방자치단체의 장에게 위임된 기관위임사무와 같이 지방자치단체의 장이 국가기관의 지위에서 수행하는 사무일 뿐 지방자치단체 자체의 사무라고 할 수 없는 것은 원칙적으로 자치조례의 제정범위에 속하지 않는다(대법원 1992. 7. 28. 선고 92추31 판결; 1995. 12. 12. 선고 95추32 판결 등 참조).

다만, 기관위임사무에 있어서도 그에 관한 개별법령에서 일정한 사항을 조례로 정하도록 위임하고 있는 경우에는 위와 같은 지방자치단체의 자치조례 제정권과 무관하게 이른바 위임조례를 정할 수 있다고 하겠으나 이때에도 그 내용은 개별 법령이 위임하고 있는 사항에 관한 것으로서 개별 법령의 취지에 부합하는 것이라야만 하고, 그 범위를 벗어난 경우에는 위임조례로서의 효력도 인정할 수 없다. 그리고 법령상 지방자치단체의 장이 처리하도록 규정하고 있는 사무가 기관위임사무에 해당하는지 여부를 판단함에 있어서는 그에 관한 법령의 규정 형식과 취지를 우선 고려하여야 할 것이지만 그 외에도 그 사무의 성질이 전국적으로 통일적인 처리가 요구되는 사무인지 여부나 그에 관한 경비부담과 최종적인 책임귀속의 주체 등도 아울러 고려하여 판단하여야 할 것이다.

발전소주변지역지원에관한법률은 지역개발 외에 전원개발의 촉진과 발전소 및 방사성폐기물관리시설의 원활한 운영 도모를 그 목적에 포함시키고 있고(제1조), 위 법상 발전소 주변지역에 대한 지원사업은 한국전력공사가 전국의 각 주변지역에 대한 장기계획을 각각 수립하여야 하며(제9조), 지원사업은 지방자치단체의 장 외에 위 공사도 그 시행주체가 되어(제11조), 지원사업의 내용에 따라 각각 나누어 시행하게 되어 있고(같은 법 시행령 제19조 내지 제25조), 사업시행에 필요한 경비는 기본적으로 위 공사가 출연하여 운용·관리하는 기금에 의하여 충당하게 되어 있는 점을 고려할 때(제4조 내지 제7조), 위 법상 발전소 주변지역에 대한 지원사업은 지방자치단체별로 재정능력에 따른 차등이 없이 통일적으로 시행하여야 할 국가사무에 해당하나 다만 당해 지역의 사정과 지방자치단체가 시행하는 다른 복지시책과 밀접한 관련하에서 시행할 필요가 있는 점을 고려하여 당해 지방자치단체의 장에게 시행을 위임한 기관위임사무에 해당한다.

대법원 1992. 7. 28. 선고 92추31 판결 【지방의회조례안의결취소】

광주직할시서구주택건설사업계획입지심의회운영조례안이 규정하는 주택건설촉진법 제33조의 규정에 의한 사업계획승인은 건설부장관 소관의 국가사무로서 단체장에게 위임된 이른바 기관위임사무이고 지방자치단체에 위임된 단체위임사무가 아님이 명백하므로, 위 조례안은 조례로 제정할 수 없는 사항을 규정한 것이어서 조례제정범위에 관한 지방자치법의 규정에 위반되어 위법하다.

대법원 1995. 5. 12. 선고 94추28 판결

【전라북도공동주택입주자보호를위한조례안무효확인】

주택의 공급조건·방법·절차 등에 관한 사항은 건설교통부장관의 고유업무인 국가사무이고 주택건설촉진법 제50조, 같은 법 시행령 제45조에 의한 권한위임의 경우라도 이는 기관위임사무라 할 것인바, 국가사무(기관위임사무)는 자치사무와 달리 헌법 제117조 제1항에 의하여 법령의 범위를 벗어나지 아니하는 범위 내에서 조례로 제정할 수 있는 대상이라고 볼 수 없으므로, 법령에 의하여 국가사무가 지방자치단체에게 위임된 바가 없음에도 주택건설 사업승인 대상인 분양을 목적으로 하는 20세대 이상의 공동주택을 대상으로하여 필요한 사항을 규정한 전라북도 공동주택입주자보호를위한조례안은 지방자치법 제15조 단서, 주택건설촉진법 제1조, 제4조, 제5조, 제32조를 위반한 것으로 그 구체적 조항이 법령에 위반된 여부에 나아가 살펴볼 필요 없이 전체적으로 무효이다.

대법원 1999. 4. 13. 선고 98추40 판결

【마산시주택임대차계약증서확정일자부여업무조례무효확인】

조례에 의하여 읍·면·동·출장소가 주택임대차계약서에 확정일자를 부여하는 것은 민법 부칙 제3조 제1항에 근거한 것이고, 이는 법원서기가 사문서에 확정일자인을 날인하여 확정일자를 부여하는 국가사무 중 주택임대차계약서에 대한 확정일자 부여사무를 기관위임(위탁)받아 처리하는 것과 유사한 성격이라 할 것이고, 읍·면·동·출장소의 주민등록 담당공무원이 전입신고를 받을 때 그 신고자에게 주택임대차계약서의 확정일자에 관하여 고지, 안내, 확정일자부여 청구 여부의 확인 등을 하는 업무도 읍·면·동·출장소에서 주택임대차계약서에 확정일자를 부여하는 위와 같은 업무에 부수된 업무에 관한 것이므로, 그 업무의 성격 역시 주된 업무인 위 확정일자 부여업무와 마찬가지로 봄이 상당하다.

대법원 1999. 4. 13. 선고 98추40 판결

【마산시주택임대차계약증서확정일자부여업무조례무효확인】

도시공원법 제4조 제5항은 도시공원에 관한 조성계획의 결정 및 변경결정은 도시계획으로 하여야 한다고 규정하고 있고 도시계획법 제12조 제1항은 도시계획의 결정 및 변경결정은 건설교통부장관이 하도록 규정하고 있으므로, 도시공원 조성계획의 결정 및 변경결정에 관한 사무는 건설교통부장관의 고유업무인 국가사무라고 할 것이나, 다만 도시공원 조성계획은 도시계획으로 결정된 도시공원에 대한 공원시설의 종류, 위치 및 범위 등을 구체적으로 확정하는 계획이므로 위 조성계획의 결정 및 변경은 도시계획법 시행령 제7조의3 제3호 (가)목에서 규정하는 '이미 결정된 계획에 있어서의 도시계획법 제2조 제1항 제2호 (나)목의 시설에 대한 세부시설의 결정 및 변경결정'에 해당하고, 따라서 도시계획법 제12조 제1항 단서에서 규정하는 '경미한 도시계획의 변경'에 해당하기 때문에 도시계획법 제10조 제1항, 같은 법 시행령 제6조 제1항 제4호에 의하여 조성계획의 결정 및 변경결정에 관한 건설교통부장관의 권한이 지방자치단체의 장에게 위임되어 있을 뿐이므로, 지방자치단체의 장의 도시공원 조성계획의 결정 및 변경결정에 관한 사무는 기관위임사무에 해당하며, 한편 도시공원법 제30조는 도시공원의 설치 및 관리에 관하여 필요한 사항은 당해 지방자치단체의 조례로 정한다고 규정하고 있으

나, 여기에서 '도시공원의 설치 및 관리에 필요한 사항'이라 함은 지방자치법 제9조 제2항 제4호 (카)
목에서 규정하는 자치사무를 말하고 도시공원 조성계획의 결정 및 변경결정에 관한 사무는 여기에 해
당하지 않는다고 할 것이며, 또한 지방자치법 시행령 제42조는 지방자치단체는 그 소관사무의 범위
안에서 자문기관을 조례로 설치할 수 있다고 규정하고 있으나, 여기에서의 지방자치단체의 소관사무
라 함은 고유사무인 자치사무와 단체위임사무를 말하고 기관위임사무는 여기에 포함되지 않는다고 할
것이므로, 도시계획법 제30조와 지방자치법 시행령 제42조를 국가사무로서 기관위임사무인 도시공원
조성계획의 결정·변경에 관한 사항을 조례로 정할 수 있도록 위임한 근거 법령으로 볼 수 없고, 달
리 그 위임근거가 될 만한 법령을 찾아볼 수 없으므로, 지방자치단체는 도시공원 조성계획의 결정·
변경결정에 관한 사항을 조례로 정할 수 없다.

대법원 2001. 11. 27. 선고 2001추57 판결【조례안재의결무효확인청구】

도시가스사업법 제3조, 제9조, 제10조, 제11조, 제18조, 제18조의3, 제20조 등 관련 규정을 종합하
면, 시·도지사의 지역별 가스공급시설의 공사계획 수립·공고나 도시가스의 요금 및 기타 공급조건
에 관한 공급규정의 승인에 관한 사항은 지방자치법 제9조, 제35조 제1항 제11호에 의하여 법령에
의하여 지방자치단체의 사무에 속한 사항으로 조례로 제정할 수 있고, 일정한 경우 지방의회의 의결
사항으로 할 수도 있다고 할 것이지 국가사무로 시·도지사에게 기관위임된 사무라고 할 것은 아니
고, 같은 법 제18조의2, 제18조의4 제1항, 제20조 제3항, 제24조 제1항, 제2항, 제40조, 제40조의3,
제41조 제1항, 같은 법 시행령 제10조, 제11조, 제12조 등의 규정만으로 시·도지사가 가지는 지역
별 가스공급시설의 공사계획 수립·공고나 도시가스의 요금 및 기타 공급조건에 관한 공급규정의 승
인에 관한 업무의 성질이 달라지는 것은 아니다.

대법원 2003. 4. 22. 선고 2002두10483 판결【해임처분취소】

지역신용보증재단법에 의하여 규율되고 중소기업청장의 승인과 감독 아래에 놓여 있는 이 사건 서울
신용보증재단의 사무, 특히 업무감독과 감독상 필요한 명령에 관한 사무는 중앙행정기관인 중소기업
청장의 고유업무인 국가사무로서 지방자치단체의 사무에 해당하지 아니하고, 피고는 지역신용보증재단
법 규정에 의하여 중소기업청장으로부터 위임받은 권한을 가질 뿐, 일반적인 업무감독권이나 감독상
필요한 명령을 할 수 있는 권한은 가지지 못하며, 중소기업청장의 위임에 의하여 피고가 가지는 권한
범위 내의 사무는 국가사무가 지방자치단체의 장에게 위임된 기관위임사무에 해당한다고 판단한 것은
옳고, 거기에 상고이유로 든 주장과 같은 잘못이 없다.

─── 대법원 2004. 6. 11. 선고 2004추34 판결 【조례안재의결무효확인】 ───

건설교통부장관은 산업자원부장관으로부터 통보받은 전국의 골재자원에 관한 기초조사와 골재자원에 관
한 실지조사 등을 종합하여 관계 중앙행정기관의 장과 협의를 거쳐 골재의 장기수요전망·골재의 장기
공급전망·골재자원의 개발방향 등이 포함된 골재수급기본계획을 매 5년마다 수립·시행하는 한편, 시·
도지사로부터 다음 연도의 골재수급계획을 제출받고, 중앙행정기관의 장으로부터 골재가 소요되는 사업
에 있어서의 사업계획서를 통보받아 이를 총괄·조정한 후 다음 연도의 골재수급계획을 수립하여 이를
관계 중앙행정기관의 장 및 시·도지사에게 통보하여야 하며, 또한, 건설교통부장관은 골재의 수급불균
형으로 인하여 국민경제운용에 중대한 지장이 초래될 우려가 있다고 인정되는 때에는 골재의 집중개발·
비축·수출입조정 기타 골재의 수급안정을 위하여 필요한 조치를 할 수 있도록 하고 있으므로, 골재채
취업등록 및 골재채취허가사무는 전국적으로 통일적 처리가 요구되는 중앙행정기관인 건설교통부장관의
고유업무인 국가사무로서 지방자치단체의 장에게 위임된 기관위임사무에 해당한다고 할 것이다.

─── 대법원 2006. 7. 28. 선고 2004다759 판결 【손해배상(기)】 ───

부랑인선도시설 및 정신질환자요양시설에 대한 지도·감독사무는 사회복지시설의 설치·운영 및 관
리업무의 일부로서 주민의 복지증진에 관한 사무에 해당하는 것이므로 지방자치단체의 자치사무인 성
질을 가지고 있고, 또한 위 각 시설에 수용된 사람의 수용과정 또는 퇴소과정 및 수용생활기간 중 발
생할 수 있는 인권침해행위를 방지하고 위 각 시설에 대한 재정적 지원을 통하여 지방자치단체의 재
정능력에 상관없이 동등한 처우를 받도록 하는 등 전국적인 통일된 기준에 의하여 처리할 필요성이
있는 것이므로 국가사무로서의 성질도 가지고 있다.
그리고 경비부담에 관하여 보면, 국가가 부랑인선도시설 및 정신질환자요양시설의 지도·감독사무의
경비를 지방자치단체에 대하여 지급하고 있었던 사정은 기록상 찾아 볼 수 없지만, 앞서 든 각 법률
의 관계 규정에 의하면, 국가 또는 지방자치단체는 사회복지법인 및 정신질환자요양시설의 설치·운
영자에 대하여 보조금을 교부할 수 있고, 기록에 의하면, 소외 복지법인은 시설운영비(직원 인건비,
시설관리비 등), 생계비(의식주 비용), 기능보강사업비(시설건축비용) 등의 명목으로 위 각 법령에 의
한 보조금을 교부받았는데, 그중 시설운영비는 국고 80%, 지방비(충청남도) 20%로 구성되어 있었다.
마지막으로, 책임의 최종적인 귀속주체에 관하여 보면, 위 구 부랑인선도시설운영규정 제30조 제2항,
위 제정 당시의 구 정신보건법 시행규칙 제32조 제2항, 위 구 정신요양시설의 설치기준 및 운영 등에
관한 규칙 제9조 제2항 등의 규정은 장관이 시·도지사를 통하여 정신질환자요양시설에 대한 지도·
감독 또는 검사 결과를 정기적으로 보고받도록 하고 있는바, 이는 장관을 최종적인 지도·감독 책임
의 귀속주체로 하려는 것으로 보인다.
이상과 같이, 부랑인선도시설 및 정신질환자요양시설의 지도·감독사무에 관한 법규의 규정 형식과 취지는
장관이 위 각 시설에 대한 지도·감독권한을 시장·군수·구청장에게 위임 또는 재위임하고 있는 것으로
보이는 점, 위 각 시설에 대한 지도·감독사무의 성질은 전국적으로 통일적인 처리가 요구되는 것인 점,
위 각 시설에 대한 대부분의 시설운영비 등의 보조금을 국가가 부담하고 있는 점, 장관이 정기적인 보고를
받는 방법으로 최종적인 책임을 지고 있는 것으로 보이는 점 등을 종합하여 보면, 원고들의 수용기간 동안
위 각 시설에 대한 장관의 지도·감독권한은 시장·군수·구청장에게 기관위임되어 있었다고 할 것이다.

행정기관인 공정거래위원회의 고유 업무인 국가사무로서 시·도지사에게 위임된 기관위임사무에 해당한다고 볼 것입니다.

━━━ 법제처 유권해석 10-0269(2010. 9. 13.) ━━━

「도로교통법」 제160조 제3항에 따른 과태료 중 제15조 제3항에 따른 전용차로 통행, 제32조·제33조 또는 제34조의 규정에 따른 정차 또는 주차 규정의 위반에 따른 과태료는 시장 등이 부과·징수하도록 규정하면서 같은 법 제32조·제33조 또는 제34조의 위반행위에 대하여는 같은 법 제163조에 따라 경찰서장이 통고처분을 할 수 있도록 하고 있으므로, 같은 법 제32조·제33조 또는 제34조의 위반에 따른 과태료 부과업무를 지방자치단체의 고유한 사무로 보기는 어렵다고 할 것이고, 같은 법 제32조·제33조 또는 제34조의 위반에 따른 시장 등의 과태료 부과에 대하여 조례의 위임 없이 같은 법 시행령 제86조 및 별표 6과 같은 법 시행규칙 제142조, 제146조, 제148조 및 별표 39에서 과태료 부과 및 징수 절차, 과태료 부과기준, 과태료 감경기준 등을 구체적으로 정하고 있어 각 지방자치단체의 장의 재량이 인정되기 어려운 점 등을 종합하면, 같은 법 제32조·제33조 또는 제34조의 위반에 따른 시장 등의 과태료 부과 업무는 기관위임사무로 보아야 할 것입니다.

━━━ 법제처 유권해석 10-0415(2011. 2. 10.) ━━━

액화석유가스 충전사업 및 가스용품 제조사업에 대한 허가사무는 액화석유가스사업법에 따라 시·도지사에게 허가권한이 부여된 시·도의 사무로서 지방자치단체인 시·군·구가 아니라 시·도의 하위 행정기관인 시장·군수·구청장에 위임된 기관위임사무라 할 것인바, 해당 사무에 관하여 위임을 받은 기관인 시장·군수·구청장이 소속된 시·군·구의 조례로 정할 수 있다는 특별한 위임규정이 없는 한 이에 관하여 시·군·구의 조례로 정할 수는 없다고 할 것이고, 앞서 본 바와 같이 액화석유가스사업법 제4조 제2항은 같은 조 제1항 제1호부터 제3호까지의 허가요건에 관한 세부적인 사항에 대하여 시·군·구의 조례로 정하도록 위임한 규정이라고는 볼 수 없어 결국 위 허가요건에 관한 세부적인 사항은 시·군·구의 조례로 정할 수 없다고 보아야 할 것입니다.

━━━ 법제처 유권해석 11-0007(2011. 3. 3.) ━━━

국가하천 관련 사무는 원칙적으로 국가사무인 점, 하천편입토지보상법에 따른 국가하천 편입토지에 대한 보상금 지급사무가 지방자치단체별로 상이한 것으로 볼 수 없는 점, 국가하천의 편입토지에 대한 손실 보상금 재원을 국고로 하고 있는 점, 국토해양부장관이 매년 보상계획을 보고받는 점, 국가하천 편입토지에 대한 보상금 지급 사무는 한시적인 성격의 사무인 점 등에 비추어 볼 때, 하천편입토지보상법에 따른 국가하천 편입토지에 대한 보상금 지급 사무는 전국적으로 통일적인 처리가 요구되는 사무로서 중앙행정기관인 국토해양부장관의 고유 업무인 국가사무라 할 것이고, 하천편입토지보상법에서 보상업무 주체를 시·도지사로 규정한 것은 해당 사무가 보상청구권자의 편의, 행정수행의 능률성 등을 위해 지방자치단체의 조직과 인력을 활용할 필요성이 있는 사무라는 점을 감안하여 시·도지사에게 위임된 기관위임사무에 해당한다고 할 것입니다.

━━━ 법제처 유권해석 11-0157(2011. 4. 28.) ━━━

「지방자치법」 제11조에서 지방자치단체는 외교, 국방, 사법(司法), 국세 등 국가의 존립에 필요한 사무(제1호), 물가정책, 금융정책, 수출입정책 등 전국적으로 통일적 처리를 요하는 사무(제2호) 등에 해당하는 국가사무를 처리할 수 없고 다만, 법률에 이와 다른 규정이 있는 경우에는 국가사무를 처리할 수 있다고 규정하고 있는바, 이는 전국적 규모의 사무, 국가 전체적인 통일성을 요하는 사무나 국가의 안위에 관계되는 중요 사무 등은 국가에서 처리하도록 하기 위하여 지방자치단체가 처리할 수 있는 사무의 범위에서 명시적으로 배제한 것입니다.

이 사안과 같이 한국전쟁 당시 인천상륙작전으로 인한 피해주민과 그 유족에 대하여 생활안정지원금, 의료지원금 등을 지급하는 지원 및 보상에 관한 사항이 「지방자치법」 제11조에서 규정하고 있는 국가사무에 해당하는지를 살펴보면, 한국전쟁 당시 인천상륙작전이라는 원인행위로 인해 피해를 입은 국민들에 대한 보상 및 지원은 그 대상자가 한국전쟁 시 인천상륙작전으로 인한 피해주민과 그 유족이라면, 이들이 약 50년 전에는 일정 지역에 거주하였던 주민이라고 하더라도 보상 및 지원을 하려는 현재까지 그 지역에 거주한다는 것은 장담할 수 없음을 감안할 때 전국적으로 통일적인 기준에 따라 처리하여야 할 필요성이 인정된다고 할 것이고, 그 원인행위의 발생 장소가 일부 지역이라고 하여 해당 지역 지방자치단체의 자치사무로 볼 것은 아니라고 할 것이어서, 이는 「지방자치법」 제11조에 따른 국가사무에 해당한다고 할 것입니다.

━━━ 법제처 유권해석 11-0499(2011. 11. 17.) ━━━

「주한미군 공여구역주변지역 등 지원 특별법」에 따라 시행되는 공여구역주변지역 및 반환공여구역주변지역에 대한 환경예방 및 그 대책을 위한 환경기초조사도 국가사무의 일환으로 수행되는 것으로 보아야 할 것이고, 특히 이러한 환경기초조사 역시 주한미군에 대한 공여로 발생되는 토양오염 등으로 인하여 필요하게 된 것일 뿐만 아니라, 주한미군주변지역지원법 시행령 제27조 제2호부터 제4호까지의 규정에 따르면 1단계 환경기초조사 결과 정상지역이 아니라고 판단되는 경우에는 환경부장관이 2단계 환경기초조사를 하도록 하고 있고, 환경기초조사의 1단계 조사 및 2단계 조사의 항목 등에 관하여 필요한 사항은 환경부장관이 정하도록 하고 있는 등, 1단계 환경기초조사를 포함한 공여구역주변지역 및 반환공여구역주변지역에 대한 환경기초조사는 환경부장관이 정하는 기준에 따라 통일적으로 이루어진다는 점에서 1단계 환경기초조사는 국가사무로서 지방자치단체의 장에게 위임된 기관위임사무라고 해석됩니다.

「주택법」 제89조의2 및 같은 법 시행령 제118조의2에 따르면 국토해양부장관은 제41조의2를 위반하여 분양권 등을 전매하거나 알선하는 자를 주무관청에 신고한 자에게 포상금을 지급할 수 있고, 부정행위를 신고한 자가 수사결과를 통지받은 후 국토해양부장관에게 포상금의 지급을 신청하면 국토해양부장관은 신청일부터 30일 이내에 포상금을 지급하여야 하며, 같은 법 시행규칙 제51조의2 제1항에 따르면 세부적인 포상금의 지급기준은 위반행위 유형 등을 고려하여 국토해양부장관이 정하도록 하고 있어, 국토해양부장관에게 포상금 지급기준을 정하여 포상금을 지급할 권한을 부여하고 있다 할 것이고, 같은 법 제87조 제1항 및 같은 법 시행령 제117조 제4호의2에 따르면 국토해양부장관은 같은 법 제89조의2의 규정에 의한 신고의 수리, 포상금의 지급 등에 관한 업무 권한을 시·도지사에게 위임한다고 규정하고 있는바, 주택법령의 규정형식에 비추어 보면 같은 법 제89조의2에 따른 포상금 지급 사무는 국토해양부장관의 사무로서 시·도지사에 기관위임되어 있는 사무라고 할 것입니다.

「에너지이용 합리화법」 제69조 제1항 및 같은 법 시행령 제50조에 따르면 「에너지이용 합리화법」 제78조 제4항 제1호와 제11호에 따른 지식경제부장관의 과태료의 부과·징수권한을 시·도지사에게 위임하도록 규정하고 있고, 같은 법 제69조 제2항에서는 시·도지사는 지식경제부장관으로부터 위임받은 해당 권한의 일부를 지식경제부장관의 승인을 받아 시장·군수·자치구의 구청장 등에게 재위임할 수 있도록 규정하고 있는바, 같은 법 제78조 제4항 제1호와 제11호에 따른 과태료 부과·징수권한은 지식경제부장관의 권한이나 법령에 따라 시·도지사에게 위임된 기관위임사무라고 할 것이고, 이러한 기관위임사무에 대하여는 에너지이용 합리화법령에서 조례로 재위임할 수 있도록 명시적으로 규정하고 있지 않는 한, 시의 조례로 시장이 구청장 등에게 재위임할 수 없다고 할 것입니다.

2장 법령우위의 원칙

1. 법령이란 무엇인지?

「헌법」 제117조 제1항에서 지방자치단체가 법령의 범위 안에서 자치에 관한 규정을 제정할 수 있다고 하고, 「지방자치법」 제22조 본문에서 지방자치단체는 법령의 범위 안에서 그 사무에 관하여 조례를 제정할 수 있다고 하고 있는데, "법령"이 무엇인지 문제될 수 있다할 것입니다. 특히 통상 "법령"이란 법률, 대통령령, 총리령·부령을 의미하는데, 여기에 중앙행정기관의 행정규칙도 포함되는지에 대하여 논란이 될 수 있다 할 것입니다.

그러나 중앙행정기관의 행정규칙(훈령·예규·고시 등)이라고 하여 모두가 포함되는 것은 아니라 할 것입니다. 법령의 직접적인 위임에 따라 위임범위에서 규정된 행정규칙만 법령에 포함된다 할 것입니다. 다시 말하면 법령의 위임에 따라 위임범위에서 규정된 행정규칙은 조례를 제정·개정할 때 근거가 되어 이에 따라야 하지만, 그렇지 아니한 경우에는 조례의 근거가 될 수 없어 이에 따르지 아니하여도 문제가 되지 아니한다 할 것입니다.

따라서 조례를 제정·개정할 때 중앙행정기관의 행정규칙을 따라야 할지 여부는 행정규칙이 법령에 위반되는지 여부에 따라 결정되고, 법령에 위반되는지 여부를 살펴보기 위하여는 ① 행정규칙이 상위 법령에 근거하여 만들어졌는지와 ② 상위 법령의 위임한계를 벗어났는지에 대한 확인이 필요하다 할 것입니다.

헌법 제117조 제1항은 "지방자치단체는 주민의 복리에 관한 사무를 처리하고 재산을 관리하며, 법령의 범위 안에서 자치에 관한 규정을 제정할 수 있다."고 규정하여 지방자치제도의 보장과 지방자치단체의 자치권을 규정하고 있다. 헌법이 규정하는 이러한 자치권 가운데에는 자치에 관한 규정을 스스로 제정할 수 있는 자치입법권은 물론이고 그밖에 그 소속 공무원에 대한 인사와 처우를 스스로 결정하고 이에 관련된 예산을 스스로 편성하여 집행하는 권한이 성질상 당연히 포함된다. 다만, 이러한 헌법상의 자치권의 범위는 법령에 의하여 형성되고 제한된다. 헌법도 제117조 제1항에서 법령의 범위 안에서 자치에 관한 규정을 제정할 수 있다고 하였고 제 118조 제2항에서 지방자치단체의 조직과 운영에 관한 사항은 법률로 정한다고 규정하고 있다.

헌법 제117조 제1항에서 규정하고 있는 '법령'에 법률 이외에 헌법 제75조 및 제95조 등에 의거한 '대통령령', '총리령' 및 '부령'과 같은 법규명령이 포함되는 것은 물론이지만, 헌법재판소의 "법령의 직접적인 위임에 따라 수임행정기관이 그 법령을 시행하는 데 필요한 구체적 사항을 정한 것이면, 그 제정형식은 비록 법규명령이 아닌 고시, 훈령, 예규 등과 같은 행정규칙이더라도, 그것이 상위법령의 위임한계를 벗어나지 아니하는 한, 상위법령과 결합하여 대외적인 구속력을 갖는 법규명령으로서 기능하게 된다고 보아야 한다."고 판시한 바에 따라, 헌법 제117조 제1항에서 규정하는 '법령'에는 법규명령으로서 기능하는 행정규칙이 포함된다.

2. 조약도 조례의 상위 법령인지?

「헌법」 제117조 제1항에서 지방자치단체가 법령의 범위 안에서 자치에 관한 규정을 제정할 수 있다고 하고, 「지방자치법」 제22조 본문에서 지방자치단체는 법령의 범위 안에서 그 사무에 관하여 조례를 제정할 수 있다고 하고 있는데, 조례도 "법령"에 해당하는지 논란이 있을 수 있습니다.

「헌법」 제6조 제1항에 따르면, 헌법에 의하여 체결·공포된 조약과 일반적으로 승인된 국제법규는 국내법과 같은 효력을 가진다라고 규정되어 있으므로 GATT, WTO, 한·미 FTA, 정부조달에 관한 협정(Agreement on Government Procurement) 등 「헌법」에 따라 체결·공포된 조약도 국내법과 같은 효력을 지닙니다.

따라서 GATT, WTO, 한·미 FTA 등도 조례의 상위 법령이므로 조례가 이들 조약을 위반하는 경우 조례가 무효가 될 수 있으니 조심하여야 할 것입니다.

대법원 2005. 9. 9. 선고 2004추10 판결
【전라북도학교급식조례재의결무효확인】

'1994년 관세 및 무역에 관한 일반협정'(General Agreement on Tariffs and Trade 1994, 이하 'GATT'라 한다)은 1994. 12. 16. 국회의 동의를 얻어 같은 달 23. 대통령의 비준을 거쳐 같은 달 30. 공포되고 1995. 1. 1. 시행된 조약인 '세계무역기구(WTO) 설립을 위한 마라케쉬협정'(Agreement Establishing the WTO)(조약 1265호)의 부속 협정(다자간 무역협정)이고, '정부조달에 관한 협정'(Agreement on Government Procurement, 이하 'AGP'라 한다)은 1994. 12. 16. 국회의 동의를 얻어 1997. 1. 3. 공포시행된 조약(조약 1363호, 복수국가 간 무역협정)으로서 각 헌법 제6조 제1항에 의하여 국내법령과 동일한 효력을 가지므로 지방자치단체가 제정한 조례가 GATT나 AGP에 위반되는 경우에는 그 효력이 없다.

특정 지방자치단체의 초·중·고등학교에서 실시하는 학교급식을 위해 위 지방자치단체에서 생산되는 우수 농수축산물과 이들 새료로 사용하는 가공식품(이하 '우수농산물'이라고 한다)을 우선적으로 사용하도록 하고 그러한 우수농산물을 사용하는 자를 선별하여 식재료나 식재료 구입비의 일부를 지원하며 지원을 받은 학교는 지원금을 반드시 우수농산물을 구입하는 데 사용하도록 하는 것을 내용으로 하는 위 지방자치단체의 조례안이 내국민대우원칙을 규정한 '1994년 관세 및 무역에 관한 일반협정'(General Agreement on Tariffs and Trade 1994)에 위반되어 그 효력이 없다.

대법원 2008. 12. 24. 선고 2004추72 판결
【경상남도학교급식조례재의결무효확인】

학교급식을 위해 우리 농수축산물을 우선적으로 사용하도록 하고 우리 농수축산물을 사용하는 자를 선별하여 식재료나 식재료 구입비의 일부를 지원하는 것 등을 내용으로 한 광역지방자치단체의 조례안이, 국내산품의 생산보호를 위하여 수입산품을 국내산품보다 불리하게 대우하는 것에 해당하는 것으로서 내국민대우원칙을 규정한 '1994년 관세 및 무역에 관한 일반협정' 제3조 제1항, 제4조에 위배되어 위법한 이상, 위 조례안에 대한 재의결은 효력이 없다.

「헌법」

제6조

① 헌법에 의하여 체결·공포된 조약과 일반적으로 승인된 국제법규는 국내법과 같은 효력을 가진다.

② 외국인은 국제법과 조약이 정하는 바에 의하여 그 지위가 보장된다.

3. 법령의 범위 안에서의 의미는?

「지방자치법」 제22조 본문은 "지방자치단체는 법령의 범위 안에서 그 사무에 관하여 조례를 제정할 수 있다."고 규정하고 있는데, 여기서 말하는 '법령의 범위 안에서'란 '법령에 위반되지 않는 범위 내에서'를 의미합니다.

결국 '법령의 범위 안에서'이냐 아니냐를 판단하여야 하는데, 조례가 법령에 위반되는지 여부는 법령과 조례의 각각의 규정 취지, 규정의 목적과 내용 및 효과 등을 비교하여 양자 사이에 모순·저촉이 있는지의 여부에 따라서 개별적·구체적으로 결정하여야 한다(대법원 2008. 6. 12. 선고 2007추42 판결).

일반적으로 '법령의 범위 안에서'를 벗어난 경우는 ① 법령으로 이미 규정하고 있는 규제기준보다 강한 규제내용을 규정한 경우나 약한 규정내용을 규정한 경우. 다만, 이렇게 할 수 있도록 규정되어 있으면 가능(「대기환경보전법」 제16조 제3항 본문 등), ② 법령의 위임이 있는 경우 그 위임의 한계를 일탈하여 규정한 경우, ③ 법령으로 규정할 것을 명백히 하고 있거나 조례로 규정하는 것을 금지하고 있는 사항을 규정한 경우, ④ 조례로써 규정할 사항에 대하여 법령으로 조건 또는 제한기준을 정하고 있는 경우에 있어 그 조건 또는 제한기준을 위반한 경우 등입니다.

— 대법원 2003. 9. 23. 선고 2003추13 판결 【개정조례안재의결무효확인】 —

지방자치법 제15조(현행 제22조) 본문은 "지방자치단체는 법령의 범위 안에서 그 사무에 관하여 조례를 제정할 수 있다."고 규정하는바, 여기서 말하는 '법령의 범위 안에서'란 '법령에 위반되지 않는 범위 내에서'를 가리키므로 지방자치단체가 제정한 조례가 법령에 위반되는 경우에는 효력이 없다(대법원 2002. 4. 26. 선고 2002추23 판결 등 참조).

— 대법원 2008. 6. 12. 선고 2007추42 판결 【조례안재의결무효확인】 —

조례가 법령에 위반되는지 여부는 법령과 조례의 각각의 규정 취지, 규정의 목적과 내용 및 효과 등을 비교하여 양자 사이에 모순·저촉이 있는지의 여부에 따라서 개별적·구체적으로 결정하여야 할 것이다(대법원 2004. 4. 23. 선고 2002추16 판결 참조).

「대기환경보전법」

제16조(배출허용기준) ① · ② (생   략)

  ③ 특별시 · 광역시 · 도 또는 특별자치도(이하 "시 · 도"라 한다)는 「환경정책기본법」 제12조 제3
    항에 따른 지역 환경기준의 유지가 곤란하다고 인정되거나 제18조에 따른 대기환경규제지역의
    대기질에 대한 개선을 위하여 필요하다고 인정되면 그 시 · 도의 조례로 제1항에 따른 배출허
    용기준보다 강화된 배출허용기준(기준 항목의 추가 및 기준의 적용 시기를 포함한다)을 정할 수
    있다. 다만, 제87조 제1항에 따라 제23조, 제30조, 제33조 및 제35조부터 제37조까지의 규정
    에 따른 환경부장관의 권한이 시 · 도지사에게 위임된 경우만 해당한다.

  ④ ~ ⑥ (생   략)

4. 조례로 정하려는 특정사항에 관하여 이미 법령이 존재하는 경우 조례의 적법 요건은?

지방자치단체는 법령에 위반되지 아니하는 범위 내에서 그 사무에 관하여 조례를 제정할 수 있는 것이고, 조례가 규율하는 특정사항에 관하여 그것을 규율하는 국가의 법령이 이미 존재하는 경우에도 ① 조례가 법령과 별도의 목적에 기하여 규율함을 의도하는 것으로서 그 적용에 의하여 법령의 규정이 의도하는 목적과 효과를 전혀 저해하는 바가 없는 때, ② 양자가 동일한 목적에서 출발한 것이라고 할지라도 국가의 법령이 반드시 그 규정에 의하여 전국에 걸쳐 일률적으로 동일한 내용을 규율하려는 취지가 아니고 각 지방자치단체가 그 지방의 실정에 맞게 별도로 규율하는 것을 용인하는 취지라고 해석되는 때에는 그 조례가 국가의 법령에 위반되는 것은 아닙니다.

대법원 1997. 4. 25. 선고 96추244 판결 【조례안재의결무효확인】

지방자치단체는 법령에 위반되지 아니하는 범위 내에서 그 사무에 관하여 조례를 제정할 수 있는 것이고, 조례가 규율하는 특정사항에 관하여 그것을 규율하는 국가의 법령이 이미 존재하는 경우에도 조례가 법령과 별도의 목적에 기하여 규율함을 의도하는 것으로서 그 적용에 의하여 법령의 규정이 의도하는 목적과 효과를 전혀 저해하는 바가 없는 때, 또는 양자가 동일한 목적에서 출발한 것이라고 할지라도 국가의 법령이 반드시 그 규정에 의하여 전국에 걸쳐 일률적으로 동일한 내용을 규율하려는 취지가 아니고 각 지방자치단체가 그 지방의 실정에 맞게 별도로 규율하는 것을 용인하는 취지라고 해석되는 때에는 그 조례가 국가의 법령에 위반되는 것은 아니다.

조례안의 내용은 생활유지의 능력이 없거나 생활이 어려운 자에게 보호를 행하여 이들의 최저생활을 보장하고 자활을 조성함으로써 구민의 사회복지의 향상에 기여함을 목적으로 하는 것으로서 생활보호법과 그 목적 및 취지를 같이하는 것이나, 보호대상자 선정의 기준 및 방법, 보호의 내용을 생활보호법의 그것과는 다르게 규정함과 동시에 생활보호법 소정의 자활보호대상자 중에서 사실상 생계유지가 어려운 자에게 생활보호법과는 별도로 생계비를 지원하는 것을 그 내용으로 하는 것이라는 점에서 생활보호법과는 다른 점이 있고, 당해 조례안에 의하여 생활보호법 소정의 자활보호대상자 중 일부에 대하여 생계비를 지원한다고 하여 생활보호법이 의도하는 목적과 효과를 저해할 우려는 없다고 보여지며, 비록 생활보호법이 자활보호대상자에게는 생계비를 지원하지 아니하도록 규정하고 있다고 할지라도 그 규정에 의한 자활보호대상자에게는 전국에 걸쳐 일률적으로 동일한 내용의 보호만을 실시하여야 한다는 취지로는 보이지 아니하고, 각 지방자치단체가 그 지방의 실정에 맞게 별도의 생활보호를 실시하는 것을 용인하는 취지라고 보아야 할 것이라는 이유로, 당해 조례안의 내용이 생활보호법의 규정과 모순·저촉되는 것이라고 할 수 없다.

지방자치단체가 그 재정권에 의하여 확보한 재화는 구성원인 주민의 희생으로 이룩된 것이므로 이를 가장 효율적으로 사용함으로써 건전한 재정의 운영을 하여야 하는 것이나, 주민의 복리에 관한 사무를 처리하는 권한과 의무를 가지는 지방자치단체의 기관인 지방의회가 미리 지방자치단체장의 의견을 들은 후 당해 지방자치단체의 재정능력범위 내에서 생활보호법과는 별도로 생활곤궁자를 보호하는 내용의 조례를 제정·시행하는 것은 지방자치제도의 본질에 부합하는 것으로서 이로 인하여 당해 지방자치단체 재정의 건전한 운영에 지장을 초래하는 것이 아닌 한 이를 탓할 수는 없는바, 생활보호법에 모순·저촉되지 않는 별도의 생활보호제도를 두는 것을 내용으로 한 조례안이 생계비 지급대상이 되는 자활보호대상자의 구체적인 선정 기준(보호대상자의 범위 및 선정 기준)은 규칙으로 정하도록 하고, 보호대상자에게 지급되는 생계비의 액수 또한 당해 지방자치단체 예산의 범위 내에서만 정하도록 규정함으로써 자치단체장에게 생활보호에 소요되는 예산의 규모를 결정할 수 있는 권한을 부여하고 있다면 당해 조례안의 시행으로 인하여 당해 지방자치단체 재정의 건전한 운영에 지장을 초래할 것으로 보이지도 아니하므로, 그 조례에 의하여 결정된 보호대상자에 대한 생계보조에 소요되는 재원의 전액을 당해 자치단체의 출연에 의하도록 하였다는 점만을 들어 당해 조례안이 보호대상자에 대한 보호업무의 비용을 국가와 지방자치단체가 분담하도록 규정하고 있는 생활보호법 제36조에 위배된다고 볼 수 없다.

대법원 2000. 11. 24. 선고 2000추29 판결
【단양군공유재산관리조례중개정조례안에대한재의결】

지방자치법 제35조 제1항 제6호 및 그 시행령 제15조의3과 지방재정법 제77조 및 그 시행령 제84조는 일정한 중요재산의 취득과 처분에 관하여는 관리계획으로 정하여 지방의회의 의결을 받도록 규정하면서도 공유재산의 대부와 같은 관리행위가 지방의회의 의결사항인지 여부에 관하여는 명시적으로 규정하고 있지 아니하지만, 우선 지방자치법 제35조 제2항에서 그 제1항이 정하고 있는 사항 이외에 지방의회에서 의결되어야 할 사항을 조례로써 정할 수 있도록 규정하고 있을 뿐만 아니라, 일반적으로 공유재산의 관리가 그 행위의 성질 등에 있어 그 취득이나 처분과는 달리 지방자치단체장의 고유권한에 속하는 것으로서 지방의회가 사전에 관여하여서는 아니 되는 사항이라고 볼 근거는 없는 것이므로, 지방자치법과 지방재정법 등의 국가 법령에서 위와 같이 중요재산의 취득과 처분에 관하여 지방의회의 의결을 받도록 규정하면서 공유재산의 관리행위에 관하여는 별도의 규정을 두고 있지 아니하더라도 이는 공유재산의 관리행위를 지방의회의 의결사항으로 하는 것을 일률적으로 배제하고자 하는 취지는 아니고 각각의 지방자치단체에서 그에 관하여 조례로써 별도로 정할 것을 용인하고 있는 것이라고 보아야 한다.

대법원 2006. 10. 12. 선고 2006추38
판결 【지방의회조례안재의결무효확인청구】

저출산·고령사회기본법의 목적과 입법 취지 및 지방자치단체로 하여금 지역실정에 부합하는 저출산·고령사회정책을 수립·시행하도록 한 점 등 그 규정 내용에 비추어 볼 때, 지방자치단체인 정선군이 강원도 정선군민의 출산을 적극 장려하기 위하여 세 자녀 이상의 세대 중 세 번째 이후 자녀에게 양육비 등을 지원하도록 하는 내용의 이 사건 조례안은 저출산·고령사회기본법에서 정한 지방자치단체의 책무의 범위 안에서 자녀의 임신·출산·양육 및 교육에 소요되는 경제적 부담을 경감하기 위하여 필요한 시책을 강구한 것이라 할 것이므로, 이 사건 조례안이 저출산·고령사회기본법에 위배된다고 할 수 없다.

원고는 또 이 사건 조례안 제40조 제2항은 행정규제의 폭넓은 완화라는 제주특별법의 입법목적에 반하고 헌법상 평등의 원칙에 반하며 영업의 자유와 재산권을 침해하여 무효라는 취지로 주장한다. 살펴건대, 제주특별법 제324조 제2항은 대여약관에 관한 규율을 건설교통부령의 내용과 달리 제주특별자치도의 실정에 맞게 별도로 정하는 것을 용인하는 취지이다. 따라서 비록 건설교통부령인 여객자동차 운수사업법 시행규칙 제61조는 요금산출기초의 제출을 요구하지 않아 이 사건 조례안 제40조 제2항이 건설교통부령보다 권리제한이나 의무부과의 강도가 높기는 하지만 이는 제주특별법 제324조 제2항의 취지에 따라 별도의 규정이 허용되는 결과에 지나지 아니하고, 또 이로 인하여 다른 지역과의 사이에 다소 규율의 차이가 발생하기는 하나 그것이 자의적으로 불합리하다고는 할 수 없으므로 평등원칙에 위배된다고도 할 수 없으며, 행정규제가 상대적으로 강화된다고 하더라도 행정규제의 완화만이 제주특별법의 입법목적인 것도 아니고(제주특별법 제1조) 조례안의 모든 규정이 행정규제의 완화를 지향해야 하는 것도 아닐 뿐만 아니라 위 조례안 조항은 자동차대여요금의 합리화라는 또 다른 입법목적을 위한 것으로서 그 정당성을 인정할 수 있고 이를 위하여 요금산출기초를 제출하도록 한 것에 영업의 자유나 재산권을 입법재량을 넘어 과도하게 제한함으로써 위 자유나 권리를 침해하였다고는 할 수 없으며 제주특별법이나 여객자동차 운수사업법 및 그 시행규칙이 의도하는 목적과 효과를 저해한다고도 할 수 없다. 원고의 위 주장도 이유 없다.

조례가 「참전유공자 예우 및 단체설립에 관한 법률」에 어긋나는지 여부에 대하여 살펴보면, 같은 법 제6조 제1항에서는 국가가 참전유공자에게 참전명예수당을 지급하도록 규정하면서 지방자치단체가 참전유공자에게 수당을 지급할 수 있는지 여부에 대하여 명시적으로 규정하고 있지는 않으나, 조례가 규율하는 특정사항에 관하여 그것을 규율하는 국가의 법령이 이미 존재하는 경우에도 조례가 법령과 별도의 목적에 따라 특정 사항을 규율할 것을 의도하는 것으로서 그 적용에 의하여 법령의 규정이 의도하는 목적과 효과를 전혀 저해하는 바가 없는 때 또는 양자가 동일한 목적에서 출발한 것이라고 할지라도 국가의 법령이 반드시 그 규정에 의하여 전국에 걸쳐 일률적으로 동일한 내용을 규율하려는 취지가 아니고 각 지방자치단체가 그 지방의 실정에 맞게 별도로 규율하는 것을 용인하는 취지라고 해석되는 때에는 그 조례가 국가의 법령에 위배되는 것은 아니라고 보아야 할 것입니다(대법원 2007. 12. 13. 선고 2006추52 판결례).

그런데 「참전유공자 예우 및 단체설립에 관한 법률」 제6조 제1항은 참전유공자의 예우를 위한 국가의 최소한의 책임을 규정한 것으로, 반드시 전국적으로 모든 참전유공자가 동일한 액수의 수당을 지급받아야 한다거나 국가가 지급하는 수당 외에 지방자치단체가 실정에 맞게 별도로 수당을 지급하는 것을 금지하는 취지로 해석하기는 어렵고, 지방자치단체가 이와 별도로 조례를 제정하여 예산의 범위 안에서 참전명예수당을 지급한다고 하여 같은 법이 의도하는 목적과 효과를 저해한다고 보기 어려운 바, 이러한 조례가 같은 법에 위배된다고 보기는 어렵다고 할 것입니다.

지방자치단체는 가족친화법 제1조 및 제3조에 따른 가족친화 사회환경의 조성이라는 행정목적을 달성하기 위하여 법령의 범위 안에서 해당 지방자치단체의 특성 및 예산상황 등에 적합한 행정수단을 개발하여 추진할 수 있다고 할 것이므로, 지방자치단체가 가족친화 사회환경 조성이나 관련 제도의 진흥을 위하여 필요하다고 인정하는 경우에는 조례로 주민에게 의무나 부담 등을 지우는 것을 전제하지 않은 인증제도를 마련하여 가족친화 사회환경 조성이라는 목적을 달성하는 것이 가족친화법 자체의 법 목적에 '위배'된다고 할 수 없고, 같은 법 제15조에서 여성가족부장관의 인증제도를 규정하고 있다고 하여 지방자치단체가 지역의 특성에 따라 조례로 정할 수 있는 모든 가족친화 관련 인증제도의 금지를 의미한다고 보기는 어렵다고 할 것입니다.

다만, 가족친화법 제15조 제1항에서는 '여성가족부장관'이 일정 기업 또는 공공기관에 '가족친화인증'을 할 수 있도록 하고, 같은 법 제22조 등에 따라 여성가족부장관의 가족친화인증과 관련된 권한을 시·도지사 등에게 위임하고 있지도 아니하므로, 현행 가족친화법령상 '가족친화인증'과 관련된 업무는 중앙행정기관인 '여성가족부장관'의 권한으로 규정되어 있음을 알 수 있습니다. 그리고, 가족친화법 제15조 제3항 및 제4항에 따르면, 인증받은 기업 등은 인증의 표시를 할 수 있도록 하되, 인증을 받지 아니한 기업 등은 이러한 인증표시나 이와 유사한 표시를 하지 못하도록 규정하고 있고, 이를 위반한 경우에는 같은 법 제25조 제1항에 따른 과태료 규정을 두고 있으며, 같은 법 제17조 및 제20조에 따르면, 인증의 유효기간을 규정하고, 인증을 받은 기업은 인증에 관한 사항을 보고하거나 자료를 제출하도록 규정하면서 후자를 위반한 경우 같은 법 제25조 제2항에 따른 과태료를 부과하도록 하고 있는 등 인증의 표시, 유효기간, 관련 서류의 보관 등 인증 전반에 관하여 일반의 인증과는 구별되는 여성가족부장관의 '가족친화인증'을 엄격하게 관리하도록 규정하고 있는바, 이는 법령에서 별도로 규정하지 않는 한 다른 주체에게 이와 유사한 인증을 허용하지 않으려는 것으로 볼 수 있습니다.

「수목원의 조성 및 진흥에 관한 법률」 제11조 제1항에서 "수목원을 운영하는 자는 수목원에 입장하는 자로부터 입장료를 받을 수 있다."고 규정하고, 같은 조 제2항에서는 같은 조 제1항에 따른 입장료의 징수기준 및 그 밖에 필요한 사항을 농림수산식품부령으로 정하도록 하면서, 공립수목원의 경우에는 "농림수산식품부령이 정하는 기준의 범위 안"에서 지방자치단체의 조례로 정하도록 함에 따라, 같은 법 시행규칙 제11조 제1항에서는 같은 법 제11조 제1항에 따른 수목원의 입장료를 해당시설의 설치에 소요된 비용과 유지·관리비용을 참작하여 정하도록 하고 있는바, 문언상 공립수목원을 조성·운영하는 지방자치단체는 농림수산식품부령에서 정하는 입장료 징수 등에 관한 기준을 저해하는 경우가 아니라면 공립수목원의 설치에 소요된 비용과 유지·관리비용을 참작하여 입장료를 정할 수 있고, 그 공립수목원에 입장하는 자로부터 입장료를 징수할 것인지 또는 징수하지 않을 것인지를 결정할 수 있는 재량이 있다고 할 것입니다.

그리고, 같은 법 시행규칙 제11조 제2항 각 호에서 국·공립수목원은 국빈과 그 수행자나 외국사절단 등에 대하여는 국·공립수목원에서 입장료를 징수하여서는 아니한다고 규정하고 있는바, 이는 지방자치단체에서 공립수목원을 조성·운영함에 있어서 당해 지방자치단체의 조례로 입장료에 관하여 정할 때에 징수를 면제하여야 할 최소한의 범위를 정한 것이라고 보아야 할 것이고, 조례로 그 밖의 자에 대한 입장료 면제대상을 규정하는 것까지 금지하려는 취지에서 규정된 것이라고 보기는 어렵습니다.
그렇다면, 공립수목원을 조성·운영하는 지방자치단체는 「수목원의 조성 및 진흥에 관한 법률 시행규칙」 제11조 제2항 각 호에 규정된 자 외에 조례로 공립수목원 입장료 면제대상을 따로 규정할 수 있습니다.

━━━ 법제처 유권해석 10-0154(2010. 7. 5.) ━━━

「경찰법」 제16조에서는 특별시·광역시·도(이하 "시·도"라 함) 또는 시·군·구에 지역치안협의회를 설치·운영하는 것을 명시적으로 금지하고 있지 아니하고, 한편 치안행정협의회가 설치되어 있더라도 시·도 또는 시·군·구에 해당 지방자치단체의 유관기관 인사들로 구성된 지역치안협의회를 설치하여 지역치안에 관한 사항에 대하여 협의를 한다고 하여 치안행정협의회의 기능이나 역할을 저해한다고 볼 수도 없습니다.
또한, 지역치안협의회가 관할구역 안의 주민의 안전 및 보호를 위해 지역치안업무를 협의·조정하기 위한 것이라면 이와 같은 협의체의 설치가 반드시 「경찰법」 등 법령에 따라서만 이루어져야 한다고 볼 수도 없으므로, 결국 지역 실정에 맞게 효율적으로 치안행정이 이루어질 수 있도록 하기 위하여 지방자치단체가 지역치안협의회를 설치하는 것이 「경찰법」 제16조의 규정에 위배된다고 보기는 어렵습니다.

━━━ 법제처 유권해석 11-0240(2011. 6. 23.) ━━━

「서울특별시 도시계획조례」 제21조 제2항에서 개발행위 허가에 관하여 도시계획위원회에서 심의하여야 할 사항을 「국토의 계획 및 이용에 관한 법률」 제59조 및 같은 법 시행령 제57조보다 넓게 정한 경우, 지방자치단체는 법령의 범위 안에서 그 사무에 관하여 조례를 제정할 수 있도록 정한 「지방자치법」 제22조 본문을 위반한 것인지에 대하여 살펴보아야 할 것입니다.
「국토의 계획 및 이용에 관한 법률」 제59조 및 「서울특별시 도시계획조례」 제21조 제2항에서 정하는 개발행위에 대한 도시계획위원회의 심의는 앞서 살펴본 바와 같이 개발행위허가권자나 그 밖의 관계 행정기관의 장이 같은 법에 따른 개발행위 허가나 다른 법률에 따른 허가 등을 함에 있어서 관련 분야에 대한 학식과 경험이 풍부한 자들로 구성된 위원회의 집합적 의견을 듣기 위한 절차라는 점에서 같은 조례 제21조 제2항이 「국토의 계획 및 이용에 관한 법률」 제59조 및 같은 법 시행령 제57조와는 별도의 목적에 기하여 규율함을 의도하는 것이라고 보기는 어렵다고 할 것입니다.
이와 더불어, 「국토의 계획 및 이용에 관한 법률」 제59조 제2항에서는 중앙도시계획위원회뿐만 아니라 지방도시계획위원회의 심의를 거치지 아니하는 경우를 열거하고 있는바, 같은 법 제59조 제2항 제3호, 같은 법 시행령 제55조 제3항 제3호의2, 제57조 제1항 제1호 단서, 같은 항 제1호의2 나목·다목·라목 등에서는 주거지역·상업지역·공업지역에서 시행하는 개발행위의 규모·위치, 용도지역별 건축물의 용도·규모·층수, 기반시설 등의 기준 등 도시계획위원회의 심의 대상에서 제외되는 경우의 예외나 도시계획위원회의 심의를 거쳐야 하는 경우의 예외에 대하여 해당 지방자치단체의 조례로 정하여야 하는 사항 및 지방도시계획위원회의 심의를 별도로 거쳐야 하는 사항을 구체적이고 개

별적으로 정하고 있음을 고려할 때, 같은 법 제59조 제1항 및 같은 법 시행령 제57조에서 이미 각
지방자치단체가 그 지방의 실정에 맞게 별도로 정하여야 할 사항을 조례로 정할 수 있도록 위임하고
있다고 보아야 할 것이고, 또한 같은 법 제59조 제1항에 따라 도시계획위원회의 심의를 거쳐야 하는
사항이나 같은 조 제2항에 따라 지방도시계획위원회의 심의를 거치지 아니하는 사항을 단지 도시계획
위원회의 심의를 거쳐야 하는 최소한의 개발행위 대상을 정한 규정이라고 보기도 어렵다고 할 것이어
서, 같은 법 제59조 제1항 및 같은 법 시행령 제57조는 전국에 걸쳐 일률적으로 동일한 내용을 규율
하려는 취지라고 보아야 할 것이고, 같은 규정에서 조례로 정하도록 규정한 사항 외의 사항까지 각
지방자치단체가 그 지방의 실정에 맞게 별도로 규율하는 것을 용인하는 취지라고 해석하기는 어렵다
고 할 것입니다.

법제처 자치법규 의견제시 11-0015(2011. 3. 28.)

참전유공자법상 참전명예수당과 참전유공자조례상 참전명예수당의 지급권자나 지원금액이 상이한 점,
참전유공자조례에 따른 참전명예수당은 참전유공자법상 참전명예수당에 관한 규정(제6조)이 아닌 지
방자치단체가 자체적으로 실시하는 참전유공자 관련 사업에 관한 규정(제4조)에 따라 규정된 것이라
는 점 등을 고려할 때, 참전유공자법에 따른 참전명예수당과 참전유공자조례에 따른 참전명예수당은
그 명칭은 동일하지만 전혀 다른 별개의 수당이라는 점을 알 수 있습니다.
우선 참전유공자법 제6조에 대하여 검토해 보면, 참전유공자법에 따른 참전명예수당 및 「국가유공자
등 예우 및 지원에 관한 법률」에 따른 보훈급여금, 「고엽제후유의증 환자지원 등에 관한 법률」에 따
른 수당의 경우 모두 국가(국가보훈처)의 예산으로 지급되고 국가를 위하여 희생한 국가유공자 등에
대하여 상당한 보상을 제공한다는 유사한 목적을 가지고 있는데, 각각의 법률에 따른 지원대상자가
동시에 다른 법률에 따른 지원대상자에도 해당하여 둘 이상의 법률에 따른 수당 등을 중복적으로 받
을 가능성이 큰바, 한정된 국가예산을 효율적으로 사용하기 위하여 이러한 이중지급을 방지할 필요가
있다는 정책적 판단 하에 이중지급 제한규정을 둔 것으로 보입니다.
하지만, 지방자치단체는 국가와는 별도로 참전유공자법 제4조에 따라 예산의 범위에서 자유로이 참전
유공자 지원사업을 할 수 있고, 이러한 지원의 수단으로 매월 3만 원의 참전명예수당 지급이라는 정
책을 선택하여 시행하고 있는 것인바, 이는 국가의 사업과는 별개로 지방자치단체의 자체 사업이므로
국가 사업의 취지는 참고하되 국가 사업과 동일한 정책적 관점을 견지할 필요는 없고, 지방자치단체
는 조례의 목적 또는 지역 여건 등을 종합적으로 고려하여 참전명예수당의 지급대상 및 범위를 구체
적으로 정할 수 있다고 할 것입니다.
특히, 참전유공자조례의 경우 참전명예수당 외에도 사망위로금 지급, 장례비용 지급 등의 지원사업을
실시하고 있는데, 현행 참전유공자조례 제3조에 따른 지원제외 대상자가 되면 참전명예수당 이외의
지원사업 대상에서도 배제되므로 이는 이들을 근거 없이 불합리하게 차별하는 결과가 될 것입니다.
따라서, 「통영시 참전유공자 지원조례」에서 지방자치단체의 참전명예수당 규정을 두면서 「국가유공자
등 예우 및 지원에 관한 법률」에 따른 보훈급여금이나 「고엽제후유의증 환자지원 등에 관한 법률」에
따른 수당과 중복하여 지급할 수 있도록 조례개정을 하더라도 상위법에 위반된다고 볼 수는 없습니다.

「소기업 및 소상공인 지원을 위한 특별조치법」 제10조의2에서는 중소기업청장이 소상공인의 창업을 지원하고, 소상공인 창업자와 소상공인에 대하여 자금·인력·기술·판매·수출 등의 지원시책을 수립·추진할 수 있다고 규정하면서, 지방자치단체가 소상공인에 대해서 보조금을 지급할 수 있는지 여부에 대해서는 명시적으로 규정하고 있지 않으나, 조례가 규율하는 특정 사항에 관하여 그것을 규율하는 국가의 법령이 이미 존재하는 경우에도 조례가 법령과 별도의 목적에 따라 특정 사항을 규율할 것을 의도하는 것으로서 그 적용에 의하여 법령의 규정이 의도하는 목적과 효과를 저해하는 바가 없는 때 또는 양자가 동일한 목적에서 출발한 것이라고 할지라도 국가의 법령이 반드시 그 규정에 의하여 전국에 걸쳐 일률적으로 동일한 내용을 규율하려는 취지가 아니고 각 지방자치단체가 그 지방의 실정에 맞게 별도로 규율하는 것을 용인하는 취지라고 해석되는 때에는 그 조례가 국가의 법령에 위배되는 것은 아니라고 보아야 할 것인바(대법원 2007. 12. 13. 선고 2006추52 판결례 참조), 「소기업 및 소상공인 지원을 위한 특별조치법」 제10조의2는 소상공인의 지원을 위한 국가의 의무를 규정한 것으로, 반드시 전국적으로 모든 소상공인이 동일한 지원을 받아야 한다거나 국가가 지원하는 것 외에 지방자치단체가 실정에 맞게 별도로 보조금을 지급하는 것을 금지하는 취지로 해석하기 어렵고, 또한 「소기업 및 소상공인 지원을 위한 특별조치법」이 의도하는 목적과 효과를 저해한다고 보기도 어려운바, 이러한 조례가 「소기업 및 소상공인 지원을 위한 특별조치법」에 위배된다고 보기는 어렵다고 할 것입니다.

5. 「공직선거법」과 조례와의 관계는?

서울시의회, 시민상 상금 없앤다…… 공직선거법에 어긋나 상패·메달만 주도록 조례 개정(문화일보, 2011. 8. 15.), 경남 초등생들 올해부터 무상 수학여행…… 조례 통과(연합뉴스, 2011. 4. 6.), 선거법에 발목 잡힌 공약들(서울신문, 2010. 12. 2.) 등 「공직선거법」과 조례와의 관계를 언급하고 있는 신문들의 제목입니다.

「공직선거법」도 법률이므로 조례를 제정·개정할 때 이를 위반할 수는 없다 할 것입니다.

「공직선거법」 제112조 제2항 제4호 나목에 따른 "지방자치단체가 자체사업계획과 예산으로 대상·방법·범위 등을 구체적으로 정한 당해 지방자치단체의 조례에 의한 금품 제공행위(지방자치단체가 표창·포상을 하는 경우 부상의 수여를 제외한다)"는 기부행위에 해당하지 아니하므로, 조례를 제정·개정할 수 있습니다.

그러나 ① 조례에 의하지 아니하고 예산을 편성하여 지원하는 각종 행위, ② 조례에 의한 경우라도 지방자치단체가 자체사업계획과 예산으로 대상·방법·범위 등을 구체적으로 조례로 정하지 아니하고 금품을 제공하는 행위, ③ 조례에 의하는 경우라도 지방자치단체가 표창·포상 시 부상의 수여하는 행위는 기부행위가 되어 금지가 된다고 할 것입니다.

물론 기부행위가 되는 행위를 조례로 제정하거나 개정할 수 있을지라도 집행을 하지 못하기 때문에 조례가 있으나 마나 하는 상황이 발생하게 되므로, 각종 시상, 지원 등을 조례로 정할 때에는 「공직선거법」 위반 여부를 중앙선거관리위원회나 지역 선거관리위원회에 확인 후 조례를 제정·개정하는 것이 좋다고 할 것입니다.

참고로, 법제처 자치법규 의견제시 11-0024의 경우, 조례를 제정하지 않고 예산만을 편성하여 출산축하상품권을 지급하는 것은 「공직선거법」 제113조를 위반할 가능성이 높다고 할 수 있을 것입니다.

─── 대법원 2009. 12. 10. 선고 2009도9925 판결 【공직선거법위반】 ───

법 제112조 제2항 제4호 가목에서 국가기관 또는 지방자치단체의 직무상의 행위 중 하나로 열거된 '법령에 의한' 금품제공행위에 해당하려면, 그 금품제공행위와 관련된 '자체사업계획과 예산'과는 별도로 존재하는 법령에서 이를 직접적으로 뒷받침하고 있는 경우이어야 하고, 단순히 자체사업계획에 의하여 예산을 그 편성목적 및 절차에 따라 지출하였다는 것만으로는 위 조항에 의한 금품제공행위에 해당한다고 볼 수 없다. 따라서 국가기관 또는 지방자치단체가 행하는 금품제공행위에 관하여 이를 직접적으로 뒷받침하는 별도의 법령이 존재하지 아니하는 이상, 어떠한 금품제공행위가 업무추진비의 지출이라는 형식으로 이루어지고 이러한 업무추진비가 그 편성목적 및 절차에 따라 지출되었다는 이유만으로 그와 같은 금품제공행위를 법 제112조 제2항 제4호 가목에서 정한 법령에 의한 금품제공행위에 해당하여 기부행위의 개념에서 제외된다고 할 수 없다. 이는 편성목적 및 절차에 따른 업무추진비 지출이 제4호 나목이 정한 '자체사업계획과 예산으로 대상·방법·범위 등을 구체적으로 정한 당해 지방자치단체의 조례'에 의하여 이루어지지 아니한 경우에도 마찬가지이다(대법원 2007. 7. 12. 선고 2007도579 판결 등 참조).

원심은 그 채택증거에 의하여 판시사실을 인정한 다음, 법의 입법취지, 자원봉사활동 기본법과 이 사건 조례의 규정 내용 등에 비추어 볼 때, 자체사업계획을 세울 수 있고 일정한 액수의 업무추진비 등의 예산을 사용할 수 있는 피고인이 특정한 시책을 홍보함과 아울러 관광 일정이 상당 부분 포함된 행사를 주도적으로 기획한 후, 선거구민 중 여론형성층을 선별하여 그 행사에 참가하도록 한 결과, 그 사람들이 이 사건 버스 투어에 수동적으로 참가하게 된 이 사건에서, 이러한 버스 투어가 이 사건 조례에서 말하는 자원봉사활동에 해당한다고 보기는 어렵고, 따라서 이 사건 조례는 이 사건 버스투어를 통하여 이루어진 일련의 기부행위를 직접적으로 뒷받침하는 조례라고 할 수 없다고 판단하였다. 앞서 본 법리에 비추어 기록을 살펴보면, 원심의 위와 같은 판단은 정당한 것으로 수긍할 수 있다. 원심판결에 상고이유에서 주장하는 바와 같은 법 제112조 제4호 나목 소정의 직무상 행위 및 자원봉사활동의 해석에 대한 법리 오해 등의 위법이 없다.

─── 법제처 자치법규 의견제시 11-0024(2011. 4. 8.) ───

「저출산·고령사회기본법」 제10조에서 지방자치단체는 자녀의 임신·출산·양육 및 교육에 소요되는 경제적 부담을 경감하기 위하여 필요한 시책을 강구하도록 규정하고 있는바, 이를 「지방재정법」 제17조 제1항 제1호의 법률의 규정이 있는 경우에 해당하지 않는다고 보기는 어렵다고 할 것이어서 (대법원 2006. 10. 12. 2006추38 판결례 참조), 주민에게 공금을 지출하는 방법으로 출산축하상품권을 지급하는 것이 금지된다고 볼 수는 없으므로 조례에 근거가 없다는 이유만으로 5만 원 상당의 상품권 지급행위가 바로 위법하다고 보기는 어렵습니다(다만, 「공직선거법」 제113조 등의 위반여부에 대해서는 별도의 검토가 필요함). 다만, 이 사안의 경우 지방자치단체의 예산이 소요된다는 점, 일부 주민에 한하여 혜택이 부여된다는 점 등을 고려할 때 행정의 투명성 및 예측가능성 등을 위하여 지급여부, 지급의 대상, 지급을 위한 요건 및 절차, 지급금액 등 지급을 위한 구체적인 기준을 조례로 정하는 것이 바람직하다고 할 것입니다.

제112조(기부행위의 정의 등)

① 이 법에서 "기부행위"라 함은 당해 선거구 안에 있는 자나 기관·단체·시설 및 선거구민의 모임이나 행사 또는 당해 선거구의 밖에 있더라도 그 선거구민과 연고가 있는 자나 기관·단체·시설에 대하여 금전·물품 기타 재산상 이익의 제공, 이익제공의 의사표시 또는 그 제공을 약속하는 행위를 말한다. 〈개정 2004.3.12〉

② 제1항의 규정에 불구하고 다음 각 호의 어느 하나에 해당하는 행위는 기부행위로 보지 아니한다. 〈개정 2004.3.12, 2005.8.4, 2008.2.29, 2010.1.25〉

　1. ~ 3. (생　략)

　4. 직무상의 행위

　　가. 국가기관 또는 지방자치단체가 자체사업계획과 예산으로 행하는 법령에 의한 금품제공행위(지방자치단체가 표창·포상을 하는 경우 부상의 수여를 제외한다. 이하 나목에서 같다)

　　나. 지방자치단체가 자체사업계획과 예산으로 대상·방법·범위 등을 구체적으로 정한 당해 지방자치단체의 조례에 의한 금품제공행위

　　다. ~ 자. (생　략)

　　차. 물품구매·공사·역무의 제공 등에 대한 대가의 제공 또는 부담금의 납부 등 채무를 이행하는 행위

　5. ~ 6. (생　략)

③ (생　략)

④ 제2항 제4호 각 목 중 지방자치단체의 직무상 행위는 법령·조례에 따라 표창·포상하는 경우를 제외하고는 해당 지방자치단체의 명의로 하여야 하며, 해당 지방자치단체의 장의 직명 또는 성명을 밝히거나 그가 하는 것으로 추정할 수 있는 방법으로 하는 행위는 기부행위로 본다. 이 경우 다음 각 호의 어느 하나에 해당하는 경우에는 "그가 하는 것으로 추정할 수 있는 방법"에 해당하는 것으로 본다.

　1. 종전의 대상·방법·범위·시기 등을 법령 또는 조례의 제정 또는 개정 없이 확대 변경하는 경우

　2. 해당 지방자치단체의 장의 업적을 홍보하는 등 그를 선전하는 행위가 부가되는 경우

⑤ (생　략)

제113조(후보자 등의 기부행위제한)

① 국회의원·지방의회의원·지방자치단체의 장·정당의 대표자·후보자(후보자가 되고자 하는 자를 포함한다)와 그 배우자는 당해 선거구 안에 있는 자나 기관·단체·시설 또는 당해 선거구의 밖에 있더라도 그 선거구민과 연고가 있는 자나 기관·단체·시설에 기부행위(결혼식에서의 주례행위를 포함한다)를 할 수 없다.

② 누구든지 제1항의 행위를 약속·지시·권유·알선 또는 요구할 수 없다.

6. 법령에 근거한 위원회에 조례에서 새로운 기능을 추가할 수 있는지?

법령에서 조례로 새로운 기능을 추가하도록 하거나 할 수 있도록 한 경우에는 문제가 없지만, 다음의 경우처럼 되어 있는 경우처럼 조례에서 새로운 기능을 추가할 수 있는지 논란이 있을 수 있습니다.

「교통안전법」

제13조(지역교통안전정책심의위원회의 설치)

① 지역별 교통안전에 관한 주요 정책과 제17조의 규정에 의한 지역교통안전기본계획을 심의하기 위하여 시·도지사 소속하에 시·도 교통안전정책심의위원회(이하 "시·도교통안전위원회"라 한다)를, 시장·군수·구청장 소속하에 시·군·구 교통안전정책심의위원회(이하 "시·군·구 교통안전위원회"라 한다)를 둔다.

② 시·도교통안전위원회의 위원장은 시·도지사가 되고, 시·군·구교통안전위원회의 위원장은 시장·군수·구청장이 된다.

③ 시·도교통안전위원회 및 시·군·구교통안전위원회(이하 "지역교통안전위원회"라 한다)의 구성 및 운영 등에 관하여 필요한 사항은 대통령령이 정하는 바에 따라 당해지방자치단체의 조례로 정한다.

제17조(지역교통안전기본계획)

① 시·도지사는 국가교통안전기본계획에 따라 시·도의 교통안전에 관한 기본계획(이하 "시·도 교통안전기본계획"이라 한다)을 5년 단위로 수립하여야 하며, 시장·군수·구청장은 시·도교통안전기본계획에 따라 시·군·구의 교통안전에 관한 기본계획(이하 "시·군·구교통안전기본계획"이라 한다)을 5년 단위로 수립하여야 한다.

② 국토해양부장관 또는 시·도지사는 시·도교통안전기본계획 또는 시·군·구교통안전기본계획(이하 "지역교통안전기본계획"이라 한다)의 수립에 관한 지침을 작성하여 시·도지사 및 시장·군수·구청장에게 시달할 수 있다.

③ 시·도지사가 시·도교통안전기본계획을 수립한 때에는 시·도교통안전위원회의 심의를 거쳐 이를 확정하고, 시장·군수·구청장이 시·군·구교통안전기본계획을 수립한 때에는 시·군·구교통안전심의위원회의 심의를 거쳐 이를 확정한다.

④ ~ ⑥ (생 략)

「△△시 ○○조례」

제2조(기능)

△△시교통안전정책심의위원회(이하 "위원회"라 한다)는 다음 각 호의 사항을 심의·의결한다.

1. 교통안전에 대한 주요정책 사항
2. 교통안전 기본계획·시행계획 수립에 관한 사항

「교통안전법」 제13조보다 넓게 조례에서 정한 경우, 지방자치단체는 법령의 범위 안에서 그 사무에 관하여 조례를 제정할 수 있도록 정한 「지방자치법」 제22조 본문을 위반한 것인지에 대하여 살펴보아야 할 것입니다.

「교통안전법」 제13조 및 「△△시 ○○조례」 제21조 제2항에서 정하는 개발행위에 대한 도시계획위원회의 심의는 교통안전 기본계획 수립을 할 때 관련 분야에 대한 학식과 경험이 풍부한 자들로 구성된 위원회의 집합적 의견을 듣기 위한 절차라는 점에서 「△△시 ○○조례」 제2조 제2호가 「교통안전법」 제13조와는 별도의 목적에 기하여 규율함을 의도하는 것이라고 보기는 어렵다고 할 것이고, 「교통안전법」 제13조는 전국에 걸쳐 일률적으로 동일한 내용을 규율하려는 취지라고 보아야 할 것이며, 각 지방자치단체가 그 지방의 실정에 맞게 별도로 규율하는 것을 용인하는 취지라고 해석하기는 어렵다고 할 것입니다.

따라서 △△시교통안전정책심의위원회에서 심의하여야 할 사항을 「교통안전법」 제13조보다 넓게 정한 「△△시 ○○조례」 제2조 제2호는 「지방자치법」 제22조를 위반한 규정으로 볼 수 있습니다.

법제처 유권해석 11-0240(2011. 6. 23.)

「서울특별시 도시계획조례」 제21조 제2항에서 개발행위 허가에 관하여 도시계획위원회에서 심의하여야 할 사항을 「국토의 계획 및 이용에 관한 법률」 제59조 및 같은 법 시행령 제57조보다 넓게 정한 경우, 지방자치단체는 법령의 범위 안에서 그 사무에 관하여 조례를 제정할 수 있도록 정한 「지방자치법」 제22조 본문을 위반한 것인지에 대하여 살펴보아야 할 것입니다.

「국토의 계획 및 이용에 관한 법률」 제59조 및 「서울특별시 도시계획조례」 제21조 제2항에서 정하는 개발행위에 대한 도시계획위원회의 심의는 앞서 살펴본 바와 같이 개발행위허가권자나 그 밖의 관계 행정기관의 장이 같은 법에 따른 개발행위 허가나 다른 법률에 따른 허가 등을 함에 있어서 관련 분야에 대한 학식과 경험이 풍부한 자들로 구성된 위원회의 집합적 의견을 듣기 위한 절차라는 점에서 같은 조례 제21조 제2항이 「국토의 계획 및 이용에 관한 법률」 제59조 및 같은 법 시행령 제57조와는 별도의 목적에 기하여 규율함을 의도하는 것이라고 보기는 어렵다고 할 것입니다.

이와 더불어, 「국토의 계획 및 이용에 관한 법률」 제59조 제2항에서는 중앙도시계획위원회뿐만 아니라 지방도시계획위원회의 심의를 거치지 아니하는 경우를 열거하고 있는바, 같은 법 제59조 제2항 제3호, 같은 법 시행령 제55조 제3항 제3호의2, 제57조 제1항 제1호 단서, 같은 항 제1호의2 나목·다목·라목 등에서는 주거지역·상업지역·공업지역에서 시행하는 개발행위의 규모·위치, 용도지역별 건축물의 용도·규모·층수, 기반시설 등의 기준 등 도시계획위원회의 심의 대상에서 제외되는 경우의 예외나 도시계획위원회의 심의를 거쳐야 하는 경우의 예외에 대하여 해당 지방자치단체의 조례로 정하여야 하는 사항 및 지방도시계획위원회의 심의를 별도로 거쳐야 하는 사항을 구체적이고 개별적으로 정하고 있음을 고려할 때, 같은 법 제59조 제1항 및 같은 법 시행령 제57조에서 이미 각 지방자치단체가 그 지방의 실정에 맞게 별도로 정하여야 할 사항을 조례로 정할 수 있도록 위임하고 있다고 보아야 할 것이고, 또한 같은 법 제59조 제1항에 따라 도시계획위원회의 심의를 거쳐야 하는 사항이나 같은 조 제2항에 따라 지방도시계획위원회의 심의를 거치지 아니하는 사항을 단지 도시계획위원회의 심의를 거쳐야 하는 최소한의 개발행위 대상을 정한 규정이라고 보기도 어렵다고 할 것이어서, 같은 법 제59조 제1항 및 같은 법 시행령 제57조는 전국에 걸쳐 일률적으로 동일한 내용을 규율하려는 취지라고 보아야 할 것이고, 같은 규정에서 조례로 정하도록 규정한 사항 외의 사항까지 각 지방자치단체가 그 지방의 실정에 맞게 별도로 규율하는 것을 용인하는 취지라고 해석하기는 어렵다고 할 것입니다.

— 법제처 자치법규 의견제시 11-0023(2011. 4. 8.) —

「유통산업발전법」 제8조 제1항 및 제2항에서 준대규모점포의 경우 전통상업보존구역 밖에 개설하고자 하는 경우 등록하여야 한다는 의무를 규정하지 않고 있고, 대규모점포 등을 전통상업보존구역 밖에 개설하려는 경우에는 시장·군수·구청장이 등록을 제한하거나 조건을 붙일 수 있다고 규정하고 있지 않으므로, 해당 등록심의위원회의 역할이나 심의사항을 조례로 정하면서 법령에서 정한 요건 외의 사항을 심의하거나 행정에 관여하도록 규정하여 운영하는 것은 조례로 주민에게 의무를 부과하는 경우에 해당하게 된다고 할 것이어서 허용되지 않는다고 할 것입니다.

참고로, 법령에 근거한 위원회에 조례에서 새로운 기능을 추가하는 이유는 일반적으로 새로운 기능을 하는 위원회를 신설하여야 하는데, 이렇게 하는 경우에는 유사 위원회를 신설하여야 하고, 나아가 유사 위원회는 통폐합하여야 하는 문제가 발생하기 때문입니다.

7. 법령에 근거 없이 조례에서 실무위원회를 둘 수 있는지?

법령에서 조례로 실무위원회를 두도록 하거나 할 수 있도록 한 경우에는 문제가 없지만, 법령에서 실무위원회에 대한 규정이 없더라도 조례에서 실무위원회를 설치할 수 있는지 논란이 있을 수 있습니다.

법령에서 실무위원회에 대한 규정이 없더라도 실무위원회를 설치를 제한하는 특별한 규정이 없다면 조례에서 위원회의 심의에 앞서 실무자 간의 협의·조정을 위한 실무위원회를 설치할 수 있을 것입니다.

그러나 ① 통상 실무위원회를 두는 경우 위원회가 규정된 법령부터 나오고 있으므로 실무위원회를 규정하기 위해서는 해당 법령에서 실무위원회가 둔다는 규정이 있어야 하고,[1] ② 조례로 실무위원회를 설치한다고 하여도, 실무위원회의 의결을 본 위원회의 의결로 간주하지도 못하기 때문에 실무위원회를 두는 실익이 반감되며, ③ 해당 법령에서 해당 위원회의 구성 및 운영 등에 관하여 필요한 사항만을 조례로 정하도록 하고 있으므로, 불가피한 경우가 아니면 조례에서 실무위원회를 두는 것은 바람직하지 아니한 것으로 판단됩니다.

「교통안전법」

제13조(지역교통안전정책심의위원회의 설치) ① 지역별 교통안전에 관한 주요 정책과 제17조의 규정에 의한 지역교통안전기본계획을 심의하기 위하여 시·도지사 소속하에 시·도 교통안전정책심의위원회(이하 "시·도교통안전위원회"라 한다)를, 시장·군수·구청장 소속하에 시·군·구 교통안전정책심의위원회(이하 "시·군·구교통안전위원회"라 한다)를 둔다.

② 시·도교통안전위원회의 위원장은 시·도지사가 되고, 시·군·구교통안전위원회의 위원장은 시장·군수·구청장이 된다.

③ 시·도교통안전위원회 및 시·군·구교통안전위원회(이하 "지역교통안전위원회"라 한다)의 구성 및 운영 등에 관하여 필요한 사항은 대통령령이 정하는 바에 따라 당해지방자치단체의 조례로 정한다.

「△△시 ○○조례」

제9조(교통안전정책실무위원회 구성 및 운영) ① 위원회는 회의에 상정할 의안을 검토조정하고 위원회로부터 위임받은 안건을 전문적으로 심의하기 위하여 △△시교통안전정책실무위원회(이하 "실무위원회"라 한다)를 둘 수 있다.

---

[1] 상위 법령에서 실무위원회에 대한 명시적인 규정 없이 하위법령에서 실무위원회를 규정한 사례도 있음(「콘텐츠산업 진흥법 시행령」 제5조, 「고용정책 기본법 시행령」 제16조 등).

8. 법령에 근거 없이 조례에서 소위원회를 둘 수 있는지?

법령에서 조례로 소위원회를 두도록 하거나 할 수 있도록 한 경우에는 문제가 없지만, 법령에서 소위원회에 대한 규정이 없는 경우 조례에서 소위원회를 설치할 수 있는지 논란이 있을 수 있습니다.

넓게 본다면 소위원회도 본위원회의 구성 및 운영과 관련되어 있다고 볼 수 있으므로 조례에서 소위원회를 둘 수 있다고 할 것이고, 실제로도 이렇게 활용하고 있는 것으로 알고 있습니다.

그러나 ① 통상 소위원회를 두는 경우 위원회가 규정된 법령부터 나오고 있으므로 소위원회를 규정하기 위하여는 해당 법령에서 소위원회가 둔다는 규정이 있어야 하고,[2] ② 조례로 소위원회를 설치한다고 하여도, 소위원회의 의결을 본 위원회의 의결로 간주하지도 못하기 때문에 소위원회를 두는 실익이 반감되며, ③ 해당 법령에서 규정한 사항 외에 소위원회가 아닌 해당 위원회의 구성 및 운영에 관하여 필요한 사항만을 조례로 정하도록 하고 있으므로, 불가피한 경우가 아니면 조례에서 실무위원회를 두는 것은 바람직하지 아니한 것으로 판단됩니다.

---

2) 상위 법령에서 소위원회에 대한 명시적인 규정 없이 하위법령에서 소위원회를 규정한 사례도 있음(「북한이탈주민의 보호 및 정착지원에 관한 법률 시행령」 제4조, 「신항만건설촉진법 시행령」 제16조 등).

9. 조례에서 위원회 위원을 추가할 수 있는지?

조례에서 위원회 위원을 추가할 수 있는지 여부는 법령의 규정에 따라 다르다고 할 것입니다. ① 법령에서 조례에 위원을 규정하거나 추가할 수 있도록 하고 있는 경우에는 당연히 위원을 추가할 수 있고, ② 법령에서 조례에 위원을 추가하도록 하지 아니한 경우에는 전국에 걸쳐 일률적으로 동일한 내용을 규율하려는 취지라고 보아야 할 것이므로 조례에서 위원을 추가하는 것은 상위 법령의 범위를 벗어나 위법이라고 할 수 있을 것입니다.

법제처 유권해석 08-0013(2008. 2. 21.)

재정비촉진계획 수립권자가 「도시재정비 촉진을 위한 특별법」 제9조의 재정비촉진계획에 따른 해당 사업지역의 주민대표나 지방의회 의원을 관계전문가 등으로 인정하여 사업협의회의 위원으로 임명하거나 위촉하는 것은 별론으로 하더라도, 상위법의 규정에 반하여 지방자치단체의 조례로 같은 법 제17조 제2항에서 정한 바와 다르게 사업협의회 위원의 자격을 정하거나 사업협의회의 위원을 임명 또는 위촉할 수 있는 재정비촉진계획 수립권자의 권한을 침해하는 내용을 정할 수 없다고 할 것입니다. 그렇다면, 「도시재정비 촉진을 위한 특별법」 제17조 제4항에 따라 지방자치단체의 조례로 같은 법 제9조의 재정비촉진계획에 따른 해당 사업지역의 주민대표나 지방의회 의원을 같은 법 제17조 제2항의 사업협의회의 위원으로 정할 수 없다고 할 것입니다.

법제처 유권해석 10-0407(2010. 11. 26.)

「유통산업발전법」 제36조 제7항에서는 "제1항 내지 제5항에서 정한 사항 외에 위원회의 조직 및 운영 등에 관하여 필요한 사항은 당해 지방자치단체의 조례로 정한다."고 규정하고 있지만, 같은 조 제4항에서 위원회의 위원이 될 자에 관하여 한정적으로 열거하여 규정하고 있는 이상 같은 법 제36조 제7항은 같은 조 제4항에 따른 위원회의 구성에 관한 사항 외의 사항(위원회의 부위원장이나 간사, 분과위원회 또는 소위원회의 구성 등)을 정하도록 위임한 것이라고 이해하는 것이 합리적이라 할 것입니다.

따라서, 「유통산업발전법」 제36조 제4항 제1호에 따라 지방자치단체의 장이 위촉하는 위원회의 위원으로 같은 호 각목의 자 외에 "지방의회 의장이 추천하는 의원"을 해당 지방자치단체의 조례로 규정하는 경우 당해 조례는 상위법령의 범위를 벗어나는 것으로서 「유통산업발전법」에 위반됩니다.

10. 조례에서 시·도지사 소속 위원회 등에 시·도교육감이 추천하는 자를 위촉하도록 할 수 있는지?

조례에서 시·도교육감이 시·도지사 소속 위원회 등 위원의 추천권을 행사하도록 하는 것은 ① 시·도교육감이 추천하는 자를 반드시 위촉하도록 하는 경우에는 시·도지사의 인사권을 사실상 교육감과 공동으로 행사하도록 하여 그에 관한 교육감의 관여를 허용하는 것으로 위법하고, ② 시·도교육감이 추천하는 자를 위촉할 수 있도록 하는 경우에는 지방의회가 집행기관의 인사권에 사전에 소극적으로 개입하는 것으로 적법하다 할 것이므로, 시·도교육감이 추천하는 자를 반드시 위촉하도록 하여서는 안 될 것입니다.

— 대법원 2009. 9. 24. 선고 2009추53 판결【조례안재의결무효확인】 —

지방자치단체의 일반집행기관인 지방자치단체의 장과 그 교육·학예에 관한 사무의 특별집행기관인 지방자치단체의 교육감은 각각 지방자치법 제105조와 지방교육자치에 관한 법률 제20조에 근거하여 각자의 고유한 인사권을 가지고 있으므로 특별한 사정이 없는 한 조례로써 상호 그 인사권에 관여할 수 있도록 하는 것은 위법하다. 따라서 이 사건 조례안 제3조 제2항에서 이 사건 연구위원회의 연구위원 중 2명을 제주특별자치도 교육감이 추천하는 자로 위촉하도록 규정한 것은 원고의 인사권을 사실상 교육감과 공동으로 행사하도록 하여 그에 관한 교육감의 관여를 허용하는 것이고 원고가 스스로 이 사건 연구위원회의 특성을 고려하여 그러한 관여를 허용한 것도 아니므로, 위 규정은 관련 법령에 위배되어 위법하다.

3장 법령유보의 원칙

1. 법률의 위임이 필요 없다고 한 사례는?

「지방자치법」 제22조에 따르면, 주민의 권리 제한 또는 의무 부과에 관한 사항이나 벌칙을 정할 때에는 법률의 위임이 있어야 하고, 그렇지 아니한 경우에는 법률의 위임이 없어도 된다고 하고 있습니다.

제정·개정하는 조례에 주민의 권리제한 또는 의무부과에 관한 사항이나 벌칙에 해당하는 포함되는 경우에는 그 조례의 성질을 묻지 아니하고 법률의 위임이 있어야 하고 그러한 위임 없이 제정된 조례는 효력이 없습니다.

조례의 제정·개정할 때 법률의 위임이 필요 없다는 사례는 다음과 같습니다.

대법원 1992. 6. 23. 선고 92추17 판결 【행정정보공개조례(안)재의결취소등】

지방자치단체는 그 내용이 주민의 권리의 제한 또는 의무의 부과에 관한 사항이거나 벌칙에 관한 사항이 아닌 한 법률의 위임이 없더라도 조례를 제정할 수 있다 할 것인데 청주시의회에서 의결한 청주시행정정보공개조례안은 행정에 대한 주민의 알 권리의 실현을 그 근본내용으로 하면서도 이로 인한 개인의 권익침해 가능성을 배제하고 있으므로 이를 들어 주민의 권리를 제한하거나 의무를 부과하는 조례라고는 단정할 수 없고 따라서 그 제정에 있어서 반드시 법률의 개별적 위임이 따로 필요한 것은 아니다.

대법원 2006. 10. 12. 선고 2006추38 판결【지방의회조례안재의결무효확인청구】

지방자치법 제15조에 의하면 지방자치단체는 그 내용이 주민의 권리의 제한 또는 의무의 부과에 관한 사항이거나 벌칙에 관한 사항이 아닌 한 법률의 위임이 없더라도 그의 사무에 관하여 조례를 제정할 수 있는바, 지방자치단체의 세 자녀 이상 세대 양육비 등 지원에 관한 조례안은 저출산 문제의 국가적·사회적 심각성을 십분 감안하여 향후 지방자치단체의 출산을 적극 장려토록 하여 인구정책을 보다 전향적으로 실효성 있게 추진하고자 세 자녀 이상 세대 중 세 번째 이후 자녀에게 양육비 등을 지원할 수 있도록 하는 것으로서, 위와 같은 사무는 지방자치단체 고유의 자치사무 중 주민의 복지증진에 관한 사무를 규정한 지방자치법 제9조 제2항 제2호 (라)목에서 예시하고 있는 아동·청소년 및 부녀의 보호와 복지증진에 해당되는 사무이고, 또한 위 조례안에는 주민의 편의 및 복리증진에 관한 내용을 담고 있어 그 제정에 있어서 반드시 법률의 개별적 위임이 따로 필요한 것은 아니다.

법제처 유권해석 05-0134(2006. 1. 27.)

「지방자치법 제15조 단서」에서는 주민의 권리제한 또는 의무부과에 관한 사항이나 벌칙을 정하는 경우 법률의 위임이 있어야 한다고 규정되어 있는바, 「주택법 제43조 제1항, 제8항」 및 「동법 시행령 제48조」에서는 의무관리대상에 해당하지 아니하는 공동주택의 관리업무의 지원에 관하여는 법률의 위임이 없지만, 공동주택의 관리업무의 지원에 관한 사무가 주민의 권리제한 또는 의무부과에 관한 사항에 해당한다고 볼 수는 없으므로, 그러한 사항을 정한 조례가 「지방자치법 제15조 단서」의 규정에 저촉된다고 할 수 없다 할 것입니다.

법제처 자치법규 의견제시 11-0041(2011. 5. 2.)

지방자치단체가 관할 구역 내의 우수체육인을 육성·발굴한 체육지도자를 지원하는 사무는 주민의 권리 제한 또는 의무 부과에 관한 사항에 관한 것이 아니어서 법률의 위임이 반드시 필요하다고 볼 수도 없습니다.

법제처 자치법규 의견제시 11-0079(2011. 5. 20.)

지방자치단체는 그 내용이 주민의 권리 제한 또는 의무의 부과에 관한 사항이거나 벌칙에 관한 사항이 아닌 한 법률의 위임이 없더라도 그 사무에 관하여 조례를 제정할 수 있는바, 「지방자치법」 제9조 제2항 제2호에서는 주민의 복지증진에 관한 사무를 지방자치단체의 사무로 규정하면서 자목에서 "청소, 오물의 수거 및 처리"를 열거하고 있고, 분뇨의 수집·운반에 관한 업무는 청소, 오물의 수거 및 처리업무에 포함되는 지방자치단체의 사무이므로, 상위법령에 특별한 위임근거가 없다고 하더라도 법령에 위반되지 아니하는 범위 내에서 그 사무에 관하여 조례를 제정할 수 있다고 할 것입니다.

「지방자치법」

제22조(조례) 지방자치단체는 법령의 범위 안에서 그 사무에 관하여 조례를 제정할 수 있다. 다만, 주민의 권리 제한 또는 의무 부과에 관한 사항이나 벌칙을 정할 때에는 법률의 위임이 있어야 한다.

2. 법률의 위임 없이 주민의 권리를 제한하거나 의무를 부과한 사례는?

「지방자치법」 제22조에 따르면, 주민의 권리 제한 또는 의무 부과에 관한 사항이나 벌칙을 정할 때에는 법률의 위임이 있어야 하고, 그렇지 아니한 경우에는 법률의 위임이 없어도 된다고 하고 있습니다.

제정·개정하는 조례에 주민의 권리제한 또는 의무부과에 관한 사항이나 벌칙에 해당하는 포함되는 경우에는 그 조례의 성질을 묻지 아니하고 법률의 위임이 있어야 하고 그러한 위임 없이 제정된 조례는 효력이 없습니다.

조례의 제정·개정할 때 법률의 위임이 필요하다는 사례는 다음과 같습니다.

대법원 2007. 12. 13. 선고 2006추52 판결【조례안의결무효확인청구】

지방자치법 제22조, 제9조 제1항, 구 지방자치법(2007. 5. 11. 법률 제8423호로 전문 개정되기 전의 것) 제9조 제1항, 제15조, 행정규제기본법 제4조 제3항에 의하면 지방자치단체는 그 고유사무인 자치사무와 개별법령에 의하여 지방자치단체에 위임된 단체위임사무에 관하여 자치조례를 제정할 수 있지만 그 경우라도 주민의 권리제한 또는 의무부과에 관한 사항이나 벌칙은 법률의 위임이 있어야 하며, 기관위임사무에 관하여 제정되는 이른바 위임조례는 개별법령에서 일정한 사항을 조례로 정하도록 위임하고 있는 경우에 한하여 제정할 수 있으므로, 주민의 권리제한 또는 의무부과에 관한 사항이나 벌칙에 해당하는 조례를 제정할 경우에는 그 조례의 성질을 묻지 아니하고 법률의 위임이 있어야 하고 그러한 위임 없이 제정된 조례는 효력이 없다.

제주특별자치도에서 자동차대여사업을 하고자 하는 사람의 영업활동을 제한하는 내용의 '제주특별자치도 여객자동차 운수사업에 관한 조례안' 제37조 제3항과 제4항은 그 수권규정인 '제주특별자치도 설치 및 국제자유도시 조성을 위한 특별법' 제324조 제2항이 조례로 정할 수 있도록 한 사항에 해당하지 아니하여 법률의 위임 없이 국민의 권리제한 또는 의무부과에 관한 사항을 규정한 것으로 무효이다.

대법원 2009. 5. 28. 선고 2007추134 판결【조례안의결무효확인청구】

영유아보육법이 보육시설 종사자의 정년에 관한 규정을 두거나 이를 지방자치단체의 조례에 위임한다는 규정을 두고 있지 않음에도 보육시설 종사자의 정년을 규정한 '서울특별시 중구 영유아 보육조례 일부개정조례안' 제17조 제3항은, 법률의 위임 없이 헌법이 보장하는 직업을 선택하여 수행할 권리의 제한에 관한 사항을 정한 것이어서 그 효력을 인정할 수 없으므로, 위 조례안에 대한 재의결은 무효이다.

우선, 여성인력개발센터의 모든 직원이 상근일 것을 규정한 것에 대하여 살펴보면, 「여성발전기본법 시행령」 제34조의3 제1항 및 별표 1 제1호에서는 여성인력개발센터의 지정기준 중 인력기준으로서 운영인력이 총 5명 이상일 것만을 규정하고 해당 인력이 상근일 것을 명시하고 있지 않으나, 일반적으로 법령에서 인력기준으로 몇 명 이상을 규정하는 것은 최소한 몇 명에 해당하는 인력은 상근 또는 상시근무인력일 것을 규율하는 것이므로, 여성인력개발센터의 경우 최소한 5명은 상근 또는 상시근무 인력일 것을 규정한 것으로 보아야 할 것인바, 따라서 지방자치단체의 조례에서 이러한 법령에서 정한 기준을 강화하여 여성인력개발센터의 모든 직원에 대하여 상근일 것을 규정하는 것은 법령의 범위를 초과하여 규정하는 것으로서, 법령에 위반된다 할 것입니다.

또한, 여성인력개발센터의 직원에 대하여 겸직금지를 규정하는 것은 직업선택의 자유 등을 침해하는 것이어서 주민에 대한 권리 제한이나 의무 부과에 관한 사항으로 볼 수 있고, 「여성발전기본법」에서는 이러한 사항을 조례로 위임한 바가 없으므로, 해당 겸직금지를 조례로 정하는 것은 위 「지방자치법」 제22조 단서에 위반된다 할 것입니다.

따라서 지방자치단체의 조례에서 여성인력개발센터의 인력기준으로서 모든 직원에 대하여 상근 및 겸직금지를 규정하는 것은 법령에 위반되므로, 이를 규정할 수 없다 할 것입니다.

「지방자치법」 제22조 단서에서 주민의 권리 제한이나 의무 부과에 관한 사항을 정할 때에는 법률의 위임이 있어야 한다고 규정하고 있는 것은 법률의 위임 없이 지방자치단체가 임의로 해당 지역 주민들에 대하여 부담을 지우지 못하도록 하려는 것이라고 할 것인바, 조례에 입점예고에 대한 의무적 통보규정을 두거나 입점지역 등의 조정에 대한 권고 불이행시 특정의 이행강제 방안을 두는 것은 법률의 위임 없이 주민에게 불이익을 주거나 행정청의 의도를 강제하는 것이 되어 주민의 권리를 제한하거나 의무를 부과하는 것에 해당한다고 할 것이므로 「지방자치법」 제22조 단서에 위배된다고 할 것이고, 이행하지 아니한 경우에 대한 제재 정도가 등록을 거부하는 것이라거나 위반 시 벌칙을 규정하는 정도에 이르지 않는다고 하여 달리 볼 것도 아니라고 할 것이므로, 법률의 위임이 없는 상태에서 이를 규정할 수는 없다고 할 것입니다.

「지방자치법」

제22조(조례) 지방자치단체는 법령의 범위 안에서 그 사무에 관하여 조례를 제정할 수 있다. 다만, 주민의 권리 제한 또는 의무 부과에 관한 사항이나 벌칙을 정할 때에는 법률의 위임이 있어야 한다.

3. 조례에서 과태료를 규정하기 위한 조건은?

「지방자치법」 제27조에 따라 조례위반 행위자에게 당연히 과태료를 부과할 수 있는 것처럼 보일 수 있으나, 「지방자치법」 제27조에 따라 조례위반 행위자에게 과태료를 부과하려면 우선 조례에 의한 의무부과가 전제되어야 할 것이고, 조례로 의무를 부과하기 위해서는 「지방자치법」 제22조 단서에 따라 법률의 위임이 필요하다 할 것입니다.

따라서 ① 법률에서 과태료 부과원인이 되는 의무를 부과하면서 처벌조항만을 조례에 위임하였거나 ② 법률에서 의무부과를 조례로 위임한 경우에 한정하여 과태료를 조례로 정할 수 있다고 할 것입니다.

법제처 유권해석 08-0340(2008. 12. 2.)

조례는 주민의 대표기관인 지방의회가 제정하는 법규인 점에서 지방자치단체의 자치법규이며 법률에 준하는 성질을 가지는바, 조례에 대한 법률의 위임은 법규명령에 대한 법률의 위임과 같이 반드시 구체적으로 범위를 정하여 할 필요가 없고 포괄적인 것으로 족하다고 할 것이므로[헌법재판소 1995. 4. 20. 결정 92헌마264,279(병합)], 수도권대기특별법 제28조의2가 서울특별시장 등에게 시·도의 조례로 운행제한조치를 하도록 위임하였다면, 이는 운행제한조치 자체만을 위임한 것이 아니라 운행제한조치 및 그 위반행위에 대한 처분조치까지 위임한 것이라 보아야 합니다.

설사 수도권대기특별법 제28조의2에 따른 운행제한조치를 기관위임사무로 보아 법문을 엄격히 해석한다 할지라도, 「지방자치법」 제27조에 따라 조례위반 행위자에게 과태료를 부과할 수 있으려면 우선 조례에 의한 의무부과가 전제되어야 할 것이고, 조례로 의무를 부과하기 위해서는 「지방자치법」 제22조에 따라 법률의 위임이 필요한바, ① 법률에서 과태료 부과원인이 되는 의무를 부과하면서 처벌조항만을 조례에 위임하였거나 ② 법률에서 의무부과를 조례로 위임한 경우에 한하여 과태료를 조례로 정할 수 있다고 할 것인데, 수도권대기특별법 제28조의2는 법률에서 서울특별시장 등이 저공해조치를 하지 않은 특정경유자동차의 운행을 제한할 수 있다고 하면서, 구체적인 운행제한 의무는 해당 시·도의 조례에 위임하였으므로 이는 과태료 부과원인이 되는 의무의 부과를 조례에 위임한 경우에 해당하여 「지방자치법」 제27조에 따라 운행제한을 위반한 특정경유자동차의 소유자에게 시·도의 조례로 과태료를 부과할 수 있습니다.

따라서 수도권대기특별법 제25조 제4항에 따른 저공해조치를 이행하지 않아 시·도의 조례로 운행이 제한된 특정경유자동차가 그 운행제한사항을 위반할 경우 같은 법에서 시·도의 조례로 운행을 제한할 수 있는 근거를 마련하였다면 그것으로 「지방자치법」 제22조 단서를 충족시키는 것이라 할 것이므로 「지방자치법」 제27조에 따라 조례로 과태료를 부과할 수 있습니다.

「환경영향평가법」 제5조에서 과태료 부과원인과 관련된 사항을 조례로 위임하면서 과태료에 관한 사항을 조례에 위임하지 않은 경우 조례로 과태료를 정할 수 있는지 여부에 대하여 살펴보면, 「환경영향평가법」 제5조에 따라 해당 시·도의 조례에 위임된 사항이 그 과태료 부과원인과 관련된 사항만이고 명시적으로 과태료에 대한 사항은 포함되어 있지 않다고 하더라도 조례를 위반한 행위에 대하여 조례로써 1천만 원 이하의 과태료를 정할 수 있다고 규정하고 있는 「지방자치법」 제27조의 취지와 주민의 권리 제한 등에 관한 조례에 대한 법률의 위임은 포괄적인 것으로 충분하다는 점, 자치입법인 조례 역시 자기완결성을 갖추기 위하여 과태료와 같은 실효성 확보수단이 필요하다는 점에 비추어 볼 때, 법률에서 별도로 과태료에 관한 사항을 조례에 위임한 경우뿐만 아니라, 법률에서 과태료 부과원인이 되는 의무의 부과를 조례로 위임한 경우에도 그 의무를 위반한 경우의 과태료를 조례로 정할 수 있다고 할 것입니다(법제처 2008. 12. 2. 회신 08-0340 해석례).

따라서 「환경영향평가법」 제5조에서 과태료 부과원인이 되는 의무의 부과를 시·도의 조례에 위임한 이상 그 의무 위반행위에 대한 과태료를 시·도의 조례로 정할 수 있다고 할 것이므로 「환경영향평가법」 제5조에 따라 제정되는 조례로 과태료를 정할 수 있습니다.

「지방자치법」

제22조(조례)

  지방자치단체는 법령의 범위 안에서 그 사무에 관하여 조례를 제정할 수 있다. 다만, 주민의 권리 제한 또는 의무 부과에 관한 사항이나 벌칙을 정할 때에는 법률의 위임이 있어야 한다.

제27조(조례위반에 대한 과태료)

  ① 지방자치단체는 조례를 위반한 행위에 대하여 조례로써 1천만 원 이하의 과태료를 정할 수 있다.

  ② 제1항에 따른 과태료는 해당 지방자치단체의 장이나 그 관할 구역 안의 지방자치단체의 장이 부과·징수한다.

4장 광역지방자치단체 조례의 효력우위 원칙

1. 광역지방자치단체 조례와 기초지방자치단체 조례의 관계는?

「지방자치법」제24조에서는 법질서의 통일성 유지를 위하여 시·군 및 자치구의 조례는 시·도의 조례나 시·도지사가 제정하는 규칙에 위반할 수 없도록 하고 있습니다.

그러나 현실적으로는 「지방자치법」상 시·도와 시·군·자치구는 다 같이 독립된 별개의 법인으로서 지방자치단체로서는 그 지위에 있어서 상하관계가 아니고, 시·도조례가 시·군 및 자치구의 사무에 관한 조례를 규정할 수 있는 법상 근거도 없습니다.

따라서 「지방자치법」제24조는 ① 시·군·자치구가 시·도로부터 위임받은 사무(단체위임사무), ② 시·도와 공동으로 행하는 사무, ③ 법령에서 시·도 자치법규로 정하도록 규정한 사무 등과 관련된 조례를 제정·개정할 때에만 제한적으로 적용된다 할 것이고, 이러한 경우 외에는 광역지방자치단체에 유사한 조례가 존재한다고 하더라도 기초지방자치단체에서는 조례를 제정할 수 있습니다.

대법원 1995. 6. 30. 선고 95추49 판결

공동구설치및점용료등징수조례(안)재의결무효확인

공동구의 설치 및 관리주체는 시장, 군수이며, 그 관리에 필요한 사항으로서 도시계획법 시행령 제55조제2항, 제3항에 규정되지 아니한 사항을 정하도록 한 같은 법 제16조나 제84조 소정의 '당해 지방자치단체의 조례' 역시 서울특별시, 광역시, 시, 군의 조례를 의미하는 것으로 보아야 할 것이다. 그렇다면 공동구의 설치 및 점용료 등의 징수에 관하여 규정한 이 사건 조례안은 도시계획법 제16조, 제84조에 따라 인천광역시 의회가 제정하여야 할 것을 위 법조에 위반하여 피고가 제정한 것이므로 그 구체적 조항이 법령에 위반된 여부에 나아가 살펴볼 필요 없이 전체적으로 무효라 하지 않을 수 없다.

━━━━━━━━ **내무부 회신(1999. 8. 10.)** ━━━━━━━━

ㅇ 질의내용

천안시노인복지기금조례 제3조 제3항 "기금운용은 당해연도 이자수익금 범위 안에서 하되, 매년 이자
의 50% 이상을 기금의 증식을 위하여 적립할 수 있다."는 규정이 지방자치법 제17조와 관련하여 충
청남도노인복지기금조례 제3조 제3항 "기금은 당해 연도 이자수익금 범위 내에서 지출하되, 매년 이
자의 10% 이상은 기금의 증식을 위하여 재적립할 수 있다."는 규정에 위반되는지 여부

ㅇ 회신내용 및 의견

- 광역자치단체인 시·도와 기초자치단체인 시·군·자치구의 관계는 법적 지위에 있어서 상하관계
  가 없으나 일정한 범위 안에서 지휘·감독관계가 인정되며, 시·도의 자치법규가 시·군·자치구
  의 자치법규보다 상위에 있는 것은 아님.
- 지방자치법 제17조의 "시군 및 자치구의 조례나 규칙은 시도의 조례나 규칙에 위반하여서는 아니
  된다"는 규정은 시·군·자치구가 시·도로부터 위임받은 단체위임사무의 개념을 인정할 경우 수
  임기관의 자치법규는 위임기관의 자치법규를 위반할 수 없다는 데에서 그 의미를 찾을 수 있음.
- 따라서 노인의 자립기반 조성과 복지증진을 위한 노인복지기금의 조성 및 운용업무는 광역·기초
  자치단체 모두에게 해당되는 자치사무로써 도의 조례에서 시군구의 조례로 위임하지 않는 사항에
  대해서는 지방자치법 제17조가 적용되지 않음.

━━━━━━━━ **법제처 유권해석 11-0007(2011. 3. 3.)** ━━━━━━━━

「참전유공자예우 및 단체설립에 관한 법률」(이하 "참전유공자법"이라고 함)에 따른 참전명예수당 지
급과 별도로 지방자치단체에서는 「지방자치법」 제9조, 제22조 및 「지방재정법」 제17조에 따라 자치
사무의 일환으로 조례로 정하는 바에 따라 그 주민 중 참전유공자에게 참전명예수당을 지급할 수 있
을 것이므로, 인천광역시와 강화군은 '각각의 자치사무로서' 그 지방자치단체의 조례로 정하는 바에
따라 참전유공자법에 따른 참전명예수당 지급과 별도로 그 지방자치단체의 주민 중 참전유공자에 해
당하는 자에게 참전명예수당을 지급할 수 있을 것입니다.
그런데, 「인천광역시 참전유공자 예우 및 지원에 관한 조례」에서는 참전명예수당의 지급액 중 인천광
역시에서 부담할 시비 지급액을 정한 뒤 해당 수당의 지원에 관한 사항을 군수·구청장에게 위임하고
있는바, 같은 조례에 따르면 시와 군이 지급할 참전명예수당의 부담률이 정해져 군에서 지급할 액수
가 사실상 결정됨에 따라, 시·군 및 자치구의 조례나 규칙은 시·도의 조례나 규칙을 위반하여서는
아니 된다는 「지방자치법」 제24조에 비추어 볼 때 이를 초과하여 참전명예수당을 지급하는 내용으로
강화군의 조례를 개정하는 것이 광역자치단체인 인천광역시의 조례에 부합하지 않는 것이 아닌지에
대하여 의문이 생길 수 있습니다.
그러나, 광역지방자치단체와 기초지방자치단체의 조례에서 동일한 사항에 관하여 규율하고 있다고 하
더라도, 해당 사항이 각 지방자치단체에서 고유사무로 행할 수 있는 것으로서 반드시 광역과 기초의
상하관계 내에서 행해지는 것이 아닌 경우에는 광역지방자치단체에 유사한 조례가 존재한다는 사실만

으로, 기초지방자치단체에서 조례제정이나 집행에 반드시 영향을 받는 것은 아니라고 할 것인바, 참전유공자법을 살펴보면, 제4조에서 국가 및 지방자치단체는 참전유공자의 예우와 지원을 위하여 참전유공자의 복지를 증진하기 위한 사업 등을 행하도록 규정하고 있을 뿐, 지방자치단체의 참전명예수당 등 지급과 관련하여 광역지방자치단체와 기초지방자치단체 간의 유기적·계층적 관계를 규정하는 등의 특별한 규정을 두고 있지 않으므로, 인천광역시 조례인 「인천광역시 참전유공자 예우 및 지원에 관한 조례」에서는 원칙적으로 인천광역시의 자치사무로서 인천광역시의 참전명예수당 지급에 관하여 규정한 것이라 할 수 있고, 이 사안과 관련된 「인천광역시 참전유공자 예우 및 지원에 관한 조례」에서 참전명예수당의 지급액과 지급액 중 시비 지급액을 정하고 있다고 하더라도, 「강화군 참전유공자 지원 조례」(이하 "참전유공자조례"라 함)에서 강화군의 자치사무로서 지급하는 참전명예수당을 반드시 인천광역시 조례에서 정한 군비 지급액만큼만 지급하도록 규정하여야 하는 것은 아니라고 할 것입니다(법제처 자치법규 의견제시 12-0089 회신례 취지 참조).

따라서, 「인천광역시 참전유공자 예우 및 지원에 관한 조례」에 따라 사실상 참전명예수당에 대한 시와 군의 부담률이 정해진다고 하더라도 강화군의 참전명예수당 지급은 강화군의 자치사무로 지급하는 것이므로, 강화군에서는 참전유공자조례에서 그 자치사무로서 지급하는 참전명예수당의 지급액을 「인천광역시 참전유공자 예우 및 지원에 관한 조례」에 따른 군비 부담액보다 더 큰 액수로 정할 수 있을 것으로 보입니다.

5장 집행기관과 의결기관과의 권한 분리 및 배분 원칙

1. 지방자치단체의 장의 공무원 파견권을 조례에서 제한할 수 있는지?

지방자치단체의 장의 소속 공무원 파견권에 대한 지방의회의 견제나 제약과 관련하여서는 지방자치단체의 장의 기관구성원 임명·위촉권한에 대한 지방의회의 견제나 제약과 유사하다 할 것입니다.

지방자치단체의 장이 그 소속 지방공무원에 대한 파견에 관하여 가지는 임용권 역시 지방자치단체의 장의 고유권한에 속하는 것임이 명백하므로, 이에 대하여 지방의회의 동의 받도록 하는 등 지방의회가 상호 견제의 범위를 넘어 적극적으로 관여하는 것은 「지방공무원법」 등 법령 규정을 위반한 것입니다.

대법원 1993. 2. 9. 선고 92추93 판결【도시계획위원회조례중개정조례(안)무효확인】

지방자치법은 제5장과 제6장의 각 규정 등에서 집행기관으로서의 지방자치단체의 장과 지방의회에게 각각 독자적 권한을 부여함과 아울러 그 권한의 행사에 대한 다른 일방의 관여는 상호 견제와 균형의 확보를 위한 범위 내에서만 허용하고 있으므로, 조례로써 그와 같은 범위를 넘어 다른 일방의 권한 행사에 대하여 적극적으로 관여할 수 있게 하는 것은 원칙적으로 허용되지 아니하는바, 소속 지방공무원에 대한 지방자치단체의 장의 임용권을 규정하고 있는 지방자치법 제96조 및 지방공무원법 제6조 제1항과 그 임용권의 한 내용으로서의 소속 지방공무원의 파견에 관하여 규정하고 있는 지방공무원법 제30소의4 및 지방공무원임용령 제27조의2 등의 관련 규정에 의하면, 지방자치단체의 장이 그 소속 지방공무원에 대한 파견에 관하여 가지는 임용권 역시 지방자치단체의 장의 고유권한에 속하는 것임이 명백하므로, 이에 대하여 지방의회가 상호 견제의 범위를 넘어 적극적으로 관여하는 것은 결국 위와 같은 법령 규정에 위반된 것이다.

조례안에서 지방자치단체의 장이 재단법인 광주비엔날레의 업무수행을 지원하기 위하여 소속 지방공무원을 위 재단법인에 파견함에 있어 그 파견기관과 인원을 정하여 지방의회의 동의를 얻도록 하고, 이미 위 재단법인에 파견된 소속 지방공무원에 대하여는 조례안이 조례로서 시행된 후 최초로 개회되는 지방의회에서 동의를 얻도록 규정하고 있는 경우, 그 조례안 규정은 지방자치단체의 장의 고유권한에 속하는 소속 지방공무원에 대한 임용권 행사에 대하여 지방의회가 동의 절차를 통하여 단순한 견제의 범위를 넘어 적극적으로 관여하는 것을 허용하고 있다는 이유로 법령에 위반된다.

---

2. 지방자치단체의 장의 임명·위촉권을 조례에서 제한할 수 있는지?

지방자치단체의 장의 기관구성원 임명·위촉권한에 대한 지방의회의 견제나 제약과 관련하여서는 조례에 의한 것인지 아니면 상위 법령에 의한 것인지가 관건이 됩니다.

지방자치단체의 장의 기관구성원 임명·위촉권한이 조례에 의하여 비로소 부여되는 경우는 조례에 의하여 단체장의 임명권한에 견제나 제한을 가하는 규정을 둘 수 있다고 할 것이나, 상위 법령에서 단체장에게 기관구성원 임명·위촉권한을 부여하면서도 임명·위촉권의 행사에 대한 의회의 동의를 받도록 하는 등의 견제나 제약을 규정하고 있거나 그러한 제약을 조례 등에서 할 수 있다고 규정하고 있지 아니하는 한 해당 법령에 따른 임명·위촉권은 단체장에게 전속적으로 부여된 것이라고 보아야 할 것이어서 조례로써는 단체장의 임명·위촉권을 제약할 수 없다 할 것입니다.

> **대법원 1993. 2. 9. 선고 92추93 판결 【도시계획위원회조례중개정조례(안)무효확인】**
>
> 지방자치단체장의 기관구성원 임명·위촉권한이 조례에 의하여 비로소 부여되는 경우는 조례에 의하여 단체장의 임명권한에 견제나 제한을 가하는 규정을 둘 수 있다고 할 것이나 상위 법령에서 단체장에게 기관구성원 임명·위촉권한을 부여하면서도 임명·위촉권의 행사에 대한 의회의 동의를 받도록 하는 등의 견제나 제약을 규정하고 있거나 그러한 제약을 조례 등에서 할 수 있다고 규정하고 있지 아니하는 한 당해 법령에 의하여 임명·위촉권은 단체장에게 전속적으로 부여된 것이라고 보아야 할 것이어서 하위 법규인 조례로써는 단체장의 임명·위촉권을 제약할 수 없다 할 것이고 지방의회의 지방자치단체 사무에 대한 비판, 감시, 통제를 위한 행정사무감사 및 조사권의 행사의 일환으로 위와 같은 제약을 규정하는 조례를 제정할 수도 없다.
>
> 직할시장이 도시계획위원회위원을 위촉하기 전에 시의회의 동의를 얻도록 규정한 대구직할시도시계획위원회조례가 도시계획법 제76조 제2항, 같은 법 시행령 제58조의2 제3항, 지방자치법 제15조에 위반되어 위법하다.

지방의회가 집행기관의 인사권에 관하여 견제의 범위 내에서 소극적·사후적으로 개입하는 것은 허용되나, 집행기관의 인사권을 독자적으로 행사하거나 동등한 지위에서 합의하여 행사할 수는 없고, 그에 관하여 사전에 적극적으로 개입하는 것도 원칙적으로 허용되지 아니한다(대법원 1994. 4. 26. 선고 93추175 판결 등 참조). 이러한 법리와 앞서 본 사실관계에 비추어 보면, 이 사건 연구위원회는 원고에 소속된 합의제 행정기관으로 제주특별자치도의 사무에 속하는 제주특별자치도의 발전방안에 관한 연구업무를 수행하도록 되어 있으므로, 그 활동에 대한 궁극적인 책임을 지는 원고가 이 사건 연구위원회에 관한 인사권을 가짐은 분명하고, 따라서 이 사건 조례안 제3조 제2항에서 이 사건 연구위원회의 연구위원 11명 중 5명을 피고가 추천하는 자로 위촉하도록 규정한 것은 지방의회가 집행기관의 인사권에 사전에 적극적으로 개입하는 것으로서 위법하나, 이 사건 조례안 제3조 제1항에서 이 사건 연구위원회의 위원장 임명에 피고의 동의를 받도록 한 것은 피고가 원고의 인사권에 관하여 사후에 소극적으로 개입하는 것으로서 지방의회의 집행기관에 대한 견제권의 범위에 드는 적법한 규정이라고 볼 수 있다.

3. 조례에서 지방의회에게 집행부 위원회 위원의 추천권을 부여할 수 있는지?

　지방의회에게 집행부 위원회 위원의 추천권을 행사하도록 하는 것은 ① 지방의회가 추천하는 자를 반드시 위촉하도록 하는 경우에는 지방의회가 집행기관의 인사권에 사전에 적극적으로 개입하는 것으로 위법하지만, ② 지방의회가 추천하는 자를 위촉할 수 있도록 하는 경우에는 위촉할지 여부를 지방자치단체의 장이 가지게 되므로 지방의회가 집행기관의 인사권에 사전에 소극적으로 개입하는 것으로 적법하다 할 것입니다.

　따라서 지방의회가 추천하는 자를 반드시 위촉하도록 하여서는 안 될 것입니다.

대법원 2009. 9. 24. 선고 2009추53 판결【조례안재의결무효확인】

이 사건 연구위원회는 원고에 소속된 합의제 행정기관으로 제주특별자치도의 사무에 속하는 제주특별자치도의 발전방안에 관한 연구업무를 수행하도록 되어 있으므로, 그 활동에 대한 궁극적인 책임을 지는 원고가 이 사건 연구위원회에 관한 인사권을 가짐은 분명하고, 따라서 이 사건 조례안 제3조 제2항에서 이 사건 연구위원회의 연구위원 11명 중 5명을 피고가 추천하는 자로 위촉하도록 규정한 것은 지방의회가 집행기관의 인사권에 사전에 적극적으로 개입하는 것으로서 위법하나, 이 사건 조례안 제3조 제1항에서 이 사건 연구위원회의 위원장 임명에 피고의 동의를 받도록 한 것은 피고가 원고의 인사권에 관하여 사후에 소극적으로 개입하는 것으로서 지방의회의 집행기관에 대한 견제권의 범위에 드는 적법한 규정이라고 볼 수 있다.

---

4. 조례에서 지방의회의장에게 집행부 위원회 위원의 추천권을 부여할 수 있는지?

지방의회의장에게 집행부 위원회 위원의 추천권을 행사하도록 하는 것은 지방의회의장이 개인 자격으로 지방자치단체의 장의 인사권에 사전에 적극적으로 개입할 수 있도록 하여 지방자치단체의 장의 고유권한을 침해하는 것으로 위법하다 할 것이다.

대법원 2009. 9. 24. 선고 2009추53 판결【조례안재의결무효확인】

지방의회가 집행기관의 인사권에 사전에 적극적으로 개입하는 것은 의결기관과 집행기관 사이의 권한 분리 및 배분의 취지에 배치되고, 또 집행기관의 인사권에 의장이 개인 자격으로 관여할 수 있는 권한은 없고 조례로써 이를 허용할 수도 없다(대법원 1994. 4. 26. 선고 93추175 판결 등 참조).
이 사건 조례안 제11조 제3항은 의회 의장이 5인 이내의 시의원을 민간투자위원회 위원으로 추천하여 시장이 임명 또는 위촉하도록 규정하고 있는바, 위 규정은 의장이 개인 자격으로 시장의 인사권에 사전에 적극적으로 개입할 수 있도록 하여 시장의 고유권한을 침해하고 있으므로 조례제정권의 한계를 일탈하여 위법하다(이 조항을 의회의 의결로 피추천인을 결정하여 대표자인 의장 명의로 추천하도록 한 규정이라고 해석하여야 한다는 피고의 주장은 문언의 의미를 벗어난 해석으로서 허용될 수 없으므로 받아들일 수 없다).

대법원 1996. 5. 14. 선고 96추15 판결【공유재산관리조례중개정조례안재의결무효확인】

지방자치법은 지방의회와 지방자치단체의 장에게 독자적 권한을 부여하고 상호견제와 균형을 이루도록 하고 있으므로, 법률에 특별한 규정이 없는 한 조례로써 견제의 범위를 넘어서 고유권한을 침해하는 규정을 할 수 없고, 일방의 고유권한을 타방이 행사하게 하는 내용의 조례는 지방자치법에 위배된다. 그러므로 지방의회가 집행기관의 인사권에 관하여 소극적, 사후적으로 개입하는 것은 그것이 견제의 범위 안에 드는 경우에는 허용되나, 집행기관의 인사권을 독자적으로 행사하거나 동등한 지위에서 합의하여 행사할 수 없고, 사전에 적극적으로 개입하는 것도 원칙적으로 허용되지 아니한다. 따라서 지방의회 의장과 의원 개인의 지위 및 권한에 비추어 볼 때 집행기관의 인사권에 의장 개인의 자격으로는 관여할 수 있는 권한이 없고, 조례로서 이를 허용할 수도 없다. 그렇다면 공유재산심의회 위원 중 9명을 시의원으로 구성하고 그 위원이 될 시의원을 의장이 추천하여 시장이 위촉하도록 한 것은 사실상 인사권을 공동 행사하자는 것으로서, 공유재산심의회가 시장의 자문에 응하여 또는 자발적으로 시장의 의사결정에 참고가 될 의견을 제공하는 것에 불과하고 시장이 그 의견에 기속되는 것은 아니라고 하더라도, 공유재산심의회의 활동은 지방자치단체의 집행사무에 속하고, 그에 대한 책임은 궁극적으로 집행기관의 장이 지게 되는 것임에 비추어 볼 때, 공유재산심의회 위원이 될 시의원 9명을 의장이 추천하게 하는 것은 집행기관의 인사권에 사전에 적극적으로 개입하는 것으로서 특별한 사정이 없는 한 허용될 수 없다.

또한 「유통산업발전법」에서 위원회의 위원이 될 자를 직접 규정한 취지를 살펴보면, 위원회가 이해관계의 충돌을 조정하는 기능을 수행하는 점을 고려하여 위원회의 조직과 운영을 객관적이고 투명하게 하기 위한 것이라 할 것이고, 따라서 자치법규로서 임의적으로 위원을 추가하는 것은 입법취지에 부합되지 않는다고 할 것이며, 아울러 분쟁의 조정은 집행권에 속하는 사항으로서 지방의회 의장이 추천하는 자를 조례로 규정하는 경우 지방자치단체의 장의 집행권에 지방의회가 과도하게 관여하는 것이 되어 타당하지 않다고 할 것입니다.

한편, 「유통산업발전법」 제36조 제7항에서는 "제1항 내지 제5항에서 정한 사항 외에 위원회의 조직 및 운영 등에 관하여 필요한 사항은 당해 지방자치단체의 조례로 정한다."고 규정하고 있지만, 같은 조 제4항에서 위원회의 위원이 될 자에 관하여 한정적으로 열거하여 규정하고 있는 이상 같은 법 제36조 제7항은 같은 조 제4항에 따른 위원회의 구성에 관한 사항 외의 사항(위원회의 부위원장이나 간사, 분과위원회 또는 소위원회의 구성 등)을 정하도록 위임한 것이라고 이해하는 것이 합리적이라 할 것입니다.

만약, 입법자가 「유통산업발전법」 제36조 제4항 제1호 각 목에 규정된 자 외의 자를 조례로 정할 수 있도록 하려고 하였다면, 같은 항 제1호 바목 또는 같은 항 제3호로 규정하는 것이 일반적으로 예상할 수 있는 입법방식이므로 같은 조 제7항을 위임근거로 하여 조례로 정할 수 있다고 한다면 이는 해당 규정의 문언, 체계 및 취지에 맞는 해석이라고 할 수 없습니다.

따라서, 「유통산업발전법」 제36조 제4항 제1호에 따라 지방자치단체의 장이 위촉하는 위원회의 위원으로 같은 호 각목의 자 외에 "지방의회 의장이 추천하는 의원"을 해당 지방자치단체의 조례로 규정하는 경우 당해 조례는 상위법령의 범위를 벗어나는 것으로서 「유통산업발전법」에 위반됩니다.

5. 지방자치단체의 장이 위원회 등의 추천을 받아 위원회 등의 소속 직원을 임명하도록 하는 조례는 문제가 없는지?

지방자치단체의 장이 위원회 등의 추천을 받아 위원회 등의 소속 직원을 임명하도록 하는 조례에 대하여는 ① 상위 법령에서 지방자치단체의 장의 권한을 제약할 수 있는 규정이 있는지를 확인하고, ② 상위 법령에서 지방자치단체의 장의 권한을 제약하는 규정이 있거나 상위 법령에서 지방자치단체의 장의 권한을 제약하는 규정이 없다면 단순한 추천 임명에 대하여는 다음의 대법원 판례와 같이 지방자치단체의 장이 그 추천받은 자를 반드시 임명하여야 하는 것은 아니고 그 임명 여부의 최종적인 결정 권한은 여전히 지방자치단체의 장이 행사할 수 있다고 해석되는 점 등을 고려할 때 문제가 없는 것으로 볼 수 있다 할 것입니다.

대법원 1993. 2. 9. 선고 92추93 판결【도시계획위원회조례중개정조례(안)무효확인】

상위법령에서 지방자치단체의 장에게 기관구성원 임명·위촉권한을 부여하면서 임명·위촉권의 행사에 대한 지방의회의 동의를 받도록 하는 등의 견제나 제약을 규정하고 있거나 그러한 제약을 조례 등에서 할 수 있다고 규정하고 있지 아니하는 한, 당해 법령에 의한 임명·위촉권은 지방자치단체의 장에게 전속적으로 부여된 것이라고 보아야 할 것이어서 하위법규인 조례로써는 지방자치단체의 장의 임명·위촉권을 제약할 수 없다 할 것이고, 지방의회의 지방자치단체 사무에 대한 비판, 감시, 통제를 위한 행정사무감사 및 조사권의 행사의 일환으로 위와 같은 제약을 규정하는 조례를 제정할 수도 없다고 할 것입니다.

대법원 2009. 9. 24. 선고 2009추53 판결【조례안재의결무효확인】

이 사건 조례안 제15조에서 그 사무국 소속 직원을 이 사건 연구위원회 위원장의 추천을 받아 임명하도록 규정한 것은 원고가 그 추천받은 자를 반드시 임명하여야 하는 것은 아니고 그 임명 여부의 최종적인 결정 권한은 여전히 원고가 행사할 수 있다고 해석되는 점, 이 사건 연구위원회가 원고로부터 독립하여 그 사무를 수행할 필요가 있는 행정기관인 점에 비추어 원고의 고유한 인사권을 침해하는 위법한 규정이라고 보기는 어렵다.

참고로, 의견청취, 인사청문 등도 똑같은 방법으로 조례에 규정할 수 있는지를 판단할 수 있다고 할 것이고, 상위 법령에서 지방자치단체의 장의 권한을 제약할 수 있는 규정

이 없다면 조례에서 의견청취, 인사청문 등을 규정할 수 없다 할 것입니다.

————— 법제처 자치법규 의견제시 11-0036(2011. 4. 22.) —————

「지방공기업법」 제58조 제2항 본문에서는 지방공기업 사장과 감사는 대통령령이 정하는 바에 의하여 지방공기업의 경영에 관한 전문적인 식견과 능력이 있는 자 중에서 지방자치단체의 장이 임면한다고 규정하고 있고, 같은 조 제3항에서는 지방자치단체의 장이 사장을 임명할 때는 대통령령으로 정하는 임원추천위원회에서 추천된 자 중에서 임명하여야 한다고 규정하고 있으며, 「지방공기업법 시행령」 제56조의3 제1항에서는 임원추천위원회는 그 지방자치단체의 장이 추천하는 자 2인, 그 지방의회가 추천하는 자 3명, 그 공사의 이사회가 추천하는 자 2인으로 구성한다고 규정하고 있는바, 이와 같이 「지방공기업법」 및 같은 법 시행령에서는 지방자치단체의 장에게 지방공기업 사장에 대한 임명권을 부여하면서 다만 임원추천위원회에서 추천된 인사 중에서 사장을 임명하도록 하고 임원추천위원회는 그 지방의회가 추천하는 자 2인이 포함하여 구성하도록 하는 제한만을 두고 있을 뿐 달리 지방자치단체의 장의 지방공기업 사장의 임명권행사에 대한 제약을 할 수 있는 규정을 두고 있지 아니하므로 지방자치단체의 장은 위와 같은 제한 하에서 지방공기업 사장에 대한 전속적인 임명권한을 가진다고 할 것입니다.

그럼에도 불구하고 조례에서 지방자치단체장의 지방공기업 사장에 대한 임명권의 행사에 앞서 미리 지방의회의 의견청취를 거치도록 하는 것은 임명권 행사에 대한 제약으로서 허용되지 않는다고 할 것이고, 비록 의견청취가 지방자치단체장의 의사결정에 참고가 될 의견을 제공하는 것에 불과하여 지방자치단체장은 지방의회의 의견에 기속되는 것은 아니라고 하더라도 지방공기업 사장에 대한 임명 및 행정적 감독에 대한 책임은 궁극적으로 지방자치단체장이 지게 되는 것임에 비추어 볼 때 이를 지방자치단체장의 임명권 행사에 대한 제약이 아니라고 단정하기는 어렵다고 할 것입니다.

따라서, 용인시장이 용인지방공사의 사장을 임명할 때 시의회의 의견청취를 받아야 한다는 내용의 조례는 「지방공기업법」 제58조 및 「지방자치법」 제22조에 위배될 여지가 있습니다.

6. 조례에서 지방의회(상임위원회)에 보고하도록 하는 것은 집행권을 침해하는 것인가?

조례에서 지방자치단체의 장에게 지방의회나 지방의회 상임위원회에 보고하도록 하는 경우가 있는데, 이런 경우에는 ① 법령의 범위에서인지, ② 집행권의 본질을 침해하는 것인지, ③ 보고하도록 하는 사무가 자치사무나 단체위임사무인지, ④ 지방자치단체의 자문기관인지를 중점적으로 검토하여야 할 것입니다.

첫째, 법령의 범위에서인지에 대하여는 상위 법령에 위반하는지 면밀한 검토가 필요하다고 할 것이다.

대법원 2001. 11. 27. 선고 2001추57 판결 【조례안재의결무효확인청구】

조례안 제7조 제2항 제6호는 수의계약의 방법으로 용지를 매각할 수 있는 경우로 시장이 지역경제 활성화를 위해 필요하다고 인정하여 의회에 보고하는 경우를 규정하고 있다.

그런데 공유재산법 시행령 제38조 제1항 제28호는 '지방자치단체의 장이 지역경제의 활성화를 위하여 정하는 기준에 적합한 제조업체로서 상시 종업원의 수가 30명 이상이거나 원자재의 30% 이상을 해당지역에서 조달하려는 기업의 공장 또는 연구시설을 유치하기 위하여 매각하는 경우'를 공유재산을 수의계약으로 매각할 수 있는 경우로 규정하고 있다.

조례안 제7조 제2항 제6호는 지역경제의 활성화를 위하여 수의계약으로 매각할 수 있는 대상을 공유재산법 시행령 제38조 제1항 제28호가 정한 '제조업체', '상시 종업원의 수가 30명 이상이거나 원자재의 30% 이상을 해당지역에서 조달하려는 기업의 공장이나 연구시설의 유치' 등의 요건을 갖추지 않더라도 '시장이 필요하다고 인정하여 의회에 보고하는 경우'로 규정하고 있으므로 위 시행령 조항의 규율범위를 벗어난 것이라 할 것이다.

따라서 이 사건 조례안 제7조 제2항 제6호는 공유재산법 시행령 제38조 제1항 제28호에 위배되어 위법하다.

둘째, 집행권의 본질을 침해하는 것인지에 대하여는 단순한 지방의회나 지방의회 상임위원회의 보고는 보고 후 반드시 시의회의 의결이나 의견에 따라야 하는 등 법적 구속도 없으므로 지방자치단체의 장의 고유한 집행권을 침해한 것이 아니라는 것이 대법원 판례의 입장이라고 할 수 있습니다.

셋째, 보고하도록 하는 사무가 자치사무나 단체위임사무인지에 대하여는 만약 기관위임사무라면지방의회나 지방의회 상임위원회에 보고하도록 하는 조례는 제정할 수 없다고 할 것입니다.

넷째, 지방자치단체의 장의 자문기관에게 지방의회나 지방의회 상임위원회에 보고하도록 하는 것은 자문기관이 지방자치단체의 장의 자문에 응하여 또는 자발적으로 지방자치단체의 장의 의사결정에 참고가 될 의견을 제공하는 것에 불과하고 지방자치단체의 장은 그 의견에 기속되는 것도 아니므로, 지방의회나 지방의회 상임위원회가 지방자치단체의 장의 자문에 관한 사항에 관하여 그 심의안건을 보고하도록 하는 내용의 조례를 제정할 수 없다고 할 것입니다.

대법원 1994. 5. 10. 선고 93추144 판결

【경기도도시계획위원회조례중개정조례안무효확인】

도시계획법 제75조 제1항, 같은 법 시행령 제60조의 규정에 비추어 지방도시계획위원회의 사무 중 중앙도시계획위원회로부터 위임받은 사항을 심의하는 것은 지방자치단체의 자치사무나 이른바 단체위임사무에 해당한다고 할 수 없으므로, 지방의회는 위와 같이 위임된 사항에 관하여 지방도시계획위원회가 그 심의안건과 회의결과를 도의회에 보고하도록 하는 내용의 조례를 제정할 수 없으며, 또한 도지사의 자문기관으로서의 사무는 지방도시계획위원회가 도지사의 자문에 응하여 또는 자발적으로 도지사의 의사결정에 참고가 될 의견을 제공하는 것에 불과하고 도지사는 그 의견에 기속되는 것도 아니므로, 지방의회가 도지사의 자문에 관한 사항에 관하여 그 심의안건을 보고하도록 하는 내용의 조례를 제정할 수 없으므로 경기도도시계획위원회조례 중 개정조례안에서 지방도시계획위원회 위원장이 도의회에 심의할 안건과 그 회의결과를 사전·사후에 보고하도록 규정한 것은 조례로 제정할 수 없는 의무규정을 신설한 것으로서 지방자치법 제15조 및 도시계획법령의 규정에 위반되어 위법하다.

7. 예산편성과 관련하여 지방의회에서 사전의결, 사후승인 및 사전협의를 받도록 할 수 있는지?

「지방자치법」상 의결기관과 집행기관 사이의 권한의 분리 및 배분의 취지에 따라 법령에서 특별한 규정이 없는 한 조례로써 지방자치단체의 장의 고유한 집행권을 본질적으로 침해할 수 없습니다. 결국 지방자치단체의 장의 권한을 본질적으로 침해하는 것인지 아닌지에 따라 조례를 정할 수 없는지 아니면 있는지가 결정된다 할 것입니다.

먼저, 예산안 편성 또는 국·시비보조금의 예산계상 신청 등의 사무에 관한 집행권한을 부여하면서도 그 권한행사에 대한 의회의 사전의결 또는 사후승인을 받도록 하는 등의 권한행사를 견제·제한하는 규정은 지방의회는 지방자치단체의 예산을 심의·확정할 권한이 있으므로 지방자치단체의 재정 부담을 수반하는 국·시비보조금의 사업이 적절하지 않다고 판단되면 관련 예산안에 대한 심의를 통하여 사후에 감시·통제할 수 있으나, 법령상 지방자치단체의 장에게 예산안 편성 또는 국·시비보조금의 예산계상 신청 등의 사무에 관한 집행권한을 부여하면서도 그 권한행사에 대한 의회의 사전 의결 또는 사후 승인을 받도록 하는 등의 권한행사를 견제·제한하는 규정을 두거나 그러한 내용의 조례를 제정할 수 있다고 규정하고 있지 아니하면 하위법규인 조례로써는 단체장의 예산안 편성권 또는 국·시비보조금의 예산계상 신청권을 본질적으로 제약하는 내용의 규정을 할 수 없고, 이러한 내용의 조례가 제정되었다면 이는 「지방자치법」을 위배한 것입니다.

다음으로, 예산 편성 전까지 그에 대해 지방의회와 협의하여야 한다고 하는 규정은 지방자치단체의 장이 반드시 그 협의 결과에 따라야 하는 등의 법적 구속은 없을 뿐만 아니라, 오히려 지방자치단체 사무의 원활한 집행을 위해서는 집행기관과 입법기관의 협력이 필요하다는 점에 비추어 보면, 이 사건 조례안이 지방자치단체의 장의 고유한 집행권을 침해하는 것으로 보기는 어렵다 할 것입니다.

대법원 1996. 5. 10. 선고 95추87 판결

【국·시비보조금신청절차에관한조례안무효확인】

지방자치법상 의결기관과 집행기관 사이의 권한의 분리 및 배분의 취지에 비추어 보면, 지방의회는 지방자치단체의 예산을 심의·확정할 권한이 있으므로 지방자치단체의 재정 부담을 수반하는 국·시비보조금의 사업이 적절하지 않다고 판단되면 관련 예산안에 대한 심의를 통하여 사후에 감시·통제할 수 있으나, 법령상 지방자치단체의 장에게 예산안 편성 또는 국·시비보조금의 예산계상 신청 등의 사무에 관한 집행권한을 부여하면서도 그 권한행사에 대한 의회의 사전 의결 또는 사후 승인을 받도록 하는 등의 권한행사를 견제·제한하는 규정을 두거나 그러한 내용의 조례를 제정할 수 있다고 규정하고 있지 아니하는 한, 하위법규인 조례로써는 단체장의 예산안 편성권 또는 국·시비보조금의 예산계상 신청권을 본질적으로 제약하는 내용의 규정을 할 수 없고, 이러한 내용의 조례가 제정되었다면 이는 지방자치법에 위배된다.

지방자치단체인 구(자치구)에 교부되는 국·시비보조금은 국가 또는 광역시의 예산에 계상되므로 국·시비보조금의 예산계상 신청은 집행기관인 구청장의 고유권한인 예산안 편성권의 한 내용을 이루며, 지방자치법, 지방재정법, 보조금의예산및관리에관한법률 및 광역시 조례의 관계 규정에 의하면, 국·시비보조금의 예산계상 신청에 있어서 구청장과 광역시장, 중앙관서의 장 또는 재정경제원 장관과의 사이에 신청요건 및 신청절차, 자료제출 및 설명의무, 보고의무 및 국가보조사업에 대한 지방비부담액의 우선 예산계상의무 등에 관하여 규정하고 있을 뿐 구청장의 예산안 편성권 또는 국·시비보조금의 예산계상 신청권에 대한 견제나 제약을 할 수 있는 규정을 두고 있지 아니하고, 달리 관계 규정 어느 곳에도 구청장의 국·시비보조금의 예산계상 신청절차에 있어 구의회의 사전 의결 또는 사후 승인을 받도록 구조례에 위임하는 등의 특별한 규정이 있음을 찾아볼 수 없다. 따라서 이 사건 조례안 제4조 제1항, 제2항 및 제5조는 집행기관인 구청장에게 예산안 편성과 관련하여 국·시비보조금의 예산계상 신청을 함에 있어 구의회의 사전 의결 또는 사후 승인을 받도록 하는 등의 법령에 없는 의무를 부과함과 동시에 구의회로 하여금 집행기관의 사무집행에 사전에, 실질적으로 관여하도록 함으로써 집행기관의 권능을 제약하는 것이어서 각 법률 및 광역시 조례의 관계 규정에 위반된다.

━━━ 대법원 2009. 8. 20. 선고 2009추77 판결 【조례안재의결무효확인의소】 ━━━

헌법 제117조 제1항과 지방자치법 제22조에 의하면 지방자치단체는 법령의 범위 안에서 그 사무에 관하여 자치조례를 제정할 수 있고, 지방자치법은 의결기관으로서의 지방의회와 집행기관으로서의 지방자치단체장에게 독자적 권한을 부여하는 한편, 지방의회는 행정사무감사와 조사권 등에 의하여 지방자치단체장의 사무집행을 감시 통제할 수 있게 하고 지방자치단체장은 지방의회의 의결에 대한 재의요구권 등으로 의회의 의결권행사에 제동을 가할 수 있게 함으로써 상호 견제와 균형을 유지하도록 하고 있으므로, 지방의회는 자치사무에 관하여 법률에 특별한 규정이 없는 한 조례로써 위와 같은 지방자치단체장의 고유권한을 침해하지 않는 범위 내에서 조례를 제정할 수 있다고 할 것이다(대법원 1992. 7. 28. 선고 92추31 판결; 대법원 2000. 6. 13. 선고 99추92 판결 등 참조).

그런데 이 사건 조례안은 지방자치단체장이 경로당에 대한 지원계획을 수립하고, 예산 편성 전까지 그에 대해 군의회와 협의하여야 한다고 규정하고 있기는 하나, 지방자치단체장이 반드시 그 협의 결과에 따라야 하는 등의 법적 구속은 없을 뿐만 아니라, 오히려 지방자치단체 사무의 원활한 집행을 위해서는 집행기관과 입법기관의 협력이 필요하다는 점에 비추어 보면, 이 사건 조례안이 지방자치단체장의 고유한 집행권을 침해하는 것으로 보기는 어렵다.

8. 지방의회의원 개인이 집행기관의 사무집행에 관여할 수 있는지?

「지방자치법」은 의결기관으로서의 의회의 권한과 집행기관으로서의 단체장의 권한을 분리하여 배분하는 한편, 의회는 행정사무감사와 조사권 등에 의하여 단체장의 사무집행을 감시 통제할 수 있게 하고 단체장은 의회의 의결에 대한 재의요구권 등으로 의회의 의결권행사에 제동을 가할 수 있게 함으로써 상호 견제와 균형을 유지하도록 하고 있는데, 의회의 의결권과 집행기관에 대한 행정감사 및 조사권은 의결기관인 의회 자체의 권한이고 의회를 구성하는 의원 개개인의 권한이 아닌데, 의원은 의회의 본회의 및 위원회의 의결과 안건의 심사 처리에 있어서 발의권, 질문권, 토론권 및 표결권을 가지며 의회가 행하는 지방자치단체사무에 대한 행정감사 및 조사에서 직접 감사 및 조사를 담당하여 시행하는 권능이 있으나, 이는 의회의 구성원으로서 의회의 권한행사를 담당하는 권능이지 의원 개인의 자격으로 가지는 권능이 아니므로 의원은 의회의 본회의 및 위원회의 활동과 아무런 관련 없이 의원 개인의 자격에서 집행기관의 사무집행에 간섭할 권한(예: 동정자치위원회를 구성하는 위원의 위촉과 해촉에 관한 권한을 동장에게 부여하면서 그 위촉과 해촉에 있어서 당해 지역 구의원과 협의하도록 한 규정, 동정자치위원회의 자문·심의사항을 동장 외에 당해 지역 구의원도 심의를 요구할 수 있도록 한 규정 등)이 없으며, 이러한 권한은 법이 규정하는 의회의 권한 밖의 일로서 집행기관과의 권한한계를 침해하는 것이어서 허용될 수 없다 할 것입니다.

대법원 1992. 7. 28. 선고 92추31 판결 【지방의회조례안의결취소】

지방자치법은 의결기관으로서의 의회의 권한과 집행기관으로서의 단체장의 권한을 분리하여 배분하는 한편, 의회는 행정사무감사와 조사권 등에 의하여 단체장의 사무집행을 감시 통제할 수 있게 하고 단체장은 의회의 의결에 대한 재의요구권 등으로 의회의 의결권행사에 제동을 가할 수 있게 함으로써 상호 견제와 균형을 유지하도록 하고 있는 것인바, 위와 같은 의회의 의결권과 집행기관에 대한 행정감사 및 조사권은 의결기관인 의회 자체의 권한이고 의회를 구성하는 의원 개개인의 권한이 아닌바, 의원은 의회의 본회의 및 위원회의 의결과 안건의 심사 처리에 있어서 발의권, 질문권, 토론권 및 표결권을 가지며 의회가 행하는 지방자치단체사무에 대한 행정감사 및 조사에서 직접 감사 및 조사를 담당하여 시행하는 권능이 있으나, 이는 의회의 구성원으로서 의회의 권한행사를 담당하는 권능이지 의원 개인의 자격으로 가지는 권능이 아니므로 의원은 의회의 본회의 및 위원회의 활동과 아무런 관련 없이 의원 개인의 자격에서 집행기관의 사무집행에 간섭할 권한이 없으며, 이러한 권한은 법이 규정하는 의회의 권한 밖의 일로서 집행기관과의 권한한계를 침해하는 것이어서 허용될 수 없다.

광주직할시서구동정자문위원회조례 중 개정조례안 중 동정자치위원회를 구성하는 위원의 위촉과 해촉

에 관한 권한을 동장에게 부여하면서 그 위촉과 해촉에 있어서 당해 지역 구의원과 협의하도록 한 규정은 지방자치단체의 하부집행기관인 동장에게 인사와 관련된 사무권한의 행사에 있어서 당해 지역 구의원과 협의하도록 의무를 부과하는 한편 구의원에게는 협의의 권능을 부여한 것이나, 이는 구의회의 본회의 또는 위원회의 활동과 관련 없이 구의원 개인에게 하부집행기관의 사무집행에 관여하도록 함으로써 하부집행기관의 권능을 제약한 것에 다름 아니므로, 이러한 규정은 법이 정한 의결기관과 집행기관 사이의 권한분리 및 배분의 취지에 위반되는 위법한 규정이라고 볼 수밖에 없다.

동정자치위원회의 자문·심의사항을 동장 외에 당해 지역 구의원도 심의를 요구할 수 있도록 한 규정은 구의원에게 하부집행기관인 동장의 사무집행에 관여하는 권능을 부여하고 이로써 동장의 권한행사를 제약하는 것이라고는 보기 어려울 것이므로 위 규정이 법이 규정한 의결기관과 집행기관 사이의 권한배분과 상호 견제 및 균형의 원칙에 반한다고 할 수 없다.

9. 조례에서 집행부 위원회에 지방의회의원이 참여할 수 있는지?

조례에서 집행부 위원회에 지방의회의원이 참여하는 것은 ① 법령에서 해당 지역 주민의 의견을 반영하기 위하여 지방의회의원을 참여하도록 하는 경우에는 당연히 가능하고, 다만, 법령에서는 지방의회의원을 참여하도록 하였으나, 조례에서 이를 제외하는 것은 위법이고(판례 1), ② 법령에서 위원회의 구성과 운영에 관하여 해당 지방자치단체의 조례로 정하도록 하는 경우 위원회의 구성과 운영에 있어서 각 지방자치단체의 특수성을 고려하여 그 실정에 맞게 조직하도록 한 것이므로 지방의회의원이 참여하여도 문제가 되지 아니하며(판례 2), ③ 조례에서 비로소 정해지는 위원회에 지방의회의원이 참여하는 것은 지방자치단체의 전체 주민의 대표자라는 지위에서 주민의 권리신장과 공익을 위하여 참여하는 것이므로 문제가 되지 아니한다 할 것입니다(판례 3).

참고로, 판례 2와 3에서 보듯이 위원회에 참여하는 지방의회의원의 수가 많아도 문제는 없다 할 것입니다.

---

①
대법원 1994. 5. 10. 선고 93추144 판결
【경기도도시계획위원회조례중개정조례안무효확인】

도시계획법 제76조 제2항, 같은 법 시행령 제58조의2 제3항의 규정에 의하면 시·도의회의원을 도시계획위원회의 위원으로 참여하도록 하고 있는바, 그 취지는 의결기관으로서의 의회의 권한과 집행기관으로서의 단체장의 권한을 분리하여 독립성을 보장하면서도 이러한 자문위원회에 당해 지역 주민의 이해와 관련된 도시계획사항에 관하여 주민대표인 시·도의회의원이 직접 참여하여 주민의견을 반영함으로써 주민의 불이익이 되는 심의를 예방하여 균형을 유지하도록 함에 있으므로 경기도도시계획위원회조례 중 개정조례안에서 도의회의원을 도지사가 위촉할 수 있는 도시계획위원회의 위원의 대상에서 제외하도록 규정한 것은 도시계획법령의 규정과 취지에 위반되어 위법하다.

---

②
대법원 1996. 5. 14. 선고 96추15
판결 【공유재산관리조례중개정조례안재의결무효확인】

지방재정법에서 공유재산심의회의 구성과 운영에 관하여 당해 지방자치단체의 조례로 정하도록 위임한 취지는 공유재산심의회의 구성과 운영에 있어서 각 지방자치단체의 특수성을 고려하여 그 실정에 맞게 조직하도록 한 것이고, 따라서 당해 지방자치단체의 공유재산심의회의 구성, 즉 공유재산심의회 위원의 정수 및 그 위원의 구성비를 어떻게 정할 것인지는 당해 지방의회가 조례로써 정할 입법재량에 관한 문제로서 조례제정권의 범위 내라고 할 것인바, 지방의회가 개정조례안에서 "시 공유재산심의회는 12명의 위원으로 구성하며 위원은 시의원 9명, 관계 공무원 3명으로 한다."고 규정한 것은,

시 공유재산심의회 위원 12명 중 9명을 시의원으로 구성하도록 함으로써 시의회의 참여비율이 상대적
으로 높은 것은 틀림없으나, 이는 지방의회의 입법재량에 속하는 문제로서 이것만 가지고는 개정 조
례안이 상호 견제와 균형의 원칙에 입각한 집행기관과 의결기관과의 권한분리 및 배분의 범위를 유월
한 위법이 있다고는 할 수 없다.

③ **대법원 1992. 6. 23. 선고 92추17**
판결 【행정정보공개조례(안)재의결취소등】

지방의회의원이 그 의원의 자격이라기보다 지방자치단체의 전체 주민의 대표자라는 지위에서 주민의
권리신장과 공익을 위하여 정보공개조례안의행정정보공개심의위원회에 집행기관의 공무원 및 전문가
등과 동수의 비율로 참여하는 것이 반드시 법령에 위배된다고 볼 수도 없다.

10. 지방자치단체 사무의 민간위탁에 관하여 지방의회의 사전 동의를 받도록 조례에 규정할 수 있는지?

지방자치단체의 사무의 민간위탁 시 지방의회의 동의를 받도록 하는 것이 위법한지 여부는 지방의회와 지방자치단체의 장의 관계에서 지방자치단체의 장의 집행권한(고유권한)을 침해하는 것인지를 중심으로 검토되었으나, 지방자치단체 사무의 민간위탁 결정권한이 지방자치단체의 장의 사무의 단순한 집행방법에 관한 문제로서 한정적으로 파악하여 지방자치단체의 장의 고유권한으로 보기는 어려우며, 지방자치단체 사무의 민간위탁에 관하여 지방의회의 사전 동의를 받도록 한 것은 지방자치단체의 장의 민간위탁에 대한 일방적인 독주를 제어하여 민간위탁의 남용을 방지하고 그 효율성과 공정성을 담보하기 위한 장치에 불과하고, 민간위탁의 권한을 지방자치단체의 장으로부터 박탈하려는 것이 아니므로, 지방자치단체의 장의 집행권한을 본질적으로 침해하는 것으로 볼 수 없다고 일관되게 보고 있습니다.

아울러, 「지방자치법」 제104조 제3항에 비추어 보거나, 지방의회의 민간위탁에 관한 견제라는 측면에서 비추어 볼 때, 지방자치단체 사무의 민간위탁 시 지방의회의 동의를 얻도록 하는 것에는 해당 사무가 민간위탁 대상 사무인지 여부에만 국한되는 것이라기보다는 수탁자가 민간위탁 사무를 수행하기에 적합한 자인지를 판단하기 위한 동의까지를 포함하고 있다고 보고 있습니다.

대법원 2011. 2. 10. 선고 2010추11 판결 【조례안재의결무효확인】

민간위탁은 다른 한편으로는 보조금의 교부 등으로 비용이 더 드는 경우가 있고, 공평성의 저해 등에 의한 행정서비스의 질적 저하를 불러올 수 있으며, 위탁기관과 수탁자 간에 책임 한계가 불명확하게 될 우려가 있고, 행정의 민주화와 종합성이 손상될 가능성도 있다. 따라서 지방자치단체장이 일정한 사무에 관하여 민간위탁을 하는 경우에는 위와 같은 단점을 최대한 보완하여 민간위탁이 순기능적으로 작용하도록 할 필요가 있다(대법원 2009. 12. 24. 선고 2009추121 판결 등 참조).

이러한 제반 사정을 고려하여 보면, 이 사건 조례안이 지방자치단체 사무의 민간위탁에 관하여 지방의회의 사전 동의를 받도록 한 것은 지방자치단체장의 민간위탁에 대한 일방적인 독주를 제어하여 민간위탁의 남용을 방지하고 그 효율성과 공정성을 담보하기 위한 장치에 불과하고, 민간위탁의 권한을 지방자치단체장으로부터 박탈하려는 것이 아니므로, 지방자치단체장의 집행권한을 본질적으로 침해하는 것으로 볼 수 없다. 또한 지방자치단체장이 동일 수탁자에게 위탁사무를 재위탁하거나 기간연장 등 기존 위탁계약의 중요한 사항을 변경하고자 할 때 지방의회의 동의를 받도록 한 목적은 민간위탁에 관한 지방의회의 적절한 견제기능이 최초의 민간위탁 시뿐만 아니라 그 이후에도 지속적으로 이루어질 수 있도록 하는 데 있으므로, 이에 관한 이 사건 조례안 역시 지방자치단체장의 집행권한을 본질적으로 침해하는 것으로 볼 수 없다. 나아가 재위탁 등에 관하여 지방의회의 동의를 받을 기한이나 수탁기관의 적정 여부를 판단할 기한의 설정이 다소 부적절하다는 점만으로 지방자치단체장의 집행권한을 본질적으로 침해한다고 단정할 수도 없다.

대법원 2009. 12. 24. 선고 2009추121 판결 【조례안재의결무효확인】

지방자치법 제104조 제3항에서 지방자치단체의 장은 그 권한에 속하는 사무 중 주민의 권리·의무와 직접 관련이 없는 사무에 대해서는 조례나 규칙으로 정하는 바에 따라 민간에게 위탁할 수 있다고 규정함으로써 지방자치단체 사무의 민간위탁과 관련하여 조례 등에 의한 한계 설정을 예정하고 있는 점을 아울러 고려하여 보면, '순천시 지방공기업단지 조성 및 분양에 관한 조례 일부개정 조례안'이 지방자치단체 사무의 민간위탁에 관하여 지방의회의 사전 동의를 받도록 한 것은 지방자치단체장의 민간위탁에 대한 일방적인 독주를 제어하여 민간위탁의 남용을 방지하고 그 효율성과 공정성을 담보하기 위한 장치에 불과하고, 민간위탁 권한을 지방자치단체장으로부터 박탈하려는 것이 아니므로 지방자치단체장의 집행권한을 본질적으로 침해하는 것으로 볼 수 없다.

법제처 유권해석 09-0194(2009. 7. 3.)

지방자치단체의 장이 그 사무를 지방자치단체의 조직을 통해 직접 수행할지 민간에 위탁할지 여부는 직접적으로 행정서비스의 품질 등을 좌우할 수 있는 사항으로서 사실상 주민의 복리에 직·간접적인 영향을 미칠 수 있는 점, 민간위탁이 이루어지는 경우에는 이에 따른 지방자치단체의 조직 및 공무원 정원의 변경, 예산 조치 등이 함께 수반되는 등 일정한 파급 효과가 예상되는 점 등을 종합하여 고려하면, 민간위탁 여부에 관한 결정은 다른 지방자치단체의 장의 사무의 집행방법에 관한 사항과는 중요성 및 그 성질을 다소 달리한다고 보이는바, 이를 단순한 집행방법에 관한 문제로서 한정적으로 파악하여 지방자치단체의 장의 고유권한으로 보기는 어렵다고 할 것입니다.

법제처 유권해석 09-0272(2009. 9. 28.)

지방자치단체의 장이 자치사무를 민간위탁하는 것은 그것이 주민의 복리에 직·간접으로 영향을 미칠 수 있고, 지방자치단체의 조직이나 예산 등에 영향을 미칠 수 있다는 점에서 지방자치단체의 장의 고유권한으로 보기는 어려우므로, 지방의회가 조례로 자치사무의 민간위탁 여부에 관하여 사전에 지방의회의 동의를 받도록 규정하는 것은 가능하다고 볼 것이고(법제처 2009. 7. 3. 회신 09-0194 해석례), 「지방자치법」 제104조 제3항이나 위임위탁규정 제11조의 내용에 비추어 볼 때, 지방의회의 동의사항은 민간위탁 대상 사무인지만을 결정하는 데 국한한다고 해석할 근거는 없습니다.
또한, 지방의회가 민간위탁에 대한 동의를 한 뒤에는 「지방자치법」상의 행정사무 감사권·조사권(제

41조)과 행정사무처리상황에 대한 출석·답변 요구권(제42조) 등 간접적 견제수단만을 행사할 수 있을 뿐이고, 지방의회가 민간위탁에 대해 이미 한 동의 자체를 철회할 방법도 존재하지 않아서, 행정환경의 변경으로 해당 자치사무가 민간위탁을 하는 것이 적당하지 않게 되었거나 민간수탁기관이 사무를 부당하게 운영하고 있어 이를 재검토할 필요성이 있어도 지방자치단체장의 협조가 없다면 이를 적절히 통제할 수 없는바, 이러한 문제점을 해결하기 위하여 지방의회의 민간위탁 동의에도 유효기간을 두어 민간위탁사무의 원활한 운영에 이바지하도록 할 필요성이 있다고 할 것입니다.

11. 행정기구 설치에 있어서 조례의 제약은 무엇인지?

「지방자치법」 제101조, 제103조, 제112조, 제127조 및 「지방자치단체의 행정기구와 정원기준 등에 관한 규정」 제5조, 제8조, 제36조 제2항의 각 규정을 종합하면, 지방자치 법령은 지방자치단체의 장으로 하여금 지방자치단체의 대표자로서 당해 지방자치단체의 사무와 법령에 의하여 위임된 사무를 관리·집행하는 데 필요한 행정기구를 설치할 고유 한 권한과 이를 위한 조례안의 제안권을 가지도록 하는 반면 지방의회로 하여금 지방자 치단체의 장의 행정기구의 설치권한을 견제하도록 하기 위하여 지방자치단체의 장이 조 례안으로서 제안한 행정기구의 축소, 통폐합의 권한을 가지는 것으로 하고 있으므로, 행 정기구를 설치하는 조례안을 의원발의로 하거나, 지방자치단체의 장이 제안한 행정기구 에 대하여 종류 및 업무가 다른 행정기구로 전환하는 수정안을 발의하여 의결하는 것은 위법하다 할 것입니다.

다만, 「지방자치단체의 행정기구와 정원기준 등에 관한 규정」 제36조 제2항에서 지방 의회는 지방자치단체의 장이 제안한 기구와 정원에 관한 조례안을 의결할 때 지방행정조 직의 합리적 운용과 건전한 재정운영을 위하여 기구를 축소하거나 기구를 하나로 묶어서 합치거나 폐지하여 합치는 것, 정원을 감축하는 것을 의결할 수 있도록 하고 있으나, 이 는 지방의회의 의결권을 제한하는 사항으로써 대통령령이 아닌 법률(「지방자치법」)에 규 정하여야 하고, 나아가 이렇게 법률로 제한할지 여부에 대하여도 심도 있게 검토할 필요 가 있다 할 것입니다.

── 대법원 2009. 9. 24. 선고 2009추53 판결 【조례안재의결무효확인】 ──

지방자치법 제116조에 그 설치의 근거가 마련된 합의제 행정기관은 지방자치단체의 장이 통할하여 관 리·집행하는 지방자치단체의 사무를 일부 분담하여 수행하는 기관으로서 그 사무를 독립하여 수행한 다 할지라도 이는 어디까지나 집행기관에 속하는 것이지 지방의회에 속한다거나 집행기관이나 지방의 회 어디에도 속하지 않는 독립된 제3의 기관에 해당하지 않는 점, 행정기구규정 제3조 제1항의 규정 에 비추어 지방자치단체의 장은 집행기관에 속하는 행정기관 전반에 대하여 조직편성권을 가진다고 해석되는 점을 종합해 보면, 지방자치단체의 장은 합의제 행정기관을 설치할 고유의 권한을 가지며 이러한 고유권한에는 그 설치를 위한 조례안의 제안권이 포함된다고 봄이 상당하므로, 지방의회가 합 의제 행정기관의 설치에 관한 조례안을 발의하여 이를 그대로 의결, 재의결하는 것은 지방자치단체장 의 고유권한에 속하는 사항의 행사에 관하여 지방의회가 사전에 적극적으로 개입하는 것으로서 위 관 련 법령에 위반되어 허용되지 아니한다.

위와 같은 법리와 앞서 본 사실관계에 비추어 보면, 피고가 지방자치법 제116조에 근거하여 원고 소속의 합의제 행정기관으로 이 사건 연구위원회를 설치하는 내용의 이 사건 조례안을 발의하여 의결하고 그에 대한 원고의 재의 요구에도 이를 그대로 재의결한 것은 원고의 고유권한에 속하는 사항의 행사에 관하여 사전에 적극적으로 개입하여 이를 침해한 것이므로 법령에 위반된다.

대법원 2005. 8. 19. 선고 2005추48 판결
【광주광역시북구행정기구설치조례일부개정조례안에대한수정안재의결무효확인청구】

지방자치법상 지방자치단체의 집행기관과 지방의회는 서로 분립되어 각기 그 고유 권한을 행사하되 상호 견제의 범위 내에서 상대방의 권한 행사에 대한 관여가 허용되나, 지방의회는 집행기관의 고유 권한에 속하는 사항의 행사에 관하여는 견제의 범위 내에서 소극적·사후적으로 개입할 수 있을 뿐 사전에 적극적으로 개입하는 것은 허용되지 아니한다고 할 것인바(대법원 2001. 12. 11. 선고 2001추64 판결 참조), 지방자치법 제92조, 제94조, 제102조, 제118조, 지방자치단체의 행정기구와 정원기준 등에 관한 규정(이하 '행정기구규정'이라 한다) 제4조, 제6조의2, 제24조 제2항의 각 규정을 종합하면, 지방자치법령은 지방자치단체의 장으로 하여금 지방자치단체의 대표자로서 당해 지방자치단체의 사무와 법령에 의하여 위임된 사무를 관리·집행하는 데 필요한 행정기구를 설치할 고유한 권한과 이를 위한 조례안의 제안권을 가지도록 하는 반면 지방의회로 하여금 지방자치단체의 장의 행정기구의 설치권한을 견제하도록 하기 위하여 지방자치단체의 장이 조례안으로서 제안한 행정기구의 축소, 통·폐합의 권한을 가지는 것으로 하고 있으므로, 지방의회의원이 지방자치단체의 장이 조례안으로서 제안한 행정기구를 종류 및 업무가 다른 행정기구로 전환하는 수정안을 발의하여 지방의회가 의결 및 재의결하는 것은 지방자치단체의 장의 고유 권한에 속하는 사항의 행사에 관하여 사전에 적극적으로 개입하는 것으로서 허용되지 아니한다고 할 것이다.

「지방자치법」

제101조(지방자치단체의 통할대표권)

　지방자치단체의 장은 지방자치단체를 대표하고, 그 사무를 총괄한다.

제103조(사무의 관리 및 집행권)

　지방자치단체의 장은 그 지방자치단체의 사무와 법령에 따라 그 지방자치단체의 장에게 위임된 사무를 관리하고 집행한다.

제112조(행정기구와 공무원)

　① 지방자치단체는 그 사무를 분장하기 위하여 필요한 행정기구와 지방공무원을 둔다.

　② 제1항에 따른 행정기구의 설치와 지방공무원의 정원은 인건비 등 대통령령으로 정하는 기준에 따라 그 지방자치단체의 조례로 정한다.

　③ 행정안전부장관은 지방자치단체의 행정기구와 지방공무원의 정원이 적정하게 운영되고 다른 지방

자치단체와의 균형이 유지되도록 하기 위하여 필요한 사항을 권고할 수 있다. 〈개정 2008.2.29〉

④ 지방공무원의 임용과 시험·자격·보수·복무·신분보장·징계·교육훈련 등에 관하여는 따로 법률로 정한다.

⑤ 지방자치단체에는 제1항에도 불구하고 법률로 정하는 바에 따라 국가공무원을 둘 수 있다.

⑥ 제5항에 규정된 국가공무원은 「국가공무원법」 제32조 제1항부터 제3항까지에도 불구하고 5급 이상의 국가공무원이나 고위공무원단에 속하는 공무원은 해당 지방자치단체의 장의 제청으로 소속 장관을 거쳐 대통령이 임명하고, 6급 이하의 국가공무원은 그 지방자치단체의 장의 제청으로 소속 장관이 임명한다.

제127조(예산의 편성 및 의결)

① 지방자치단체의 장은 회계연도마다 예산안을 편성하여 시·도는 회계연도 시작 50일 전까지, 시·군 및 자치구는 회계연도 시작 40일 전까지 지방의회에 제출하여야 한다.

② 제1항의 예산안을 시·도의회에서는 회계연도 시작 15일 전까지, 시·군 및 자치구의회에서는 회계연도 시작 10일 전까지 의결하여야 한다.

③ 지방의회는 지방자치단체의 장의 동의 없이 지출예산 각 항의 금액을 증가하거나 새로운 비용 항목을 설치할 수 없다.

④ 지방자치단체의 장은 제1항의 예산안을 제출한 후 부득이한 사유로 그 내용의 일부를 수정하려면 수정예산안을 작성하여 지방의회에 다시 제출할 수 있다.

「지방자치단체의 행정기구와 정원기준 등에 관한 규정」

제5조(기구의 설치 시 고려사항)

① 지방자치단체의 장이 기구를 설치하거나 개편하려는 때에는 다음 각 호의 사항을 고려하여야 한다.

  1. 기구의 목적과 기능의 명확성·독자성·계속성

  2. 기구가 수행하여야 할 사무 또는 사업의 성질과 양에 따른 규모의 적정성

  3. 규모와 기능이 유사한 다른 기관과의 균형성

  4. 주민편의, 행정능률 등을 고려한 효율성

  5. 통솔범위, 기능의 중복유무 등 기구의 능률성

  6. 사무의 위탁가능성

② 지방자치단체는 위탁이 가능한 사무나 지방공사·지방공단·지방자치단체조합이나 행정협의회의 설립을 통하여 보다 효율적으로 추진할 수 있는 사무에 대하여는 기구를 설치하여서는 아니 된다.

③ 「지방자치법 시행령」 제80조에 따라 설치되는 자문기관에는 상설의 사무처나 사무국·과·담당관을 둘 수 없다.

제8조(한시기구의 설치운영)

① 지방자치단체의 장은 긴급히 발생하는 한시적 행정수요에 대처하거나 일정기간 후에 끝나는 사업을 수행하기 위하여 부득이한 경우에는 한시기구를 설치·운영할 수 있다. 이 경우 한시기구 설치 시에는 기존의 인력을 최대한 활용하여야 한다.

② 본청에 한시기구를 설치할 경우에는 기존의 보조기관과 담당관으로는 그 목적을 달성할 수 없을

정도의 업무의 중요성과 업무량이 있어야 한다.

③ 한시기구를 설치하는 경우에는 최소한 1년 이상의 업무량이 있어야 한다.

④ 한시기구의 존속기한은 3년의 범위에서 그 지방자치단체의 조례로 정한다.

⑤ 한시기구의 존속기한의 연장은 사업추진의 지연 등 불가피한 사유가 있는 경우를 제외하고는 1회에 한한다.

제36조(기구와 정원조례의 제안과 의결)

① 지방자치단체의 장은 기구와 정원에 관한 조례안을 해당 지방의회에 제안하는 때에는 행정안전부장관이 정하는 바에 따라 기구와 정원의 조정으로 인하여 추가로 드는 경비를 나타내야 한다. 〈개정 2008.2.29〉

② 지방의회는 지방자치단체의 장이 제안한 기구와 정원에 관한 조례안을 의결할 때 지방행정조직의 합리적 운용과 건전한 재정운영을 위하여 기구를 축소하거나 기구를 하나로 묶어서 합치거나 폐지하여 합치는 것, 정원을 감축하는 것을 의결할 수 있다. 이 경우 미리 지방자치단체의 장의 의견을 들어야 한다.

③ 지방의회는 제1항에 따라 제안된 기구와 정원에 관한 조례안에 대하여는 행정조직의 안정적 운용과 행정의 원활한 수행을 위하여 될 수 있는 대로 빠른 시일내에 처리하도록 노력하여야 한다.

12. 법령에서 지방자치단체의 장이 할 수 있도록 하는 것을 조례에서 지방자치단체의 장이 하도록 할 수 있는지?

법령에서 할 수 있다를 조례에서 하여야 한다고 할 수 있는지 여부에 대하여 지방자치단체의 장의 재량권을 침해한다는 견해와 지방자치단체의 조례로 지방자치단체의 장의 권한에 관여할 수 있다는 견해로 나누어질 수 있습니다.

여기의 핵심은 지방자치단체의 장의 재량권(집행권한)을 침해하는지가 관건인데, 법령에서 지방자치단체의 장에게 재량권을 주었음에도 불구하고 지방의회에서 제정하거나 개정하는 조례에서 반드시 하여야 한다로 하는 것은 지방자치단체의 장의 재량권(집행권한)을 침해하는 것으로 판단됩니다.

— 법제처 유권해석 11-0116(2011. 4. 21.) —

우선 법령은 특별한 사유가 없는 한 문언의 일반적인 의미를 중심으로 해석하여야 할 것인데, 「지방의료원의 설립 및 운영에 관한 법률」 제26조 제3항에 따르면 지방자치단체의 장은 경영상의 상당한 이유가 있다고 판단하는 경우 조례로 정하는 바에 따라 지방의료원 운영의 전부 또는 일부를 대학병원 등에 위탁운영할 수 있도록 규정하고 있으므로, 법률의 문언상 지방자치단체의 장에게는 위탁운영이 필요한 경영상의 상당한 이유가 있는지 여부를 적절히 판단하여 위탁운영 여부를 결정할 수 있는 재량이 부여되었다고 할 것인데, 조례로써 지방의료원을 위탁운영하여야 한다고 규정할 경우 법률에서 부여된 지방자치단체의 장의 재량권이 침해될 우려가 있다고 할 것입니다.

또한, 「지방자치법」은 의결기관으로서의 지방의회와 집행기관으로서의 지방자치단체의 장에게 독자적인 권한을 부여하는 한편, 지방의회는 행정사무 감사와 조사권 등에 의하여 지방자치단체의 장의 사무집행을 감시·통제할 수 있고, 지방자치단체의 장은 지방의회의 의결에 대한 재의요구권 등으로 지방의회의 의결권 행사에 제동을 가할 수 있게 함으로써 상호 견제와 균형을 유지하도록 하고 있으므로, 지방의회는 조례로써 지방자치단체의 장의 고유권한을 침해하지 않는 범위 내에서 조례를 제정할 수 있다고 볼 것인바, 조례로써 '지방의료원을 위탁운영하여야 한다'고 규정함으로써 지방의료원의 위탁운영 여부를 결정할 수 있는 지방자치단체의 장의 재량권을 박탈하는 경우에는 지방자치단체의 장의 집행권한을 침해하는 것으로 허용되지 않는다고 할 것입니다.

이러한 점을 감안한다면 「지방의료원의 설립 및 운영에 관한 법률」 제26조 제3항에 따라 조례로 위임된 부분은 위탁운영 여부를 제외한 위탁운영의 방법과 절차 등에 관한 부분으로 한정된다고 보는 것이 타당하다 할 것이므로, 「지방의료원 설립 및 운영에 관한 법률」 제26조 제3항을 근거로 조례로써 '지방의료원을 위탁운영하여야 한다'고 규정할 수 없습니다.

「유통산업발전법」 제12조의2 제1항에 따르면, 시장·군수·구청장은 건전한 유통질서 확립, 근로자의 건강권 및 대규모점포등과 중소유통업의 상생발전을 위하여 필요하다고 인정하는 경우 대규모점포 중 대통령령으로 정하는 것과 준대규모점포에 대하여 영업시간 제한을 명하거나 의무휴업일을 지정하여 의무휴업을 명할 수 있도록 하되, 연간 총 매출액 중 「농수산물 유통 및 가격안정에 관한 법률」에 따른 농수산물의 매출액 비중이 51퍼센트 이상인 대규모점포 등으로서 해당 지방자치단체의 조례로 정하는 대규모점포 등은 영업시간 제한이나 의무휴업일을 명할 수 없도록 하고 있고, 같은 조 제2항 및 제3항에서는 시장·군수·구청장은 제1항 제1호에 따라 오전 0시부터 오전 8시까지의 범위에서 영업시간을 제한할 수 있고, 제1항 제2호에 따라 매월 1일 이상 2일 이내의 범위에서 의무휴업일을 지정할 수 있도록 하고 있으며, 같은 조 제4항에서는 제1항부터 제3항까지의 규정에 따른 영업시간 제한 및 의무휴업일 지정에 필요한 사항은 해당 지방자치단체의 조례로 정하도록 하고 있고, 같은 법 시행령 제7조의2에서는 법 제12조의2 제1항 각 호 외의 부분 본문에서 "대규모점포 중 대통령령으로 정하는 것"이란 법 제8조 제1항에 따라 별표 1 제1호의 대형마트로 등록된 대규모점포를 말한다고 되어 있습니다.

이상의 규정을 종합해 보면, 「유통산업발전법」은 시장·군수·구청장에게 영업시간은 오전 0시부터 오전 8시까지의 범위에서, 의무휴업일은 매월 1일 이상 2일 이내의 범위에서 '건전한 유통질서 확립', '근로자의 건강권' 및 '대규모점포 등과 중소유통업의 상생발전'을 위하여 영업시간을 제한하거나 의무휴업일을 지정할 수 있는 권한을 부여하고 있고, 조례에는 「유통산업발전법」 제12조의2 제1항 각 호 외의 부분 단서에서 영업시간 제한 및 의무휴업일 명령의 대상에서 제외되는 대규모점포 등의 범위를 위임하고 있고, 같은 조 제4항에서는 제12조의2 제1항부터 제3항까지의 영업시간 제한 또는 의무휴업일 지정에 관한 사항으로서 세부기준과 절차 및 방법 등을 위임하고 있습니다.

따라서 조례에서 영업시간 제한 또는 의무휴업일을 구체적으로 규정하는 방법으로 범위를 지정하거나 시간, 일자를 구체적으로 지정하는 것은 가능하나, 시장·군수·구청장이 시간, 일자 등을 선택할 수 있는 집행재량을 가질 수 있도록 규정하여야 합니다.

구의회에서 구청장이 유통산업발전법에 의한 대규모점포 및 준대규모점포에 대하여 영업시간 제한 및 의무휴업을 명하도록 하는 내용의 조례를 의결함에 따라 구청장이 대형마트 등을 운영하는 갑 주식회사 등에 조례가 공포되어 시행될 것이니 이를 준수하라는 내용의 통지를 한 사안에서, 유통산업발전법이 시장·군수·구청장에게 대형마트 등의 영업시간 제한 및 의무휴업을 명할 수 있도록 하면서 필요성 판단과 시행 여부 및 범위설정에 대한 재량권을 부여하고 있음에도 조례가 특별한 부가요건도 없이 유통산업발전법에 따른 대형마트 등에 대한 영업시간 제한 및 의무휴업 범위의 최대치를 의무적으로 명하도록 구청장에게 강제하는 것은 시장·군수·구청장에게 대형마트 등의 영업시간 제한 및 의무휴업의 시행과 관련한 판단의 여지 내지 재량권을 부여함으로써 공익상 필요와 충분한 형량을 할 수 있도록 한 유통산업발전법의 취지에 반하여 지방자치단체장에게 부여된 판단재량을 박탈하는 것이고, 헌법상 보장된 영업의 자유 등을 제한하는 것으로서 당사자에게 의무를 과하거나 권익을 제한하는 처분을 하면서 행정절차법 제21조 제1항, 제22조 제3항에 따른 당사자에 대한 처분의 사전통지 및 의견제출의 기회 부여 등의 절차를 거치지 않았다는 이유로, 처분이 위법하다.

6장 기타

1. 지방자치단체가 재정 상태를 고려하여 제도의 단계적 개선을 추진하는 것이 헌법상 평등원칙을 위반하는 것인지?

지방자치단체가 국민이나 주민을 수혜 대상자로 하여 재정적 지원을 하는 정책을 실행하는 경우 그 정책은 재정 상태에 따라 영향을 받을 수밖에 없습니다.

만약, 지방자치단체가 합리적인 기준에 따라 능력이 허용하는 범위에서 제도의 단계적인 개선을 추진할 수 있는 길을 선택할 수 없다면, 모든 사항과 계층을 대상으로 하여 동시에 제도의 개선을 추진하는 예외적인 경우를 제외하고는 어떠한 제도의 개선도 그 시행이 불가능하다는 결과에 이르게 되어 불합리할 뿐만 아니라 평등의 원칙이 실현하려는 가치에도 어긋나게 되므로 「헌법」상 평등원칙을 위반하는 것이 아니라고 할 것입니다.

따라서 지방자치단체에서는 목적, 예산 등을 종합적으로 고려하여 일부 지역과 일부 계층 등을 대상으로 하는 조례를 만들어 시행할 수 있고, 이는 「헌법」상 평등원칙을 위반하지도 않습니다.

대법원 2008. 6. 12. 선고 2007추42 판결 【조례안재의결무효확인】

원고는, 이 사건 조례안은 아무런 합리적 이유 없이 특정지역주민들에 한정하여 통행료를 지원하는 것으로 그 밖의 인천광역시 주민들뿐만 아니라 해당 특정지역 주민들 중 자가용차량을 소유하지 않은 주민들까지 부당하게 차별대우하는 것이어서 헌법상의 평등원칙에 위배되어 위법하다고 주장한다.

살피건대, 이 사건 조례안은 영종도 등 주민에게 혜택을 부여하는 것으로서, 주민의 권리를 제한하거나 새로운 의무를 부과하는 조례안과는 달리 조례입안자에게 보다 광범위한 입법형성의 자유가 인정되는 것이므로 조례입안자는 그 조례제정의 목적, 수혜자의 상황, 예산 등 여러 사항을 고려하여 그에 합당하다고 스스로 판단하는 내용의 조례를 제정할 권한이 있다고 할 것이고, 그렇게 하여 제정된 조례의 내용이 현저하게 합리성이 결여되어 있는 것이 아닌 한 헌법에 위반된다고 할 수는 없다(헌법재판소 1993. 12. 23. 선고 89헌마189 결정; 헌법재판소 2007. 7. 26. 선고 2004헌마914 결정 등 참조).

그런데 이 사건 조례안에 의하더라도 영종·용유지역 등 주민이 인천국제공항고속도로의 북인천 IC

(북인천영업소)를 통과하여 인천(서울 포함)을 왕래하는 때에 납부하는 통행요금을 지원하되, 지원액은 예산의 범위 안에서 1가구에 차량 2대 이내로 지원하고, 감면횟수는 감면대상차량 1대당 1일 왕복 1회로 하며, 감면횟수를 초과한 차량은 정상요금을 납부하도록 되어 있는바, 이 사건 조례안 제정의 목적, 수혜자의 상황, 예산 등 여러 상황을 고려할 때, 이 사건 조례안의 시행으로 인하여 다른 지역에 거주하는 주민과의 사이에 다소 규율의 차이가 발생하기는 하나, 이 사건 조례안은 그에 정한 일정한 조건에 해당하는 경우에는 아무런 차별 없이 지원하겠다는 것으로서, 위와 같이 통행요금 지원대상의 조건으로 정한 내용이 현저하게 합리성이 결여되어 자의적인 기준을 설정한 것이라고 볼 수 없으므로 이 사건 조례안이 평등원칙에 위배된다고 할 수 없다.

대법원 2009. 10. 15. 선고 2008추32 판결 【조례안재의결무효확인】

국가나 지방자치단체가 국민이나 주민을 수혜 대상자로 하여 재정적 지원을 하는 정책을 실행하는 경우 그 정책은 재정 상태에 따라 영향을 받을 수밖에 없다고 할 것인바, 국가나 지방자치단체가 합리적인 기준에 따라 능력이 허용하는 범위 내에서 법적 가치의 상향적 구현을 위한 제도의 단계적인 개선을 추진할 수 있는 길을 선택할 수 없다면, 모든 사항과 계층을 대상으로 하여 동시에 제도의 개선을 추진하는 예외적인 경우를 제외하고는 어떠한 제도의 개선도 그 시행이 불가능하다는 결과에 이르게 되어 불합리할 뿐만 아니라 평등의 원칙이 실현하고자 하는 가치에도 어긋난다. 따라서 '원주 혁신도시 및 기업도시 편입지역 주민지원 조례안'이 원주시 내에 건설되는 혁신도시, 기업도시의 주민 등에게만 일정한 지원을 하도록 하고 있더라도 그것만으로 위 조례안이 평등원칙을 위반하고 있다고 보기는 어렵다.

대법원 2010. 5. 27. 선고 2009추190 판결 【조례안재의결무효확인】

헌법 제11조 제1항에서 말하는 평등의 원칙은 일체의 차별적 대우를 부정하는 절대적 평등을 의미하는 것이 아니라, 입법과 법의 적용에 있어서 합리적인 근거가 없는 차별을 하여서는 아니 된다는 상대적 평등을 뜻하고, 따라서 합리적인 근거가 있는 차별 또는 불평등은 평등의 원칙에 반하는 것이 아니다(대법원 2008. 11. 20. 선고 2007두8287 전원합의체 판결 등 참조).
이 사건 조례안은 국가유공자 중 신체장애로 직업선택 등에 제한을 받을 수밖에 없는 상이군경들에 대한 자활의욕을 고취시키고 유가족에 대한 위로, 생활안정 및 복지 향상의 차원에서 일정한 상이군경에게는 보훈명예수당을, 유가족에게는 사망위로금을 지급하도록 하고 있다. 그런데 이 사건 조례안에서 지원 대상으로 하고 있는 전상군경이나 공상군경은 모두 일정한 상이등급에 해당하는 신체적 장애를 입은 사람들로(국가유공자법 제4조 제1항 제4호, 제6호), 이미 사망하였거나 아니면 신체적 장애를 입지 않은 다른 국가유공자와는 달리 그 취업 등에 제한을 받는다는 점에서 달리 취급할 필요가 있다. 따라서 이들에 대해서만 생활대책 등을 이유로 이 사건 조례안과 같은 지원을 하도록 하였다고 하더라도 그 자체로 평등원칙을 위반하였다고 볼 수는 없다.
다만 국가유공자법 제4조 제1항이 정한 국가유공자 중 4·19혁명부상자, 공상공무원, 국가사회발전특별공로상이자 등도 신체적 장애를 가진 자들인데, 이 사건 조례안은 이들도 지원대상에서 제외하고 있어 차별 논란을 일으킬 수 있으나, 국가나 지방자치단체가 국민이나 주민을 수혜 대상자로 하여 재정적 지원을 하는 정책을 실행하는 경우 그 정책은 재정 상태에 따라 영향을 받을 수밖에 없다고 할 것인바, 국가나 지방자치단체가 합리적인 기준에 따라 능력이 허용하는 범위 내에서 법적 가치의 상향적 구현을 위한 제도의 단계적인 개선을 추진할 수 있는 길을 선택할 수 없다면, 모든 사항과 계층을 대상으로 하여 동시에 제도의 개선을 추진하는 예외적인 경우를 제외하고는 어떠한 제도의 개선도 그 시행이 불가능하다는 결과에 이르게 되어 불합리할 뿐만 아니라 평등의 원칙이 실현하고자 하는 가치에도 어긋나게 되므로(대법원 2009. 10. 15. 선고 2008추32 판결 참조) 한정된 재원을 가진 중랑구가 국가유공자의 생활안정의 필요성과 그 재정의 허용 한도를 감안하여 전상군경, 공상군경에 대해서만 우선 보훈명예수당과 사망위로금을 지원하도록 한 것이 평등원칙을 위반하고 있다고 보기는 어렵다.

헌법재판소 2007. 7. 26. 선고 2004헌마914 결정
【한국철도공사법 부칙 제8조 위헌확인】

시혜적인 법률은 국민의 권리를 제한하거나 새로운 의무를 부과하는 법률과는 달리 입법자에게 보다 광범위한 입법형성의 자유가 인정되므로, 입법자는 그 입법의 목적, 수혜자의 상황, 국가예산 등 제반 사항을 고려하여 그에 합당하다고 스스로 판단하는 내용의 입법을 할 권한이 있다 할 것이고, 그렇게 하여 제정된 법률의 내용이 현저하게 합리성이 결여되어 있다고 보이지 아니하는 한 헌법에 위반된다 할 수 없다.

2. 법률에 예외규정이 없는데도 조례로 새로운 납세의무를 부과하는 요건에 관한 규정을 신설하면서 시행시기 이전에 종결한 과세요건사실에 소급하여 적용하도록 할 수 있는지?

일반적으로 「지방세법」 등이 개정됨에 따라 지방세 관련 조례가 개정되는 경우가 많은데, 법률에 예외규정이 없는데도 조례로 새로운 납세의무를 부과하는 요건에 관한 규정을 신설하면서 시행시기 이전에 종결한 과세요건사실에 소급하여 적용하도록 할 수 있는지에 대하여 논란이 있습니다.

대법원 판례에서는 조세법률주의를 규정한 「헌법」 제38조 및 제59조의 취지에 따르면 국민에게 새로운 납세의무나 종전보다 가중된 납세의무를 부과하는 규정은 그 시행 이후에 부과요건이 충족되는 경우만을 적용대상으로 삼을 수 있음이 원칙이므로, 법률에서 특별히 예외규정을 두지 아니하였음에도 하위 법령인 조례에서 새로운 납세의무를 부과하는 요건에 관한 규정을 신설하면서 그 시행시기 이전에 이미 종결한 과세요건사실에 소급하여 이를 적용하도록 하는 것은 허용될 수 없다고 하고 있습니다.

따라서 법률에서 특별한 예외규정이 없으면 이미 종결한 과세요건사실에 소급하지 않아야 할 것입니다.

대법원 2011. 9. 2. 선고 2008두17363 전원합의체 판결
【지역개발세부과처분취소】

조세법률주의를 규정한 헌법 제38조, 제59조의 취지에 의하면 국민에게 새로운 납세의무나 종전보다 가중된 납세의무를 부과하는 규정은 그 시행 이후에 부과요건이 충족되는 경우만을 적용대상으로 삼을 수 있음이 원칙이므로, 법률에서 특별히 예외규정을 두지 아니하였음에도 하위 법령인 조례에서 새로운 납세의무를 부과하는 요건에 관한 규정을 신설하면서 그 시행시기 이전에 이미 종결한 과세요건사실에 소급하여 이를 적용하도록 하는 것은 허용될 수 없다.

2005. 12. 31. 법률 제7843호로 개정되어 2006. 1. 1.부터 시행된 구 지방세법(2010. 3. 31. 법률 제10221호로 전부 개정되기 전의 것, 이하 '구 지방세법'이라 한다) 제253조는 '대통령령이 정하는 원자력발전'을 지역개발세의 과세대상으로 추가하였는데, 구 지방세법 제258조 제1항에는 "지역개발세를 부과할 지역과 부과징수에 관하여 필요한 사항은 도조례가 정하는 바에 의한다."고 규정되어 있었으므로, 원자력발전에 대한 지역개발세는 부과요건의 하나인 부과지역에 관한 조례가 정해져야만 비로소 부과지역이 대외적으로 확정되어 이를 부과할 수 있다.

2006. 1. 1.부터 시행된 구 지방세법(2010. 3. 31. 법률 제10221호로 전부 개정되기 전의 것, 이하 '구 지방세법'이라 한다) 제258조 제1항 위임에 따라, 경상북도는 2006. 3. 16. 구 경상북도세조례 (2010. 12. 30. 조례 제3224호로 전부 개정되기 전의 것)로, 전라남도는 2006. 4. 24. 구 전라남

도세조례(2010. 12. 27. 조례 제3409호로 전부 개정되기 전의 것)로 각각 원자력발전을 지역개발세 과세대상으로 하고 부과대상지역을 해당 도내 전 지역으로 하는 내용으로 조례를 개정하였고, 개정과 동시 또는 개정 이후에 부칙에서 그 부과시기를 '구 지방세법 시행 후 발전하는 분부터 적용한다'고 규정하였는데, 이에 따라 각 과세관청이 원자력발전사업을 영위하는 갑 주식회사에 구 지방세법 시행일인 2006. 1. 1.부터 소급하여 원자력발전에 대한 지역개발세 부과처분을 한 사안에서, 원자력발전에 대한 지역개발세는 조례로 부과지역이 확정된 2006. 3. 16.(경상북도의 경우) 또는 2006. 4. 24.(전라남도의 경우) 이후에 부과할 수 있는데도, 위 각 부칙은 지역개발세 부과요건에 관한 규정을 그 시행시기 이전에 이미 종결한 과세요건사실에 소급하여 적용하도록 하였으므로 헌법 제38조, 제59조의 취지에 반하여 무효라는 이유로, 과세관청이 2006. 1. 1.부터 2006. 3. 15.(경상북도의 경우)까지 또는 2006. 1. 1.부터 2006. 4. 23.(전라남도의 경우)까지의 원자력발전에 대하여 한 지역개발세 부과처분은 위법하다.

3. 법령에 따른 위원회의 기능을 법령에서 다른 위원회에서 할 수 있다는 규정이 없어도 다른 위원회에서 대행(대신)하거나 통합하여 설치·운영할 수 있는지?

지방자치단체에 자문, 건의, 심의 등 자문기관(위원회, 심의회 등)을 법률 또는 대통령령 등 개별 법령에서 설치하는 경우, 지방자치단체에 유사한 기능을 하는 자문기관이 있는 경우 대행(대신)하거나 통합하여 설치·운영할 수 있는 규정을 두는 경우가 있습니다.

「건축기본법」

제18조(지역건축위원회) ① 지역의 건축분야의 중요한 정책의 심의 및 그 밖에 이 법으로 정하는 사항을 시행하기 위하여 시·도지사 소속으로 시·도건축정책위원회(이하 "광역건축위원회"라 한다)를, 시장·군수·구청장 소속으로 시·군·구건축정책위원회(이하 "기초건축위원회"라 한다)를 둘 수 있다.

② 광역건축위원회 및 기초건축위원회(이하 "지역건축위원회"라 한다)의 구성·조직, 그 밖에 위원회 운영에 관하여 필요한 사항은 해당 지방자치단체의 조례로 정한다. 다만, 해당 지방자치단체에 대통령령으로 정하는 관련 위원회가 이미 설치되어 있는 경우에는 조례로 정하는 바에 따라 지역건축위원회의 기능을 대신하도록 할 수 있다.

「국민기초생활 보장법」

제20조(생활보장위원회) ① 이 법에 따른 생활보장사업의 기획·조사·실시 등에 관한 사항을 심의·의결하기 위하여 보건복지부와 시·도 및 시·군·구(자치구를 말한다. 이하 같다)에 각각 생활보장위원회를 둔다. 다만, 시·도 및 시·군·구에 두는 생활보장위원회는 그 기능을 담당하기에 적합한 다른 위원회가 있고 그 위원회의 위원이 제4항에 규정된 자격을 갖춘 경우에는 시·도 또는 시·군·구의 조례로 정하는 바에 따라 그 위원회기 생활보장위원회의 기능을 대신할 수 있다.

「도시개발법」

제21조의4(도시개발사업분쟁조정위원회의 구성 등) ① 도시개발사업으로 인한 분쟁을 조정하기 위하여 도시개발구역이 지정된 특별자치도 또는 시·군·구에 도시개발사업분쟁조정위원회(이하 "분쟁조정위원회"라 한다)를 둘 수 있다. 다만, 해당 지방자치단체에 「도시 및 주거환경정비법」 제77조의2에 따른 도시분쟁조정위원회가 이미 설치되어 있는 경우에는 대통령령으로 정하는 바에 따라 분쟁조정위원회의 기능을 대신하도록 할 수 있다.

> **「지방자치단체 기금관리기본법」**
>
> 제13조(기금운용심의위원회) ① 지방자치단체는 기금의 관리·운용에 관한 중요한 사항을 심의하기 위하여 기금별로 기금운용심의위원회(이하 "심의위원회"라 한다)를 설치·운영하여야 한다. 다만, 기금의 효율적인 운용을 위하여 필요한 경우에는 심의위원회를 통합하여 설치·운영할 수 있다.

그러나 다른 위원회에 대행(대신)하거나 통합하여 설치·운영할 수 있다는 규정이 없는 경우에도 다른 위원회에 대행(대신)하거나 통합하여 설치·운영할 수 있는지에 논란이 있을 수 있습니다.

다른 위원회에서 대행(대신)하거나 통합하여 설치·운영할 수 있도록 하는 규정이 없음에도 불구하고 다른 위원회에서 대행(대신)하거나 통합하여 설치·운영할 수 있도록 한다면, 해당 위원회의 설치 근거를 두는 의의가 없고, 다른 위원회는 위원 수, 기능, 자격 등이 해당 위원회와 다르기 때문에 법령에서 의도하는 바를 달성하기 곤란한 등 문제가 발생할 우려가 많으므로, 다른 위원회에서 대행(대신)하거나 통합하여 설치·운영할 수 있도록 하는 규정이 있는 경우에만 대행(대신)하거나 통합하여 설치·운영할 수 있도록 하여야 할 것입니다.

> ──── **법제처 자치법규 의견제시 11-0065(2011. 5. 20.)** ────
>
> 「긴급복지지원법」 제12조 제1항에서는 긴급지원연장 결정 등의 사항을 심의·의결하기 위하여 시·군·구에 긴급지원심의위원회를 두도록 규정하면서, 같은 조 제4항에서는 시·군·구에 「국민기초생활 보장법」 제20조 제1항 본문에 따른 생활보장위원회가 있는 경우에는 그 위원회는 조례로 정하는 바에 따라 긴급지원심의위원회의 기능을 대신할 수 있다고 규정하고 있으므로, 긴급지원심의위원회의 기능을 대신할 수 있는 위원회는 생활보장위원회만이 가능하고, 조례로 정하는 바에 따라 생활보장위원회가 아닌 다른 위원회가 그 기능을 대신할 수는 없는 것으로 보입니다.

한편, 「지방자치법」이 개정(2009. 4. 1. 공포, 2009. 10. 2. 시행)됨에 따라, 제116조의2에 따라 앞으로는 조례로 성격과 기능이 유사한 다른 자문기관에 통합하여 운영할 수 있도록 되었습니다.

그러나 지방자치단체 자문기관을 개별 법령에도 불구하고 조례로 유사한 기능을 하는 자문기관과 통합·운영할 수 있게 하는 것은 개별 법령에 규정되어 있는 위원회 구성, 위원장, 의결정족수 등을 사문화시킬 수 있는 매우 강력한 사항이므로 논란이 많이 있을 것이라고 생각했으나, 실제로는 지방자치단체 유사중복 위원회의 통폐합이라는 목적에 묻혀 국회를 그냥 통과한 것으로 보였습니다.

당초 정부안에 있었던 "다른 법령의 규정에도 불구하고"가 삭제되어 해석을 할 때 개별법과 「지방자치법」 간의 우선순위를 둘러싼 논란이 발생할 가능성이 있었습니다.

법제처 유권해석(09-0395, 2010. 2. 1.)에서는 "법령에서 자문기관의 명칭, 기능, 운영방법 등 세부적인 내용을 정하고 있는 지방자치단체의 자문기관은 지방자치단체의 조례로 해당 자문기관에 성격과 기능이 유사한 다른 자문기관의 기능을 포함하여 운영하거나 해당 자문기관의 기능을 성격과 기능이 유사한 다른 자문기관에 포함하여 운영할 수 없습니다."고 하였습니다.

향후 조례로 자문기관을 통합하여 운영할 수 있도록 「지방자치법」 제116조의2를 개정하여야 할 것입니다.

━━ 법제처 유권해석 09-0395(2010. 2. 1.) ━━

「지방자치법」 및 같은 법 시행령에 따르면 지방자치단체는 그 소관 사무의 범위에서 법령이나 그 지방자치단체의 조례로 정하는 바에 따라 심의회·위원회 등의 자문기관(이하 "자문기관"이라 한다)을 설치·운영할 수 있고(법 제116조의2 제1항), 이렇게 설치되는 자문기관은 해당 지방자치단체의 조례로 정하는 바에 따라 성격과 기능이 유사한 다른 자문기관의 기능을 포함하여 운영할 수 있으며(법 제116조의2 제2항), 해당 지방자치단체에 설치된 다른 자문기관과 심의사항이 유사하거나 중복되는 자문기관을 설치·운영할 수 없습니다(영 제80조 제2항).

그런데, 「지방자치법」 제116조의2 제2항 및 같은 법 시행령 제80조 제2항에 따라 한 자문기관에 다른 자문기관의 기능을 포함하여 운영하는 것과 관련하여 조례로 법령에 따라 설치되는 둘 이상의 자문기관 중 어느 하나의 자문기관에 다른 자문기관의 기능을 포함하여 운영하게 하거나, 조례로 설치한 자문기관으로 하여금 법령에서 정하는 자문기관의 기능을 수행하게 하여 결국 법령에서 정하는 자문기관의 명칭·심의사항 또는 구성방법 등을 조례로 달리 정하고 이를 근거로 자문기관을 통합하여 운영하는 것이 문제가 될 것입니다.

한편, 「지방자치법」에 따르면 지방자치단체는 법령의 범위 안에서 그 사무에 관하여 조례를 정할 수 있고(제22조), 이 경우 "법령의 범위 안에서"란 '법령에 위반되지 아니하는 범위 내에서'를 말하므로(대법원 2009. 4. 9. 선고 2007추103 판결), 법령에서 정한 둘 이상의 자문기관의 명칭·심의사항·구성방법 등에 관한 규정 등을 조례로 하나의 자문기관에 포함시킬 수 있는지를 판단하기 위해서는 그 전제로 이러한 조례가 「지방자치법」 제22조에서 정하는 조례의 제정·개정 한계에 위배되지 않아야 할 것입니다.

먼저, 법령에서 지방자치단체에 두는 자문기관의 설치를 정하고 있는 경우 이러한 법령의 규정은 그 자문기관의 명칭·심의사항·구성방법 등에 대하여 지방자치단체의 권한에 일정한 제한을 부과하고 있다고 볼 것이고, 해당 지방자치단체는 그 자문기관을 법령에서 정한 명칭과 형태로 조직·운영할 의무가 있다고 할 것입니다. 즉, 지방자치단체의 장은 명시적인 규정이 없는 한 법령에서 설치하도록 한 자문기관을 반드시 해당 법령의 규정에 따라 설치해야 합니다.

다음으로, 「지방자치법 시행령」 제80조 제2항에 따르면 지방자치단체는 해당 지방자치단체에 설치된 다른 자문기관과 심의사항이 유사하거나 중복되는 자문기관을 설치·운영할 수 없도록 규정하고 있어서, 「지방자치법」 제116조의2 제2항에 따라 하나의 자문기관에 다른 자문기관의 기능이 포함되는 경우 기능을 포함한 자문기관은 존속하고 기능이 포함된 자문기관은 「지방자치법 시행령」 제80조 제2항에 따라 폐지해야 하는 결과가 발생하는데, 법령에 따라 설치된 자문기관의 경우 그 설치·운영을 지방자치단체가 임의적으로 변경할 수 없고, 또 조례를 통해 법령에서 정하고 있는 내용을 침해할 수도 없으므로(「지방자치법」 제22조), 같은 법 제116조의2 제2항에 따라 지방자치단체가 어떠한 자문기관에 그 기능을 포함하여 운영할 수 있는 자문기관에는 개별 법령에 따라 설치된 지방자치단체의 자문기관은 제외된다고 보아야 할 것입니다.

따라서, 법령에서 자문기관의 명칭, 기능, 운영방법 등 세부적인 내용을 정하고 있는 지방자치단체의 자문기관은 지방자치단체의 조례로 해당 자문기관에 성격과 기능이 유사한 다른 자문기관의 기능을 포함하여 운영하거나 해당 자문기관의 기능을 성격과 기능이 유사한 다른 자문기관에 포함하여 운영할 수 없습니다.

4. 법령에 따른 위원회의 명칭을 조례에서 다른 명칭으로 변경하거나 통합할 수 있는지?

「지방재정법」 제33조 제5항에서는 중기지방재정계획의 수립에 관한 지방자치단체의 장의 자문에 응하기 위하여 각 지방자치단체에 지방재정계획심의위원회를 둔다라고 되어 있고, 같은 법 시행령 제70조에서는 지방자치단체의 장은 법 제60조 제2항의 규정에 의하여 재정운용상황의 공시에 관한 사항의 심의를 위하여 지방재정공시심의위원회를 설치하여야 한다라고 되어 있는데, 조례에서 이 두 가지 심의위원회를 통합하여 지방재정계획및재정공시심의위원회로 설치할 수 있는지 여부에 대하여 논란이 있을 수 있습니다.

지방재정계획심의위원회와 지방재정공시심의위원회는 지방재정과 관련되어 유사한 기능을 수행하므로 구성이나 운영 등을 통합하여 운영하는 것이 조직의 효율성을 높이는 방법이 될 수 있을 것이고, 행정안전부의 지침에서도 통합하여 운영할 수 있도록 하고 있습니다.

그러나, 다음과 같은 이유로 이 둘 심의위원회를 통합하여 구성하고 운영하는 것은 맞지 아니하다고 판단됩니다.

첫째는, 통상 법에서 지방자치단체에 두도록 한 위원회에 대하여는 지방자치단체에 반드시 두어야 하므로 조례에서 다시 설치한다거나 둔다라고 규정하지 아니하고 있는데, 「지방재정법」상에 이 둘의 심의위원회는 반드시 지방자치단체에 두도록 하고 있고 있으므로 별도로 존재하는 심의위원회라고 판단되지 통합되어 있는 위원회라고는 보이지 아니합니다.

둘째는, 지방재정계획심의위원회와 지방재정공시심의위원회는 지방재정과 관련되어 유사한 기능을 수행한다고도 볼 수 있으나, 엄연히 중기지방재정계획과 지방재정공시는 차원이 다른 내용이므로, 이에 대한 전문가나 위원수, 위원장 등 위원회 구성을 달리할 필요도 있을 수도 것입니다.

따라서 통상 법령에서 지방자치단체에 설치하라고 하는 위원회는 명칭이 정해지고 있어 명칭도 달리 정할 수는 없다 할 것입니다.

참고로, 「지방자치법」 제116조의2와 관련하여 지방자치단체의 조례로 법령에 따라 설치된 자문기관에 해당 자문기관과 성격과 기능이 유사하고 다른 법령에 따라 설치된 자문기관의 기능을 포함하여 운영할 수 있는지도 검토하여야 하는데, 이와 관련한 법제처 유권해석에서 법령에서 자문기관의 명칭, 기능, 운영방법 등 세부적인 내용을 정하고 있는 지방자치단체의 자문기관 간에는 그 성격과 기능이 유사하다고 하여 지방자치단체의 조례로 각각의 기능을 포함하여 운영할 수 없다고 하고 있으므로 「지방자치법」 제116조의2가 개정되지 아니하는 한 이를 근거로 조례로 유사 위원회를 통합하여 운영할 수는 없다 할 것입니다.

「지방재정법」

제33조(중기지방재정계획의 수립 등)

① 지방자치단체의 장은 재정을 계획성 있게 운용하기 위하여 매년 중기지방재정계획을 수립하여 지방의회에 보고하고, 행정안전부장관에게 제출하여야 한다.

② 지방자치단체의 장은 중기지방재정계획을 수립할 때에는 행정안전부장관이 정하는 계획수립 절차 등에 따라 그 중기지방재정계획이 관계 법령에 따른 국가계획 및 지역계획과 연계되도록 하여야 한다.

③ 행정안전부장관은 제1항에 따른 각 지방자치단체의 중기지방재정계획을 기초로 관계 중앙행정기관의 장과 협의하여 매년 종합적인 중기지방재정계획을 수립하고, 국무회의에 보고하여야 한다.

④ 중기지방재정계획을 변경하는 경우에는 제1항부터 제3항까지의 규정을 준용한다.

⑤ 중기지방재정계획의 수립에 관한 지방자치단체의 장의 자문에 응하도록 하기 위하여 각 지방자치단체에 지방재정계획심의위원회를 둔다.

⑥ 제5항에 따른 지방재정계획심의위원회의 구성 및 운영 등에 필요한 사항은 해당 지방자치단체의 조례로 정한다.

「지방재정법 시행령」

제70조(지방재정공시심의위원회의 설치 등)

① 지방자치단체의 장은 법 제60조 제2항의 규정에 의하여 재정운용상황의 공시에 관한 사항의 심의를 위하여 지방재정공시심의위원회(이하 이 조에서 "공시심의위원회"라 한다)를 설치하여야 한다.

② 공시심의위원회는 위원장을 포함하여 관계전문가 등을 중심으로 한 15인 이내의 위원으로 구성한다.

③ 공시심의위원회의 구성·운영 등에 관한 사항은 지방자치단체의 조례로 정한다.

5. 분과위원회와 소위원회를 동시에 설치할 수 있는지?

위원회의 회의를 효율적으로 운영하기 위하여 위원회에 소위원회나 분과위원회를 두도록 되어 있으므로,[3] 소위원회나 분과위원회 둘 중에 하나만을 두도록 하여야 할 것입니다.

---

3) 법제처, 법령안 입안심사 기준, 2006, 375쪽.

6. 분과위원회와 소위원회에 본회의 위원이 아닌 사람을 위원으로 할 수 있는지?

위원회의 회의를 효율적으로 운영하기 위하여 위원회에 소위원회나 분과위원회를 두도록 되어 있으므로,[4] 소위원회나 분과위원회의 위원은 본회의 위원으로만 구성하여야 합니다.

---

4) 법제처, 법령안 입안심사 기준, 2006, 375쪽.

7. 분과위원회와 소위원회의 의결을 본 위원회의 의결로 간주할 수 있는지?

　소위원회 또는 분과위원회의 의결을 본 위원회의 의결로 간주하려면 해당 위원회의 설치 근거가 되는 법령에 이를 규정하여야 한다고 되어 있으므로,[5] 법령에 따른 위원회는 해당 법령에서 소위원회나 분과위원회의 의결을 본 위원회의 의결로 간주한다는 규정이 없다면, 조례에서 이러한 규정을 두지 못하지만, 조례에 따른 위원회는 해당 조례에서 소위원회나 분과위원회의 의결을 본 위원회의 의결로 간주한다는 규정을 둘 수 있다 할 것입니다. 다만, 조례에 따른 위원회라 하더라도 소위원회나 분과위원회의 의결을 본 위원회의 의결로 간주한다는 규정을 조례가 아닌 규칙에서 둘 수는 없다 할 것입니다.

---

5) 법제처, 법령안 입안심사 기준, 2006, 375쪽.

8. 가부동수이면 가결된 것으로 하거나 위원장에게 결정권을 행사하도록
할 수 있는지?

위원회의 의사결정방법으로서 "과반수의 찬성으로 의결한다."고 규정한 경우 가부동수이면 과반수의 찬성이 아니므로 부결된 것으로 보는 것이 당연하고, 또한 위원장 등에게 결정권을 주는 것은 의사결정의 민주적 방식에도 부합되지 아니하므로,[6] 조례에서 가부동수이면 가결된 것으로 하거나 위원장에게 결정권을 행사하도록 할 수 있는 규정을 두지 아니하여야 할 것입니다.

---

6) 법제처, 법령안 입안심사 기준, 2006, 375쪽.

9. 예산안에 대한 재의요구는?

예산안에 대한 재의요구는 「지방자치법」 제107조에 따르든지 제108조에 따르든지 법령에 따라 지방자치단체에서 의무적으로 부담하여야 할 경비 등을 삭감한 경우 삭감된 예산을 살려내려는 의도이거나 예산상 집행할 수 없는 경비 등을 증액한 경우 증액된 예산을 다시 삭감시키려는 의도에서 행사하게 될 것입니다.

먼저, 삭감된 예산을 살리는 경우에는 재의결된 의안이 재의결(확정) 또는 부결(폐기)되더라도 새로운 예산안을 의결하지 않는 한 삭감된 예산을 다시 살릴 방법이 없다는 점에서 입법실익이 전혀 없고,

다음으로, 증액된 예산을 다시 삭감하는 경우에는 집행부의 사전 동의를 받아 증액된 예산에 대해서 집행부가 이를 다시 재의요구한다는 것은 정치적으로 설득력이 전혀 없는 것입니다.

따라서 예산안에 대한 재의요구는 집행부의 의회에 대한 견제수단으로서 부적합하거나 실효성이 없는 것으로서 「지방자치법」의 규정에도 불구하고 실제 행사될 여지가 거의 없다 할 것입니다.

「지방자치법」

제107조(지방의회의 의결에 대한 재의요구와 제소)
  ① 지방자치단체의 장은 지방의회의 의결이 월권이거나 법령에 위반되거나 공익을 현저히 해친다고 인정되면 그 의결사항을 이송받은 날부터 20일 이내에 이유를 붙여 재의를 요구할 수 있다.
  ② 제1항의 요구에 대하여 재의한 결과 재적의원 과반수의 출석과 출석의원 3분의 2 이상의 찬성으로 전과 같은 의결을 하면 그 의결사항은 확정된다.
  ③ 지방자치단체의 장은 제2항에 따라 재의결된 사항이 법령에 위반된다고 인정되면 대법원에 소(訴)를 제기할 수 있다. 이 경우에는 제172조 제3항을 준용한다.
제108조(예산상 집행 불가능한 의결의 재의요구)
  ① 지방자치단체의 장은 지방의회의 의결이 예산상 집행할 수 없는 경비를 포함하고 있다고 인정되면 그 의결사항을 이송받은 날부터 20일 이내에 이유를 붙여 재의를 요구할 수 있다.
  ② 지방의회가 다음 각 호의 어느 하나에 해당하는 경비를 줄이는 의결을 할 때에도 제1항과 같다.
    1. 법령에 따라 지방자치단체에서 의무적으로 부담하여야 할 경비
    2. 비상재해로 인한 시설의 응급 복구를 위하여 필요한 경비
  ③ 제1항과 제2항의 경우에는 제107조 제2항을 준용한다.

10. 「지방자치법」 제107조에 따라 재의요구하여 재의결 조례안에 대하여 「지방자치법」 제172조에 따라 행정안전부장관은 시·도지사에게 재의요구를 할 수 있는지?

「지방자치법」 제107조에 따라 지방자치단체의 장이 재의를 요구한 지방의회의 의결사항이 재의결되었다면 그 의결사항은 확정된 것으로 그 이상 효력을 다툴 수 없으므로 「지방자치법」 제172조에 따라 다시 재의를 요구할 수 없다고 하여야 할 것입니다.

왜냐하면, 「지방자치법」 제107조에 따라 확정된 지방의회의 의결사항에 대하여 「지방자치법」 제172조에 따라 다시 재의를 요구할 수 있다고 한다면, 확정된 의결사항에 대하여 다시 효력을 다투는 되고 이는 법적 안정성을 해하고, 지방의회의 의결권을 지나치게 제한할 우려가 있기 때문이라 하겠습니다.

법제처 유권해석 1991. 12. 31. 【지방자치법상 재의요구와 관련된 질의】

「법 제159조」는 「제1항」에서 지방의회의 의결이 법령에 위반되거나 공익을 현저히 해한다고 판단될 때에는 시·도에 대하여는 내무부장관이, 시·군 및 자치구에 대하여는 시·도지사가 재의를 요구할 수 있고, 재의의 요구를 받은 지방자치단체의 장은 지방의회에 이유를 붙여 재의를 요구하여야 한다고 규정하고 있으나, 그 「제2항」은 재의의 결과 재적의원 과반수의 출석과 출석의원 3분의 2 이상의 찬성으로 전과 같은 의결을 하면 그 의결사항은 확정된다고 규정하고 있어, 「법 제159조」에서의 재의요구대상이 되는 지방의회 의결사항은 법령에 위반되거나 공익을 현저히 해한다고 판단되는 것으로서 그 효력이 확정되지 아니한 의결사항에 국한하고 있습니다.

한편, 「법 제98조」에서는 지방자치단체의 장은 지방의회의 의결이 월권 또는 법령에 위반된다고 인정되는 때에는 그 의결사항을 송부받은 날로부터 15일 이내에 이유를 붙여 재의를 요구할 수 있으며, 재의의 결과 재적의원 과반수의 출석과 출석의원 3분의 2 이상의 찬성으로 전과 같은 의결을 하면 그 의결사항은 확정된다고 규정하여 지방자치단체의 장이 송부받은 날로부터 15일 이내에 재의를 요구하지 아니하거나 재의를 요구하였으나 재의결되는 경우에는 그 의결사항이 확정되도록 규정하고 있습니다.

따라서, 「법 제98조」의 규정에 의하여 지방자치단체의 장이 재의를 요구한 지방의회의 의결사항이 재의결되었다면 그 의결사항은 확정된 것으로 그 이상 효력을 다툴 수 없으므로 「법 제159조」의 규정에 의하여 다시 재의를 요구할 수 없다고 하여야 할 것입니다.

이는 「법 제98조」의 규정에 의하여 확정된 지방의회의 의결사항에 대하여 「법 제159조」의 규정에 의하여 다시 재의를 요구할 수 있다고 한다면 확정된 의결사항에 대하여 다시 효력을 다투는 모순과 확정된 지방의회의 의결사항에 대하여 기간의 제한이 없이 언제라도 재의를 허용하는 결과가 되어 그 의결사항을 기초로 하여 형성된 법률관계의 법적 안정성을 해함은 물론 지방의회의 의결권을 지나치게 제한할 우려가 있기 때문이라 하겠습니다.

---

11. 부결된 조례안에 대하여 재의요구가 가능한지?

부결된 조례안에 대하여 재의요구에 대하여 재의요구를 할 수 있는지 논란이 될 수 있습니다. 그러나 부결된 조례안은 「지방자치법」 제26조, 제107조 및 제172조에서 말하는 조례안이나 의결사항이 아니므로 재의요구대상이 아니라 할 것입니다. 왜냐하면 지방의회에서 집행부에 통보하는 사항은 조례안이 부결되었다는 사실을 통지하는 것에 지나지 아니하고, 만약 「지방자치법」 제26조 제2항 및 제3항에 따라 재의하지 아니하면 공포하여야 하는데 그 대상이 없으며, 재의요구는 부결된 것에 대한 것이 아니라 의결된 조례안의 내용에 대하여 하여야 하기 때문입니다.

참고로, 「헌법」 제53조에도 이와 유사한 규정이 있고, 부결된 법률안에 대하여는 재의요구를 할 수는 없다고 할 것입니다.

「지방자치법」

제26조(조례와 규칙의 제정 절차 등)
① 조례안이 지방의회에서 의결되면 의장은 의결된 날부터 5일 이내에 그 지방자치단체의 장에게 이를 이송하여야 한다.
② 지방자치단체의 장은 제1항의 조례안을 이송받으면 20일 이내에 공포하여야 한다.
③ 지방자치단체의 장은 이송받은 조례안에 대하여 이의가 있으면 제2항의 기간에 이유를 붙여 지방의회로 환부(還付)하고, 재의(再議)를 요구할 수 있다. 이 경우 지방자치단체의 장은 조례안의 일부에 대하여 또는 조례안을 수정하여 재의를 요구할 수 없다.
제107조(지방의회의 의결에 대한 재의요구와 제소)
① 지방자치단체의 장은 지방의회의 의결이 월권이거나 법령에 위반되거나 공익을 현저히 해친다고 인정되면 그 의결사항을 이송받은 날부터 20일 이내에 이유를 붙여 재의를 요구할 수 있다.
② 제1항의 요구에 대하여 재의한 결과 재적의원 과반수의 출석과 출석의원 3분의 2 이상의 찬성으로 전과 같은 의결을 하면 그 의결사항은 확정된다.
③ 지방자치단체의 장은 제2항에 따라 재의결된 사항이 법령에 위반된다고 인정되면 대법원에 소(訴)를 제기할 수 있다. 이 경우에는 제172조 제3항을 준용한다.
제172조(지방의회 의결의 재의와 제소)
① 지방의회의 의결이 법령에 위반되거나 공익을 현저히 해친다고 판단되면 시·도에 대하여는 주무부장관이, 시·군 및 자치구에 대하여는 시·도지사가 재의를 요구하게 할 수 있고, 재의요구를 받은 지방자치단체의 장은 의결사항을 이송받은 날부터 20일 이내에 지방의회에 이유를 붙여 재의를 요구하여야 한다.

「헌법」

제53조

① 국회에서 의결된 법률안은 정부에 이송되어 15일 이내에 대통령이 공포한다.

② 법률안에 이의가 있을 때에는 대통령은 제1항의 기간 내에 이의서를 붙여 국회로 환부하고, 그 재의를 요구할 수 있다. 국회의 폐회 중에도 또한 같다.

③ 대통령은 법률안의 일부에 대하여 또는 법률안을 수정하여 재의를 요구할 수 없다.

12. 조례안을 다투는 소송에서의 심판대상은 지방자치단체가 재의요구 시에 이의사항으로 지적하여 재의결에서 심의의 대상이 된 것에 국한되는지?

조례안재의결무효확인소송에서의 심판대상이 재의요구 시 이의사항만인지 아니면 소송 시 제기한 이의사항도 포함되는지 논란이 있을 수 있습니다.

대법원에서는 조례안재의결무효확인소송에서의 심판대상은 지방자치단체의 장이 재의요구 시에 이의사항으로 지적하여 재의결에서 심의의 대상이 된 것에 국한된다고 하고 있습니다.

따라서 지방자치단체의 장이 재의요구할 때에는 소송을 제기할 것을 가정하여 법령 위반 등의 의문이 있더라도 가능한 한 재의요구를 할 필요가 있다고 할 것입니다.

참고로, 조례안 제소 시 대법원의 심리 3대 원칙은 ① 해당 소송을 재의결무효확인소송으로 처리하고, ② 해당 소송의 심리범위를 재의요구 시의 위법사유에 한정하며, ③ 해당 소송의 판결주문에서 재의결의 효력범위 전체에 대하여 판단하는 것입니다.

대법원 1992. 7. 28. 선고 92추31 판결 【지방의회조례안의결취소】

동정자문위원회의 명칭을 동정자치위원회로 변경한 것이 위법하다는 주장은 지방자치단체가 재의요구 시 위 명칭변경부분을 이의사항으로 지적한 바 없고 소송에서 비로소 내세운 주장인바, 소송에서의 심판대상은 단체장이 재의요구 시에 이의사항으로 지적하여 재의결에서 심의의 대상이 된 것에 국한된다고 볼 것이므로, 위 명칭변경부분은 심판대상이 아니다.

13. 대법원은 지방의회가 재의결한 내용 전부가 아니라 일부만이 위법한 경우에도 의결 전부의 효력을 부인하여야 하는지?

조례안재의결무효확인소송에서 재의결한 내용의 일부가 무효가 된다면 조례 전체를 무효로 하여야 하는지 아니면 일부만 무효로 하여야 하는지 논란이 있을 수 있습니다.

대법원에서는 ① 의결의 일부에 대한 효력배제는 결과적으로 전체적인 의결의 내용을 변경하는 것에 다름 아니어서 의결기관인 지방의회의 고유권한을 침해하게 되고, ② 그 일부만의 효력배제는 자칫 전체적인 의결내용을 지방의회의 당초의 의도와는 다른 내용으로 변질시킬 우려가 있으며, ③ 재의요구가 있는 때에는 재의요구에서 지적한 이의사항이 의결의 일부에 관한 것이라고 하여도 의결 전체가 실효되고 재의결만이 의결로서 효력을 발생하는 것이어서 의결의 일부에 대한 재의요구나 수정재의 요구가 허용되지 않기 때문에 재의결의 내용 전부가 아니라 그 일부만이 위법한 경우에도 조례 전체(의결 전부)의 효력을 부인하고 있습니다.

따라서 법령 위반에 대하여 명확하지 않지만 의심이 있는 조항에 대해서도 가능한 한 재의요구를 하여야 대법원 제소를 할 수 있다 할 것이고, 한 조문만 무효가 되어도 조례 전부가 무효가 될 것입니다.

대법원 1992. 7. 28. 선고 92추31 판결【지방의회조례안의결취소】

의결의 일부에 대한 효력배제는 결과적으로 전체적인 의결의 내용을 변경하는 것에 다름 아니어서 의결기관인 지방의회의 고유권한을 침해하는 것이 될 뿐 아니라, 그 일부만의 효력배제는 자칫 전체적인 의결내용을 지방의회의 당초의 의도와는 다른 내용으로 변질시킬 우려가 있으며, 또 재의요구가 있는 때에는 재의요구에서 지적한 이의사항이 의결의 일부에 관한 것이라고 하여도 의결 전체가 실효되고 재의결만이 의결로서 효력을 발생하는 것이어서 의결의 일부에 대한 재의요구나 수정재의 요구가 허용되지 않는 점에 비추어 보아도 재의결의 내용 전부가 아니라 그 일부만이 위법한 경우에도 대법원은 의결 전부의 효력을 부인할 수밖에 없다.

14. 대법원에서 무효가 된 조례에 대하여 폐지 절차를 밟아야 하는지?

　대법원의 조례안재의결무효확인소송에서 재의결한 내용의 일부가 무효가 된다면 조례 전체를 무효로 하는데, 그러면 이러한 무효된 조례를 폐지하여야 하는지 여부에 대하여 논란이 있을 수 있습니다.

　그러나 무효된 조례는 효력을 상실하여 폐지된 것과 같으므로 별도의 조례 폐지 절차를 밟지 아니하여도 된다 할 것입니다.

15. 대법원에 계류 중인 조례안에 대한 대체입법이 가능한지?

재의결된 조례는 조례로서 확정되어 있고, 그 공포만이 보류된 상태이기 때문에 동 조례가 공포 시행되지 아니한 상태에서 대체 조례안을 제출하거나 발의하는 것은 불가능하다고 보이며, 다른 내용의 조례안을 제출하거나 발의하여 의결하더라도 확정 조례의 공포시행을 저지할 수단이 없기 때문에 법적으로 불안정한 상태에 놓이게 됩니다.

또한「지방자치법」제172조 제7항에 따라 법령에 위반되는 조례안인 경우로서 재의요구지시를 받기 전에 그 조례안을 공포한 경우 주무부장관이나 시·도지사가 대법원에 직접 제소 및 집행정지결정을 신청할 수도 있으므로 문제가 될 소지도 있습니다.

결국, 대법원 제소에 이르기 전에 지방의회와 집행부 측의 상호협의에 의하여 원만히 처리하여야 할 것이고, 일단 대법원에 제소되었다면 대법원 판결을 기다려 그 조례가 무효로 확인된 후에 대체조례를 제출하거나 발의하는 것이 바람직하다 할 것입니다.

참고로, 대법원에 계류 중인 조례안의 내용이 아닌 내용에 대한 조례안은 제출하거나 발의할 수는 있다 할 것입니다.

「지방자치법」

제172조(지방의회 의결의 재의와 제소)
① 지방의회의 의결이 법령에 위반되거나 공익을 현저히 해친다고 판단되면 시·도에 대하여는 주무부장관이, 시·군 및 자치구에 대하여는 시·도지사가 재의를 요구하게 할 수 있고, 재의요구를 받은 지방자치단체의 장은 의결사항을 이송받은 날부터 20일 이내에 지방의회에 이유를 붙여 재의를 요구하여야 한다.
② 제1항의 요구에 대하여 재의의 결과 재적의원 과반수의 출석과 출석의원 3분의 2 이상의 찬성으로 전과 같은 의결을 하면 그 의결사항은 확정된다.
③ 지방자치단체의 장은 제2항에 따라 재의결된 사항이 법령에 위반된다고 판단되면 재의결된 날부터 20일 이내에 대법원에 소를 제기할 수 있다. 이 경우 필요하다고 인정되면 그 의결의 집행을 정지하게 하는 집행정지결정을 신청할 수 있다.
④ 주무부장관이나 시·도지사는 재의결된 사항이 법령에 위반된다고 판단됨에도 불구하고 해당 지방자치단체의 장이 소(訴)를 제기하지 아니하면 그 지방자치단체의 장에게 제소를 지시하거나 직접 제소 및 집행정지결정을 신청할 수 있다.
⑤ 제4항에 따른 제소의 지시는 제3항의 기간이 지난 날부터 7일 이내에 하고, 해당 지방자치단체의 장은 제소지시를 받은 날부터 7일 이내에 제소하여야 한다.
⑥ 주무부장관이나 시·도지사는 제5항의 기간이 지난 날부터 7일 이내에 직접 제소할 수 있다.

⑦ 제1항에 따라 지방의회의 의결이 법령에 위반된다고 판단되어 주무부장관이나 시·도지사로부터 재의요구지시를 받은 지방자치단체의 장이 재의를 요구하지 아니하는 경우(법령에 위반되는 지방의회의 의결사항이 조례안인 경우로서 재의요구지시를 받기 전에 그 조례안을 공포한 경우를 포함한다)에는 주무부장관이나 시·도지사는 제1항에 따른 기간이 지난 날부터 7일 이내에 대법원에 직접 제소 및 집행정지결정을 신청할 수 있다.

⑧ 제1항에 따른 지방의회의 의결이나 제2항에 따라 재의결된 사항이 둘 이상의 부처와 관련되거나 주무부장관이 불분명하면 행정안전부장관이 재의요구 또는 제소를 지시하거나 직접 제소 및 집행정지결정을 신청할 수 있다.

16. 지방의회가 새로운 재정부담을 수반하는 조례를 의결할 때 지방자치 단체의 장의 의견을 듣지 아니한 조례의 효력은?

「지방자치법」 제132조에 따르면, 지방의회는 새로운 재정부담을 수반하는 조례나 안건을 의결하려면 미리 지방자치단체의 장의 의견을 들어야 한다고 규정하고 있습니다.

그러면 지방자치단체의 장의 의견을 듣지 아니한 경우에 「지방자치법」 제132조를 근거로 조례안을 무효확인받을 수 있는지에 대하여 논란이 있을 수 있습니다.

그러나 대법원 판례에서는 지방자치단체의 장의 의견을 듣지 아니한 경우에도 이를 근거로 조례안을 곧바로 무효라고 할 수 없다고 하고 있으므로, 「지방자치법」 제132조를 위반하였다는 이유만으로는 재의요구나 조례안 무효확인 소송을 제기하지 아니하는 것이 좋을 것입니다.

대법원 2004. 4. 23. 선고 2002추16 판결 【조례안재의결무효확인】

지방의회가 새로운 재정부담을 수반하는 조례를 의결하고자 할 때에는 지방자치단체의 장의 의견을 들어야 한다고 규정하고 있는 지방자치법 제123조는 지방재정의 계획적이고 건전한 운영을 확보하기 위한 것으로서, 그 규정 취지가 지방의회가 지방자치단체의 장의 의견에 반드시 따라야 한다는 것이 아님은 물론이고 지방자치단체의 장 역시 지방자치법 제19조 제3항에 따라 지방의회가 의결한 조례에 대하여 재의를 요구할 수 있는 점 등에 비추어 보면, 피고가 지방자치법 제123조에 위반하여 원고의 의견을 듣지 아니하고 새로운 재정 부담을 수반하는 조례를 제정하였거나 재의결을 하였다고 하더라도 이를 가지고 곧바로 무효라고 할 수는 없는 것이므로 이 사건 재의결이 지방자치법 제123조에 위반되어 효력이 없다는 원고의 이 부분 주장은 이유 없다.

대법원 2009. 10. 15. 선고 2008추32 판결 【조례안재의결무효확인】

지방자치법 제132조에서는 지방의회로 하여금 새로운 재정부담을 수반하는 조례나 안건을 의결하려면 미리 지방자치단체의 장의 의견을 들어야 한다고 규정하고 있으므로 이 사건 기금 조성 조례안 규정과 관련해서도 피고는 사전에 원고의 의견을 들어야 한다고 볼 여지도 있으나, 위와 같은 경우에 지방자치법이 지방자치단체장의 의견을 들어야 한다고 규정한 취지는 지방재정의 계획적이고 건전한 운영을 확보하기 위한 것인바, 지방의회가 지방자치단체장의 의견에 반드시 따라야 한다는 것이 아님은 물론이고, 이 사건 조례안은 원고가 지방자치법 제26조 제3항에 따라 피고에 대해 재의를 요구하여 피고가 다시 심의한 후 재의결한 것이어서 원고의 의견을 듣는 절차를 거친 것으로 볼 수 있으므로 원고의 이 부분 주장도 받아들이지 아니한다.

참고로, 새로운 재정부담을 수반하는 조례에 대하여 지방자치단체의 장이 부정적인 의견을 제출하였음에도 불구하고 조례안이 의결되었을 경우에도 재의요구나 조례안 무효확인 소송을 제기하지 아니하는 것이 좋습니다. 왜냐하면, 의견을 들으라는 것은 지방자치단체의 장의 의견을 받아드리라는 것이 아니라 긍정적이든지 부정적이든지 듣기만 하면 된다고 할 것이므로 부정적인 의견이라도 의견을 들은 것이고, 이는 「지방자치법」 제132조를 위반한 것이 아니기 때문입니다.

법제처 자치법규 의견제시 11-0088(2011. 6. 24.)

「지방자치법」 제132조에서는 지방의회는 새로운 재정부담을 수반하는 조례나 안건을 의결하려면 미리 지방자치단체의 장의 의견을 들어야 한다고 규정하고 있는데, 도의회에서 「전라북도 노인여가복지시설 지원에 관한 조례」 제정과 관련하여 도지사에게 검토의견을 의뢰하였고, 이에 도지사는 새로운 재정 부담을 수반하는 조례안이라는 이유로 조례 제정에 대하여 부정적 검토의견을 제출하였다면 도지사의 답변 내용에도 불구하고 일단 도의회는 지방자치단체의 장의 의견을 미리 들은 것으로 볼 수 있으므로 「지방자치법」 제132조에 위반된다고 볼 수는 없을 것으로 보입니다.

17. 주무부장관이나 시·도지사가 조례안에 대하여 개정권고를 하면 어떻게 하여야 하는지?

일반적으로 「지방자치법」 제172조에 따라 지방의회에서 의결한 조례안이 법령에 위반되거나 공익을 현저히 해친다고 판단되면 시·도에 대하여는 주무부장관이, 시·군 및 자치구에 대하여는 시·도지사가 재의를 요구하게 되는데, 주무부장관이나 시·도지사가 경우에 따라서는 개정권고를 하는 경우가 있습니다.

이러한 개정권고는 조례안이 법령에 위반되는 등의 문제가 있음에도 불구하고 재의요구기간이 지나가 재의요구를 할 수 없는 경우나 조례안에 대하여 법령 위반 등의 확신이 약한 경우 등에 사용되게 됩니다. 나아가 규칙의 경우 재의요구가 없으므로 개정권고를 사용하는 사례가 있습니다.

개정권고를 받은 시·도지사나 시장·군수 및 자치구청장은 개정권고가 법률에 나오는 규정이 아니므로, 조례안에 대하여 개정권고를 참고하여 자체적으로 판단한 후 재의요구를 할 수도 있고, 일단 공포를 하고 다음과 같이 처리할 수도 있다고 판단됩니다.

첫째로, 문언그대로 "개정권고"란 해당 조례에 대하여 개정하라는 명령이나 의무가 아니라 개정하면 좋겠다는 권고에 지나지 아니하므로, 조례를 개정하지 아니할 수 있을 것입니다.

둘째로, 조례에 대한 개정 명령이나 의무가 아니지만, 자체 검토 후 주무부장관이나 시·도지사의 의견이 맞다면 개정을 추진할 수 있을 것입니다.

규칙안에 대하여는 재의요구가 없으므로 수정하든지 공포 후 조례와 같은 방법으로 처리할 수 있다고 판단됩니다.

「지방자치법」

제172조(지방의회 의결의 재의와 제소)
① 지방의회의 의결이 법령에 위반되거나 공익을 현저히 해친다고 판단되면 시·도에 대하여는 주무부장관이, 시·군 및 자치구에 대하여는 시·도지사가 재의를 요구하게 할 수 있고, 재의요구를 받은 지방자치단체의 장은 의결사항을 이송받은 날부터 20일 이내에 지방의회에 이유를 붙여 재의를 요구하여야 한다.
② 제1항의 요구에 대하여 재의의 결과 재적의원 과반수의 출석과 출석의원 3분의 2 이상의 찬성으로 전과 같은 의결을 하면 그 의결사항은 확정된다.

③ 지방자치단체의 장은 제2항에 따라 재의결된 사항이 법령에 위반된다고 판단되면 재의결된 날
   부터 20일 이내에 대법원에 소를 제기할 수 있다. 이 경우 필요하다고 인정되면 그 의결의 집
   행을 정지하게 하는 집행정지결정을 신청할 수 있다.

④ 주무부장관이나 시·도지사는 재의결된 사항이 법령에 위반된다고 판단됨에도 불구하고 해당
   지방자치단체의 장이 소(訴)를 제기하지 아니하면 그 지방자치단체의 장에게 제소를 지시하거
   나 직접 제소 및 집행정지결정을 신청할 수 있다.

⑤ 제4항에 따른 제소의 지시는 제3항의 기간이 지난 날부터 7일 이내에 하고, 해당 지방자치단체
   의 장은 제소지시를 받은 날부터 7일 이내에 제소하여야 한다.

⑥ 주무부장관이나 시·도지사는 제5항의 기간이 지난 날부터 7일 이내에 직접 제소할 수 있다.

⑦ 제1항에 따라 지방의회의 의결이 법령에 위반된다고 판단되어 주무부장관이나 시·도지사로부
   터 재의요구지시를 받은 지방자치단체의 장이 재의를 요구하지 아니하는 경우(법령에 위반되는
   지방의회의 의결사항이 조례안인 경우로서 재의요구지시를 받기 전에 그 조례안을 공포한 경우
   를 포함한다)에는 주무부장관이나 시·도지사는 제1항에 따른 기간이 지난 날부터 7일 이내에
   대법원에 직접 제소 및 집행정지결정을 신청할 수 있다.

⑧ 제1항에 따른 지방의회의 의결이나 제2항에 따라 재의결된 사항이 둘 이상의 부처와 관련되거
   나 주무부장관이 불분명하면 행정안전부장관이 재의요구 또는 제소를 지시하거나 직접 제소 및
   집행정지결정을 신청할 수 있다.

18. 규칙으로 정하여야 하는 사항을 조례로 정한 경우나 조례로 정하여야 하는 사항을 규칙으로 정한 경우의 효력은?

규칙으로 정하여야 하는 사항을 조례로 정한 경우나 반대로 조례로 정하여야 하는 사항을 규칙으로 정한 경우에는 하자가 있다고 할 수 있습니다. 그러면 그 하자가 무효인지 취소할 수 있는 행위인지는 중대명백설에 따라 판단하여야 할 것입니다.

규칙으로 정하여야 하는 사항을 조례로 정한 경우나 반대로 조례로 정하여야 하는 사항을 규칙으로 정한 경우 대법원에서는 그 하자가 중대하고 명백하여 무효라고 하고 있습니다.

한편, 규칙으로 정하여야 하는 사항을 조례로 정한 경우나 반대로 조례로 정하여야 하는 사항을 규칙으로 정한 경우가 발생하는 이유는 자치사무와 기관위임사무의 구별이 쉽지 아니하기 때문입니다.

따라서 「지방자치법」 개정으로 기관위임사무가 폐지되고 법정수임사무가 신설된다면 이러한 경우는 대부분 없어질 것입니다.

대법원 1995. 8. 22. 선고 94누5649 판결 【관리처분계획인가처분취소】

하자 있는 행정처분이 당연무효가 되기 위하여는 그 하자가 법규의 중요한 부분을 위반한 중대한 것으로서 객관적으로 명백한 것이어야 하며, 하자가 중대하고 명백한 것인지 여부를 판별함에 있어서는 그 법규의 목적, 의미·기능 등을 목적론적으로 고찰함과 동시에 구체적 사안 자체의 특수성에 관하여도 합리적으로 고찰함을 요한다.

서울특별시장이 건설부장관으로부터 위임받은 관리처분계획의 인가 등 처분권한을 행정권한의위임및위탁에관한규정 제4조에 의하여 규칙을 제정해서 구청장에게 재위임하지 아니하고, 서울특별시행정권한위임조례(1990. 10. 8. 서울특별시 조례 제2654호) 제5조 제1항 [별표]에 의하여 구청장에게 재위임하였다면, 서울특별시행정권한위임조례 중 위 처분권한의 재위임에 관한 부분은 조례제정권의 범위를 벗어난 국가사무(기관위임사무)를 대상으로 한 것이어서 무효이다.

대법원 1995. 11. 14. 선고 94누13572 판결 【토지수용무효확인】

도시재개발법에 의한 사업시행변경인가, 관리처분계획인가 및 각 고시에 관한 사무는 국가사무로서 지방자치단체의 장에게 위임된 이른바 기관위임사무에 해당하므로, 시·도지사가 지방자치단체의 조례에 의하여 이를 구청장 등에게 재위임할 수는 없고, 정부조직법 제5조 제1항 및 이에 기한 행정권한의위임및위탁에관한규정 제4조에 의하여 위임기관의 장의 승인을 얻은 후 지방자치단체의 장이 제정한 규칙이 정하는 바에 따라 재위임하는 것만이 가능하다.

도시재개발사업시행변경인가 및 그 고시, 관리처분계획인가 및 그 고시 등이 위법한 것이라고 할지라도 이러한 하자는 위 처분의 당연무효 사유가 아니다.

대법원 1997. 6. 19. 선고 95누8669 전원합의체
판결【임원취임승인취소처분등취소】

사립학교법 제4조 제1항, 제20조의2 제1항에 규정된 교육감의 학교법인 임원취임의 승인취소권은 교육감이 지방자치단체의 교육·학예에 관한 사무의 특별집행기관으로서 가지는 권한이고 정부조직법상의 국가행정기관의 일부로서 가지는 권한이라고 할 수 없으므로 국가행정기관의 사무나 지방자치단체의 기관위임사무 등에 관한 권한위임의 근거규정인 정부조직법 제5조 제1항, 행정권한의위임및위탁에관한규정 제4조에 의하여 교육장에게 권한위임을 할 수 없고, 구 지방교육자치에관한법률(1995. 7. 26. 법률 제4951호로 개정되기 전의 것) 제36조 제1항, 제44조에 의하여 조례에 의하여서만 교육장에게 권한위임이 가능하다 할 것이므로, 행정권한의위임및위탁에관한규정 제4조에 근거하여 교육감의 학교법인 임원취임의 승인취소권을 교육장에게 위임함을 규정한 대전직할시교육감소관행정권한의위임에관한규칙 제6조 제4호는 조례로 정하여야 할 사항을 규칙으로 정한 것이어서 무효이다.

행정처분이 당연무효라고 하기 위하여는 처분에 위법사유가 있다는 것만으로는 부족하고 하자가 법규의 중요한 부분을 위반한 중대한 것으로서 객관적으로 명백한 것이어야 하며, 하자의 중대·명백 여부를 판별함에 있어서는 법규의 목적, 의미, 기능 등을 목적론적으로 고찰함과 동시에 구체적 사안 자체의 특수성에 관하여도 합리적으로 고찰함을 요한다 할 것인바, 위 [1]항의 규칙 제6조 제4호에 근거하여 한 교육장의 임원취임의 승인취소처분은 결과적으로 적법한 위임 없이 권한 없는 자에 의하여 행하여진 것과 마찬가지가 되어 그 하자가 중대하다 할 것이나, 현행법상 교육감은 지방자치단체의 교육·학예에 관한 사무의 특별집행기관임과 동시에 국가의 기관위임사무를 처리하는 범위 내에서 국가행정기관으로서의 지위를 아울러 가지고 지방자치단체의 사무와 기관위임사무를 함께 관장하고 있어 행위의 외관상 양자의 구분이 쉽지 아니하고, 사립학교법 제4조에는 사립학교를 설치·운영하는 학교법인 등에 대한 관할청으로서 교육부장관이 교육감과 함께 규정되어 있을 뿐만 아니라 학교법인 임원취임의 승인 및 그 취소권은 교육감의 관장사무를 규정한 지방교육자치에관한법률 제27조에 규정되어 있지 아니하고 사립학교법 제20조, 제20조의2에서 '관할청'의 권한으로 규정되어 있는 관계로 교육감의 학교법인 임원취임의 승인 및 그 취소권은 본래 교육부장관의 권한으로서 교육감에게 기관 위임된 것으로 오인할 여지가 없지 아니하며, 또한 헌법 제107조 제2항의 '규칙'에는 지방자치단체의 조례와 규칙이 모두 포함되는 등 이른바 규칙의 개념이 경우에 따라 상이하게 해석되는 점 등에 비추어, 임원취임의 승인취소처분에 관한 권한위임 과정의 하자가 객관적으로 명백하다고 할 수는 없다고 보아 당연무효 사유는 아니다.

【공법상부당이득금반환청구】

하자 있는 행정처분이 당연무효로 되려면 그 하자가 법규의 중요한 부분을 위반한 중대한 것이어야 할 뿐 아니라 객관적으로 명백한 것이어야 하므로, 행정청이 위법하여 무효인 조례를 적용하여 한 행정처분이 당연무효로 되려면 그 규정이 행정처분의 중요한 부분에 관한 것이어서 결과적으로 그에 따른 행정처분의 중요한 부분에 하자가 있는 것으로 귀착되고, 또한 그 규정의 위법성이 객관적으로 명백하여 그에 따른 행정처분의 하자가 객관적으로 명백한 것으로 귀착되어야 하는바, 일반적으로 조례가 법률 등 상위법령에 위배된다는 사정은 그 조례의 규정을 위법하여 무효라고 선언한 대법원의 판결이 선고되지 아니한 상태에서는 그 조례 규정의 위법 여부가 해석상 다툼의 여지가 없을 정도로 명백하였다고 인정되지 아니하는 이상 객관적으로 명백한 것이라 할 수 없으므로, 이러한 조례에 근거한 행정처분의 하자는 취소사유에 해당할 뿐 무효사유가 된다고 볼 수는 없다.

19. 위법한 조례나 위법한 조례의 조항에 근거한 처분의 효력은?

규칙으로 정하여야 하는 사항을 조례로 정한 경우나 반대로 조례로 정하여야 하는 사항을 규칙으로 정한 경우에는 그 하자가 중대하고 명백하여 무효라고 하고 있습니다.

이러한 무효인 조례나 규칙에 따른 행정처분에 대하여는 하자가 있는 행위가 됩니다. 그러면 그 하자가 무효인지 취소할 수 있는 행위인지는 중대명백설에 따라 판단하여야 할 것입니다.

통상 조례나 조례의 조항이 대법원 등에서 무효가 되기 전까지는 그 하자가 중대하지만 객관적으로 명백하지 못하므로 위법한 조례나 위법한 조례의 조항에 근거한 처분은 당연 무효인 행위가 아니라 취소할 수 있다고 할 것입니다.

대법원 1995. 7. 11. 선고 94누4615 전원합의체 판결
【건설업영업정지처분무효확인】

조례 제정권의 범위를 벗어나 국가사무를 대상으로 한 무효인 서울특별시행정권한위임조례의 규정에 근거하여 구청장이 건설업영업정지처분을 한 경우, 그 처분은 결과적으로 적법한 위임 없이 권한 없는 자에 의하여 행하여진 것과 마찬가지가 되어 그 하자가 중대하나, 지방자치단체의 사무에 관한 조례와 규칙은 조례가 보다 상위규범이라고 할 수 있고, 또한 헌법 제107조 제2항의 "규칙"에는 지방자치단체의 조례와 규칙이 모두 포함되는 등 이른바 규칙의 개념이 경우에 따라 상이하게 해석되는 점 등에 비추어 보면 위 처분의 위임 과정의 하자가 객관적으로 명백한 것이라고 할 수 없으므로 이로 인한 하자는 결국 당연무효사유는 아니라고 봄이 상당하다.

대법원 2009. 10. 29. 선고 2007두26285 판결 【공법상부당이득금반환청구】

하자 있는 행정처분이 당연무효로 되려면 그 하자가 법규의 중요한 부분을 위반한 중대한 것이어야 할 뿐 아니라 객관적으로 명백한 것이어야 하므로, 행정청이 위법하여 무효인 조례를 적용하여 한 행정처분이 당연무효로 되려면 그 규정이 행정처분의 중요한 부분에 관한 것이어서 결과적으로 그에 따른 행정처분의 중요한 부분에 하자가 있는 것으로 귀착되고, 또한 그 규정의 위법성이 객관적으로 명백하여 그에 따른 행정처분의 하자가 객관적으로 명백한 것으로 귀착되어야 하는바, 일반적으로 조례가 법률 등 상위법령에 위배된다는 사정은 그 조례의 규정을 위법하여 무효라고 선언한 대법원의 판결이 선고되지 아니한 상태에서는 그 조례 규정의 위법 여부가 해석상 다툼의 여지가 없을 정도로 명백하였다고 인정되지 아니하는 이상 객관적으로 명백한 것이라 할 수 없으므로, 이러한 조례에 근거한 행정처분의 하자는 취소사유에 해당할 뿐 무효사유가 된다고 볼 수는 없다.
변상금연체료 부과처분의 근거인 '서울특별시 공유재산 관리 조례'의 관련 규정이 지방재정법 등 상위법령의 위임이 없어 효력이 없는지 여부가 해석상 다툼의 여지가 없을 정도로 객관적으로 명백하다고 할 수 없다.

대법원 및 헌법재판소의 판례에 비추어 볼 때 구 하천법 제33조 제4항이 위헌이라고 섣불리 단정할 수 없을 뿐만 아니라, 설사 위헌이라고 하더라도 국회에서 헌법과 법률이 정한 절차에 의하여 제정·공포된 법률이 헌법에 위반된다는 사정은 헌법재판소의 위헌결정이 있기 전에는 객관적으로 명백한 것이라고 할 수 없으므로 특별한 사정이 없는 한 이러한 하자는 행정처분의 취소사유에 해당할 뿐 당연무효 사유는 아니라 할 것이고, 이는 이 사건의 당해 사건에서도 마찬가지라고 보아야 할 것이므로, 이 부분에 대한 헌법소원도 재판의 전제성 요건을 충족하지 못하여 부적법하다.

20. 시·도지사의 권한을 시장·군수·구청장에게 위임하는 경우 이에 따른 시·도의 조례제정권도 당연히 시·군·구의 조례로 위임되는지?

「대기환경보전법」 제59조 제1항에 따르면, 시·도지사는 자동차의 배출가스로 인한 대기오염 및 연료 손실을 줄이기 위하여 필요하다고 인정하면 그 시·도의 조례가 정하는 바에 따라 터미널, 차고지, 주차장 등의 장소에서 자동차의 원동기를 가동한 상태로 주차하거나 정차하는 행위를 제한할 수 있다고 규정하고 있습니다.

예를 들어 「대기환경보전법」 제59조 제1항의 시·도지사의 권한을 시장·군수·구청장에게 위임하면 위임한 시·도의 조례로 정하여야 하는지, 아니면 위임받은 시·군·자치구의 조례로 정하여야 하는지 논란이 있을 수 있습니다.

그러나 시·도지사의 권한을 시장·군수·구청장에게 위임하는 경우 당연히 시·도의 조례도 시·군·자치구의 조례로 위임되는 것이 아니라 법령이나 조례에서 시·도의 조례를 시·군·자치구의 조례로 위임한다고 하는 명시적인 규정이 있어야 됩니다. 왜냐하면 시·도의 조례는 시·도지사의 권한이 아니라 시·도의회의 권한이기 때문입니다.

따라서 시·도지사의 권한을 시장·군수·구청장에게 위임한 경우에도 명시적인 규정이 없으면 당연히 위임받은 시·군·자치구의 조례로 위임되지 않고, 위임한 시·도의 조례로 정하여야 합니다.

대법원 1995. 12. 22. 선고 95추32 판결 【조례안재의결무효확인】

도지사로부터 묘지 등 허가사무를 위임받은 주체는 지방자치단체인 군이 아니라 도의 하위 행정기관인 군수이고, 매장및묘지등에관한법률이나 도사무위임조례에 특별히 위임받은 기관인 시장·군수가 소속된 시·군의 조례로 사무처리에 관한 규정을 정할 수 있다는 위임근거 규정도 없기 때문에 군의회가 그 사무를 규율하는 조례를 제정할 수 없으므로, 군의회에서 의결된 '묘지등설치허가시주민의견청취에관한조례안' 제3조는 지방자치법 제15조 본문에 위반된다.

법제처 유권해석 10-0415(2011. 2. 10.)

액화석유가스사업법에 따른 사업종류별로 허가권자가 다름을 전제로 허가요건 중 같은 법 제4조 제1항 제1호부터 제3호까지의 허가요건에 관한 세부적인 사항은 허가권자인 지방자치단체의 장이 속한 해당 지방자치단체의 조례로 정한다는 의미로서, 액화석유가스사업법에 따르면 액화석유가스 충전사업 또는 가스용품 제조사업에 대한 허가권한은 시·도지사에게 있으므로 같은 법 시행령에서 그 허가권한을 위임하였는지와는 무관하게 같은 법 제4조 제2항에 따른 조례제정권한은 허가권자인 시·도지사가 속한 시·도에 있다고 보는 것이 같은 법 제3조 제1항 및 제4조의 문언에 충실한 해석이라 할 것이고, 비록 액화석유가스사업법 제42조 제1항 및 같은 법 시행령 제19조 제1항에서 액화석유가스 충전사업 또는 가스용품 제조사업의 허가권한이 시·도지사로부터 시장·군수·구청장에게 위임되기는 했으나, 액화석유가스사업법 및 같은 법 시행령에서 같은 법 제4조 제2항에 따른 조례제정권한의 위임에 관해서는 아무런 규정을 두고 있지 않을 뿐만 아니라 법령의 명시적인 근거 없이 허가권한의 위임에 따라 조례제정권한까지 당연히 위임된다고 볼 수는 없다고 할 것이므로, 같은 법 제4조 제2항에 따른 조례제정권한이 시·군·구에 있다고 보기는 어렵습니다.

———— 법제처 자치법규 의견제시 11-0039(2011. 4. 19.) ————

「자동차관리법」 제20조에서는 시·도지사는 필요하다고 인정하면 국토해양부령으로 정하는 바에 따라 제19조에 따른 등록번호판발급대행자를 지정할 수 있다고 하면서, 그 지정방법 및 대행기간은 해당 지방자치단체의 조례로 정할 수 있다고 규정하고 있는바, 이는 등록번호판발급대행자 지정업무의 경우 그 권한이 시·도지사에게 있으므로 시·도지사가 속한 시·도의 조례로 등록번호판발급대행자 지정방법 등을 정한다는 의미라고 할 것입니다.

이 사안에서 등록번호판발급대행자 지정업무에 대한 권한이 「경기도 사무위임조례」 제9조에 따라 시·도지사로부터 시장·군수에게 위임되기는 했으나, 자동차관리법령상 조례제정권한의 위임에 관해서는 아무런 규정이 없으므로 비록 도의 조례로 도지사의 해당 권한이 시장·군수에게 위임되었다 하더라도 도의 조례제정권한이 당연히 소멸하는 것은 아니라고 할 것입니다.

21. 시·도지사 및 시장·군수·구청장이 하는 사무를 시·도지사가 시장·군수·구청장에게 사무를 위임할 수 있는지?

시·도지사 및 시장·군수·구청장이 공동으로 하는 사무(업무), 일명 공동사무라면, 이러한 공동사무도 위임, 즉 시·도지사가 시장·군수·구청장에게 위임을 줄 수 있는지 여부가 논란이 될 수 있습니다.

통상 시·도지사가 시장·군수·구청장에게 위임할 수 있을 것이나, 시장·군수·구청장이 할 수 있는 사무를 시·도지사가 다시 위임할 수 있는지에 관한 것이라고 할 것입니다.

시·도지사가 시장·군수·구청장에게 위임하지 않더라도 이미 시장·군수·구청장이 처리할 수 있으므로 다시 위임해 줄 필요가 없고, 공동사무로 한 이유는 두개 기관이 공동으로 처리하라는 의미이므로 공동사무를 위임을 주는 경우에는 하나의 기관이 처리하게 되는 문제가 있다 할 것이어서 공동사무의 위임은 바람직하지 않다고 할 것입니다.

다만, 시·도지사와 시장·군수·구청장의 공동사무라도 대상 등이 다른 경우 시·도지사가 시장·군수·구청장에게 위임할 수 있다 할 것입니다.

22. 동장이나 면장이 민간위탁을 할 수 있는지?

　동장이나 면장이 민간에 위탁하는 것은 그 수임사무의 재위탁에 해당하는 것이므로 그에 관하여는 별도의 법령상 근거가 있으면 가능하지만, 그러한 규정이 없다면,「지방자치법」제104조 제3항에서 소정 사무의 민간위탁은 지방자치단체의 장이 할 수 있는 것으로 규정하고 있을 뿐 동장이나 면장과 같은 하부행정기관이 할 수 있는 것으로는 규정하고 있지 아니하고,「행정권한의 위임 및 위탁에 관한 규정」제4조 역시 동장이나 면장이 자치사무에 관한 수임권한을 재위임 또는 재위탁할 수 있는 근거가 될 수 없으므로 불가능하다 할 것입니다.

대법원 2000. 11. 10. 선고 2000추36 판결

【인천광역시동구주민자치센터설치및운영조례안재의결무효확인청구】

　동장이 주민자치센터의 운영을 다시 민간에 위탁하는 것은 그 수임사무의 재위탁에 해당하는 것이므로 그에 관하여는 별도의 법령상 근거가 필요하다고 할 것인데, 지방자치법 제95조 제3항은 소정 사무의 민간위탁은 지방자치단체의 장이 할 수 있는 것으로 규정하고 있을 뿐 동장과 같은 하부행정기관이 할 수 있는 것으로는 규정하고 있지 아니하고, 행정권한의위임및위탁에관한규정 제4조 역시 동장이 자치사무에 관한 수임권한을 재위임 또는 재위탁할 수 있는 근거가 될 수 없음은 그 규정 내용상 분명하며, 달리 동장이 그 수임권한을 재위임 또는 재위탁할 수 있도록 규정하고 있는 근거 법령이 없으므로, 지방의회가 재의결한 조례안에서 동장이 주민자치센터의 운영을 다시 민간에 위탁할 수 있는 것으로 규정하고 있는 것은 결국 법령상의 근거 없이 동장이 그 수임사무를 재위탁할 수 있는 것으로 규정하고 있는 것이어서 법령에 위반된 규정이다.

23. 수탁기간이 만료되어 다시 수탁자를 선정할 경우 지방의회 동의를 다시 받아야 하는지?

민간위탁하는데 지방의회의 동의를 받도록 하고 있는 경우 다시 수탁자를 선정할 경우 지방의회 동의를 다시 받아야 하는지 아니면 먼저 받았기 때문에 받지 아니하여도 되는지 논란이 될 수 있을 것입니다.

다시 말하면 해당 민간위탁하는 경우의 지방의회 동의를 받도록 하는 것에는 해당 사무가 민간위탁 대상 사무인지 여부에만 국한되는지 아니면 수탁자가 민간위탁 사무를 수행하기에 적합한 자인지를 판단하기 위한 동의까지를 포함하는지에 따라 달라진다고 할 것입니다.

민간위탁하는 경우 지방의회 동의를 받도록 한 부분은 해당 사무가 민간위탁 대상 사무인지 여부에만 국한되는 것이라기보다는 수탁자가 민간위탁 사무를 수행하기에 적합한 자인지를 판단하기 위한 동의까지를 포함하고 있다고 보는 것이 타당하므로, 수탁기간이 만료되어 다시 수탁자를 선정할 경우 지방의회 동의를 다시 받아야 할 것입니다.

법제처 유권해석 09-0279(2009. 9. 28.)

「지방자치법」 제104조 제3항이 조례나 규칙으로 지방자치단체장의 민간위탁에 관한 사항을 정하도록 규정한 취지는 자치사무의 민간위탁 시 민주성, 객관성 및 일관성 등을 확보하고, 지방의회와 지방자치단체장 간에 상호 견제와 균형이 이루어지도록 하는 데 취지를 두고 있으므로, 법률에 특별한 규정이 없는 한 조례로써 견제의 범위를 넘어서 상대방의 고유권한을 침해하는 규정을 제정할 수 없다고 할 것입니다.

그런데, 지방자치단체의 장이 자치사무를 민간위탁하는 것은 그것이 주민의 복리에 직·간접으로 영향을 미칠 수 있고, 지방자치단체의 조직이나 예산 등에 영향을 미칠 수 있다는 점에서 지방자치단체의 장의 고유권한으로 보기는 어려우므로, 지방의회가 조례로 자치사무의 민간위탁 여부에 관하여 사전에 지방의회의 동의를 받도록 규정하는 것은 가능하다고 볼 것이고(법제처 2009. 7. 3. 회신 09-0194 해석례), 「지방자치법」 제104조 제3항이나 위임위탁규정 제11조의 내용에 비추어 볼 때, 지방의회의 동의사항은 민간위탁 대상 사무인지만을 결정하는 데 국한한다고 해석할 근거는 없습니다.

법제처 자치법규 의견제시 11-0273(2011. 11. 30.)

지방자치단체의 장이 자치사무를 민간위탁하는 것은 그것이 주민의 복리에 직·간접으로 영향을 미칠 수 있고, 지방자치단체의 조직이나 예산 등에 영향을 미칠 수 있다는 점에서 지방자치단체의 장의 고유권한으로 보기는 어려우므로, 지방의회가 조례로 자치사무의 민간위탁 여부에 관하여 사전에 지방의회의 동의를 받도록 규정하는 것은 가능하다고 볼 것이고, 「지방자치법」 제104조 제3항의 내용에 비추어 볼 때, 지방의회의 동의사항은 민간위탁 대상 사무인지만을 결정하는 데 국한한다고 해석할 근거는 없다고 보입니다(법제처 2009. 9. 28. 회신 09-0279 해석례 참조).

그렇다면, 「광양시 사무의 민간위탁 촉진 및 관리 조례」 제4조 제3항에 따라 자치사무를 민간위탁하는 경우 시의회 동의를 얻도록 한 부분이나 또는 「광양시 노인복지관 설치 및 운영 조례」 제5조 제1항에서 노인복지관 운영을 민간위탁하는 경우 시의회 동의를 받도록 한 부분은 해당 사무가 민간위탁 대상 사무인지 여부에만 국한되는 것이라기보다는 수탁자가 민간위탁 사무를 수행하기에 적합한 자인지를 판단하기 위한 동의까지를 포함하고 있다고 보는 것이 타당할 것입니다.

따라서, 민간위탁에 관한 개별 조례 없이 「광양시 사무의 민간위탁 촉진 및 관리 조례」 제4조 제3항에 따라 광양시 시민정보화교육 민간위탁 운영에 관하여 시의회 동의를 받았는데 수탁기간이 만료되어 수탁자를 다시 선정하는 경우나 「광양시 노인복지관 설치 및 운영 조례」 제5조 제1항에 따라 시의회의 동의를 받아 노인복지관을 민간위탁 운영하여 오다가 수탁자를 다시 선정하는 경우에도 시의회의 동의를 받도록 하는 것이 타당하다고 할 것입니다.

24. 개별 조례에서 지방의회의 동의에 관하여 별도로 규정하고 있지 아니한 경우 기본조례에 따라 민간위탁 시 지방의회의 동의를 받아야 하는지?

민간위탁에 관한 기본 조례와 개별 조례의 해석 문제로, 개별 조례에 지방의회 동의에 대하여 별도로 규정한 바가 없더라도 일률적으로 기본조례에 따라 지방의회 동의를 받도록 하거나 받지 않아도 된다고 판단하기는 어렵고, 개별 조례를 구체적·개별적으로 살펴 판단하여야 할 것입니다.

예컨대 민간위탁 시 공개경쟁입찰 방법에 의하도록 하는 등 민간위탁의 기준과 방법을 구체적으로 정하여 이러한 절차와 기준에 따르기만 하면 민간위탁 대상자와 수탁금액 등 해당 위탁의 세부적인 내용이 정해질 수 있을 정도로 규정된 경우 등의 경우에는 다른 조례에 특별한 규정을 두고 있는 경우라고 보아 기본조례의 지방의회 동의에 관한 내용이 배제되고 개별 조례의 민간위탁 절차에 따르도록 판단하는 것이 타당하다 할 것입니다.

법제처 자치법규 의견제시 11-0132(2011. 7. 7.)

「부여군 사무의 민간위탁 촉진 및 관리 조례」 제3조에서는 다른 법령 또는 조례에 특별한 규정이 없는 한 이 조례가 정하는 바에 따른다고 규정하고 있으므로, 자치사무를 민간위탁하는 경우에도 다른 조례에서 사무의 민간위탁에 관하여 특별히 규정하고 있으면 해당 조례에 따르면 될 것입니다.
「부여군 사무의 민간위탁 촉진 및 관리 조례」 제4조 제3항에 따라 자치사무를 민간위탁할 때에 어떠한 사항에 대하여 부여군의회의 동의를 얻어야 하는지는 불분명하나, 만약 해당 자치사무의 수탁대상자나 수탁금액 등 해당 위탁의 세부적인 내용 자체에 대하여 동의를 얻으라는 의미라면, 다른 조례에서 자치사무에 대하여 민간위탁할 경우에 일반경쟁 입찰의 방법에 의하도록 하면서 예외적으로는 수의계약의 방법으로 위탁할 수 있도록 규정한 것은 민간위탁의 기준과 방법을 정한 것으로서 이에 따라 민간위탁시 수탁대상자와 수탁금액 등 해당 위탁의 세부적인 내용이 정해지는 것이어서, 「부여군 사무의 민간위탁 촉진 및 관리 조례」 제3조에 따른 다른 조례에 특별한 규정이 있는 경우에 해당한다고 할 것이므로 같은 조례 제4조가 적용되지 않는다고 할 것입니다.

법제처 자치법규 의견제시 11-0143(2011. 7. 21.)

생태마을 관리·운영의 민간위탁에 관하여는 「양평군 청운골 생태마을 관리 및 운영조례」 제6조 제2항이 「양평군 사무의 민간위탁 조례」 제4조 제3항에 우선하여 적용되는데, 「양평군 청운골 생태마을 관리 및 운영조례」 제6조 제2항에서는 위·수탁기간을 2년을 정하고 있으므로 당초의 민간위탁에 대한 의회의 동의는 위·수탁기간인 2년에 대하여 이루어진 것으로 보는 것이 타당하며, 「양평군 청운골 생태마을 관리 및 운영조례」에 명시적으로 의회의 동의기간을 규정하고 있지 않다고 해서 「양평군 청운골 생태마을 관리 및 운영조례」의 위·수탁기간을 넘어서 「양평군 사무의 민간위탁 조례」 제4조 제3항에 따른 의회의 동의기간인 3년에 대하여 의회의 동의가 이루어졌다고 보는 것은 「양평군 사무의 민간위탁 조례」의 보충적 적용을 규정한 「양평군 사무의 민간위탁 조례」 제3조에 부합하지 않는다고 할 것입니다.

다만, 「양평군 청운골 생태마을 관리 및 운영조례」에서 생태마을 민간위탁에 관하여 별도의 규정을 두는 경우, 양평군 민간위탁에 관한 기본 조례인 「양평군 사무의 민간위탁 조례」와 적용상의 혼선이 발생할 수 있으므로, 그 적용 관계를 명확하게 하기 위하여 「양평군 사무의 민간위탁 조례」의 규정에 도 불구하고 「양평군 청운골 생태마을 관리 및 운영조례」의 해당 규정이 우선적으로 적용된다는 점을 명시적으로 규정하는 것이 입법론적으로 바람직하다고 할 것입니다.

따라서, 당초의 생태마을 민간위탁 위·수탁기간 2년이 경과하여 위·수탁기간을 연장하기 위해서는 당초의 민간위탁에 대한 의회 동의기간을 「양평군 청운골 생태마을 관리 및 운영조례」 제6조 제2항에 따른 위·수탁기간인 2년으로 보아 위·수탁기간 연장 시 다시 의회의 동의를 받아야 할 것으로 보입니다.

— 법제처 자치법규 의견제시 11-0191(2011. 9. 9.) —

민간위탁에 관한 시의회 동의와 관련하여 어떠한 경우에 다른 조례에 특별한 규정이 있는 것으로 볼 수 있을지 여부에 대해서는 개별 조례가 규정하고 있는 내용이 상이할 수 있으므로 구체적인 사안별로 그 판단의 결과가 다를 수 있는바, 예컨대 자치사무에 대하여 민간위탁할 경우에 일반경쟁 입찰의 방법에 의하도록 하면서 예외적으로는 수의계약의 방법으로 위탁할 수 있도록 규정하는 등 개별 조례에서 민간위탁의 기준과 방법을 구체적으로 정하여 이러한 절차와 기준에 따르기만 하면 민간위탁 대상자와 수탁금액 등 해당 위탁의 세부적인 내용이 정해질 수 있을 정도의 것이라면, 위탁 대상자와 그 금액에 대해서는 민간위탁 기본조례 제3조에 따른 다른 조례에 특별한 규정이 있는 경우에 해당한다고 보아 그 부분에 관한 한 같은 조례 제4조 제3항이 적용되지 않는다고 볼 수 있을 것입니다.

따라서, 개별 조례를 제정하여 민간위탁을 하면서 시의회 동의에 관한 규정을 두고 있지 않은 경우 민간위탁 기본조례 제4조 제3항에 따른 시의회 동의를 별도로 받지 않아도 되는지와 관련해서는 개별 조례에서 민간위탁의 기준과 방법을 어떻게 정하였는지 등을 고려하여 사안별로 달리 판단하여야 할 것으로 보입니다.

— 법제처 자치법규 의견제시 11-0195(2011. 9. 9.) —

「서울특별시 강북구영유아보육조례」의 관련 규정이 「서울특별시 강북구 사무의 민간위탁촉진 및 관리 조례」 제4조 제3항에 따른 구의회 동의에 관한 특별한 규정이 있는 것으로 볼 수 있으려면 민간위탁의 기준과 방법을 구체적으로 정하여 이러한 절차와 기준에 따르기만 하면 민간위탁 대상자와 수탁금액 등 해당 위탁의 세부적인 내용이 정해질 수 있을 정도로 규정된 경우이어야 할 것인데, 「서울특별시 강북구영유아보육조례」 제13조 및 제14조에서는 구청장은 구립보육시설 운영을 민간위탁하여 운영할 수 있다고 규정하면서 민간위탁시설을 위탁받아 운영하고자 하는 자는 구청장에게 신청하도록 하고 구청장은 신청자 중에서 서울특별시강북구보육정책위원회의 심의를 거쳐 선정된 자를 위탁운영자로 지정하여 서면으로 계약하도록 규정하고 있을 뿐이어서, 이러한 경우까지 「서울특별시 강북구 사무의 민간위탁촉진 및 관리조례」 제3조에 따른 다른 조례에 특별한 규정이 있는 경우에 해당한다고 보기는 어렵다고 할 것이므로, 「서울특별시 강북구 사무의 민간위탁촉진 및 관리조례」 제4조 제3항이 적용된다고 할 것입니다.

법제처 자치법규 의견제시 11-0207(2011. 9. 28.)

민간위탁에 관하여 어떠한 경우에 다른 조례에 특별한 규정이 있는 것으로 볼 수 있을지 여부는 개별 조례가 규정하고 있는 내용에 따라 달라질 것이지만, 「천안시 사회복지시설 민간위탁 운영에 관한 조례」에서는 사회복지시설의 위탁 기준, 수탁자 선정 심의위원회의 구성, 위탁기간 및 위탁평가, 재위탁 및 위탁계약에 관하여 일반적인 사항을 정하고 있고, 「천안시 보육 조례」에서는 사회복지시설 중 시립보육시설의 위탁 운영과 관련하여 시립보육시설의 위탁운영에 관한 심의는 「천안시 사회복지시설 민간위탁 운영에 관한 조례」에 따르도록 규정하면서, 수탁대상, 위탁계약에 관한 사항, 수탁자의 의무 등에 관하여는 영유아보육법령 등을 고려하여 「천안시 사회복지시설 민간위탁 운영에 관한 조례」와 달리 정하고 있는바, 「천안시 보육 조례」에서 시립보육시설의 위탁운영에 관해서는 「천안시 사회복지시설 민간위탁 운영에 관한 조례」 제3조에 따른 다른 조례에 특별한 규정이 있는 경우에 해당하는 것으로 보입니다.
따라서, 「천안시 사회복지시설 민간위탁 운영에 관한 조례」에서는 사회복지시설의 민간위탁 시에 시장이 위탁기간 만료 90일 이전에 위탁사무에 대한 평가를 실시하여 중대한 하자가 없는 경우 위탁기간을 연장하여 재위탁할 수 있도록 규정하고 있고, 「천안시 보육 조례」에서는 시립보육시설의 경우 위탁기간은 위탁 계약일로부터 3년으로 하되, 시장이 필요하다고 인정할 때에 1회에 한하여 그 기간을 연장하여 재위탁할 수 있도록 규정하고 있는 경우, 시립보육시설의 운영을 민간위탁하는 경우 「천안시 보육 조례」에 따라 1회에 한하여 그 기간을 연장하여 재위탁할 수 있는 것으로 보입니다.

법제처 자치법규 의견제시 11-0272(2011. 11. 28.)

조례에서 민간위탁 시 지방의회의 동의를 받도록 하면서도 같은 조례 제3조에서 다른 법령이나 조례에서 특별한 규정이 있는 경우는 의회의 동의를 받지 않아도 되도록 하고 있는 것은 우선, 원칙적으로 수탁기관이 될 자의 재정부담능력, 시설과 장비, 기술보유 정도, 책임능력과 공신력 등에 대한 신중한 검토를 통하여 수탁기관이 될 자에 대한 객관적 평가를 실시함으로써 수탁된 자치사무가 원활하게 수행될 수 있도록 하려는 취지에 따라 의회의 동의를 받도록 하되, 다른 법령이나 조례에 이러한 의회의 동의를 갈음할 만한 장치가 있는 경우에는 군이 의회의 동의를 별도로 받지 않도록 하기 위한 것으로 보입니다.

이러한 입장에서 사회복지법령에서 지방자치단체가 설치한 사회복지시설의 민간위탁과 관련하여 정하고 있는 내용적・절차적 규정을 보면, 「사회복지사업법」 제34조 제5항과 같은 법 시행규칙 제22조의2 및 제23조 등에서 사회복지시설의 위탁기준, 방법, 위탁기관이 시설을 위탁하여 운영하고자 할 때 위탁계약에 포함되어야 할 사항과 위탁계약기간에 대하여 규정하고 있는 등 지방자치단체가 설치한 「사회복지사업법」에 따른 사회복지시설을 위탁하여 운영하는 경우 위탁과 관련한 내용을 담고 있고, 「사회복지사업법 시행규칙」 제22조의2에서 수탁자선정을 위하여 시설을 설치한 지방자치단체에 수탁자선정심의위원회를 두면서 수탁자를 선정하는 때에 해당 위원회의 심의를 거치도록 하는 등 절차적인 규정을 두고 있는바, 이러한 규정 내용의 구체성에 비추어 볼 때 이 사안의 경우 지방의회의 동의를 받지 않아도 될 만큼의 특별한 규정이 있다고 보는 것이 타당하다고 판단됩니다.

—— 법제처 자치법규 의견제시 11-0246(2011. 11. 1.) ——

「서울특별시 은평구 영유아보육조례」의 관련 규정이 「서울특별시 은평구 사무의 민간위탁에 관한 조례」 제5조 제2항에 따른 구의회 동의에 관한 '특별한 규정'이 있는 것으로 볼 수 있으려면 민간위탁의 기준과 방법을 구체적으로 정하여 이러한 절차와 기준에 따르기만 하면 민간위탁 대상자와 수탁금액 등 해당 위탁의 세부적인 내용이 정해질 수 있을 정도로 규정된 경우이어야 할 것인데, 「서울특별시 은평구 영유아보육조례」 제12조 및 제13조에서는 구립보육시설을 위탁받아 운영하고자 하는 자는 구청장에게 신청하도록 하고 구청장은 신청자 중에서 서울특별시은평구보육정책위원회의 심의를 거쳐 선정된 자를 위탁운영자로 지정하여 서면으로 계약하도록 하되 시설의 보호와 적정한 관리를 위하여 필요한 사항을 제한할 수 있도록 규정하고 있을 뿐이어서, 이러한 경우까지 「서울특별시 은평구 사무의 민간위탁에 관한 조례」 제3조에 따른 다른 조례에 특별한 규정이 있는 경우에 해당한다고 보기는 어렵다고 할 것이므로, 「서울특별시 은평구 사무의 민간위탁에 관한 조례」 제5조 제1항이 적용된다고 할 것입니다.

—— 법제처 자치법규 의견제시 11-0272(2011. 11. 28.) ——

조례에서 민간위탁 시 지방의회의 동의를 받도록 하면서도 같은 조례 제3조에서 다른 법령이나 조례에서 특별한 규정이 있는 경우는 의회의 동의를 받지 않아도 되도록 하고 있는 것은 우선, 원칙적으로 수탁기관이 될 자의 재정부담능력, 시설과 장비, 기술보유 정도, 책임능력과 공신력 등에 대한 신중한 검토를 통하여 수탁기관이 될 자에 대한 객관적 평가를 실시함으로써 수탁된 자치사무가 원활하게 수행될 수 있도록 하려는 취지에 따라 의회의 동의를 받도록 하되, 다른 법령이나 조례에 이러한 의회의 동의를 갈음할 만한 장치가 있는 경우에는 굳이 의회의 동의를 별도로 받지 않도록 하기 위한 것으로 보입니다.
이러한 입장에서 사회복지법령에서 지방자치단체가 설치한 사회복지시설의 민간위탁과 관련하여 정하고 있는 내용적・절차적 규정을 보면, 「사회복지사업법」 제34조 제5항과 같은 법 시행규칙 제22조의2 및 제23조 등에서 사회복지시설의 위탁기준, 방법, 위탁기관이 시설을 위탁하여 운영하고자 할 때

위탁계약에 포함되어야 할 사항과 위탁계약기간에 대하여 규정하고 있는 등 지방자치단체가 설치한 「사회복지사업법」에 따른 사회복지시설을 위탁하여 운영하는 경우 위탁과 관련한 내용을 담고 있고, 「사회복지사업법 시행규칙」 제22조의2에서 수탁자선정을 위하여 시설을 설치한 지방자치단체에 수탁자선정심의위원회를 두면서 수탁자를 선정하는 때에 해당 위원회의 심의를 거치도록 하는 등 절차적인 규정을 두고 있는바, 이러한 규정 내용의 구체성에 비추어 볼 때 이 사안의 경우 지방의회의 동의를 받지 않아도 될 만큼의 특별한 규정이 있다고 보는 것이 타당하다고 판단됩니다.

법제처 자치법규 의견제시 11-0286(2011. 12. 7.)

먼저, 「부산광역시 북구 사무의 민간위탁 촉진 및 관리 조례」 제4조 제3항에서는 구청장이 자치사무를 민간위탁하고자 할 때에는 구의회의 동의를 얻도록 하고 있고, 같은 조례 제3조에서는 다른 법령 또는 조례에 '특별한 규정이 없는 한' 이 조례가 정하는 바에 의하도록 규정하고 있으므로, 자치사무에 해당하는 사항을 민간위탁하려는 경우에는 다른 법령 또는 조례에서 특별히 규정하고 있지 않은 한 구의회의 동의를 얻어야 할 것입니다.

그런데, 어떠한 규정(다른 법률 또는 민간위탁에 관련한 개별 조례 등)이 「부산광역시 북구 사무의 민간위탁 촉진 및 관리 조례」에 따른 구의회 동의에 관한 '특별한 규정'에 해당하는 것으로 볼 수 있으려면 민간위탁의 기준과 방법을 구체적으로 정하여 이러한 절차와 기준에 따르기만 하면 민간위탁 대상자와 수탁금액 등 해당 위탁의 세부적인 내용이 정해질 수 있을 정도로 규정된 경우이어야 할 것이므로, 법률과 시행령 및 시행규칙의 규정, 그리고 민간위탁에 관한 개별 조례의 규정 등을 구체적으로 살펴 이와 같은 내용에 해당하는지 해당 사안별로 구체적으로 살펴야 할 것입니다.

그리고, 구의회 동의의 대상이 어떠한 사무의 민간위탁 여부 자체에 관한 것인지, 아니면 민간위탁을 할 대상기관이나 민간위탁의 구체적인 내용에 관한 것인지 등에 따라 구의회 동의에 대한 판단이나 규정 양식이 달라질 수 있으므로, 사안이나 질의에 대한 구체적인 접근도 필요하다고 할 것입니다.

한편, 법령이나 조례에 규정된 '--할 수 있다'라는 규정양식은 권한의 근거를 나타내거나 재량여부를 나타내는 규정으로서 '--해야 한다'라는 형식의 기속규정과 대별되는 양식이기는 하나, 당사자의 의사에 의하여 그 적용을 배제할 수 있는 '임의규정'이나 당사자의 의사 여하에도 불구하고 강제적으로 적용되는 규정인 '강행규정'과 동일선상에 있는 내용은 아니므로 용어 사용에 참고하시기 바랍니다.

또한, 법령이나 조례의 규정 등을 해석할 때에는 이러한 서술어 규정형식만을 대상으로 하기보다는 법령 또는 조례의 체계 및 구조, 다른 법령 또는 조례와의 관계, 입법목적, 법령 내부에서의 규정양식 등을 총괄하여 살피는 것이므로, 이 사안의 경우에도 '--위탁할 수 있다'라는 등의 용어만으로 구의회 동의 여부가 결정된다고 보기는 어렵습니다.

따라서, 「부산광역시 북구 사무의 민간위탁 촉진 및 관리 조례」 제3조 및 제4조에 따라 구 의회의 동의에 대한 예외가 인정되는지 여부는 다른 법령이나 조례가 민간위탁의 기준과 방법을 구체적으로 정하여 이러한 절차와 기준에 따르기만 하면 민간위탁 대상자와 수탁금액 등 해당 위탁의 세부적인 내용이 정해질 수 있을 정도로 규정된 경우인지 여부 등에 따라 판단될 사항이지, 단순히 다른 법령 또는 조례에 규정된 위탁 관련 규정이 '--위탁 하여야 한다' 또는 '--위탁할 수 있다' 등으로 되어 있는지 여부에 따라 구 의회 동의 여부가 결정되는 것은 아니라고 보입니다.

25. 자치사무와 기관위임사무 구분에 따른 위임형식은?

「지방자치법」 제104조 제1항 및 제4항에 따르면, 지방자치단체의 장은 조례나 규칙으로 정하는 바에 따라 그 권한에 속하는 사무의 일부를 보조기관, 소속 행정기관 또는 하부행정기관에 위임할 수 있으나, 지방자치단체의 장이 위임받거나 위탁받은 사무의 일부를 다시 위임하거나 위탁하려면 미리 그 사무를 위임하거나 위탁한 기관의 장의 승인을 받도록 하고 있습니다.

자치사무인지 기관위임사무인지 구분하여야 하는 이유는 조례로 정할 수 있는 사무인지 여부를 판단하기 위한 것뿐만 아니라 조례로써 위임하여야 하는지 규칙으로 재위임을 하여야 하는지를 판단하기 위해서도 구분하여야 할 것입니다.

다시 말하면, 자치사무라면 조례로써 위임하여야 하고, 기관위임사무라면 이미 위임받은 사무이기 때문에 위임기관의 장의 승인을 받아 규칙으로 재위임하여야 할 것입니다.

대법원 1995. 11. 14. 선고 94누13572 판결 【토지수용무효확인】

도시재개발법에 의한 사업시행변경인가, 관리처분계획인가 및 각 고시에 관한 사무는 국가사무로서 지방자치단체의 장에게 위임된 이른바 기관위임사무에 해당하므로, 시·도지사가 지방자치단체의 조례에 의하여 이를 구청장 등에게 재위임할 수는 없고, 정부조직법 제5조 제1항 및 이에 기한 행정권한의위임및위탁에관한규정 제4조에 의하여 위임기관의 장의 승인을 얻은 후 지방자치단체의 장이 제정한 규칙이 정하는 바에 따라 재위임하는 것만이 가능하다.

법제처 유권해석 10-0035(2010. 3. 11.)

「지방자치법」 제104조 제2항에서는 지방자치단체의 장은 조례나 규칙으로 정하는 바에 따라 그 권한에 속하는 사무의 일부를 관할 지방자치단체에 위임할 수 있고, 같은 조 제4항에서는 지방자치단체의 장이 위임받은 사무의 일부를 다시 위임하려면 그 사무를 위임한 기관의 장의 승인을 받도록 하고 있는바, 마약관리법 제10조 및 제53조에 따른 시·도지사의 마약구입서 등 관리업무 및 몰수마약류의 처분업무를 시·도조례로써 시장·군수·구청장에게 위임할 수 있는지의 여부는 해당 사무가 자치사무나 단체위임사무인지, 아니면 기관위임사무인지의 여부에 달려있다고 할 것입니다.

지방자치단체의 장이 처리하고 있는 사무가 기관위임사무에 해당하는지의 여부를 판단함에 있어서는 그에 관한 법규의 규정 형식과 취지를 우선 고려하여야 할 것이지만, 그 외에도 그 사무의 성질이 전국적으로 통일적인 처리가 요구되는 사무인지 여부나 그에 관한 경비부담과 최종적인 책임귀속의 주체 등도 아울러 고려하여 판단하여야 할 것입니다.

먼저, 마약관리법 제10조와 제53조에서는 마약구입서 등 관리업무 및 몰수마약류의 처분업무에 관하여 그 주체를 "시·도지사"로 규정하고 있기는 하나, 해당 법규의 규정 형식만으로는 사무의 성격이 명확하다고 할 수 없습니다.

다음으로, 법규의 취지와 사무의 성질 등에 대하여 살펴보면, 마약관리법은 마약·향정신성의약품·대마 및 원료품질의 취급·관리를 적정히 함으로써 그 오용 또는 남용으로 인한 보건상의 위해를 방지하여 국민보건 향상에 이바지함을 목적으로 하는 것으로서(제1조), 해당 마약·향정신성의약품·대마 및 원료품질의 취급·관리에 관한 사무는 각 지역의 사정에 따라 차별적으로 시행할 수 있는 업무라기보다는 마약류에 대한 엄격한 관리를 위하여 전국적으로 통일적인 처리가 필요한 사무로 보아야 할 것입니다. 또한, 같은 법 제6조·제9조·제12조·제13조·제26조·제29조 등에서 각 지방자치단체 장의 사무로 규정한 것에 대하여 조례에의 위임 없이 법률 및 하위법령에서 모든 처분기준과 절차 등을 구체적으로 정하고 있고, 같은 법 제10조 및 제53조에 따른 마약구입서 등 관리업무 및 몰수마약류의 처분업무의 경우도 같은 법 시행령 제7조·제21조 및 제22조에서 처분기준과 절차 등을 구체적으로 정하고 있어 각 지방자치단체 장의 재량이 인정되기가 어렵다 할 것입니다.

또한, 경비부담과 최종적인 책임귀속의 주체 등에 대하여 살펴보면, 마약관리법에서는 국가의 지방에 대한 재정지원에 대하여는 규정하고 있지 않으나, 같은 법 제51조의2 제4항에서는 정부는 마약류의 폐해에 대한 대국민 홍보 및 교육사업 등을 수행하기 위한 한국마약퇴치운동본부에 대하여 재정상의 지원을 할 수 있도록 하고 있고, 같은 법 제54조에서는 이 법 기타 법령이 규정하는 마약류에 관한 범죄를 수사기관에 신고한 자 등에 대하여는 국고에서 보상금을 지급하도록 하고 있으며, 같은 법 제51조의3에서는 보건복지가족부장관은 마약류중독자에 대한 실태조사를 5년마다 실시하도록 하고 있고, 같은 법 제52조에서는 보건복지부장관 및 식품의약품안전청장은 정부 각 기관으로부터 마약류관계법령의 시행에 관한 사항을 수집하며, 마약류에 대한 필요한 사항에 대하여 자료제출을 요구할 수 있도록 하고 있는 점 등에 비추어 볼 때, 마약관리법에 따른 업무의 최종적인 책임귀속의 주체는 국가라 할 것입니다.

따라서, 마약관리법 제10조 및 제53조에 따른 마약구입서 등 관리업무 및 몰수마약류의 처분업무는 기관위임사무로 보아야 할 것이므로, 해당 업무를 「지방자치법」 제104조 제2항에 따라 시·도조례로 시장·군수·구청장에게 위임할 수는 없으며, 「지방자치법」 제104조 제4항 및 「행정권한의 위임 및 위탁에 관한 규정」 제4조에 따라 위임기관의 장의 승인을 얻어 시·도지사가 정한 규칙으로 정하는 바에 따라 시장·군수·구청장에게 재위임하는 것만이 가능하다 할 것입니다.

법제처 지치법규 의견제시 11-0029(2011. 5. 11.)

「에너지이용 합리화법」 제69조 제1항 및 같은 법 시행령 제50조에 따르면 「에너지이용 합리화법」 제78조 제4항 제1호와 제11호에 따른 지식경제부장관의 과태료의 부과·징수권한을 시·도지사에게 위임하도록 규정하고 있고, 같은 법 제69조 제2항에서는 시·도지사는 지식경제부장관으로부터 위임받은 해당 권한의 일부를 지식경제부장관의 승인을 받아 시장·군수·자치구의 구청장 등에게 재위임할 수 있도록 규정하고 있는바, 같은 법 제78조 제4항 제1호와 제11호에 따른 과태료 부과·징수권한은 지식경제부장관의 권한이나 법령에 따라 시·도지사에게 위임된 기관위임사무라고 할 것이고, 이러한 기관위임사무에 대하여는 에너지이용 합리화법령에서 조례로 재위임할 수 있도록 명시적으로 규정하고 있지 않는 한, 시의 조례로 시장이 구청장 등에게 재위임할 수 없다고 할 것입니다.

26. 기관위임사무를 위임기관의 승인을 받지 아니하고 규칙으로 재위임한 경우의 효력은?

「지방자치법」 제104조 제4항에 따르면, 지방자치단체의 장이 위임받거나 위탁받은 사무의 일부를 다시 위임하거나 위탁하려면 미리 그 사무를 위임하거나 위탁한 기관의 장의 승인을 받도록 하고 있습니다.

따라서 기관위임사무를 그 위임기관의 승인을 받지 아니하고 규칙으로 재위임한 경우에는 그 위임기관의 승인이 있었는지의 여부는 규칙의 유효요건이라 할 것이므로, 승인이 없는 규칙은 무효라 할 것입니다.

대법원 1990. 6. 26. 선고 88누12158 판결
【화물자동차정류장사업면허취소처분취소】

도지사 등은 위 정부조직법 규정에 기하여 제정된 행정권한의위임및위탁에관한규정에 정한 바에 의하여 위임기관의 장의 승인이 있으면 그 규칙이 정하는 바에 의하여 그 수임된 권한을 시장, 군수 등 소속기관의 장에게 다시 위임할 수 있다 할 것이고 위 경기도사무처리규칙에 관하여 교통부장관의 승인이 있었는지의 여부는 규칙의 유효요건이므로 원심으로서는 이를 직권으로 조사하여 그 유효여부를 판단하여야 한다.

27. 법률에서 대통령령 또는 조례로 정하도록 하는 것은 입법적으로 바람직한지?

법률에서 대통령령 또는 조례로 정하도록 하고 있는 것이 있는데, 이런 것이 입법적으로 바람직한지에 대하여 논란이 있습니다.

왜냐하면 법률에서 조례 또는 규칙으로 정하도록 하면, 어떤 형식으로 정할지 선택하여 정하면 문제가 없겠지만 만약 지방자치단체에서 조례로 정하였는데 중앙정부에서 조례에 대하여 반대하여 대통령령으로 정하거나, 제정된 대통령령에 반대하여 지방자치단체에서 조례로 다시 정하면 어느 것을 따라야 하는지 논란이 있기 때문입니다.

「지방공무원법」 제59조[7]는 공무원의 복무에 관한 사항을 "대통령령 또는 해당 지방자치단체 조례"로 정하도록 하고 있으나, 대통령령이 우선인지 해당 지방자치단체 조례가 우선인지 논란이 있을 수 있으므로 입법기술적으로 바람직하지 못하다고 판단됩니다.

따라서 법률에서 대통령령 또는 조례로 위임할 때에는 각각 규정할 수 있는 범위를 정하여 위임하는 것이 바람직하다 할 것입니다.

「지방공무원법」

제59조(위임규정) 공무원의 복무에 필요한 사항은 이 법에서 규정하는 것 외에는 대통령령 또는 해당 지방자치단체의 조례로 정한다.

---

7) 2005. 1. 27. 「지방공무원법」 제59조의 개정취지는 종전에 지방공무원의 복무에 관한 사항은 이 법 또는 이 법에 의한 대통령령이 규정하는 것을 제외하고는 조례로 정하도록 하였으나, 근무시간 등 전국적 통일이 필요한 사항은 대통령령에서 규정할 필요가 있어 그 위임근거를 명확히 규정하려는 것이라고 함.

28. 법령에서 조례 또는 규칙으로 정하도록 하는 것은 입법적으로 바람직한지?

법령에서 조례 또는 규칙으로 정하도록 하고 있는 것이 있는데, 이런 것이 입법적으로 바람직한지에 대하여 논란이 있습니다.

왜냐하면 법령에서 조례 또는 규칙으로 정하도록 하면, 어떤 형식으로 정할지 선택하여 정하면 문제가 없겠지만 만약 지방자치단체의 장이 규칙으로 정하였는데 지방의회에서 규칙에 대하여 반대하여 조례로 정하거나, 제정된 조례에 반대하여 지방자치단체의 장이 규칙으로 다시 정하면 어느 것을 따라야 하는지 논란이 있기 때문입니다.

법령에서 조례 또는 규칙으로 정하도록 하였기 때문에 조례가 규칙보다 우선 효력이 있다고 말할 수 없고, 조례와 규칙을 신법우선의 원칙에 따라 적용한다고 하더라도 앞선 것과 다른 것으로 제정하거나 개정한다면 문제를 해결하기는 곤란해지므로, 법령에 조례 또는 규칙으로 정하도록 하고 있는 것은 입법적으로 바람직하지 못한 것으로 판단됩니다.

따라서 법령에서 조례 또는 규칙으로 위임하지 아니하고 어느 하나의 형식으로 위임하는 것이 바람직하다 할 것입니다.

「고등학교이하각급학교시설의개방및이용에관한규칙」

제5조(유지관리) ① 각급 학교의 장은 시·도 조례 또는 교육규칙이 정하는 바에 의하여 학교시설 이용자에게 학교시설의 이용에 따르는 유지·보수 및 관리에 필요한 경비를 부담하게 할 수 있다.

「지방재정법」

제77조(금고의 설치) ① 지방자치단체의 장은 「은행법」에 따른 은행으로 하여금 소관 현금과 그의 소유나 보관에 속하는 유가증권의 출납, 보관 및 그 밖의 금고 업무를 취급하게 하기 위하여 금고를 지정하여야 한다. 다만, 다음 각 호의 어느 하나에 해당하는 금융기관이 대통령령으로 정하는 안정성 기준에 적합할 경우에는 특별회계 및 기금에 한하여 금고로 지정할 수 있다.

  1. ~ 5. (생　략)

② (생　략)

③ 금고의 지정기준 등에 관하여 필요한 사항은 대통령령으로 정한다.

「지방재정법 시행령」

제102조(금고업무의 약정) ① 지방자치단체의 장이 법 제77조 제1항의 규정에 의하여 금고를 지정하는 경우에는 해당금융기관과 금고업무에 관한 약정을 하여야 하며, 당해 금융기관은 법령 또는 조례·규칙이 정하는 금고로서의 모든 의무와 그 약정한 사항을 신의에 따라 성실히 이행하여야 한다.
② 법 제77조 제3항의 규정에 의한 금고의 지정기준과 절차는 금융기관의 금고업무취급능력, 주민 이용편의 및 금융기관의 재무구조 등을 고려하여 행정안전부장관이 정한다. 〈개정 2008.2.29〉

「지방자치단체 금고지정 기준」(행정안전부예규)

4. 금고의 지정절차
금고지정심의위원회 구성·운영
ㅇ 위원장 및 위원 선정, 위촉 기간, 위원 수, 의사정족수 및 의결정족수 등 기타 심의위원회의 운영에 필요한 사항은 자치단체의 조례 또는 규칙으로 정함.

29. 법령에서 대통령령이나 부령으로 정하는 바에 따라 조례로 정한다고 할 때, 대통령령이나 부령으로 정한 것을 다시 조례로 규정하여야 하는지?

법령에서 대통령령이나 부령으로 정하는 바에 따라 조례로 정한다라는 규정이 있다면, 조례에서 대통령령이나 부령으로 정한 것을 다시 규정하여야 하는지 아니면 규정하지 아니하여도 되는지 논란이 될 수 있습니다.

그러나 문언그대로 조례에서 대통령령이나 부령으로 정한 것을 다시 규정하여야 하고, 만약 대통령령이나 부령으로 정한 것과 동일하다는 이유로 정하지 아니하면 입법상 불비가 되고, 집행이 곤란하게 되는 문제가 발생한다 할 것입니다.

따라서 법령에서 대통령령이나 부령으로 정하는 바에 따라 조례로 정한다라는 것은 지방자치단체의 입장을 볼 때 별다른 의미가 없는 것으로 오히려 입법의 번거로움 등을 고려하면 대통령령이나 부령으로 정한다라고 하거나 「지방자치법」 제139조 제1항 단서[8]와 같이 대통령령이나 부령에서 정해 놓고 이것과 다른 것으로 할 때에는 조례로 가감 조정을 하도록 하는 것이 좋다고 할 수 있을 것입니다.

한편, 법령에서 대통령령이나 부령으로 정하는 바에 따라 조례로 정한다라는 규정과 대통령령이나 부령으로 정하는 범위에서 조례로 정한다라는 규정과는 차이가 있는데, 대통령령이나 부령으로 정하는 범위에서 조례로 정한다라는 규정은 문언그대로 대통령령이나 부령으로 정하는 범위, 즉 한계를 벗어나지 않는 것은 모두 조례로 정할 수 있는 것이 차이가 있다 할 것입니다.

「경관법」

제10조(공청회 및 지방의회의 의견청취) ① 시·도지사 또는 시장·군수는 경관계획을 수립 또는 변경하려는 때에는 미리 공청회를 개최하여 주민 및 관계 전문가 등의 의견을 들어야 하며, 공청회에서 제시된 의견이 타당하다고 인정하는 때에는 경관계획에 반영하여야 한다.
　② 제1항에 따른 공청회 개최에 관하여 필요한 사항은 대통령령으로 정하는 바에 따라 당해 지방자치단체의 조례로 정한다.

---

8) 제139조(사용료의 징수조례 등) ① 사용료·수수료 또는 분담금의 징수에 관한 사항은 조례로 정한다. 다만, 국가가 지방자치단체나 그 기관에 위임한 사무와 자치사무의 수수료 중 전국적으로 통일할 필요가 있는 수수료에 관한 사항은 다른 법령의 규정에도 불구하고 대통령령으로 정하는 표준금액으로 징수하되, 지방자치단체가 다른 금액으로 징수하고자 하는 경우에는 표준금액의 100분의 50의 범위에서 조례로 가감 조정하여 징수할 수 있다.

③ 도지사는 제6조 제3호에 따라 경관계획을 수립 또는 변경하려는 때에는 관계 시장·군수의 의견을 듣기 위하여 기한을 명시하여 경관계획안을 관계 시장·군수에게 송부하여야 한다.

④ 제3항에 따라 경관계획안을 송부받은 시장·군수는 명시된 기한 이내에 그 경관계획안에 대한 의견을 도지사에게 제출하여야 한다.

⑤ 시·도지사 또는 시장·군수는 경관계획을 수립 또는 변경하려는 때에는 해당 지방의회의 의견을 들어야 한다. 이 경우 지방의회는 특별한 사유가 없는 한 30일 이내에 의견을 제시하여야 한다.

「공유재산 및 물품관리법」

제94조의3(지방자치단체의 청사운영) ① 지방자치단체의 장은 지방자치단체의 청사를 적정하게 관리하여야 한다.

② 지방자치단체 청사의 적정한 관리 등을 위한 청사의 면적기준은 해당 지방자치단체의 주민 및 공무원 수 등을 고려하여 대통령령으로 정하는 범위에서 해당 지방자치단체의 조례로 정한다.

30. 위임할 경우 개별 조례에서 위임하여야 하는지 아니면 사무위임 조례에서 위임하여야 하는지?

중앙의 경우 개별 법률에 위임·위탁할 수 있는 근거가 있으면 각 개별 법률의 시행령에서 위임·위탁사항을 구체적으로 규정하도록 하고, 「행정권한의 위임 및 위탁에 관한 규정」에서는 각 개별 법률에 위임·위탁 근거규정이 없는 경우에 한하도록 하고 있습니다.[9]

그러나 지방의 경우 이러한 심사 기준이 없어 ① 개별 조례에서 위임규정을 두는 경우, ② 사무위임 조례에서 위임규정을 두는 경우, ③ 앞에 두 가지를 혼용하는 경우 등으로 다양합니다.

따라서 위임할 경우 개별 조례에서 위임하여야 하는지 아니면 사무위임 조례에서 위임하여야 하는지 여부는 해당 지방자치단체에서 ①, ②, ③ 방식 중 어느 방식을 채택하고 있느냐에 따라 다르다고 할 것입니다. 다만, ③ 앞에 두 가지를 혼용하는 경우는 개별 조례와 사무위임 조례를 모두 보아야 하므로 바람직하지 아니하다고 할 수 있을 것입니다.

---

9) 법제처, 법령입안 심사기준, 2006, 445~446쪽 참조.

31. 지방자치단체의 장이 중앙행정기관의 장과 협의하여 조례로 정하도록 하는 경우, 의원발의 조례안에 대하여도 중앙행정기관의 장과 협의하여야 하는지?

지방자치단체의 장이 중앙행정기관의 장과 협의하여 조례로 정하도록 하는 경우,[10] 의원발의 조례안에 대하여도 중앙행정기관의 장과 협의하여야 하는지, 즉 중앙행정기관의 장과 협의를 하여야 하는 조례안은 집행부 제출 조례안만 해당하고, 의원발의 조례안은 해당하지 아니하는지에 대하여 논란이 있습니다.

지방자치단체의 장이 중앙행정기관의 장과 협의하라고 되어 있으므로 집행부(지방자치단체의 장)이 제출하는 조례안은 당연히 협의하여야 하는 데에 이론이 없을 것입니다.

그러나 의원발의 조례안은 지방자치단체의 장이 제정하거나 개정하는 것이 아니므로 중앙행정기관의 장과 협의대상이 아니라고 볼 수도 있으나, 만약 의원발의 조례안에 대하여는 중앙행정기관의 장과 협의를 지키지 아니하여도 된다면 번거롭게 집행부 제출 조례안으로 할 의미가 없게 되고 의원발의 조례안으로 회피할 가능성이 농후하게 되는 문제가 있을 것입니다.

따라서 법령에서 그 협의의 주체를 지방자치단체의 대표로서 지방자치단체의 의사를 표명하고 그 사무를 통할하는 집행기관이며 조례의 공포권자이기도 한 지방자치단체의 장으로 정한 것이므로, 의원발의 조례안도 협의를 거쳐야 할 것입니다.

─── 법제처 유권해석 07-0370(2007. 11. 21.) ───

조례에 대한 사후적 통제절차로서 「지방자치법」 제107조에 따라 지방자치단체의 장에게 위법한 조례에 대한 재의요구권과 제소권이 있다고 하더라도, 이 제도만으로는 위법한 조례로부터 문화재를 보호하기에는 불충분하다고 보아 조례에 대한 사전적 통제절차를 둔 것이므로, 조례에 대한 사후적 통제절차가 존재한다는 이유로 협의가 필요한 조례 제·개정안의 범위를 사실상 사후적 통제권이 사용되지 않는 시·도지사가 발의한 조례 제·개정안으로 축소하여 해석할 수는 없습니다.

---

10) 문화재청장이 반대의견을 명백히 한 이 사건에서 국가지정문화재 중 왕릉, 고분묘인 경우에는 건설공사의 시행이 문화재보존에 영향을 미치는지의 여부를 검토하여야 하는 지역에서 아예 제외할 수 있도록 하는 것을 내용으로 한 이 사건 개정조례안 제14조의2 제1항 단서는 문화재청장과 협의를 거치지 아니한 것으로서 문화재보호법 제74조 제2항 및 그 시행령 제43조의2 제1항에 위배되어 위법하다고 할 것이다(대법원 2006. 3. 10. 선고 2004추119 판결【조례안재의결무효확인】).

32. 장관의 승인이 조례안 의결의 효력을 좌우하는 전제조건인지?

「제주특별자치도 설치 및 국제자유도시 조성을 위한 특별법」 제206조 제3항과 같이 장관의 승인을 받아 조례로 정하도록 하고 있는 경우 장관의 승인이 조례안 의결의 효력을 좌우하는 전제조건인지, 즉 장관의 승인을 받지 아니하면 무효인지 아니면 조례의 시행단계에서 취하여야 하는 절차에 지나지 아니한지 여부가 문제가 될 수 있습니다.

「제주특별자치도 설치 및 국제자유도시 조성을 위한 특별법」

제206조(가축·수산물 및 식물의 도 외 반출입 방역)
① 도지사는 청정환경 유지를 위하여 유해 동·식물 또는 병해충의 예찰과 방제, 발생실태조사 등 필요한 시책을 강구하여야 한다.
② 도지사는 제주자치도의 청정지역 유지를 위하여 필요하다고 인정하는 경우에는 제주자치도 내외로 반출 또는 반입되는 가축·수산물 및 식물에 대하여 검사, 주사, 격리, 억류, 반출·반입 금지 등 필요한 조치를 할 수 있다.
③ 제2항의 규정에 의한 반출·반입 금지대상, 방역을 받아야 할 대상·방법·절차·필요한 조치 등에 관하여 필요한 사항은 농림수산식품부장관의 승인을 얻어 도조례로 정한다.

장관의 승인은 국가가 지방자치단체를 통제하기 위한 내부 절차규정에 불과할 뿐 지방의회의 의결권을 제한하는 규정으로 보이지 아니하므로, 장관의 승인을 조례의 시행단계에서 취하여져야 할 절차로서 그 승인 여부가 조례안의 의결의 효력을 좌우하는 전제조건으로 되는 것은 아니라 할 것이고, 조례안을 의결하거나 재의결할 때 장관의 승인을 받지 아니하였다고 하여 조례안이 위법하다고 할 수 없다고 할 것입니다.

── 대법원 1997. 4. 11. 선고 96추138 판결 【옴부즈만조례안재의결무효확인】 ──

지방자치법 시행령 제41조는 "지방자치단체가 법 제107조의 규정에 의하여 합의제 행정기관을 설치하고자 하는 때에는 따로 법령으로 정한 경우를 제외하고는 내무부장관의 승인을 얻어야 한다."고 규정하고 있지만, 이는 국가가 지방자치단체의 행정조직을 통제하기 위한 내부 절차규정에 불과할 뿐 지방의회의 의결권을 제한하는 규정으로 보여지지 아니하므로, 합의제 행정기관의 설치에 관한 내무부장관의 승인은 조례의 시행단계에서 취하여져야 할 절차로서 그 승인 여부가 합의제 행정기관의 설치를 규정한 이 사건 조례안의 의결의 효력을 좌우하는 전제조건으로 되는 것은 아니라 할 것이다(대법원 1992. 6. 23. 선고 92추17 판결 참조). 따라서 합의제 행정기관인 옴부즈맨을 설치하는 내용의 이 사건 조례안을 재의결함에 있어 내무부장관의 승인을 받지 아니하였다고 하여 이 사건 조례안이 위법하다고 할 수 없다.

33. 상위 법령이나 다른 조례와 중복된 조례는 위법한 것인지?

「법제업무운영규정 시행규칙」(총리령) 제2조(법령입안 시 유의사항)에서 "다른 법령과의 조화와 균형이 유지되도록 하고 법령 상호 간에 중복·상충되는 내용이 없을 것"이라고 하고 있으므로, 상위 법령이나 다른 조례의 내용과 중복하여 규정하여서는 바람직하지 못하다고 할 수 있습니다.

실제 조례를 제정·개정 시에 중복하여 규정하는 경우가 있는데, 조례에서 상위 법령이나 다른 조례의 내용을 중복하여 규정하는 이유는 일반적으로 체계 확립을 도모하고, 상위 법령과 조례 두 가지를 보아야 하는 것을 주민들이 이해하기 쉽도록 하기 위하여 측면이 있기 때문이라고 할 것입니다.

그러나 조례에서 법령과 중복하여 규정하지 말아야 하는 이유는 상위 법령이 개정되었음에도 불구하고 조례의 제정·개정 시차가 발생하여 상위 법령에 위반될 수 있기 때문입니다.

한편, 상위 법령이나 다른 조례와 중복된 조례가 있는 경우에는 조례에 중복하여 규정하고 있는 것만으로는 상위 법령에 위반된다고 할 수 없으므로 재의요구나 제소를 하지 아니하는 것이 바람직하다 할 것입니다.

대법원 2009. 12. 24. 선고 2007추165 판결 【개정조례안재의결무효확인】

조례안 제7조 제2항 제7호는 수의계약의 방법으로 용지를 매각할 수 있는 경우로 매각대상용지의 위치, 형상 등으로 보아 수의계약에 의하는 것이 불가피하다고 시장이 특별히 인정하는 경우를 규정하고 있고, 공유재산법 시행령 제38조 제1항 제23호는 수의계약으로 매각할 수 있는 경우로 '재산의 위치·형태·용도 등으로 보아 경쟁입찰에 붙이기 곤란하거나 계약의 목적 또는 성질상 수의계약으로 하는 것이 불가피한 경우로서 지방자치단체의 조례로 그 내용 및 범위를 정하는 경우'를 들고 있다. 원고는, 공유재산법 시행령 제38조 제1항 제23호가 위임한 사항은 인천광역시 공유재산조례 제40조로 규정하고 있음에도 이 사건 조례안 제7조 제2항 제7호로 중복하여 규정하고 있으므로 위법하다고 주장하나, 조례에 중복하여 규정하고 있다는 것만으로 상위 법령에 위배된다고 할 수는 없으므로 원고의 주장은 이유 없다.

가칭 「종로구 기본 조례」와 같은 경우 특정 분야에 대하여 규율하고 있는 개별 조례와 관계 형성에 있어 위와 같은 체계정당성의 원리를 유의하여야 할 것인바, 가칭 「종로구 기본 조례」에 개별 조례와 중복 또는 상호 배치되거나 모순되는 구체적인 내용을 규율하는 경우 조례의 명확성, 예측가능성 및 조례의 신뢰와 법적 안정성을 해하게 된다고 할 것이므로, 그 제정의 필요성이 있다고 판단한 경우에도 해당 지방자치단체의 자치입법에 있어서의 기본 규범적 성격을 고려할 때 가칭 「종로구 기본 조례」에는 해당 지방자치단체의 정책형성 및 집행 등에 있어 지향하여야 할 이념과 기본방향을 중심으로 규정하거나, 개별 조례의 제정·개정 시 고려되는 지향점의 역할을 하는 것이 바람직하고, 개별 조례와 중복되거나 충돌되지 않도록 하여야 할 것입니다.

34. 조례가 항고소송의 대상이 되는 행정처분에 해당되는지?

조례가 항고소송의 대상이 될 수 있는지 논란이 될 수 있는데, 조례가 집행행위의 개입 없이도 그 자체로서 직접 국민의 구체적인 권리의무나 법적 이익에 영향을 미치는 등의 법률상 효과를 발생하는 경우 그 조례(처분조례)는 항고소송의 대상이 되는 행정처분에 해당한다고 할 것입니다.

또한, 조례에 대하여 항고소송이 가능하다면 이러한 조례에 대한 무효확인소송을 제기할 때 피고적격을 누구로 하여야 하는지 논란이 있을 수 있습니다.

그러나 「행정소송법」 제38조 제1항 및 제13조에 따라 피고적격이 있는 처분 등을 행한 행정청은 행정주체인 지방자치단체 또는 지방자치단체의 내부적 의결기관으로서 지방자치단체의 의사를 외부에 표시한 권한이 없는 지방의회가 아니라 지방자치단체의 집행기관으로서 조례로서의 효력을 발생시키는 공포권이 있는 지방자치단체의 장이라고 할 것입니다.

대법원 1996. 9. 20. 선고 95누8003 판결 【조례무효확인】

조례가 집행행위의 개입 없이도 그 자체로서 직접 국민의 구체적인 권리의무나 법적 이익에 영향을 미치는 등의 법률상 효과를 발생하는 경우 그 조례는 항고소송의 대상이 되는 행정처분에 해당하고, 이러한 조례에 대한 무효확인소송을 제기함에 있어서 행정소송법 제38조 제1항, 제13조에 의하여 피고적격이 있는 처분 등을 행한 행정청은, 행정주체인 지방자치단체 또는 지방자치단체의 내부적 의결기관으로서 지방자치단체의 의사를 외부에 표시한 권한이 없는 지방의회가 아니라, 구 지방자치법 (1994. 3. 16. 법률 제4741호로 개정되기 전의 것) 제19조 제2항, 제92조에 의하여 지방자치단체의 집행기관으로서 조례로서의 효력을 발생시키는 공포권이 있는 지방자치단체의 장이다.

원심이 같은 취지에서, 경기 가평군 가평읍 상색국민학교 두밀분교를 폐지하는 내용의 이 사건 조례는 위 두밀분교의 취학아동과의 관계에서 영조물인 특정의 국민학교를 구체적으로 이용할 이익을 직접적으로 상실하게 하는 것이므로 항고소송의 대상이 되는 행정처분이라고 전제한 다음, 이 사건과 같이 교육에 관한 조례무효확인 소송의 정당한 피고는 시·도의 교육감이라 할 것이므로 지방의회를 피고로 한 이 사건 소는 부적법하다고 판단한 것은 정당하고, 거기에 논지와 같은 조례무효확인 소송에 있어서의 피고적격에 관한 법리오해의 위법이 있다고 할 수 없다.

35. 표준조례는 지방자치단체에 대한 법적 구속력이 있는지?

표준조례가 지방자치단체를 구속하는 법적 구속력이 있는지 논란이 될 수 있습니다.

조례는 해당 지방자치단체가 법령의 범위에서 자율적으로 제정하거나 개정하는 것이므로, 중앙행정기관의 표준조례는 단지 조례를 제정하거나 개정할 때에 어떻게 제정하거나 개정할 것인지에 대해 참고사항에 지나지 아니하고, 해당 지방자치단체를 구속하는 법적 구속력은 없다 할 것입니다.

따라서 지방자치단체에서는 지방자치단체의 구체적인 사정에 따라 해당 표준조례를 변경하여 조례안을 제정하거나 개정할 수도 있다고 할 것입니다.

그런데 실제에 있어서는 표준조례에 따르지 아니하는 경우 중앙행정기관으로부터 재의요구 지시나 각종 지원의 배제 압박감 등으로 법적 구속력이 아닌 사실상 구속력이 있다고 할 수 있고, 지방의 경우에도 상사의 결재나 지방의회의 심사 시 표준조례와 달리 하는 경우 결재나 의결의 어려움이나 시달림으로 인하여 표준조례에 따르게 되는 경우가 있습니다.

── 법제처 자치법규 의견제시 11-0076 ──

조례 표준안은 단지 조례를 제정할 때에 어떻게 제정할 것인지에 대해 참고할 예시안으로서 지방자치단체의 조례제정권을 기속하는 효력은 없다고 할 것이므로, 지방자치단체에서는 지방자치단체의 구체적인 사정에 따라 해당 표준 조례안을 변경하여 조례안을 마련할 수도 있다고 할 것입니다.

---

36. 조례 제명에 반드시 지방자치단체명이 나와야 하는지?

조례 제명에 지방자치단체명을 써야 하는지에 대한 명확한 기준을 없으나, 일반적으로 "○○시 -----조례" 등의 경우처럼 조례 제명에 지방자치단체명이 나오게 됩니다.

그러나 「부산디자인센터 설립 및 운영 지원 조례」, 「제주4·3평화공원 관리·운영 등에 관한 조례」, 「제주어 보전 및 육성 조례」, 「보성녹차 군수품질인증에 관한 조례」 등 지방자치단체명을 쓰게 되면 어색한 경우나 지방자치단체명과 조례 제명 중 용어가 중복되어 지방자치단체명을 쓰지 아니하여도 알 수 있는 경우 등에는 지방자치단체명을 쓰지 않을 수도 있을 것입니다.

37. 조례 제일 마지막에 "시행규칙"이라는 조항이 없더라도 규칙으로 정할 수 있는지?

「지방자치법」 제23조에서는 지방자치단체의 장은 법령이나 조례가 위임한 범위에서 그 권한에 속하는 사무에 관하여 규칙을 제정할 수 있다고 하고 있는데, 반드시 조례에서 "이 조례의 시행에 관하여 필요한 사항은 규칙으로 정한다"고 있어야 하는 것은 아니고, 조례의 위임이 없더라도 조례를 집행하기 위하여 필요한 사항에 관하여 규칙을 제정할 수 있습니다(조례집행규칙).

다만, 논란을 발생시키지 않기 위하여 조례 제일 마지막 조문에 "(시행규칙)" 조항을 추가하시기 바랍니다.

한편, 조례에서 "시행규칙"이라는 조항이 없더라도 규칙으로 정할 수 있지만, 규칙으로 무엇이든지 정할 수 있는 것은 아니고, 상위 법령이나 당해 지방자치단체의 조례 또는 상급지방자치단체의 조례나 규칙을 위반하지 아니하는 범위 내에서 규칙을 제정할 수 있다고 할 것입니다.

— 법제처 자치법규 의견제시 11-0022(2011. 5. 20.) —

「지방자치법」 제23조 및 제24조에 따르면 지방자치단체의 장은 법령이나 조례가 위임한 범위에서 그 권한에 속하는 사무에 관하여 규칙을 제정할 수 있다고 규정하고 있는바, 지방자치단체의 규칙은 법령·조례에서 위임한 사항에 대하여 당연히 규정할 수 있지만, 위임이 없더라도 법령·조례의 집행에 필요한 사항에 대하여 규정할 수 있고, 지방자치단체장의 권한에 속하는 사무인 경우 자치사무·단체위임사무·기관위임사무 여부를 구분하지 아니하고 상위법령이나 당해 지방자치단체의 조례 또는 상급지방자치단체의 조례나 규칙을 위반하지 아니하는 범위 내에서 규칙을 제정할 수 있다고 할 것입니다. 따라서, 지방자치단체의 규칙은 상위법령에 위임근거가 없어도 상위법령이나 당해 지방자치단체의 조례 또는 상급지방자치단체의 조례나 규칙을 위반하지 아니하는 범위 내에서 제정할 수 있습니다.

「지방자치법」

제23조(규칙) 지방자치단체의 장은 법령이나 조례가 위임한 범위에서 그 권한에 속하는 사무에 관하여 규칙을 제정할 수 있다.

제24조(조례와 규칙의 입법한계) 시·군 및 자치구의 조례나 규칙은 시·도의 조례나 규칙을 위반하여서는 아니 된다.

---

38. 하나의 조례에 대하여 각 부서별로 하나씩 여러 개의 규칙을 제정할 수 있는지?

하나의 조례에는 주민의 편리성 등을 이유로 하나의 규칙을 만드는 것이 원칙이라 할 것입니다. 다만, 하나의 규칙으로 하기에는 내용이 너무 방대하여 기능별로 구분하는 것이 주민들이 이해하기 쉽게 되는 등의 합리적인 이유가 있다면, 하나의 조례에 여러 개의 규칙을 만들 수는 있을 것입니다.

따라서 규칙의 내용이 많지 아니함에도 불구하고 단지 부서별로 하나의 규칙을 갖게 되어 제정과 개정 시 편리한 의미밖에 없는 경우라면 바람직하지 아니하다 할 것입니다.

39. 조례에서 규칙에 위임한 경우 규칙에서 위임한 자를 규정하여야 하는지 아니면 위임받은 자를 규정하여야 하는지?

　법률에 근거하여 대통령령(「행정권한의 위임 및 위탁에 관한 규정」 포함)에서 권한위임사항을 정한 경우 대통령령의 각 조항상의 소관기관은 위임기관의 명칭으로 표기하고, 총리령·부령의 각 조항상의 소관기관은 수임·수탁기관의 명칭으로 표기합니다. 이는 권한의 위임은 대통령령의 관련 규정에 의하여 비로소 이루어진다는 점에서 실제 위임이 이루어지는 법령(법률과 대통령령)까지는 원래의 권한자로 표시하고, 그 밑의 하위법령(총리령 또는 부령)부터는 위임받은 자를 권한자로 표시하기 위한 것입니다. 예를 들면 법률상 ○○○장관의 권한이 대통령령에서 시·도지사에게 위임된 경우 대통령령에서는 원래의 권한자인 ○○○장관으로, 총리령·부령에서는 시·도지사로 표기하여야 합니다.[11]

　따라서 조례에서 "시·도지사"로 되어 있고, 시·도 위임조례에서 "시장·군수·자치구의 구청장"에게 위임을 주는 경우, 규칙에서는 "시·도지사"가 아니라 "시장·군수·자치구의 구청장"으로 하여야 할 것입니다. 그러므로 규칙에서 "시장·군수·자치구의 구청장"이 아닌 "시·도지사"로 규정한다면 잘못된 규정이라 할 것입니다.

---

11) 법제처, 법령입안 심사기준, 2006, 447~448쪽 참조

40. 법령이나 조례에서 지방자치단체의 장이 정하는 규정이 있는 경우 어떤 법형식으로 만들어야 하나?

지방자치단체의 장이 정하는 법형식은 ① 규칙과 ② 훈령·예규 등 두 가지가 있습니다. 따라서 두 가지 모두 가능하므로 법제처 자치법규 의견제시 11-0044와 같이 두 가지 중에서 선택하면 될 것입니다.

법제처 유권해석 06-0141(2006. 6. 12.)

「정부업무평가 기본법」 제18조 제5항에서 동조 제1항 내지 제4항에서 정하고 있는 사항 외에 지방자치단체의 자체평가의 대상 및 절차 등에 관하여 필요한 사항을 지방자치단체의 장이 정하도록 규정하고 있고, 동조의 규정에 의한 지방자치단체의 자체평가업무는 그 업무의 성격상으로도 지방자치단체의 장의 고유권한에 속하며, 상위법령에 이러한 사항을 조례로 정할 수 있다는 명시적인 규정도 없으므로, 동법 제18조 제5항에서 정하고 있는 사항을 지방자치단체의 조례로 정할 수 없습니다.

법제처 자치법규 의견제시 11-0044(2011. 4. 20.)

「서울특별시 성북구 도서관 설치 및 운영에 관한 조례」 제19조 제3항은 "실무협의체의 구성과 운영방법은 구청장이 정한다."고 규정하고 있는바, 이는 구청장에게 실무협의체의 구성과 운영방법에 대하여 위임한 것으로서 그 규정형식을 규칙으로 할 것인지, 훈령·예규 등으로 정할 것인지 여부는 재량에 맡겨진 것이라 할 것이므로, 이 사안과 같이 구청장은 실무협의체에 관한 규칙을 제정할 수 있다 할 것입니다.

다만, 통상 법령이나 조례에서는 하위 법령으로 위임하여 정할 때 '규칙'으로 정한다고 하거나 '지방자치단체의 장'이 정한다고 명백히 구분하여 규정하고 있으므로 '규칙'으로 정한다고 하면, 조례규칙심의회를 거쳐 규칙으로 정하고, 그렇지 않고 '지방자치단체의 장'이 정한다고 하면, 지방자치단체의 장이 훈령·예규 등으로 정하는 것이 좀 더 바람직하다 할 것입니다.

┌───┐

「공유재산 및 물품관리법 시행령」

제24조(현물출자 및 증권의 평가) 법 제28조 제1항에 따라 현물출자를 하는 경우 해당 출자재산에
　　대한 평가방법은 「국유재산법」 제62조에 따른 출자가액 결정방법을 고려하여 지방자치단체의 장이
　　정한다.
제48조(일반재산의 신탁) ② 일반재산을 신탁할 때에는 해당 지방자치단체의 규칙으로 정하는 신탁계
　　약서로 하여야 한다.

「서울특별시 자전거이용 활성화에 관한 조례」

제9조(자전거 주차요금) ① 법 제11조 제1항의 규정에 의하여 설치된 자전거주차장의 주차요금은 무
　　료로 한다. 다만, 자전거주차장의 관리·운영을 민간단체 등에 위탁하는 등 특별한 사유가 있는 경
　　우에는 주차요금을 별표의 범위 내에서 규칙으로 정하여 부과할 수 있다.
제11조(자전거보관소·수리센터 등의 설치) ⑤ 자전거보관소·정비소·대여소의 이용요금, 운영방법
　　등은 자전거주차장에 준하여 시장이 따로 정할 수 있다.

└───┘

　　참고로, 법령에서도 장관이 정하는 법형식은 ① 부령과 ② 훈령·예규 등 두 가지가
있어 둘 다 가능하지만, 통상 'ㅇㅇ부령'과 'ㅇㅇ부장관'으로 구분하여 규정하고 있고,
'ㅇㅇ부장관'이 정한다고 하면, 장관이 훈령·예규 등으로 정하고 있습니다.

┌───┐

「국토의 계획 및 이용에 관한 법률」

제19조(도시·군기본계획의 내용) ③ 도시·군기본계획의 수립기준 등은 대통령령으로 정하는 바에
　　따라 국토해양부장관이 정한다.
제43조(도시·군계획시설의 설치·관리) ② 도시·군계획시설의 결정·구조 및 설치의 기준 등에
　　필요한 사항은 국토해양부령으로 정하고, 그 세부사항은 국토해양부령으로 정하는 범위에서 시·도
　　의 조례로 정할 수 있다. 다만, 다른 법률에 특별한 규정이 있는 경우에는 그 법률에 따른다.

└───┘

41. 지방자치단체의 장이 해외출장 중 부단체장이 직무대리로 조례안을 공포할 수 있는지?

「지방자치법」제111조 제3항에 따르면, 지방자치단체의 장이 출장·휴가 등 일시적 사유로 직무를 수행할 수 없으면 부단체장이 그 직무를 대리하도록 되어 있으므로 지방자치단체의 장이 해외출장을 가면 부단체장이 직무대리를 할 수 있습니다.

그러나 「지방자치법 시행령」제74조 제2항 및 제3항에 따르면, 지방자치단체의 장은 법 제111조제3항에 따른 사유가 발생한 경우에는 부단체장이 직무를 대리할 범위와 기간을 미리 서면으로 정하여야 하고, 「지방자치법」제111조 제3항에 따라 지방자치단체의 장의 직무를 대리하는 부단체장은 제2항에 따라 지방자치단체의 장이 미리 서면으로 위임하거나 지시한 사무를 처리하되, 공익상 긴급히 처리하여야 할 경우에는 위임되거나 지시된 사무 외에 지방자치단체의 장의 권한에 속하는 사무를 처리할 수 있도록 하고 있습니다.

그러므로 "지방자치단체의 장이 부단체장의 직무대리 범위와 기간을 미리 서면으로 정하여야 함"에도 불구하고 직무대리 범위 등에 대하여 서면을 정하지 아니한 상태에서 출장을 가는 경우에는 조례안의 공포권을 행사할 수 없다고 할 것입니다.

한편, 「지방자치법 시행령」제74조 제3항 단서에서 공익상 긴급히 처리하여야 할 경우에는 위임되거나 지시된 사무 외에 지방자치단체의 장의 권한에 속하는 사무를 처리할 수 있도록 하고 있으므로 조례안의 공포권을 행사할 수 있다고 주장할 수도 있겠으나, 공익상 긴급히 처리하여야 하는 경우인지 모르고, 위임되거나 지시된 사무가 없으므로 조례안의 공포권을 행사하기는 곤란할 것으로 판단됩니다.

따라서, 지방자치단체의 장이 해외출장 가기 전에 미리 서면으로 "조례공포권"을 직무대리의 범위에 포함시킨다면, 부단체장이 조례공포권을 행사할 수 있다고 할 것입니다.

Chapter 3 상담 사례

1장 입법 관련

1. 시내버스 파업 시 비상운송차량 운행 및 요금에 관한 조례 제정 가능 여부

1) 질의 내용

「여객자동차 운수사업법」과 국토해양부의 「여객자동차 운송사업 운임·요율 등 조정요령」에 따르면, 시내버스 파업 시 비상운송차량 운행과 요금에 대하여는 명시적인 규정이 없는데,

(1) 조례로 비상운송차량 운행을 규정할 수 있는지 여부
(2) 조례로 비상운송차량 요금을 규정할 수 있는지 여부

2) 회신

(1) 조례로 비상운송차량 운행을 규정할 수 있는지 여부

○「지방자치법」 제22조에 따르면, 지방자치단체는 법령의 범위 안에서 그 사무에 관하여 조례를 제정할 수 있되, 주민의 권리 제한 또는 의무 부과에 관한 사항이나 벌칙을 정할 때에는 법률의 위임이 있어야 한다고 되어 있으므로, 주민의 권리 제한 또는 의무 부과에 관한 사항이나 벌칙을 정할 때가 아니면 그 사무에 대하여 법률의 위임 없이도 정할 수 있습니다.

○그러면, 먼저, 시내버스 파업 등으로 인한 비상운송차량 운행에 대하여 법령에 근거가 있는지를 살펴보면, 「여객자동차 운수사업법」에는 비상수송차량 운행에 관한 명문 규정은 없습니다. 그러나 「여객자동차 운수사업법」 제23조 제2항에서 국토해양부장관 또는 시·도지사는 천재지변 등의 사유로 노선 여객자동차나 도시철도 등의 운행이 곤란한 지역이나 노선에 긴급하게 수송력 공급을 증대시킬 필요가 있으면 운송사업자(「여객자동차 운수사업법」 제4조 제1항에 따라 여객자동차운송사업의 면허를 받거나 등록을 한 자)에게 노선의 연장·변경, 임시노선의 운행 등 대체교통수단으로서 여객자동차의 운행을 명할 수 있도록 되어 있고, 같은 법 제81조 제1항에

서도 사업용 자동차가 아닌 자동차(이하 "자가용자동차"라 한다)를 유상(자동차 운행에 필요한 경비를 포함한다. 이하 이 조에서 같다)으로 운송용으로 제공하거나 임대하여서는 아니 되지만, 천재지변, 긴급 수송, 교육 목적을 위한 운행, 그 밖에 국토해양부령으로 정하는 사유(사업용자동차 및 철도 등 대중교통수단의 운행이 불가능하여 이를 일시적으로 대체하기 위한 수송력 공급이 긴급히 필요한 경우 등)에 해당되는 경우로서 특별자치도지사·시장·군수·구청장(자치구의 구청장을 말한다. 이하 같다)의 허가를 받은 경우 등의 경우에는 유상으로 운송용으로 제공하거나 임대할 수 있도록 되어 있으며, 같은 법 제82조 제1항 제2호에서 대중교통수단이 없는 지역 등 대통령령으로 정하는 사유에 해당하는 경우(공사 등으로 대중교통수단의 운행이 불가능한 지역의 고객을 일시적으로 수송하는 경우 등)로서 특별자치도지사·시장·군수·구청장의 허가를 받은 경우에는 노선을 정하여 운행할 수 있도록 되어 있으므로, 비상수송차량 운행을 완전히 충족시키는 것은 아니지만 약간의 규정이 있다고 할 수 있을 것입니다.

○ 또한, 시내버스 파업 등에 따른 비상운송차량 운행이 시민의 교통·복지 등과 관련되어 있으므로 지방자치단체의 업무가 아니라고 할 수 없고, 법령에 근거 없이 차량을 강제로 동원하는 것이 아니기 때문에 주민의 권리 제한 또는 의무 부과에 관한 사항이나 벌칙을 정하는 것이라고도 할 수 없을 것입니다.

○ 한편, 현실적으로도 시내버스가 파업하는 경우, 전세버스나 「여객자동차 운수사업법」 제81조에 따라 유상운송 허가를 받은 자가용 자동차를 동원하고, 개인택시의 부제 해제 등을 활용하고 있기도 합니다.

○ 따라서, 위의 내용을 종합적으로 살펴볼 때, 법령의 범위 안에서 시내버스 파업 등에 따른 비상운송차량 운행에 대하여 조례로 규정할 수는 있다고 판단됩니다.

(2) 조례로 비상운송차량 요금을 규정할 수 있는지 여부

○ 시장이 전세버스 등 비상수송차량의 이용요금을 조례로 무료 또는 할인할 수 있도록 하려는 것으로 보입니다. 이는 시내버스 파업 시 배차간격이나 운행시간 등에서 시민들이 많은 어려움을 부담하므로 버스요금을 무료 또는 할인하려고 하는 취지라고 판단됩니다.

○ 첫째, 전세버스를 비상수송차량으로 운행하는 것은 「여객자동차 운수사업법」 제23조 제2항에서 국토해양부장관 또는 시·도지사는 천재지변 등의 사유로 노선 여객

자동차나 도시철도 등의 운행이 곤란한 지역이나 노선에 긴급하게 수송력 공급을 증대시킬 필요가 있으면 운송사업자에게 노선의 연장·변경, 임시노선의 운행 등 대체교통수단으로서 여객자동차의 운행을 명할 수 있고, 같은 법 같은 조 제3항에 따라 국토해양부장관 또는 시·도지사는 운송사업자가 제2항의 운행명령을 이행하면서 손실을 입은 경우 대통령령으로 정하는 바에 따라 그 손실을 보상(補償)하도록만 되어 있습니다.

○ 결국, 요금을 누가 어떻게 정하는지 명문 규정은 없으나, 전세버스가 시내버스 역할을 수행한다면 시내버스요금을 받아야 하고 이에 따라 손실이 발생하면 보상을 받아야 하는 것이 원칙이라고 할 수 있을 것입니다. 이는 「여객자동차 운수사업법 시행령」 제14조의 대체교통 운행명령서에 운송사업자의 주소 및 성명(법인인 경우에는 그 명칭과 대표자의 성명을 말한다), 운행구간 및 운행횟수와 기간만이 포함되어 있고, 「여객자동차 운수사업법 시행규칙」 제48조 제1항에는 시·도지사는 수송인원의 증가 등 수송 여건이 좋아져 명령노선에서 손실이 발생하지 아니한다고 인정되면 그 명령노선을 즉시 법 제23조 제3항에 따른 손실보상의 대상이 되는 버스노선에서 제외하여야 한다는 것으로도 알 수 있습니다.

○ 설사, 다시 시내버스요금을 결정할 수 있어 시내버스요금을 받지 아니한다고 하더라도, 이러한 요금은 시장이 요금의 기준 등에서 요금을 적절히 조정을 하여 요금을 결정하는 효과를 나타낼 수 있을는지는 모르지만, 이렇게 하는 경우에도 시장이 요금을 결정하는 것이 아니라 같은 법 제8조에 따라 여객자동차운송사업의 면허나 등록을 한 자 즉, 전세버스 운송사업자가 국토해양부장관 또는 시·도지사에게 신고하고, 국토해양부장관 또는 시·도지사가 이를 수리하면 요금이 결정되는 것입니다.

○ 둘째, 「여객자동차 운수사업법」 제81조에 따라 유상운송 허가를 받은 자가용 자동차(관용차량과 그 밖에 시장이 필요하다고 인정하여 동원한 차량도 사업용 자동차가 아니기 때문에 자가용 자동차이라고 할 수 있을 것임)를 비상수송차량으로 운행하는 것은12) 「여객자동차 운수사업법 시행규칙」 제104조 제3항 제3호에서 자가용 자동차 유상운송 허가를 신청할 때에 운임은 자동차의 운행에 필요한 경비만 받아야 하며, 운임을 결정하거나 변경할 때에는 관할관청(허가권자는 시장·군수·구청장이므로 구청장임)에 통보할 것이라고 되어 있으므로, 이 경우 역시 요금을 결정할 권한은 시장에게 있는 것이 아니라 자가용 자동차의 유상운송 허가를 받으려고 하는 자

---

12) 자가용 자동차도 유상이 아닌 무상으로는 허가 없이 운송용이나 임대할 수 있음.

에게 있다 할 것입니다.

○ 따라서, 위의 내용을 종합적으로 살펴볼 때, 시장이 시내버스 파업 시 비상운송차량
(전세버스나 유상운송 허가를 받은 자가용 자동차)에 대하여 무료로 하거나·할인을
하는 것으로 조례를 정하는 것은 위법이라고 판단됩니다.

○ 참고로, 시내버스 파업 시 비상운송차량에 대한 요금을 무료로 하거나 할인할 필요
성은 충분하다고 판단되므로, 국토해양부에 이에 대한 유권해석을 요청할 필요가 있
을 것이며, 나아가 국토해양부와 협의하여 「여객자동차 운수사업법」에 비상운송차량
운행 등을 명시하는 방안도 적극적으로 검토하여야 할 것입니다.

2. 택시운수종사자의 후생복지를 위한 지원사업을 하는 조례 제정 가능 여부

1) 질의 내용

택시운수종사자의 후생복지를 위한 지원사업을 하는 것을 내용으로 하는 조례의 제정이
(1) 「여객자동차 운수사업법」의 입법취지에 부합하는지 여부
(2) 다른 여객자동차 운수사업종사자와 형평성에서 문제가 되지 않는지 여부

2) 회신

(1) 「여객자동차 운수사업법」의 입법취지에 부합하는지 여부
○ 「여객자동차 운수사업법」에서는 여객자동차 운수사업에 관한 일반적인 사항으로 여
객자동차 운수사업의 종류(제3조), 면허 등(제4조), 운송개시(제7조), 운임·요금의
신고(제8조) 등을 규정하고 있고, 운송종사자에 대한 것으로는 운송종사자의 종사자
격(제24조), 교육(제25조), 준수 사항(제26조) 및 운송종사자의 현황통보(제22조) 등
을 규정하고 있으며, 같은 법 제1조(목적)에서는 "이 법은 여객자동차 운수사업에
관한 질서를 확립하고 여객의 원활한 운송과 여객자동차 운수사업의 종합적인 발달
을 도모하여 공공복리를 증진하는 것을 목적으로 한다." 하고, 같은 법 제50조 제2
항에서는 "시·도는 여객자동차 운수사업자가 제1항 각 호의 어느 하나에 해당하는
사업을 수행하는 경우, 여객의 안전을 위한 교통안전시설을 확충하기 위하여 필요한
경우 등에 해당하는 사유가 있으면 여객자동차 운수사업자에게 필요한 자금의 일부

를 보조하거나 융자할 수 있다.”라고 하고 있습니다.

○ 이렇게 「여객자동차 운수사업법」에서는 여객자동차 운수사업에 대한 사항을 규정하고 여객자동차 운수사업자에게 지원하는 사항은 규정되어 있으나, 운수종사자의 후생복지를 위한 지원사업을 명시적으로 규정하고 있는 것은 없습니다. 다만, 운송종사자의 종사자격, 교육 등을 규정함으로써 여객의 원활한 운송과 여객자동차 운수사업의 종합적인 발달을 도모하여 공공복리를 증진하기 위한 규정은 있습니다.

○ 물론 여객자동차 운송종사자의 후생복지가 여객의 원활한 운송과 운수사업의 발달과 연관되어 있다고 볼 있으나, 「여객자동차 운수사업법」에서 직접적으로 운수종사자의 후생복지를 위한 지원사업을 명시적으로 규정하고 있지 아니합니다.

○ 그렇다면 그 이유가 무엇인지 살펴보면, 일반적으로 운수종사자의 후생복지는 운수종사자를 고용하고 있는 여객자동차 운수사업자의 책임이 크고, 이 분야는 운수사업자와 운수종사자 간의 계약에 의하여 영향을 받기 때문이 아닌가 판단됩니다.

○ 따라서 택시운수종사자의 후생복지를 위한 지원사업을 하는 것을 내용으로 하는 조례의 제정이 「여객자동차 운수사업법」의 입법취지에 부합한다, 부합하지 아니한다라고 단언적으로 이야기할 수 있는 것은 아니지만, 「여객자동차 운수사업법」의 목적 등을 살펴볼 때, 부합 여부까지는 몰라도 밀접한 관련성은 있다고 판단됩니다.

○ 참고적으로, 입법취지에 부합한다면 부합하지 아니하는 경우보다 조례 제정이 좀 더 용이할 수는 있겠으나, 입법취지에 부합한다고 하여 택시운수종사자의 후생복지를 위한 지원사업을 하는 것을 내용으로 하는 조례를 제정할 수 있고, 입법취지에 부합하지 아니한다고 하여 조례를 제정할 수 없는 것도 아니므로 입법취지의 부합 여부가 조례 제정 여부를 결정하는 것은 아니라고 판단됩니다.

○ 한편, 택시운수종사자의 후생복지를 위한 지원사업을 하는 것을 내용으로 하는 조례를 제정할 수 있다고 가정하더라도(입법취지에 부합힌다고 하더라도), 「여객자동차 운수사업법」의 위임 근거가 없으므로 조례 제1조(목적)에서 「여객자동차 운수사업법」을 규정할 수는 없을 것으로 판단됩니다.

(2) 다른 여객자동차 운수사업종사자와 형평성에서 문제가 되지 않는지 여부

○ 「지방자치법」 제22조에서는 지방자치단체는 법령의 범위 안에서 그 사무에 관하여 조례를 제정할 수 있되(본문), 주민의 권리 제한 또는 의무 부과에 관한 사항이나 벌칙을 정할 때에는 법률의 위임이 있어야 한다(단서)고 규정하고 있습니다.

○ 택시운수종사자의 후생복지를 위한 지원사업을 하는 것을 내용은 주민의 권리 제한
또는 의무 부과에 관한 사항이나 벌칙을 정하는 것이 아니고, 다른 법령에서 금지
또는 제한을 하는 사항도 아니며, 재정 지출에 관한 사항이므로「지방재정법」에 따
라 조례로 제정할 수 있을 것입니다.

○ 그러나 여객자동차 운수사업종사자 중 택시운수종사자만의 후생복지를 위한 지원사
업을 하는 것을 내용으로 조례를 제정하는 것이 형평의 원칙에 어긋나는 것이 아닌
지 여부가 쟁점이 될 것입니다.

○ 일반적으로 국가나 지방자치단체가 국민이나 주민을 수혜 대상자로 하여 재정적 지
원을 하는 정책을 실행하는 경우 그 정책은 재정 상태에 따라 영향을 받을 수밖에
없다고 할 것인바, 국가나 지방자치단체가 합리적인 기준에 따라 능력이 허용하는
범위 내에서 법적 가치의 상향적 구현을 위한 제도의 단계적인 개선을 추진할 수
있는 길을 선택할 수 없다면, 모든 사항과 계층을 대상으로 하여 동시에 제도의 개
선을 추진하는 예외적인 경우를 제외하고는 어떠한 제도의 개선도 그 시행이 불가
능하다는 결과에 이르게 되어 불합리할 뿐만 아니라 평등의 원칙이 실현하고자 하
는 가치에도 어긋난다(헌법재판소 2005. 9. 29. 2004헌바53 결정 참조) 할 것이므로
<별첨 1>, 시 재정 상태 등을 고려하여 여객자동차 운수사업종사자 중 택시운수종
사자에게만 일정한 지원을 하도록 하고 있더라도 그 자체만으로 평등원칙을 위반하
고 있다고 보기는 어렵다 할 것입니다.

○ 또한,「지방자치법」제13조 제1항은 주민은 지방자치단체로부터 균등하게 행정의
혜택을 받을 권리를 가진다고 규정하고 있는데, 이 규정은 주민이 지방자치단체로부
터 행정적 혜택을 균등하게 받을 수 있다는 권리를 추상적이고 선언적으로 규정한
것으로서 위 규정에 의하여 주민에게 구체적이고 특정한 권리가 발생하는 것이 아
닐 뿐만 아니라, 지방자치단체가 주민에 대하여 균등한 행정적 혜택을 부여할 구체
적인 법적 의무가 발생하는 것도 아니므로<대법원 2008. 6. 12. 선고 2007추42 판
결 참조, 별첨 2>, 여객자동차 운수사업종사자 중 택시운수종사자만이 지원을 받는
일이 발생하였다 하더라도 이것이「지방자치법」제13조 제1항을 위반한 것이라고
볼 수 없다 할 것입니다.

○ 그렇다면 이 건 조례안이 자녀가 있는 택시운수종사자에게 혜택을 부여하는 것으로
서, 주민의 권리를 제한하거나 새로운 의무를 부과하는 조례안과는 달리 조례입안자
에게 보다 광범위한 입법형성의 자유가 인정되는 것이므로 조례입안자는 그 조례제

정의 목적, 수혜자의 상황, 예산 등 여러 사항을 고려하여 그에 합당하다고 스스로 판단하는 내용의 조례를 제정할 권한이 있다고 할 것이나, 그렇게 하여 제정된 조례의 내용이 현저하게 합리성이 결여되어 있는 것이 아닌 한 헌법에 위반된다고 할 수는 없다(헌법재판소 1993. 12. 23. 선고 89헌마189 결정; 헌법재판소 2007. 7. 26. 선고 2004헌마914 결정 등 참조) 할 것이므로<별첨 3>, 조례의 내용이 현저하게 합리성이 결여되어 있다면 형평성에 문제가 있다고 할 것입니다.

○ 시장이 택시운송조합을 통하여 택시운수종사자의 자녀에 한정하여 학비를 지급하는 등 직접적으로 후생복지 지원사업을 하는 것은 시의 재정 등이 한정되어 있는 상황에서 후생복지사업이 상대적으로 열악한 택시운수종사자에게만 우선적으로 실시하여야 하는 이유(다른 여객자동차 운수사업과 비교하여 절실한 이유)가 있으므로 문제가 없다고 주장할 수는 있습니다.

○ 그러나 지방자치단체가 그 재정권에 기하여 확보한 재화는 구성원인 주민의 희생으로 이룩된 것이므로 가장 효율적으로 사용하여야 함은 물론 경비지출로 인하여 얻어지는 이익이 균점되게 함으로써 어느 특정의 개인이나 단체에 재화를 공급함으로 인하여 형평을 잃는 일이 없도록 하여야 할 것인바<1996. 10. 25. 선고 96추107 판결, 별표 4>, 지역주민이 부담하는 지방세 등으로 조성된 지방자치단체의 수입 일부를 택시운수종사자의 자녀에 한정하여 학비를 지급한다면, 이는 지역주민 중 자녀를 둔 택시운수종사자에만 한정하여 특혜를 베푸는 조치로서 일반주민이나 다른 여객자동차 운수종사자는 물론 자녀를 두지 아니한 다른 택시운수종사자와의 관계에서 형평에 반하고, 이는 결과적으로 공익에도 부합되지 아니할 것입니다.

○ 또한, 택시운송사업종사자의 자녀에 대한 수당 지급 문제는 운수사업자와 종사자의 계약에 따라 결정되는 사적 자치의 분야이므로 시에서 직접적으로 개입하는 것은 사적 자치 원칙과 관련하여 문제가 있다고 판단됩니다.

○ 따라서 택시운송사업종사자의 자녀에 대한 수당 지급 문제는 위에서 살펴본 바와 같이 형평성 및 사적 자치의 원칙 등에 맞지 아니하다고 판단됩니다.

○ 현실적으로도 택시운송사업종사자보다 다른 여객자동차 운송사업종사자(① 노선여객자동차 운송사업: 시내버스, 농어촌버스, 마을버스, 시외버스 ② 구역여객자동차 운송사업: 전세버스, 특수여객 자동차, 개인택시)가 많고, 다른 여객자동차 운송사업종사자도 열악한 근무환경이라고 주장할 수 있는 등 형평성 문제를 들고 나오게 되면 조례안이 시의회를 통과하기도 매우 곤란하다고 판단됩니다.

○ 그러므로 시에서 택시운수종사자의 후생복지 차원에서 지원할 수 있다고 하더라도 자녀에게 수당을 지급하는 등 직접적인 지원보다는 모든 택시운수종사자가 이용 가능한 휴게실 건립 등 간접적으로 지원하는 방안을 마련하는 것이 바람직하다고 판단됩니다.

○ 한편, 설사 조례를 제정할 수 있다고 하더라도, 조례안에서는 일반택시 운수종사자의 후생복지 지원사업이라고 추상적이고 포괄적으로 규정하고 있고, 조례안 제5조에서 「○시 여객자동차 운수사업자 재정보조 등 조례」를 준용하는 것으로 하여 위에서 말한 택시운수종사자의 자녀에 한정하여 학비를 지급하려고 하고 있으나, 지급대상(지급대상이 대학생, 고등학생, 중학생, 초등학생인지, 종사자의 종사연수가 몇 년인지, 시민이 된지 몇 년이 필요한지 등), 금액 등에 대한 명확한 규정이 없어 조례를 제정할 때뿐만 아니라 예산 편성 및 집행할 때 많은 문제가 발생할 소지가 있으므로 구체화하여야 할 것으로 판단됩니다.

3. 행정안전부 표준안에 따른 규칙 개정 가능 여부

1) 질의 내용

지방세 세무조사 운영규칙을 행정안전부의 표준안을 근거로 개정하려는데,
(1) 행정안전부의 표준안 부칙 제3항을 규정할 수 있는지 여부
(2) 행정안전부의 표준안 부칙 제3항을 이번 개정안에 포함시키는 것이 타당한지 여부

2) 회신

(1) 행정안전부의 표준안 부칙 제3항을 규정할 수 있는지 여부

○ 「지방세 세무조사 운영규칙 일부개정(표준안)」 부칙 제3항(경과규정)은 "이 개정규칙 시행 당시 제12조의3 제1항 제1호 및 제2호의 규정에 의하여 세무조사를 면제받는 기간이 종료되지 아니한 경우에는 세무조사 면제기간을 이 규칙 시행일부터 새로이 3년 동안 적용한다."라고 규정하고 있습니다.

○ 「지방세 세무조사 운영규칙 일부개정(표준안)」 부칙 제3항은 영세·성실기업 등에 대하여 세무조사를 면제하는 기간을 '면제대상자 선정일부터 3년간'에서 이 규칙 시행 당시 세무조사를 면제하는 기간이 지난 경우는 제외하고 아직 남아 있는 경우에

는 '이 규칙 시행일부터 3년간'으로 변경함으로써, 최근 경기침체 등으로 곤란을 겪고 있는 영세·성실기업 등에 대하여 한시적으로(공포일부터 3년간) 부담을 완화하려는 것으로 취지로 보입니다.

○ 따라서 「지방세 세무조사 운영규칙 일부개정(표준안)」 부칙 제3항은 경제활성화를 위하여 정책적 판단 하에 한시적으로만 세무조사 면제기간을 연장하여 영세·성실기업 등에게 혜택을 제공하려는 것으로, 이는 기존 혜택을 받던 것을 빼앗으려는 것이 아니어서 신뢰보호의 원칙과는 무관한 등 규정하는 것에 재량이 많다 할 것이므로 이렇게 규정하지 못할 것은 없다고 판단됩니다.

○ 참고로, 이를 경과규정으로 두고 있는데, 세무조사 면제기간 3년이 끝나지 아니한 기업에게 새로 3년간 기간을 더 두는 경우이기 때문에 경과규정보다는 특례규정의 성격이 강하다고 할 수 있을 것입니다.

(2) 행정안전부의 표준안 부칙 제3항을 이번 개정안에 포함시키는 것이 타당한지 여부

○ 일반적으로 '부칙'이란 본칙에 부수하여 그 법령의 시행일과 그 법령의 시행에 따르는 과도적 조치 그리고 그 법령의 시행에 따라 필요한 다른 법령의 개정사항 등을 규정한 부분을 말하는 것으로서, 본칙의 개정과 관련된 것에 한정하여 부칙으로 정할 수 있습니다.

○ 「지방세 세무조사 운영규칙 일부개정(표준안)」 부칙 제3항은 제12조의3 제1항 제1호 및 제2호와 관련되는 것이고, 이번에 개정되는 제12조의3 제1항 제3호와 관련된 것이 아니므로 개정안 부칙에서 규정하는 것은 맞지 아니한 면이 있다고 판단됩니다.

○ 따라서 「지방세 세무조사 운영규칙 일부개정(표준안)」 부칙 제3항은 원칙적으로 제12조의3 제1항 제1호 및 제2호가 제정이나 개정될 당시 부칙에서 규정하는 것이 타당하다고 할 수 있습니다.

○ 그러나 이번 개정안에서 종전의 부칙을 개정하게 되면, 개정문 작성 방법을 제외하더라도 시행일이 언제인지 잘 모를 염려가 있어 공무원이 집행하는 데에도 혼란이 생길 수 있고, 또한 행정안전부 표준안이 조례가 아닌 규칙 개정사항이라 시의회에 제출하여 의결을 거쳐야 하는 것도 아니므로 그냥 행정안전부 표준안처럼 규정하는 것이 좋을 것으로 판단됩니다.

○ 다만, 행정안전부 표준안처럼 규정하는 경우에도 개정문 작성 방법이나 알기 쉬운 법령 만들기 차원에서 손질을 가하여 정리할 필요가 있습니다.

4. 조례 개정 시 법률 인용 방법 및 수익사업 가능 여부

1) 질의 내용

(1) 조례를 개정하면서 인용법령을 현재 시행 중인 「지방세법」이 아닌 2011년 1월 1
일 시행되는 「지방세법」을 인용하는 것이 법리적으로 문제가 되지 않는지 여부

(2) ○ 문화예술의 전당에서 각종 공연과 관련하여 기념품(공연과 관련된 컵 등)을 만들
어 판매를 하는 것을 사업으로 계획하고 있는데, 공무원이 기념품 판매 등 수익사
업을 직접 하는 것이 관련 법령에 위반하지 않는지 여부

(3) 그러한 사업을 위하여 별도의 조례가 필요한지 여부

2) 회신

**(1) 조례를 개정하면서 인용법령을 현재 시행 중인 「지방세법」이 아닌 2011년 1월 1
일 시행되는 「지방세법」을 인용하는 것이 법리적으로 문제가 되지 않는지 여부**

○ 조례를 개정하면서 현재 시행 중인 「지방세법」이 아닌 2011년 1월 1일 시행되는 「지
방세법」과 조항을 인용할 수 있습니다. 다만, 그 시행일은 2011년 1월 1일로 하여
야 할 것입니다.

○ 2011년 1월 1일 시행되는 「지방세법」 부칙 제7조 제1항에서 국민건강증진법을 개
정하면서 그 시행일은 2011년 1월 1일로 하고 있는데, 이는 개별법(「국민건강증진
법」)에서 직접 「지방세법」에 관련 내용을 개정하고, 시행일을 2011년 1월 1일로 하
는 것과 같다고 할 수 있습니다.

○ 실제로 부칙의 "다른 법률의 개정"에서 개정하여야 할 법률이 빠지거나, "다른 법률
의 개정"이 처음부터 없거나, 대통령령이나 부령에서 인용하고 있는 법률이 이미 개
정되었으나 인용하고 있는 법률의 대통령이나 부령이 아직 개정되지 아니하여[13] 대
통령령이나 부령에서 직접 개정된 인용 법률로 개정하거나, 또한 개별법에서 인용
법률을 새로 추가하는 경우 등에서 위와 같은 방법을 사용하고 있습니다.

○ 예를 들면, 「공유수면관리법」과 「공유수면매립법」이 「공유수면 관리 및 매립에 관
한 법률」로 통합(2010. 4. 15. 제정, 2010. 10. 16. 시행)되었으나, 「공유수면 관리
및 매립에 관한 법률」 부칙에서 「내수면어업법」 제20조 제4호의 "「공유수면관리법」

---

13) 개정되면 그 부칙에서 해결하는 것이 원칙임.

제5조의 규정에 의한 점·사용허가"를 개정하지 아니하여 「내수면어업법」을 2010
년 5월 17일 개정하면서 "「공유수면 관리 및 매립에 관한 법률」 제8조에 따른 점
용·사용허가"로 하였고, 다른 조항은 공포 후 1개월이 경과한 후에 시행하면서 제
20조 제4호의 개정규정은 2010년 10월 16일부터 시행하였습니다.

○ 더 나아가 법률이 개정되었으나 아직 시행되지 아니한 법률을 시행령에서 개정된
  법률을 규정하고 그 시행일까지는 개정되기 전의 법률을 적용하도록 경과조치를 두
  는 경우도 있습니다.

「쌀소득 등에 관한 법률 시행령」

제4조의2(농업을 주업으로 하는 자)법 제6조제2항에 따른 농업을 주업으로 하는 자는 다음 각 호의
어느 하나에 해당하는 자로 한다.
 1. 같은 시(「제주특별자치도 설치 및 국제자유도시 조성을 위한 특별법」에 따른 행정시를 포함한
    다. 이하 같다)·군·구(자치구의 구를 말한다. 이하 같다)에 소재하는 1만 제곱미터 이상의
    농지를 경작하는 농업인과 같은 시·군·구에 소재하는 5만 제곱미터 이상의 농지를 경작하는
    「농어업경영체 육성 및 지원에 관한 법률」 제16조에 따른 영농조합법인(이하 "영농조합법인"이
    라 한다) 또는 같은 법 제19조에 따른 농업회사법인(이하 "농업회사법인"이라 한다)

부칙〈대통령령 제21538호, 2009.6.16〉

제1조(시행일)
 이 영은 2009년 6월 26일부터 시행한다.
 제2조(경과조치)
 2009년 10월 1일까지는 제4조의2 및 제4조의3의 개정규정 중 영농조합법인 및 농업회사법인은 「농
 업·농촌 및 식품산업 기본법」 제28조에 따른 영농조합법인 및 같은 법 제29조에 따른 농업회사법인으
 로 본다.

 ※ 「농어업경영체 육성 및 지원에 관한 법률」은 2009년 4월 1일 제정되고, 2009년 10월 2일부터
   시행됨.

---

(2) ○ 문화예술의 전당에서 각종 공연과 관련하여 기념품(공연과 관련된 컵 등)을 만
     들어 판매를 하는 것을 사업으로 계획하고 있는데, 공무원이 기념품 판매 등 수
     익사업을 직접 하는 것이 관련 법령에 위반하지 않는지 여부

○ 지방자치단체의 수익사업[14]은 지방자치단체가 공익의 실현과 자체 수입증대를 목적

으로 스스로 운영하는 사업으로, 우리나라 지방자치단체의 수익사업은 1979년 강원도 양양군의 하천모래, 자갈채취 사업을 시작으로 지방자치단체에 등장하기 시작하였습니다.

○ 현재는 지방자치단체에서 무역회사 운영, 사우나 운영, 예식장 운영, 쓰레기봉투 제작, 주유소운영, 썰매장 운영, 생수사업, 요식업 등 각종 수익사업을 하고 있다고 합니다.

○ 물론, 지방자치단체가 자연휴양림을 운영할 수 있고, 입장료를 징수할 수 있다고 규정(「산림문화·휴양에 관한 법률」)하는 등 개별법에서 지방자치단체가 수익사업을 할 수 있도록 되어 있는 규정은 있습니다.

○ 그러나 「지방공기업법」에 따른 공사, 공단 등에서 수익사업을 하는 것을 제외하고, 「헌법」, 「지방자치법」, 「지방재정법」 등 관련 법령 어디에도 지방자치단체에서 수익사업을 할 수 있는지 여부나 요건 및 한계에 관한 명시적인 규정을 찾아볼 수 없습니다.

○ 그렇다면 지방자치단체에서 수익사업을 할 수 있는지 여부에 대하여 이에 대한 명시적인 규정이 없기 때문에 불가능하다고 주장할 수 있으나, 오히려 지방자치단체가 수익사업을 하는 것을 제한하는 것이 없기 때문에 지방자치단체에서 열악한 지방재정 확충 등을 위해 지방자치단체가 수익사업을 할 수 있고, 현실적으로도 위에서 보는 바와 같이 지방자치단체가 수익사업을 하고 있으므로 지방자치단체가 수익사업을 할 수는 있다고 할 것입니다.

○ 다만, 지방자치단체가 수익사업을 할 수 있다고 하더라도 제한 없이 할 수 있는가에 대하여는 논란이 있다고 할 것입니다. 다시 말하면, 지방자치단체는 주민의 복리에 관한 사무를 처리하고 재산을 관리하는 것을 주업무로 하고 있으므로 수익사업은 예외적이고 최소한에 그쳐야 한다고 주장하면서 지방자치단체가 수익사업을 할 때에는 지방자치단체가 공익성과 수익성을 동시에 달성할 수 있는 사업, 지역경제 활성화 및 지역개발 효과가 큰 사업, 지역 내 민간분야와 중복이나 경합이 되지 않는 사업 등에만 진출하여야 한다는 주장이 있습니다.

○ 따라서 ○문화예술의 전당에서 수익사업을 하는 것이 관계 법령을 위반하지는 않으나, 수익사업을 하여야 하는 필요성, 수익사업을 하여야 한다면 수익이 있을지 여부, 관리·운영방식을 직영으로 할 것인지 아니면 관리위탁할 것인지 등을 종합적으로 검토하여 결정하여야 할 것입니다.

---

14) 수익사업은 실무에서 주로 "영리수익사업"이라는 용어로 쓰고 있음.

(3) ○문화예술의 전당에서 수익사업을 위하여 별도의 조례가 필요한지 여부

○지방자치단체에서 수익사업을 하는 경우 별도의 법적 근거가 없으므로 행정기구설치조례 및 그 시행규칙에서 정하고, 재단 등에서 수익사업을 하는 경우에는 수익사업이라는 별도 조항을 두는 것이 일반적입니다.

○그리하여 「○시 행정기구설치조례 시행규칙」 제◇조 제3항 제4호에서 ○문화예술의 전당 공연기획과장의 업무에 "공연수익사업 추진"을 규정하고 있는 것으로 보입니다.

○결국 「○시 행정기구설치조례 시행규칙」 제◇조 제3항 제4호로 ○문화예술의 전당에서 수익사업을 할 수 있는지, 아니면 별도의 조례를 제정하여야 하는지가 관건이 될 것입니다.

○「○시 행정기구설치조례 시행규칙」 제◇조 제3항 제4호의 "공연수익사업 추진"으로 기념품(공연과 관련된 컵 등)을 만들어 판매할 수 있는지 논란이 될 수도 있겠지만, "공연수익사업"은 넓게 공연과 관련된 수익사업으로 보이고, 공연과 관련된 컵 등의 판매도 이에 포함될 수 있을 것이므로 이를 근거로 ○문화예술의 전당에서 수익사업을 할 수 있다고 판단됩니다.

○물론 ○문화예술의 전당에서 수익사업을 하기 위하여 반드시 별도의 조례를 제정하여야 하는 것은 아니지만 별도의 조례를 제정하는 것을 검토해 볼 수는 있을 것입니다.

○별도의 조례를 제정하는 경우 ○시의회에서 조례 심의를 통하여 ○문화예술의 전당 수익사업의 필요성을 인식하고, 예산 확보에 도움이 되는 등 원활한 사업추진이 가능한 장점이 있을 것입니다.

○그러나 「가평군 썰매장 설치 및 운영조례」 등처럼 별도의 조례를 제정한다고 하더라도 「가평군 썰매장 설치 및 운영조례」에서는 썰매장 입장료 징수 및 면제 등을 규정하고 있지만, ○문화예술의 전당에서 하는 수익사업은 컵 등 기념품을 얼마에 판매할지가 가장 중요할 것인데 기념품마다 다르고, 조례에 포함될 내용도 거의 없을 것으로 판단되며, 설사 판매가격을 정했더라도 공연마다 새로운 기념품이 나오지는 않겠지만 새로운 기념품이 나온다면 조례를 개정하여야 하는 문제가 발생할 수 있을 것으로 판단됩니다.

○따라서 별도의 조례를 제정하는 것은 바람직하지 못한 것으로 판단됩니다.

5. 재단에 기금 설치 가능 여부 등

1) 질의 내용

(1) ○복지재단의 설립 및 운영에 필요한 자금을 충당하기 위하여 재단에 기금을 설치하여 운용하려 하는데, 기금이라는 표현을 재단법인에도 사용할 수 있는지 여부

(2) □시가 출연하는 재단법인에 설치하는 기금에도「지방자치단체 기금관리기본법」을 적용하여야 하는지 여부

 – 기금의 존속기간, 기금운용심의회의 설치, 회계관직의 지정 등「지방자치단체 기금관리기본법」에 따른 규정을 조례에 명시하여야 하는지 여부

2) 회신

(1) ○복지재단의 설립 및 운영에 필요한 자금을 충당하기 위하여 재단에 기금을 설치하여 운용하려 하는데, 기금이라는 표현을 재단법인에도 사용할 수 있는지 여부

○ 원래 "기금"이란 정부 또는 지방자치단체가 연구·개발사업이나 그 밖의 특정정책 사업 등 특정부문의 육성과 개발을 촉진하기 위하여 원활한 자금지원을 하고자 하거나 정부 또는 지방자치단체가 직접 수행하는 사업에 수반되는 자금의 효율적인 운용과 관리를 위하여 설치하는 자금을 의미하고, 일반적으로 재정활동을 일반회계나 특별회계로 운용하는데 이러한 것으로 행정수요를 능동적, 탄력적으로 대응하기 어렵기 때문에 예산 외로 기금을 운용하게 됩니다.

○「국가재정법」제5조 제1항에 따르면, 기금은 국가가 특정한 목적을 위하여 특정한 자금을 신축적으로 운용할 필요가 있을 때에 한하여 법률로써 설치할 수 있다고 되어 있고, 국가의 예산에 의하지 아니하고 자금을 운용할 수 있도록 한「국가재정법」에 따른 국가기금과는 달리「지방자치법」제142조에서는 지방자치단체는 행정목적의 달성을 위한 경우나 공익상 필요한 경우에는 특정한 자금의 운용을 위한 기금을 설치할 수 있다고 규정하고 있고, 기금의 설치·운용에 관하여 필요한 사항은 조례로 정하도록 하며,「지방자치단체 기금관리기본법」에서는 지방자치단체에 설치하는 기금의 전반에 관한 기본원칙과 기준을 정하고 있습니다.

○ 결국 위와 같이 국가나 지방자치단체에는 기금이 있는데, ○복지재단 등 지방자치단체에서 출연한 재단에도 기금을 설치할 수 있는지 문제가 될 것입니다.

○ 재단의 일반법이라고 할 수 있는 「민법」에 따르면, 법인의 설립, 능력, 기관, 주소, 정관의 변경, 법인의 소멸, 등기 등을 규정하고 있고, 특히 정관에는 "자산에 관한 규정"이 필수적 기재사항으로 되어 있지만(「민법」 제43조), 기금을 둘 수 있는지 여부에 대하여 규정하고 있지 아니합니다.

○ 재단의 기금에 관하여 「민법」에도 없다고 하여 지방자치단체가 출연한 재단에 기금을 설치하지 못하는지에 대하여는 검토할 필요가 있습니다.

○「민법」에서도 규정되어 있지 아니하다고 하여 다른 법령에 위반되지 아니한다면 반드시 규정할 수 없다고 할 수는 없을 것이고, 「신문 등의 진흥에 관한 법률」 제34조에 따른 언론진흥기금을 한국언론진흥재단에 설치하고 있는 등 재단은 지방자치단체가 출연하는 것이므로 지방자치단체와 유사하게 규정할 수 있을 것으로 판단됩니다.

○ 실제로도 「강원도 문화예술 진흥조례」, 「대전문화재단 설립 및 운용조례」, 「경남문화재단 설립 및 운영에 관한 조례」, 「전라남도 문화예술진흥 조례」, 「제주문화예술단설립및육성조례」 및 「인천광역시 문화재단 설립 및 운영조례」 등에서 재단에 기금을 설치하고 있습니다.

○ 다만, 정부나 지방자치단체와 유사하게 규정하는 것이라면 일반회계와 특별회계만으로 복잡다기한 행정수요에 능동적·탄력적·지속적으로 대응하기 어렵기 때문에 기금을 설치하는 것이므로 일반회계와 특별회계가 전제되어야 하는데, 이에 대한 규정이 없이 기금만 규정하는 것은 문제가 있을 수 있고, 또한, 특정한 자금을 따로 운영할 필요가 있는지 및 조례로 기금을 규정하는 경우 재단의 자율성에 미치는 영향 등을 종합적으로 고려하여 기금을 규정할지 여부를 신중히 결정할 필요가 있다고 판단됩니다.

(2) ㅁ시가 출연하는 재단법인에 설치하는 기금에도 「지방자치단체 기금관리기본법」을 적용하여야 하는지 여부

○「지방자치단체 기금관리기본법」 제1조에 따르면, 이 법은 지방자치단체에 설치하는 기금의 관리 및 운용에 관한 기본적인 사항을 규정함으로써 지방자치단체 기금운용의 공공성과 지방재정의 효율성 증진에 기여함을 목적으로 하고, 같은 법 제2조에 따르면, 이 법에서 "기금"이라 함은 지방자치단체가 특정한 행정목적의 달성을 위하여 「지방자치법」 제142조 또는 다른 법률의 규정에 의하여 설치·운용하는 자금을

말하되, 「지방공기업법」 제19조에 따른 지역개발을 위한 기금을 제외한다고 하고 있습니다.

○ 따라서 「지방자치단체 기금관리기본법」은 지방자치단체에 설치하는 기금만을 위한 것이므로, 지방자치단체에서 출연하여 설립한 재단에 설치하는 기금에 대하여는 「지방자치단체 기금관리기본법」에 준용이나 적용 등 특별한 규정이 없으므로 「지방자치단체 기금관리기본법」을 적용할 수는 없을 것으로 판단됩니다.

○ 그렇다고 하여도 재단에 정부나 지방자치단체에 적용되는 원칙 등을 적용할 수 있도록 조례로 규정할 수는 있겠으나, 이 경우에도 앞에서 말한 바와 같이 기금의 필요성 및 투명성 확보 여부, 재단의 자율성 등을 종합적으로 고려하여 규정할지 여부를 결정할 사항입니다.[15)]

6. 「○시 △미술문화재단조례」 제정 관련

1) 질의 내용

(1) ◇미술관은 시립미술관이라는 사업소의 하부조직에 해당하는데 사업소의 사무와 재산일부를 위탁할 수 있는지 여부

(2) 위탁의 근거를 조례로 정함에 있어

  - 「○시립미술관 관리운영조례」에 ◇미술관의 위탁운영에 대하여 정하는 것이 바람직한지

  - 「○시립미술관 관리운영조례」에 위탁의 근거를 정하여야 한다면 새로이 제정하는 「○시 △미술문화재단조례」 부칙으로 다른 조례(「○시립미술관 관리운영조례」)를 개정할 수 있는지 여부

  - 새로이 제정하는 「○시 △미술문화재단조례」에 "제0조(사무의 위탁) ○시장은 미술문화 시설 및 미술문화 진흥업무의 수행을 ○시 △문화재단에 위탁할 수 있다."라는 규정을 두는 것만으로 위탁의 근거가 될 수 있는지 여부

(3) 현재 ◇미술관에는 4명의 전임계약직이 근무하고 있는데 추후 민간위탁에 따른 고용승계를 규정할 수 있는지 여부

  - ○시지방계약직공무원에서 새로이 설립되는 재단의 직원으로 임용된 것으로 간주

---

15) 개인적인 생각으로는 다른 감독수단을 사용해도 되고, 재단의 자율성을 과도하게 제약할 소지가 있으므로 원칙 등을 규정하는 것에는 반대하는 입장임.

하거나 시립미술관의 별도정원으로 계약기간동안 공무원신분을 인정하는 규정을
「○시 행정기구설치조례」, 「○시립미술관 관리운영조례」 또는 「○시 △미술문화
재단조례」에 부칙으로 규정할 수 있는지 여부

2) 회신

(1) ◇미술관은 시립미술관이라는 사업소의 하부조직에 해당하는데 사업소의 사무와 재산일부를 위탁할 수 있는지 여부

○「지방자치법」제114조에서는 "지방자치단체는 특정 업무를 효율적으로 수행하기 위하여 필요하면 대통령령[16]으로 정하는 바에 따라 그 지방자치단체의 조례로 사업소를 설치할 수 있다."고 하고 있습니다.

○사업소는 지방자치단체가 특정 업무를 효율적으로 수행하기 위해 설치하는데, 사업소의 사무와 재산 일부를 민간에게 위탁하는 것은 사업소의 존립 근거내지 존재 의의를 상실하게 된다 할 것이므로 타당하지 아니합니다. 다시 말하면, a + b 라는 특정 업무를 수행하기 위한 사업소가 다시 a 업무를 민간위탁을 주면, 원래 a + b 업무를 수행하기 위하여 사업소를 설치한 것인데 실제는 b 업무만 수행하여야 하므로 사업소의 역할 내지 기능을 잘못한 것이 되기 때문입니다.

○그렇다면, 애초부터 민간위탁할 a 업무를 사업소의 업무로 하지 않고 b 업무만 사업소의 업무로 한다면, 가능할지를 살펴보면, 이론적으로 특정 업무를 수행하기 위하여 사업소를 설치할 수 있으므로 가능하다고 할 것입니다.[17]

○다만, 유사한 업무에 대하여 하나는 사업소로, 하나는 민간위탁으로 하여야 하는 이유가 분명하게 존재하여야 할 것입니다.

○결론적으로, 현행 「○시 행정기구 설치 조례」 제39조부터 제41조까지에서는 ◇미술관이 시립미술관이라는 사업소의 하부조직[18]이므로, 이런 상태에서 ◇미술관을

---

16) 제77조(사업소의 설치) 지방자치단체는 다음 각 호의 요건을 갖춘 경우에는 법 제114조에 따라 사업소를 설치할 수 있다. 다만, 일정기간 후에 끝나는 사업을 추진하기 위한 경우에는 사업소를 한시적으로 설치한다.
  1. 업무의 성격이나 업무량 등으로 보아 별도의 기관에서 업무를 수행하는 것이 효율적일 것
  2. 사업장의 위치상 현장에서 업무를 추진하는 것이 효율적일 것
17) 「○시 행정기구 설치 조례」의 사업소에서 a 업무를 제외하고 규정함.
18) 「○시 행정기구설치조례」 제39조는 ○시립미술관장 밑에 ○시◇미술관을 설치하도록 하고 있는데, ○시◇미술관을 관장 밑에 설치하는 것은 이상함. 또한, (시립)미술관에 시립미술관과 ◇미술관이 있다는 것도 이상함.

민간위탁할 수는 없고, 시립미술관과 ◇미술관을 분리·운영하여야 하는 이유가 있다면, 시립미술관이라는 사업소에서 ◇미술관을 제외하고, ◇미술관을 설치하고 운영하는 조례(「○시립미술관 관리운영조례」)에서 민간위탁을 하여야 할 것입니다.

(2) 위탁의 근거를 조례로 정함에 있어
 - 「○시립미술관 관리운영조례」에 ◇미술관의 위탁운영에 대하여 정하는 것이 바람직한지
 - 「○시립미술관 관리운영조례」에 위탁의 근거를 정하여야 한다면 새로이 제정하는 「○시 △미술문화재단조례」 부칙으로 다른 조례(「○시립미술관 관리운영조례」)를 개정할 수 있는지 여부
 - 새로이 제정하는 「○시 △미술문화재단조례」에 "제0조(사무의 위탁) ○시장은 미술문화 시설 및 미술문화 진흥업무의 수행을 ○시 △문화재단에 위탁할 수 있다."라는 규정을 두는 것만으로 위탁의 근거가 될 수 있는지 여부

○◇미술관을 민간위탁할 때, 어느 조례에서 규정하는 것이 바람직하고, 그 조례에 규정하는 방법에 관한 것으로 판단됩니다.

○먼저, 민간위탁을 어느 조례에 규정하는 것이 바람직한지 검토해 보면, ① ◇미술관의 설치·운영에 관한 조례인 「○시립미술관 관리운영조례」에 규정하는 방법, ② ◇미술관을 위탁받을 (가칭)「○시 △미술문화재단조례」에 "○시장은 미술문화 시설 및 미술문화 진흥업무의 수행을 ○시 △문화재단에 위탁할 수 있다."라는 방식으로 규정하는 방법 등을 고려할 수 있습니다.

○일반적으로 민간위탁은 사무의 수탁자가 지방자치단체가 아닌 법인·단체 또는 그 기관이나 개인, 즉 행정기관이 아닌 민간이 되는 것을 말하고(「행정권한의 위임 및 위탁에 관한 규정」 제2조제3호), 위탁을 규정하는 방식은 "이 법에 따른 ☆☆☆의 업무는 그 일부를 대통령령으로 정하는 바에 따라 △△△에게 위탁할 수 있다."라고 표현하듯이 민간위탁할 '업무'나 '사무'가 규정되어 있는 법률에서 규정할 수밖에 없고,[19] 민간위탁을 받거나 받을 기관의 설치와 운영에 관한 법률에서 민간위탁을 규정할 수는 없다 할 것입니다.

○예를 들면, 「고려인동포 합법적 체류자격 취득 및 정착 지원을 위한 특별법」 제8조

---

[19] 중앙부처에서는 각 개별 법률에 위탁 근거규정이 없는 경우 「행정권한의 위임 및 위탁에 관한 규정」에서 규정하고 있음.

(업무의 위탁)에서 "이 법에 따른 외교통상부장관의 업무는 그 일부를 대통령령으로 정하는 바에 따라 「재외동포재단법」에 따른 재외동포재단에 위탁할 수 있다."로 규정하고 있지, 재외동포재단을 설치·운영하는 「재외동포재단법」에서 「고려인동포 합법적 체류자격 취득 및 정착 지원을 위한 특별법」의 업무를 위탁받도록 하는 조항은 없습니다. 다만, 실제 재외동포재단에서 민간위탁을 받아야 하므로 「재외동포재단법」 제7조(사업)에서 재외동포재단의 사업으로 '정부가 재단에 위탁하는 사업'을 열거하고 있을 뿐입니다.

○ 따라서 ◇미술관을 위탁받을 (가칭)「○시 △미술문화재단조례」에서 규정하는 것 보다는 위탁을 줄 ◇미술관의 설치·운영에 관한 조례인 「○시립미술관 관리운영조례」에 규정하는 방법이 바람직하다 할 것입니다.

○ 한편, ◇미술관을 위탁받을 (가칭)「○시 △미술문화재단조례」에 "○시장은 미술문화 시설 및 미술문화 진흥업무의 수행을 ○시 △문화재단에 위탁할 수 있다."라는 방식으로 규정하는 방법도 「경기도 수원월드컵경기장관리재단 운영 및 지원 조례」 제11조,[20] 「경기도 한국도자기재단 운영 및 지원 조례」 제8조, [21] 「경상남도 재단법인 대장경천년세계문화축전 설립 및 지원조례」 제14조[22] 등 많은 입법례가 있으므로 가능하다고 주장할 수 있으나, 위에서 언급한 바와 같이 민간위탁을 줄 조례에서 규정하는 것이 바람직하므로 이렇게 규정하는 것은 바람직하지는 못하다고 할 것입니다.

○ 다음으로, 「○시립미술관 관리운영조례」에 위탁의 근거를 정하여야 한다면 새로이 제정하는 「○시 △미술문화재단조례」 부칙으로 다른 조례(「○시립미술관 관리운영조례」)를 개정할 수 있는지 여부를 살펴보면, ○제정·개정 또는 폐지되는 법령의 부칙에서 그 법령과 관련성이 있는 다른 법령을 개정할 수 있도록 하여 관련 법령을 동시에 정비함으로써 법체계의 통일을 기할 수 있고, 관련 법령을 별도로 입법·심의하는 번잡과 비능률을 피할 수 있으며, 법령개정의 시차에 따른 법집행상의 혼란을 방지할 수 있으므로[23] 「○시 △미술문화재단조례」 부칙으로 「○시립미술관 관

---

20) 제11조(권한의 위탁) 도지사는 월드컵경기장의 관리·운영에 관하여 필요하다고 인정될 경우에는 관련 공공시설의 관리 및 도지사의 권한에 속하는 사무의 일부를 관계법령의 범위 안에서 재단에 위탁할 수 있다.

21) 제8조(권한의 위탁) 도지사는 재단의 운영에 필요하다고 인정될 경우에는 관련 공공시설의 관리 및 도지사의 권한에 속하는 사무의 일부를 관계법령의 범위에서 재단에 위탁할 수 있다.

22) 제14조(권한의 위탁) 도지사는 재단법인의 운영에 필요하다고 인정될 경우에는 관련 공공시설의 관리 및 도지사의 권한에 속하는 사무의 일부를 관계 법령에 따라 재단법인에 위탁할 수 있다.

23) 법령입안 심사기준, 법제처, 2006, 578쪽.

리운영조례」를 개정할 수 있다고 주장할 수 있으나, ① 부칙에서 다른 법령을 개정하는 입법형식은 어느 법령의 제정·개정·폐지에 따라 부수적으로 다른 법령을 개정할 필요가 발생한 경우에 예외적으로 인정되는 것이므로 자구수정 내지 경미한 사항의 개정 등 정리적인 개정에 한정되는데,[24] 자구수정내지 경미한 사항의 개정 등 정리적인 개정을 넘는 것이고, ② 「○시 △미술문화재단조례」가 제정된다고 하여 불가피하게 「○시립미술관 관리운영조례」의 위탁 조항을 신설하여야만 한다고 할 수는 없으며, ③ 위탁을 받을 「○시 △미술문화재단조례」가 아닌 위탁을 줄 「○시립미술관 관리운영조례」에 근거 규정을 두도록 하여야 하는데, 「○시 △미술문화재단조례」 부칙으로 「○시립미술관 관리운영조례」를 개정할 수 있도록 한다면 그 의미가 무색해지므로, 「○시 △미술문화재단조례」 부칙으로 「○시립미술관 관리운영조례」를 개정하는 것은 타당하지 아니한다 할 것입니다.

(3) 현재 ◇미술관에는 4명의 전임계약직이 근무하고 있는데 추후 민간위탁에 따른 고용승계를 규정할 수 있는지 여부

○○시지방계약직공무원에서 새로이 설립되는 재단의 직원으로 임용된 것으로 간주하거나 시립미술관의 별도정원으로 계약기간 동안 공무원신분을 인정하는 규정을 「○시 행정기구설치조례」, 「○시립미술관 관리운영조례」 또는 「○시 △미술문화재단조례」에 부칙으로 규정할 수 있는지 여부

○◇미술관에 4명의 전임계약직 지방공무원이 근무하고 있는데, 「○시 △미술문화재단조례」가 제정되어 △미술문화재단이 설립되면 이에 민간위탁하고, 이들 공무원을 ○미술문화재단의 직원으로 보는 등 고용승계를 규정할 수 있는지에 관한 것입니다.

○업무 자체가 민영화 등으로 됨에 따라 공무원에서 민간인으로 되어야 하는 경우, 그 고용승계는 반드시 규정하여야 하는 것도 아니고, 주체가 달라 규정하기도 곤란하지만, 업무 자체가 민간위탁 등으로 됨에 따라 공무원에서 시에서 관리하는 재단의 직원으로 되어야 하는 경우도, 그 고용승계는 반드시 규정하여야 하는 것은 아니지만, 시에서 관리하는 재단의 직원으로 변경되고, 해당 조례를 제정하게 되므로 기존 계약직공무원으로 임용된 자들에게 혜택을 줄 수 필요가 있다면, 「○시 △미술문화재단조례」 부칙에서 해당 계약 기간 동안 고용승계를 못 규정할 바는 없다 할 것입니다.

○참고로, 「농촌진흥법」 2010. 1. 25. 개정 시 부칙 제2조[25], 「한국철도공사법」 부칙

---

24) 법령입안 심사기준, 법제처, 2006, 580쪽.

제7조[26]를 참고할 필요가 있다 할 것입니다.

7. 행정재산을 포함하지 않은 사무의 민간위탁기간 등 조례 규정 가능 여부

1) 질의 내용

행정재산을 포함하지 않은 사무의 민간위탁기간이나 계약의 갱신에 대한 규정을 조례에 정할 수 있는지 여부

2) 회신

○「지방자치법」제104조 제3항에 따르면, 지방자치단체의 장은 조례나 규칙으로 정하는 바에 따라 그 권한에 속하는 사무 중 조사·검사·검정·관리업무 등 주민의 권리·의무와 직접 관련되지 아니하는 사무를 법인·단체 또는 그 기관이나 개인에게 위탁할 수 있습니다.

○ 또한,「지방자치법」제22조에 따르면, 지방자치단체의 조례는 법령의 범위 안에서

---

25) 제2조(실용화재단 직원의 임용 등에 관한 특례)
　① 농촌진흥청 소속 공무원 중 실용화재단 직원으로 신분이 전환되는 자는 실용화재단에 임용된 것으로 본다.
　② 제1항에 따라 실용화재단의 직원으로 임용된 때에는 공무원 신분에서 퇴직한 것으로 본다.
　③ 제2항에 따라 공무원이었던 자가 실용화재단의 직원으로 임용된 경우 정년은 퇴직 당시의 직급에 적용되었던 「국가공무원법」의 정년에 따른다.
　④ 이 법 시행 전에 농촌진흥청 소속 공무원 중 실용화재단 직원으로 신분이 전환된 자에 대하여도 제3항을 적용한다.

26) 제7조(직원의 임용특례 등)
　① 철도청장은 소속 공무원 중 공무원 신분을 계속 유지하고자 하는 자와 공사의 직원으로 신분이 전환될 자를 확정하여 공사가 직원을 임용할 수 있도록 조치하여야 한다.
　② 공사 설립당시 공무원 신분을 계속 유지하는 자와 한국철도시설공단법에 의하여 한국철도시설공단(이하 "공단"이라 한다) 직원으로 임용된 자를 제외한 철도청 직원은 공사의 직원으로 임용한다.
　③ 공사는 이 법 시행 당시 고속철도와 관련하여 차량점검·운전 등 차량운영업무에 종사하던 공단의 직원이 희망할 경우 공사의 직원으로 임용한다.
　④ 제2항의 규정에 의하여 공사의 직원으로 임용된 때에는 공무원 신분에서 퇴직한 것으로 본다.
　⑤ 제2항의 규정에 의하여 공무원이었던 자가 공사의 직원으로 임용된 자의 정년은 그 직원의 공무원 퇴직 당시의 직급에 적용되던 국가공무원법상의 정년에 의한다. 다만, 공사의 직원정년이 국가공무원법상의 정년보다 장기인 때에는 그러하지 아니하다.
　⑥ 제3항의 규정에 의하여 공단의 직원이었던 자가 공사의 직원으로 임용된 자의 정년은 그 직원의 공단퇴직 시의 직급에 적용되던 정년에 의한다. 다만, 공사의 직원정년이 공단의 정년보다 장기인 때에는 그러하지 아니하다.

그 사무에 관하여 제정할 수 있는데, 여기서 말하는 "법령의 범위 안에서"란 "법령에 위반되지 않는 범위 내에서"를 가리키므로 지방자치단체가 제정한 조례가 법령에 위반되는 경우에는 효력이 없습니다.

○○○시에서는 「지방자치법」 제104조 제3항에 따라 「○시 사무의 민간위탁 촉진 및 관리조례」를 제정·운영하고 있습니다.

○「○시 사무의 민간위탁 촉진 및 관리조례」에 행정재산을 포함하지 않은 사무의 민간위탁기간이나 계약의 갱신에 대한 규정을 정할 수 있는지 여부를 살펴보면,

○① 「지방자치법」 제104조 제3항은 지방자치단체의 장이 조례 또는 규칙이 정하는 바에 따라 사무를 민간위탁할 수 있게 함으로써 민간위탁의 주체를 지방자치단체의 장으로 규정하고 있다고 할 것이나, 같은 조항은 민간위탁에 대하여 조례가 정할 수 있는 내용을 특별히 한정하고 있지는 않은바, 이러한 조례의 제정 범위가 반드시 민간위탁에 필요한 절차적 사항 등에 한정된다고 보기는 어렵고<법제처 유권해석 09-0194 참조, 별첨 5>, ② 「○시 사무의 민간위탁 촉진 및 관리조례」 제3조(적용범위)에서는 "사무의 민간위탁에 관하여는 다른 법령 또는 조례에 특별한 규정이 없는 한 이 조례가 정하는 바에 의한다."고 하여 「공유재산 및 물품관리법」 등 다른 법령이나 조례에 다른 규정이 있으면, 당연히 「○시 사무의 민간위탁 촉진 및 관리조례」를 적용하지 아니하므로 다른 법령이나 조례와는 충돌될 우려가 없습니다.

○따라서 행정재산을 포함한 민간위탁과 행정재산을 포함하지 않은 사무만 민간위탁하는 것을 구분할 실익이 있는지 여부를 변론으로 하고, 「○시 사무의 민간위탁 촉진 및 관리조례」에서 행정재산을 포함하지 않은 사무의 민간위탁 기간이나 계약의 갱신에 대한 규정을 조례에 정하더라도 「지방자치법」 제22조를 위반하지 아니합니다.

○다만, 이렇게 규정한다면, 언제부터 적용할 것인지 적용례(제○조의 개정규정은 이 조례 시행 후 최초로 민간위탁 계약을 체결하거나 갱신하는 것부터 적용한다 등)를 두어야 할 것으로 판단됩니다.

8. 시민자전거 이용료를 훈령으로 제정 가능 여부

1) 질의 내용

「지방자치법」에도 불구하고 「○시 자전거이용 활성화조례」에 따라 시민자전거의 운영
방법, 이용료, 이용제한 등에 관한 사항을 훈령으로 제정하는 것이 법리적으로 문제가 없
는지 여부

2) 회신

○ 「지방자치법」 제136조, 제139조 및 제144조에 따르면, 공공시설의 설치와 공공시설
의 이용 또는 재산의 사용에 대한 사용료는 조례로 정하도록 하고 있습니다.

○ 한편, 「○시 자전거이용 활성화조례」 제11조 제3항에 따르면, 시민자전거의 운영방
법, 이용요금 등 필요한 사항은 시장이 따로 정한다고 규정하고 있습니다.

○ 그러나 시민자전거도 공공시설 또는 재산에 해당하고, 공공시설 또는 재산의 사용에
대한 사용료는 조례로 정하여야 하는데, 「○시 자전거이용 활성화조례」 제11조 제3
항은 시민자전거의 이용료를 시장이 따로 정하도록 하고 있으므로, 「지방자치법」
제139조 및 제144조를 위반한 것입니다.

○ 그렇다면 시민자전거의 이용료에 대하여 조례로 만들어야 하는 것이 법리적으로 맞
는데, 그렇다고 하더라도 시장이 훈령·예규 등으로 제정하지 아니하는 경우에는 시
민자전거 이용료 부과 등에서 문제가 발생한다 할 것입니다.

○ 따라서 일단 시장이 훈령·예규 등으로 제정하여 시행하는 것이 불가피하더라도 신
속히 해당 조례를 개정하여 「지방자치법」 제139조 및 제144조의 위반 문제를 해소
할 필요가 있다 할 것입니다.

○ 참고로, 조례로 정하여야 한다고 하여 조례에서 사용료 금액을 단순히 규칙 등[27])으
로 정한다고 하면, 재위임금지의 원칙과 포괄위임금지의 원칙에 위반됩니다.

○ 물론, 상황에 따라 신축적으로 사용료 금액을 조정하기 위하여 사용료 금액을 조례
에서 일정한 범위에서 규칙 등으로 정하도록 규정할 수는 있으나, 시의회 심의과정
에서 논란이 될 가능성(시민들이 알기 쉽고, 시의회에서 통제가 가능하도록 조례에
명시하여야 한다는 주장이 강하게 제기되면, 조례의 통과가 힘들어지고 시간과 노력

---

27) 규칙이나 훈령·예규 등으로 위임할 수 있으나, 규칙이 좀 더 바람직해 보임.

이 많이 들 수 있음), ○시 입법례, 입법 경제성 등을 종합적으로 고려하여 어떤 방법이 좋은지 결정하여야 할 것입니다.

※ 시민자전거의 운영방법 및 이용제한도 사용료와 같이 조례로 규정하여야 할 것임.

9. 사업소 설치 관련

1) 질의 내용

○ 역사박물관을 사업소로 설치하려면 「○시 행정기구설치조례」에 사업소 설치의 근거를 마련하고, ○ 역사박물관 운영과 관련된 별도의 「○ 역사박물관 조례」를 제정하여야 하는데, 「○시 행정기구설치조례」는 7월 1일 시행이고, 「○ 역사박물관 조례」는 10월 1일 시행이며, 「○ 역사박물관 조례」 부칙에 조례 시행이전에 ○ 역사박물관의 운영을 위한 준비행위를 할 수 있도록 규정할 예정입니다.

(1) 행정기구로 사업소가 설치되었는데(7월 1일), 사업소의 실질적 운영은 그 이후로 하여도 무방한지 여부

(2) 「○시 행정기구설치조례」는 5월 의회에, 「○ 역사박물관 조례」는 7월 의회에 상정하여도 법리적으로 문제가 없는지 여부

2) 회신

(1) 행정기구로 사업소가 설치되었는데(7월 1일), 사업소의 실질적 운영은 그 이후로 하여도 무방한지 여부

○ 행정기구로 사업소가 2012년 7월 1일 설치하고, 사업소의 실질적 운영(○ 시역사박물관 운영)은 2012년 10월 1일에 할 수 있는지 여부에 관한 것으로 판단됩니다.

○ 「지방자치법」 제114조 및 같은 법 시행령 제77조에 따르면, 지방자치단체는 업무의 성격이나 업무량 등으로 보아 별도의 기관에서 업무를 수행하는 것이 효율적이거나 사업장의 위치상 현장에서 업무를 추진하는 것이 효율적이라면 그 지방자치단체의 조례로 사업소를 설치할 수 있습니다.

○ 위 질의 상황에 비추어 보면, 사업소가 ○ 시역사박물관을 운영하기 위하여 설치하는 것이 아니라(2012년 10월 1일부터는 맞겠지만), ○ 시역사박물관 개관을 준비하기 위한 기구로 설치할 수 있느냐에 관한 것으로 판단됩니다.

○ 해당 사업소를 설치하려면 「○시 행정기구설치조례」에서 다른 사업소와 마찬가지로 그 업무를 규정하여야 하는데, (구체적으로 업무를 규정하겠지만) 일반적으로 ○시 역사박물관 운영을 위하여 사업소를 설치하는 것으로밖에 규정할 수 없을 것입니다.

○ 그러나 실제적으로 사업소는 설치되었으나, ○시역사박물관이 개관이 되지 아니하여 운영할 수 있는 객체가 없어 문제가 발생하게 됩니다.

○ 따라서 별도로 ○시역사박물관 개관 준비행위를 할 수 있음은 별론으로 하고, 행정기구로 사업소를 설치하면 그 기능(○시역사박물관 운영)을 수행하여야지, 설치한 후 다른 일(○시역사박물관 개관 준비)을 하다가 그 기능을 수행하도록 할 수는 없다 할 것입니다.

○ 참고로, 한시기구로 사업소를 설치하는 방안을 생각해 볼 수도 있으나, 이 경우에는 「지방자치단체의 행정기구와 정원기준 등에 관한 규정」 제8조 제3항(한시기구를 설치하는 경우에는 최소한 1년 이상의 업무량이 있어야 한다)을 위반하는 것이므로 한시기구로 사업소를 설치·운영할 수도 없다 할 것입니다.

(2) 「○시 행정기구설치조례」는 5월 의회에, 「○역사박물관 조례」는 7월 의회에 상정하여도 법리적으로 문제가 없는지 여부

○ 통상적으로 관련된 조례는 동시에 지방의회에 제출(상정)하는 것이 원칙이나, 불가피한 사유로 동시에 제출(상정)하기 곤란한 경우에는 앞에 제출된 조례와 관련되어 있다는 표현을 하고, 순차적으로 제출할 수 있다 할 것입니다.

○ 또한, 조례는 지방의회에 제출(상정)하는 것이 중요한 것이 아니라, 즉 해당 조례가 언제 제출(상정)하였는가보다 해당 조례의 시행일이 더 중요하다고 할 것입니다.

○ 따라서 「○시 행정기구설치조례」는 5월 의회에, 「○역사박물관 조례」는 7월 의회에 상정하여도 법리적으로 문세는 없다 할 것입니다.

○ 다만, 위 1)에서 설명한 바와 같이 「○시 행정기구설치조례」에서 먼저 사업소를 설치하여 운영할 수 없으므로, 「○시 행정기구설치조례」와 「○역사박물관 조례」를 같이 시의회에 제출(상정)하는 것이 좀 더 바람직하다 할 것입니다.

10. 표창을 받은 자에 대한 지원 가능 여부

1) 질의 내용

조례를 개정하여 표창자에게 개별 조례가 정하는 각종 시설의 입장료, 사용료 등을 감면하도록 규정하는 것이 「공직선거법」 제112조의 부상을 금지하고 있는 규정과 관계에서 문제가 없는지 여부

2) 회신

○「공직선거법」 제112조 제1항에서는 원칙적으로 기부행위를 제한하고 있으나, 같은 조 제2항에서는 통상적인 정당활동과 관련한 행위, 의례적인 행위, 구호적·자선적 행위, 직무상의 행위 등 기부행위의 예외사항을 구체적으로 규정하고 있습니다.

○ 이를 더 구체적으로 살펴보면, 「공직선거법」 제112조 제1항에서 '기부행위'란 당해 선거구 안에 있는 자나 기관·단체·시설 및 선거구민의 모임이나 행사 또는 당해 선거구의 밖에 있더라도 그 선거구민과 연고가 있는 자나 기관·단체·시설에 대하여 금전·물품 기타 재산상 이익의 제공, 이익제공의 의사표시 또는 그 제공을 약속하는 행위를 말합니다.

○ 그리고 「공직선거법」 제112조 제2항 제2호 자목 본문에 따른 읍·면·동 이상의 행정구역단위의 정기적인 문화·예술·체육행사, 각급 학교의 졸업식 또는 공공의 이익을 위한 행사에 의례적인 범위에서 상장(부상은 제외한다. 이하 이 목에서 같다)을 수여하는 의례적 행위와 같은 법 제112조 제2항 제4호 가목 및 나목에 따른 국가기관 또는 지방자치단체가 자체사업계획과 예산으로 행하는 법령에 의한 금품제공행위(지방자치단체가 표창·포상을 하는 경우 부상의 수여를 제외한다) 및 지방자치단체가 자체사업계획과 예산으로 대상·방법·범위 등을 구체적으로 정한 당해 지방자치단체의 조례에 의한 금품제공행위(지방자치단체가 표창·포상을 하는 경우 부상의 수여를 제외한다)는 기부행위에 해당하지 아니합니다.

○ 표창·포상과 관련하여 「공직선거법」 제112조 제2항 제2호 자목과 제4호 가목 및 나목에서는 표창(시상)만 가능하고 이에 따른 부상은 불가능합니다.

○ 결국 효행자로 표창받은 자에게 각종 시설의 입장료, 사용료 등을 감면하도록 규정하는 것이 「공직선거법」 제112조 제2항 제2호 자목과 제4호 가목 및 나목에서 말

하는 "부상"인지 "부상"이 아닌지에 관한 것으로 판단됩니다.

○ 이에 대하여 두 가지 의견이 있을 수 있습니다.

○ 첫째로, 부상에 해당하지 않는다는 견해로, 그 이유는 ① 일반적으로 "부상"이란 본상에 딸린 상금이나 상품을 의미하고, ② 중앙선거관리위원회 질의응답에서도 상금, 포상금, 장학증서 또는 장학금, 상품권 등을 말하는 것으로 하고 있어 본상에 따라 제공되는 입장료, 사용료 등의 감면 등 모든 지원을 부상이라고 확대하기 곤란하며, ③ 지방자치단체의 장이 효행자에게 각종 지원을 하는 것은 표창에 따른 부상을 수여하는 것이라기보다는 「효행 장려 및 지원에 관한 법률」에 따라 전통문화유산인 효를 장려하기 위하여 실시하는 정책으로 볼 수 있고, 만약 이러한 것도 부상으로 포함시킬 경우 각종 우수자를 선정하여 포상하고 이들에게 지원하는 것도 부상이 될 것이므로 지방자치단체에서 많은 지원책들을 강구할 수 없게 되는 문제가 발생하며, ④ 「공직선거법」 제112조 제2항 제4호 가목 및 나목에서 "금품제공행위"라고 규정하고 있어 기부행위의 "금전·물품 기타 재산상 이익의 제공" 중 금품, 즉 "금전·물품"만 의미하고 입장료, 사용료 등의 감면 등 "기타 재산상 이익"은 제외되는 것이므로 "부상"에서도 "기타 재산상 이익"은 제외되어야 하기 때문입니다.

○ 둘째로, 부상에 해당한다는 견해로, 그 이유는 ① 「공직선거법」의 목적이 선거와 관련한 부정을 방지함으로써 민주정치의 발전에 기여함을 목적으로 하는 것이므로 "부상"을 폭넓게 해석하여 본상(本賞)에 따르는 금전(상금, 포상금 등)·물품(시계 등) 기타 재산상 이익의 제공, 즉 모든 재산상 혜택을 부여하는 것도 포함되고, ② 입법취지 및 연혁을 살펴볼 때에도 국가 및 지방자치단체가 그 정책을 합법적 테두리 내에서 적극적으로 추진하는 것을 저해하지 않기 위해 법령 또는 조례에 근거가 있을 경우 국가 등의 직무행위는 이를 폭넓게 인정하여 왔으나(1994년 「공직선거 및 선거부정방지법」 제정 이후), 업무범위가 광범위한 지방자치단체의 장이 각종 행사 등 계기를 통해 포상 등을 남발할 경우 선거에 악용될 우려가 있어 지방자치단체의 장이 "표창"하는 경우 부상의 수여를 제한하게 되었으며(2005. 8. 4. 「공직선거법」 개정), ③ 「공직선거법」 제112조 제2항 제4호 가목 및 나목에서 "금품제공행위"라고 규정하고 있으므로 입장료, 사용료 등의 감면 등 "기타 재산상 이익"이 제외된다고 해석하면, "기타 재산상 이익" 제공이 "기부행위"가 되므로 「공직선거법」 제112조 제2항 제4호 가목 및 나목의 경우에도 행위를 할 수 없게 되는 불합리한 결과가 발생하기 때문입니다("금품제공행위"로만 되어 있어 해석상 논란 소지를 제공함).

○ 제 개인적인 의견은 입장료, 사용료 등의 감면을 부상이라고 한 중앙선거관리위원회의 질의응답이나 대법원의 판례는 없지만, 입법취지 및 연혁을 살펴볼 때 포상 등을 남발할 경우 선거에 악용될 우려가 있어 지방자치단체의 장이 "표창"하는 경우 부상의 수여를 제한하게 된 점, 만약 이를 부상이라고 하지 아니면 직접 상금이나 물품을 수여하지 않고 입장료, 사용료 등의 감면이나 다른 혜택을 주는 방향으로 조례를 제정·개정할 것이라는 점, 중앙선거관리위원회는 대체적으로 보수적인 해석을 하는 점 등을 종합적으로 고려해 볼 때, 효행자로 표창받은 자에게 각종 시설의 입장료, 사용료 등을 감면하는 것은「공직선거법」제112조 제2항 제2호 자목과 제4호 가목 및 나목에서 말하는 "부상"에 해당할 소지가 많다고 판단됩니다.

○ 그렇다면 이러한 내용으로 조례를 개정하는 것에 대하여는「공직선거법」상 문제가 있으므로 현행대로 유지하든지 아니면 표창보다 각종 시설의 사용료 등을 감면하는 것이 더 중요하다고 판단되면 표창을 하지 아니하고 효행자를 선정만 하고 이들에게 각종 시설의 사용료 등을 감면하는 방안 등을 검토해 볼 필요가 있습니다.

○ 참고로,「공직선거법」은 정치적인 법률이고, 중앙선거관리위원회에서 전적으로 유권해석을 하고 있으며, 지방자치단체의 장과 직접 관련되어 있으므로, 조례를 개정한다면 **반드시**「공직선거법」위반 여부를 중앙선거관리위원회나 지역 선거관리위원회에 확인 후 조례를 개정하여야 할 것입니다.

○ 사실「공직선거법」을 위반하더라도 조례를 개정할 수는 있으나, 조례를 개정하여 이를 집행하게 되면「공직선거법」을 위반하게 되므로 조례를 개정한다고 하여도 집행할 수 없고, 이는 사실상 조례를 개정할 수 없게 하는 역할도 한다고 할 것입니다.

○ 또한, 효행자를 선정하되, 표창을 하지 아니하고 이들에게 각종 시설의 사용료 등을 감면하는 방안이 가능한지 여부도 질의해 볼 필요가 있을 것입니다.

11. ▽시 이전 공무원 등과 관련된 조례 제정 가능 여부

1) 질의 내용

(1) ▽시 외의 주민을 지원하는 것이 문제가 없는지 여부

(2) 중앙행정기관의 공무원을 지원하기 위하여 조례를 제정하는 것이 다른 법령과의 관계에서 문제가 없는지 여부

2) 회신

(1) ○시 외의 주민을 지원하는 것이 문제가 없는지 여부

○▽시로 이주하는 중앙행정기관, 정부출연기관 및 공공기관에 근무하는 자(이하 "▽시 이전 공무원 등"이라 함)에 대하여는 ○시의 공공시설 시 사용료(이용료) 감면을 해 줄 수 있도록 하는 것이 문제가 없는지에 관한 것으로 판단됩니다.

○일반적으로 조례는 해당 지방자치단체의 주민에 대하여 규정하지만, 특정한 경우에는 다른 지방자치단체의 주민에 대하여도 해당 지방자치단체의 공공시설, 즉 도서관이나 화장장,[28] 관광지[29] 등을 이용할 때 이용을 제한하거나 사용료를 해당 주민보다 높게 또는 같게 책정하는 경우가 있습니다.

○이 건의 경우 다른 지방자치단체의 주민을 지원하는 형태를 띠고 있지만, 엄밀히 말해 해당 지방자치단체, 즉 ○시의 공공시설 이용자의 사용료를 정하는 것이므로, ○시의 공공시설을 이용하는 ▽시 이전 공무원 등에 대하여 사용료를 규정할 수는 있다 할 것이고, 누구에게 얼마나 감면할 것인지에 대하여도 해당 지방자치단체에서 입법정책적으로 판단할 수 있으므로 문제는 없다 할 것입니다.

○다만, ○시의 공공시설 시 사용료 감면을 해주는 것은 ○시 주민보다 오히려 ▽시 이전 공무원 등이 혜택을 받게 된다면 비록 2014년 12월 31일까지 한시적이지만 ○시 주민과의 형평성 문제가 제기될 수밖에 없을 것이고, 이 문제는 ○시 주민 간의 형평성 문제보다도 더욱 심각할 것으로 판단됩니다.

○결국 ▽시 이전 공무원 등에게 ○시 공공시설을 사용 시 사용료를 감면할 수는 있겠지만, 제정단계에서는 ○시 주민과의 형평성 문제와 관련하여 ▽시 이전 공무원 등을 우대하여야 하는 이유가 명확하여야 하고(그렇지 못하면 현실적으로는 ○시 주민과 같게 하거나 약간 낮게 하는 방향으로 나가야 할 것임), 모든 공공시설에 할지 아니면 특정 공공시설에만 해야 할지 검토할 필요가 있습니다.

---

28) 「서울특별시 장사 등에 관한 조례」 별표의 시립장사시설의 사용료 및 관리비 징수기준에 따르면, 서울특별시(시립장사시설이 설치된 지역의 주민을 포함)와 다른 지역 주민으로 구분하고 있음.

29) 「춘천시 관광지 입장료 및 시설사용료 징수 조례」 제6조의2(입장료의 감액) ① 춘천시에 주민등록이 되어있는 자로서 제3조의 규정 중 다음 각 호에 해당하는 관광지에 대하여 입장료를 50% 감액하여 징수한다. 다만, 춘천시민임을 확인할 수 있는 증명서(주민등록증·운전면허증 등)를 제시하는 자에 한한다.
   1. 구곡폭포관광지

(2) 중앙행정기관의 공무원을 지원하기 위하여 조례를 제정하는 것이 다른 법령과의 관계에서 문제는 여부

○○시로 이주하는 자와 ▽시 이전 공무원 등에게 지원하되, ○시로 이주하는 자에 대하여는 전입 지원금 지원(세대당 100만 원), 대출이자의 현금지원(5천만 원 한도, 3년간 연 1%의 이자 지원), 공공시설의 사용료 감면, 무료 주말농장 제공 등의 지원을, ▽시 이전 공무원 등에게 공공시설의 사용료 감면을 해 주는 것이 문제는 없는지에 관한 것으로 판단됩니다.

○「지방자치법」 제22조에 따라 지방자치단체는 법령에 위반되지 아니하는 범위 내에서 그 사무에 관하여 조례를 제정할 수는 있다 할 것입니다.

○다시 말하면, 형평성에 문제가 있을 수 있겠지만, ○시로 이주하는 자에 대하여는 해당 지방자치단체와 직접 관련이 되어 있으므로 지원을 할 수 있고, ▽시 이전 공무원 등에 대하여는 ○시 공공시설을 사용할 때 사용료를 얼마로 할 것인지에 관한 것이므로 위에서 말한 바와 같이 규정할 수는 있다 할 것입니다.

○그리고「신행정수도 후속대책을 위한 연기·공주지역 행정중심복합도시 건설을 위한 특별법」등 법령 어디에도 지방자치단체가 ○시로 이주하는 자와 ▽시로 이주한 공무원 등에게 지원을 하지 말라는 규정은 없다 할 것입니다.

○설사 이러한 규정이 다른 법령에 있다고 하더라도 판례와 법제처 유권해석 등에서 보는 바와 같이, 조례가 규율하는 특정사항에 관하여 그것을 규율하는 국가의 법령이 이미 존재하는 경우에도 조례가 법령과 별도의 목적에 기하여 규율함을 의도하는 것으로서 그 적용에 의하여 법령의 규정이 의도하는 목적과 효과를 전혀 저해하는 바가 없는 때, 또는 양자가 동일한 목적에서 출발한 것이라고 할지라도 국가의 법령이 반드시 그 규정에 의하여 전국에 걸쳐 일률적으로 동일한 내용을 규율하려는 취지가 아니고 각 지방자치단체가 그 지방의 실정에 맞게 별도로 규율하는 것을 용인하는 취지라고 해석되는 때에는 그 조례가 국가의 법령에 위반되는 것은 아닙니다.

○따라서 ○시에서 중앙행정기관의 공무원을 지원하기 위하여 조례를 제정하는 것은 형평성 문제는 별론으로 하고 다른 법령과의 관계에서 볼 때에 문제는 없다고 판단됩니다.

12. 출산장려지원금의 지급 가능 여부

1) 질의 내용

「○시 출산장려 및 양육 지원에 관한 조례」 제4조에서는 출산장려지원금은 예산 범위에서 지원할 수 있고, 같은 조례 부칙에서는 2012년 1월 1일 이후 둘째자녀 이상을 출산하고 출산장려지원금을 신청하는 자부터 출산장려지원금을 지급하도록 규정하고 있는데, 추경을 편성하여 2012년 7월 1일부터 둘째 자녀 이상 출산한 경우에만(2012년 1월 1일부터 6월 30일까지는 제외) 출산장려지원금을 지급하는 것이 가능한지 여부

2) 회신

○「○시 출산장려 및 양육 지원에 관한 조례」 제4조에 출산장려지원금은 예산 범위에서 지원할 수 있다고 하고 있으므로, 예산 확보가 되지 아니하면 출산장려지원금을 지원할 수 없게 되거나 예산을 일부만 확보하게 되면 조례에서 정한 출산장려지원금의 전부가 아니라 일부만 지원하는 경우가 발생할 수 있으나, 이러한 경우에도 조례를 위반한 것이라고 할 수 없습니다.

○ 왜냐하면, 출산장려지원금은 예산 확보 여부와 관계없이 무조건 지원하여야 하는 것이 아니라 예산 확보 여부와 예산액에 따라 지원 여부 및 지원액이 결정되는 것이기 때문입니다.

※ 예산의 범위에 대한 대법원 판례<별첨 6, 7>

○ 따라서 예산이 부족하여 조례 부칙에서와는 달리 2012년 7월 1일부터 둘째 자녀 이상 출산한 경우에만(2012년 1월 1일부터 6월 30일까지는 제외) 출산장려지원금을 지급하는 것은 조례 위반이라고 할 수는 없습니다.

○ 다시 말하면, 「○시 출산장려 및 양육 지원에 관한 조례」(제4019호) 부칙 제2조에서 2012년 1월 1일 이후 둘째자녀를 출산하고 출산장려지원금을 신청한 자부터 적용한다고 규정되어 있더라도 예산에 일부만 계상되어 있다면 2012년 7월 1일부터 둘째 자녀 이상 출산한 경우에만 지급하고, 2012년 1월 1일부터 6월 30일까지 둘째 자녀를 출산한 자에게는 출산장려지원금을 지급하지 아니하여도 조례 위반이라고는 할 수 없을 것입니다.

○ 그러나 예산을 충분히 확보하지 못하여 예산이 부족한 것은 인정하더라도, 2012년

7월 1일(2012년 1월 1일부터 6월 30일까지가 아니라 2012년 7월 1일부터 12월 30일까지인지)이 합리적인 기준인지 여부가 중요한 관건이 될 것입니다.

○ 만약 2012년 7월 1일이 합리적인 기준이라면 문제가 없겠지만, 이를 충분히 설명하지 못한다면 2012년 1월 1일부터 6월 30일까지에 해당하는 사람의 경우 민원을 제기할 가능성이 많다고 할 것입니다.

○ 또한, 「○시 출산장려 및 양육 지원에 관한 조례」 제4조에 출산장려지원금은 예산 범위에서 지원할 수 있다고 규정하고 있다고 하더라도, 출산장려지원금을 일부 사람에게만 지급하도록 예산에 계상하는 것은 행정의 신뢰성과도 연관되는 사항이라고 할 것입니다.

○ 결론적으로, 한정된 예산의 범위에서 2012년 7월 1일부터 둘째 자녀 이상 출산한 경우에만 출산장려지원금을 지급하는 것은 조례 위반이라고 할 수는 없으나, 예산 배분기준의 합리성, 민원 제기 가능성, 행정의 신뢰성 등을 종합적으로 고려할 때, ① 예산 당국과 시의회에 이러한 문제점이 있다는 점을 주지시켜 출산장려지원금 전액을 확보하도록 노력하는 한편, ② 노력을 하였음에도 불구하고 예산을 충분히 확보하지 못한다면 2012년 7월 1일부터 둘째 자녀 이상 출산한 경우에만 출산장려 지원금을 전액 지급하기 보다는 출산장려지원금을 지급받을 자(2012년 1월 1일부터 12월 31일까지)에게 공평하게 일부만 지급하는 방안 등을 강구하는 것이 바람직하다고 판단됩니다.

13. 무기계약근로자와 그 자녀의 학자금의 대여에 관한 이자 지원 조례 제정 가능 여부

1) 질의 내용

○ 도 소속 무기계약근로자와 그 자녀의 학자금의 대여에 관한 이자를 지원해 주는 것을 내용으로 하는 조례의 제정 가능 여부

2) 회신

○ 「지방재정법」 제17조 제1항에서는 지방자치단체는 법률에 규정이 있는 경우, 국고 보조재원에 의한 것으로서 국가가 지정한 경우, 용도를 지정한 기부금에 의한 경우

또는 보조금을 지출하지 아니하면 사업의 수행이 불가능한 경우로서 지방자치단체
가 권장하는 사업을 위하여 필요하다고 인정되는 경우에 한하여 개인 또는 공공기
관이 아닌 단체에 기부·보조 또는 그 밖의 공금의 지출을 할 수 있다고 규정하고
있습니다.

○○○도 소속 무기계약근로자와 그 자녀의 학자금의 대여에 관한 이자를 지원해 주는
것은 이자지원을 통하여 도 소속 무기계약근로자와 그 자녀에게 기부·보조하는 등
으로 공금을 지출하는 경우라고 할 것입니다.

○그러므로 「지방재정법」 제17조 제1항에 해당하여야 도 소속 무기계약근로자와 그
자녀에게 이자지원을 해 줄 수 있는데, 이에 해당하지 아니합니다.

○한편, 지방자치단체가 그 재정권에 기하여 확보한 재화는 구성원인 주민의 희생으로
이룩된 것이므로 가장 효율적으로 사용하여야 함은 물론 경비지출로 인하여 얻어지
는 이익이 균점되게 함으로써 어느 특정의 개인이나 단체에 재화를 공급함으로 인
하여 형평을 잃는 일이 없도록 하여야 할 것인데(대법원 1996. 10. 25. 선고 96추
107 판결), 지역주민이 부담하는 지방세 등으로 조성된 지방자치단체의 수입 일부를
소속 무기계약근로자와 그 자녀로서 대학생에 한정하여 학비를 지급한다면 이는 지
역주민 중 대학생인 무기계약근로자 본인과 대학생인 그 자녀에 한정하여 특혜를
베푸는 조치로서 일반주민은 물론 대학생 자녀를 두지 아니한 다른 무기계약근로자
와의 관계에서 형평에 반하고, 이는 결과적으로 공익에도 부합되지 아니한다고 할
것입니다.

○따라서 이 건 조례안은 「지방재정법」 제17조 제1항을 위반하고, 공익에도 부합하지
아니하는 조례라 할 것입니다.

14. 조례로 지정의 유효기간 규정 가능 여부

1) 질의 내용

「문화예술진흥법」 및 같은 법 시행령은 전문예술법인 또는 전문예술단체의 지정과 관
련하여 지정요건, 지정 신청, 지정 취소 등을 규정하고 있고, 「문화예술진흥법 시행령」
제4조 제6항은 시·도지사가 전문예술법인·단체를 지정하는 데 필요한 사항을 조례로
정하도록 위임하고 있는데, 조례를 제정함에 있어 지정의 유효기간을 규정할 수 있는지
여부

2) 회신

○「문화예술진흥법」제7조에 따르면, 국가와 지방자치단체(시·도에 한정)는 전문예술법인 또는 전문예술단체의 지정(지정요건, 지정신청), 지정의 취소를 정하고, 제7항에서 지정 및 지정 취소의 방법·절차 등에 필요한 사항은 대통령령으로 정하며, 같은 법 시행령 제4조, 제4조의2, 제4조의3에 따르면, 지정(지정신청, 지정절차 등), 지정 사항 변경, 지정의 취소를 정하고, 제4조 제6항에 따르면, 규정한 사항 외에 지정하는 데에 필요한 사항은 시·도조례로 정하도록 하고 있습니다.

○ 결과적으로「문화예술진흥법」제7조 제7항에서 전문예술법인 또는 전문예술단체의 지정 및 지정 취소의 방법·절차 등에 필요한 사항은 대통령령으로 정하도록 하고 있으므로, 대통령령에서 지정의 유효기간을 규정할 수 있는지가 될 것입니다. 왜냐하면, 지정의 유효기간을 대통령령에서 정할 수 있다고 하여야지 대통령령에서 정하지 아니하였으므로 같은 법 시행령 제4조 제6항에 따라 시·도조례로 정할 수 있는 것이기 때문입니다.

○ 전문예술법인 또는 전문예술단체의 지정 및 지정 취소의 방법·절차 등에 필요한 사항에서 지정 및 지정 취소의 방법·절차 "등"에 포함되는 것은 지정 및 지정 취소 방법, 절차, 수단 등과 같은 형식적·절차적인 사항에 한정되는 것이지 유효기간 등 실제적인 내용까지 포함된다고 보기는 어렵다 할 것입니다<별첨 8 참조>.

○ 또한, 지정의 유효기간이란 지정이 영구화되는 것을 방지하기 위하여 지정을 받은 기관에게 일정기간까지만 효력을 인정해 주겠다는 것으로, 지정받은 기관의 권리를 제한하는 것이기 때문에 지정의 유효기간도 지정처럼 법률에서 정하도록 하는 것이 타당하다 할 것입니다.[30]

○ 따라서 전문예술법인 또는 전문예술단체 지정의 유효기간은 대통령령으로 정하지 못하고, 또한, 시·도조례에서 정할 수는 없다 할 것입니다.

15. 민간위탁시설에 대한 인센티브를 규칙으로 정할 수 있는지 여부

1) 질의 내용

「○시 사무의 민간위탁 촉진 및 관리조례」제10조 및 제13조와 같은 조례 시행규칙

---

[30] 법령입안 심사기준, 법제처, 2006, 87쪽. 참고로 허가의 유효기간을 이야기 하고 있으나, 허가와 지정은 유사한 것이라고 할 것임.

제8조에 따라 지휘감독, 감사 및 운영평가를 실시하고 있는데, 민간위탁시설의 효율적 운영을 위하여 민간위탁시설에 대한 운영평가 결과 인센티브나 재위탁 공모 시의 가·감점을 부여하는 규정을 규칙에 신설할 수 있는지 여부

2) 회신

○ 먼저, 민간위탁시설의 효율적 운영을 위하여 민간위탁시설에 대한 운영평가 결과 인센티브나 재위탁 공모 시의 가·감점을 부여하는 규정을 규칙에 신설할 수 있는지를 살펴보면, "규칙"이란 법령이나 조례의 범위 안에서 제정할 수 있으나, 위와 같은 내용은 주민과 밀접한 관련이 있는 사항이고, 지방자치단체의 재정부담 수반사항이므로 규칙보다는 조례로 정하는 것이 바람직하다 할 것입니다.

○ 다음으로, 조례로 정할 수 있는지를 살펴보면, 운영평가의 결과 인센티브를 주는 규정에 대하여는

○ 「지방자치법」 제22조에 따르면, 지방자치단체는 법령의 범위 안에서 그 사무에 관하여 조례를 제정할 수 있되, 주민의 권리 제한 또는 의무 부과에 관한 사항이나 벌칙을 정할 때에는 법률의 위임이 있어야 한다고 되어 있으므로, 주민의 권리 제한 또는 의무 부과에 관한 사항이나 벌칙을 정할 때가 아니면 그 사무에 대하여 법률의 위임 없이도 정할 수 있습니다.

○ 운영평가의 결과 인센티브를 주는 규정은 주민의 권리 제한 또는 의무 부과에 관한 사항이나 벌칙이 아니므로 법률의 위임 없이도 조례로 정할 수 있다 할 것입니다.

○ 또한, 「지방자치법」 제104조 제3항은 지방자치단체의 장이 조례 또는 규칙이 정하는 바에 따라 사무를 민간위탁할 수 있게 함으로써 민간위탁의 주체를 지방자치단체의 장으로 규정하고 있다고 할 것이나, 같은 조항은 민간위탁에 대하여 조례가 정할 수 있는 내용을 특별히 한정하고 있지는 않은데, 이러한 소례의 세징 범위가 반드시 민간위탁에 필요한 절차적 사항 등에 한정된다고 보기는 어려우므로<별첨 9> 재위탁과 관련하여 조례로 정할 수 있다 할 것입니다.

○ 다만, 조례로 정할 수 있다고 하더라도 「○시 사무의 민간위탁 촉진 및 관리조례」 제9조 제2항에 따라 협약서에는 수탁자의 의무, 위탁내용, 위탁기간, 예산지원, 의무이행 강제 방법 등 필요한 사항을 포함시킬 수 있으므로, 운영평가의 결과 인센티브를 주는 규정이 필요하다면 협약서에서 이를 정하는 것이 바람직하다 할 것입니다.

○ 다음으로, 운영평가의 결과 재위탁 공모 시의 가·감점을 부여하는 규정에 대하여는

○「지방자치법」제22조에 따르면, 지방자치단체는 법령의 범위 안에서 그 사무에 관하여 조례를 제정할 수 있되, 주민의 권리 제한 또는 의무 부과에 관한 사항이나 벌칙을 정할 때에는 법률의 위임이 있어야 한다고 되어 있으므로, 주민의 권리 제한 또는 의무 부과에 관한 사항이나 벌칙을 정할 때가 아니면 그 사무에 대하여 법률의 위임 없이도 정할 수 있습니다.

○운영평가의 결과 재위탁 공모 시의 가·감점을 부여하는 규정은 주민의 권리 제한 또는 의무 부과에 관한 사항이나 벌칙이 아니므로 법률의 위임 없이도 조례로 정할 수 있다 할 것입니다.

○또한,「지방자치법」제104조 제3항은 지방자치단체의 장이 조례 또는 규칙이 정하는 바에 따라 사무를 민간위탁할 수 있게 함으로써 민간위탁의 주체를 지방자치단체의 장으로 규정하고 있다고 할 것이나, 같은 조항은 민간위탁에 대하여 조례가 정할 수 있는 내용을 특별히 한정하고 있지는 않은데, 이러한 조례의 제정 범위가 반드시 민간위탁에 필요한 절차적 사항 등에 한정된다고 보기는 어려우므로 재위탁과 관련하여 조례로 정할 수 있다 할 것입니다.

○그리고「공유재산 및 물품관리법 시행령」제19조에 따르면, 행정재산의 관리위탁을 한 번 갱신할 수 있는 것이 원칙인데, 두 번 이상 갱신할 필요가 있을 때에는 갱신할 때마다 조례로 정하는 바에 따라 수탁자의 관리능력 등을 평가한 후 그 기간을 갱신할 수 있도록 하고 있습니다.

○게다가「○시 사무의 민간위탁 촉진 및 관리조례」제5조에 따라 수탁기관의 인력과 기구, 재정부담능력, 수탁기관의 시설과 장비, 기술보유 정도, 수탁기관의 책임능력과 공신력, 수탁기관의 기능과 업무의 관련성 등을 종합적으로 검토하여 ○시수탁기관선정심사위원회의 심사를 거쳐 선정하도록 하고 있습니다.

○결국, 여러 가지를 종합적으로 검토하여 수탁기관 선정하도록 하고 있고, 재위탁 역시 수탁기관을 다시 선정하는 것이므로, 재위탁 선정 시 운영평가의 결과에 따른 가·감점을 부여하는 것을 조례로 규정할 수도 있다 할 것입니다.

○그러나 ① 조례에 규정하지 아니하여도「○시 사무의 민간위탁 촉진 및 관리조례」제5조에 따라 수탁기관 선정 시에도 합리적인 범위에서 운영평가의 결과에 따른 가·감점을 부여하는 것은 가능하고, ②「○시 사무의 민간위탁 촉진 및 관리조례」제3조에 다른 법령 또는 조례에 특별한 규정이 없는 한 이 조례가 정하는 바에 의하도록 하고 있고, 지방자치단체가 설치한 공공시설의 위탁관리에 관하여 개별 법령에서

달리 규정하고 있지 않는 한,[31] 「공유재산 및 물품관리법」 및 같은 법 시행령의 규정에 따라야 하고, 같은 법 및 같은 법 시행령의 규정에 반하는 조례가 정하는 바에 따라 갱신할 수 없으므로, 조례를 적용할 수 있는 경우가 많지 아니하며, ③ 이러한 내용을 규정하는 순간 특혜 또는 불이익 시비에 휘말리기 쉽고, ④ 이를 규정하면 가·감점을 얼마나 주어야 하는지까지 논란에 휩싸이는 등 규정하지 아니할 때보다 오히려 상황이 곤란해질 우려가 많다 할 것입니다.

○ 따라서 운영평가의 결과에 따른 가·감점을 부여하는 것을 조례에서 규정하지 아니하는 것이 바람직하다 할 것입니다.

16. 원인자부담금 감면을 도조례로 정할 수 있는지 여부

1) 질의 내용

「하수도법」 제61조 제3항에 따라 도조례로 원인자부담금을 감면할 수 있는지 여부

2) 회신

○「부담금관리 기본법」 제5조 제5항에 따라 원인자부담금의 감면에 관하여 해당 법령인 「하수도법」에서 구체적으로 정하여야 하는 것이 원칙인데, 헌법재판소 결정 (2004. 9. 23. 선고 2002헌바76)과 같이 「하수도법」 제61조 제3항이 위임입법의 한계를 벗어난 것이 아니므로 문제는 없습니다<별첨 10, 11>.

○ 한편, 「하수도법」에 원인자부담금의 감면 규정이 없지만, 「하수도법」 제61조 제3항에서 제1항 및 제2항의 규정에 따른 원인자부담금의 산정기준·징수방법 그 밖의 필요한 사항은 당해 시방자치단체의 조례로 정한다고 하고 있습니다.

○ 따라서 「하수도법」에서 원인자부담금을 감면하지 말라는 규정이나 취지가 없는 이상, 원인자부담금의 감면은 징수와 관련된 것으로 조례에 포괄위임되었다고 볼 수 있고, 또한, 그 감면이 「지방자치법」 제22조에 따른 주민의 권리를 제한하거나 의무를 부과하거나 벌칙을 정하는 것이 아니므로 조례로 정할 수 있다 할 것입니다.

---

31) 「공유재산 및 물품관리법」
　　제2조의2(다른 법률과의 관계) 공유재산 및 물품의 관리·처분에 관하여는 다른 법률에 특별한 규정이 있는 경우 외에는 이 법에서 정하는 바에 따른다.

17. 자전거를 이용한 광고 관련

1) 질의 내용

(1) 자전거를 이용한 광고를 할 수 있는지 여부
(2) 광고에 따르는 사용료를 조례에 규정하여야 하는지 여부

2) 회신

(1) 자전거를 이용한 광고를 할 수 있는지 여부

○「옥외광고물 등 관리법」제2조 제1호에 따르면, "옥외광고물"이란 공중에게 항상 또는 일정 기간 계속 노출되어 공중이 자유로이 통행하는 장소에서 볼 수 있는 것(대통령령으로 정하는 교통시설 또는 교통수단에 표시되는 것을 포함한다)으로서 간판·입간판·현수막(懸垂幕)·벽보·전단(傳單)과 그 밖에 이와 유사한 것을 말한다고 하고 있습니다.

○그리고「옥외광고물 등 관리법 시행령」제2조 제2호에 따르면, 대통령령으로 정하는 교통수단을 철도차량, 도시철도차량, 자동차, 선박, 항공기 등을 열거하고 있는데, 자전거는 교통수단이지만 여기에 열거되어 있지 아니합니다.

○따라서「옥외광고물 등 관리법」에서 자전거가 규정되어 있지 아니하므로, 자전거를 이용한 광고는「옥외광고물 등 관리법」을 적용받지 아니합니다.

○그런데,「옥외광고물 등 관리법」을 적용받지 아니하면 옥외광고를 할 수 있는지, 할 수 없는지 여부에 대하여 논란이 있을 수 있습니다. 다시 말하면,「옥외광고물 등 관리법」에 적용받지 아니하는 것은 모두 금지하는 것인지, 아니면 자유롭게 옥외광고를 할 수 있는 것인지 의문이 있을 수 있다는 것입니다.

○「옥외광고물 등 관리법」을 적용받지 아니한다는 것은「옥외광고물 등 관리법」에도 불구하고 옥외광고를 할 수 있다는 것이므로, ○시에서 자전거를 이용한 광고를 하여야 하는지는 별론으로 하고, 자전거를 이용한 광고는 할 수 있다 할 것입니다.

○다만, 자전거를 이용한 광고를 할 수 있다고 하더라도「옥외광고물 등 관리법」에 적용받지는 아니하지만,「표시·광고의 공정화에 관한 법률」등 광고와 관련된 다른 법률은 적용받아야 할 것입니다.

(2) 광고에 따르는 사용료를 조례에 규정하여야 하는지 여부

○ 광고에 따르는 사용료(이하 "광고료"라고 함)가 사용료 및 수수료인지 살펴보면, 「지방자치법」 제136조 및 제137조에 따르면, 지방자치단체는 공공시설의 이용 또는 재산의 사용에 대하여 사용료를 징수할 수 있고, 그 지방자치단체의 사무가 특정인을 위한 것이면 그 사무에 대하여 수수료를 징수할 수 있도록 하고 있습니다.

○ 광고료에 대하여 두 가지 주장이 있을 수 있습니다. 첫째는, 자전거를 이용한 광고 역시 넓게 보면 자전거를 이용하거나 사용하는 것으로 보아 사용료나 수수료라는 주장이 있을 수 있고, 둘째는, 이와 달리 본래 의미의 자전거를 이용하거나 사용하는 것이 아니고, 지방자치단체가 사경제의 주체로서 단지 자전거를 통하여 광고해 주는 대가이므로 사용료나 수수료가 아니라는 주장이 있을 수 있습니다.

○ 만약 광고료가 사용료나 수수료라면 「지방자치법」 제139조에 따라 당연히 조례로 정하여야 하고, 사용료나 수수료가 아니라 하더라도 자전거를 이용한 광고를 할 것인지, 한다면 어떤 절차에 따라 할 것인지, 어느 정도를 받아야 하는지 등(물론 구체적인 것들은 규칙이나 훈령·예규·고시 등으로 위임해 주겠지만)을 결정하여야 하므로 조례로 규정하는 것이 타당하다 할 것입니다.

○ 결론적으로 자전거를 이용한 광고료가 사용료 또는 수수료인지 여부에 불문하고 조례로 규정하는 것이 타당하다고 판단됩니다.

○ 참고로, 경주시, 정읍시 등 일부 지방자치단체에서는 유료광고에 관한 조례를 제정하고 있습니다.

○ 추가적으로, ○시도 조례로 제정하더라도 모든 광고를 포괄하도록 조례를 제정할 것인지, 아니면 자전거를 이용한 광고만을 위한 조례를 제정할 것인지도 검토하여야 할 것입니다.

18. 협약 체결 관련

1) 질의 내용

(1) 각종 협약 체결 시 도의회의 동의를 받도록 할 수 있는지 여부
(2) 다른 법령과의 상충 여부

2) 회신

(1) 각종 협약 체결 시도의회의 동의를 받도록 할 수 있는지 여부

○「△도 각종 협약 등의 체결에 관한 조례안」(이하 "조례안"이라 함) 제3조에 따르면, △도지사(이하 "도지사"라 함)는 각종 협약을 체결할 경우 그 의안을 제출해 △도의회(이하 "도의회"라 함)의 동의를 받아야 하고, 제4조에 따르면, 도의회는 제3조에 따라 각종 협약의 체결과 관련해 주민에게 중대한 재정적 부담을 주는 사항, 주민의 재산권 행사에 심각한 제한을 주는 사항, 자치입법의 제정·개정과 관련된 사항 등을 의결한다고 되어 있습니다.

○조례안 제3조와 제4조를 종합하여 볼 때, 도지사가 주민에게 중대한 재정적 부담을 주는 사항, 주민의 재산권 행사에 심각한 제한을 주는 사항 등이 포함된 각종 협약을 체결할 때에는 도의회의 동의를 받도록 하려는 것으로 보입니다.

○그렇다면, 주민에게 중대한 재정적 부담을 주는 사항 등이 포함된 각종 협약을 체결할 때에 도의회의 동의를 받도록 조례안에서 규정할 수 있는지 여부가 관건이 될 것입니다.

○각종 협약의 체결은 대법원 판결(대법원 2000. 11. 24. 선고 2000추29 판결)에서 보듯이 「지방자치법」 제39조 제1항에 지방의회의 의결을 받도록 하는 사항은 아니지만, 같은 법 같은 조 제2항에 따라 제1항이 정하고 있는 사항 이외에 지방의회에서 의결되어야 할 사항을 조례로써 정할 수 있도록 규정하고 있을 뿐만 아니라, 일반적으로 지방자치단체장의 고유권한에 속하는 것으로서 지방의회가 사전에 관여하여서는 아니 되는 사항이라고 볼 근거는 없는 것이므로, 각종 협약의 체결을 지방의회의 의결사항으로 하는 것을 일률적으로 배제하고자 하는 취지는 아니고 각각의 지방자치단체에서 그에 관하여 조례로써 별도로 정할 것을 용인하고 있는 것이라고 보아야 할 것이어서, 조례로 정할 수는 있다고 할 것입니다.

○다만, 「지방자치법」 제39조 제1항 및 제2항에서는 지방의회에서 "의결"되어야 할 사항을 정할 수 있다는 것이지, 조례안과 같이 지방의회의 "동의"를 받도록 하여야 한다는 것은 아니라 할 것입니다.

○왜냐하면, 각 개별 법령에서는 "의결"과 "동의"를 명확하게 구분하고 사용하고 있고, "의결"은 합의체의 전체의사를 결정하기 위한 사실상의 의사형성행위로서 그 결과는 가결, 부결, 동의, 승인, 채택 등으로 나타나며, 주로 가결의 개념으로 사용되는 경우가 많은 반면, "동의"는 일반적으로 집행부가 일정한 행위를 하기에 앞서 미

리 지방의회에 가부를 묻는 것으로서, "의결"의 방법 중 하나가 "동의"일 수 있으나, 일반적으로 동의안에 대하여는 "수정동의"가 되지 아니하는 것이 원칙이지만, 의안에 대하여는 수정의결할 수 있는 것이 원칙이기 때문입니다.

○ 따라서, 조례안 제3조에서 도지사가 각종 협약을 체결할 경우 도의회의 동의를 받도록 하는 규정은 지방의회가 법령에 의하여 주어진 권한의 범위를 넘어서 집행기관에 대하여 새로운 견제장치를 만드는 것에 해당하여 위법하다고 할 것입니다.

(2) 다른 법령과의 상충 여부

○ 「농림어업인 삶의 질 향상 및 농산어촌지역 개발촉진에 관한 특별법」 제30조, 「농산물의 생산자를 위한 직접지불제도 시행규정」 제31조 제1항, 「사회기반시설에 대한 민간투자법」 제13조 등 다른 법령에서 각종 협약 체결에 대하여 별도로 규정하고 있습니다.

「농림어업인 삶의 질 향상 및 농산어촌지역 개발촉진에 관한 특별법」

제30조(농산어촌 경관의 보전) ① 국가 및 지방자치단체는 농산어촌의 자연환경 및 경관이 보전될 수 있도록 필요한 시책을 강구하여야 하며, 농산어촌의 경관을 체계적으로 정비하기 위한 노력을 하여야 한다.

② 시·도지사 또는 시장·군수는 주변경관을 고려한 주택의 형태 및 색채 정비 등 경관보전사업을 추진하기 위하여 관할구역 안에서 마을 단위로 농산어촌 주민과 경관보전협약을 체결할 수 있다.

③ 제2항의 규정에 의한 협약의 목표·이행방법 및 절차 등에 관하여 필요한 사항은 해당 지방자치단체의 조례로 정한다.

④ 국가 및 지방자치단체는 제2항의 규정에 의하여 당해 지방자치단체와 협약을 체결한 마을에 대하여는 당해 협약의 이행에 필요한 지원을 할 수 있다.

「농산물의 생산자를 위한 직접지불제도 시행규정」

제31조(관리협약의 체결 등) ① 특별자치도지사·시장·군수 또는 자치구의 구청장은 운영위원회와 조건불리지역 관리협약(이하 "관리협약"이라 한다)을 체결하여야 한다.

「사회기반시설에 대한 민간투자법」

제13조(사업시행자의 지정) ① 민간투자사업을 시행하고자 하는 자는 제10조 제3항의 규정에 의하여 고시된 시설사업기본계획에 따라 대통령령이 정하는 바에 의하여 사업계획을 작성하여 이를 주무관청에 제출하여야 한다.

② 주무관청은 제1항의 규정에 의하여 제출된 사업계획을 대통령령이 정하는 바에 따라 검토·평가한 후 사업계획을 제출한 자 중 협상대상자를 지정하여야 한다. 이 경우 공익성이 높은 장기 투자자금의 제공 등 주무관청의 원활한 사업시행에 부합하는 사업계획을 제출한 자에 대하여는 사업계획 평가 시 우대할 수 있다.

③ 주무관청은 제2항의 규정에 의하여 지정된 협상대상자와 총사업비(사회기반시설사업에 소요되는 경비로서 대통령령이 정하는 비용을 합산한 금액을 말한다) 및 사용기간 등 사업시행의 조건 등이 포함된 실시협약을 체결함으로써 사업시행자를 지정한다. 이 경우 대통령령이 정하는 일정 요건에 해당하는 사업시행자 지정에 관한 사항은 사전에 심의위원회의 심의를 거쳐야 한다.

○ 한편, 상위법령에서 지방자치단체의 장에게 각종 협약의 체결 권한을 부여하면서도 협약 체결권의 행사에 대한 지방의회의 동의를 받도록 하는 등의 견제나 제약을 규정하고 있거나 그러한 제약을 조례 등에서 할 수 있다고 규정하고 있지 아니하는 한 해당 법령에 따른 협약 체결권은 지방자치단체의 장에게 전속적으로 부여된 것이라고 보아야 할 것이어서 하위법규인 조례로써는 지방자치단체의 장의 협약 체결권을 제약할 수 없다 할 것입니다<대법원 2004. 7. 22. 선고 2003추44 판결 참고>.

○ 따라서, 조례안 제4조와 해당하는 모든 "각종 협약"을 체결할 때 도의회의 동의를 받도록 하는 규정은 지방의회가 법령에 의하여 주어진 권한의 범위를 넘어서 집행기관에 대하여 새로운 견제장치를 만드는 것에 해당하여 위법하다고 할 것입니다.

2장 해석 관련

1. 조례의 소급 적용 가능 여부

1) 질의 내용

의원발의 내용 중 종전 부칙을 개정하여 과거의 의로운 행위에 대하여 일정기간 신청
할 수 있도록 하는 것이 법리적으로 문제가 없는지 여부
- 1950년 1월 1일부터 이 조례 시행 전일까지의 의로운 행위에 대하여는 2011년 12
  월 31일까지 신청하도록 특례규정

2) 회신

○「○시 의로운 시민 등에 대한 예우 및 지원에 관한 조례」(이하 "종전 조례"라 함)
  를 제정(○시 조례 제3650호, 2008. 6. 20. 공포·시행)하였으나, 종전 조례 제5조
  와 부칙에 따라 이 조례 시행 후 최초로 의로운 행위를 한 사람부터 적용하되, 의로
  운 행위가 있은 날부터 6개월 이내에 의로운 시민 인정신청을 하도록 하여 종전 조
  례 시행 전에 의로운 행위를 한 시민은 제외함으로써 의로운 시민이 적기 때문에
  1950년 1월 1일부터 이 조례 시행전일까지의 의로운 행위에 대하여는 2011년 12월
  31일까지 신청하도록 하려는 등의 내용으로 종전 조례를 개정(이하 "이 건 조례안"
  이라 함)하려는데 법리적으로 문제가 없겠는지에 관한 것으로 판난됩니다.
○ 결국 이 문제는 종전 조례를 개정하여 혜택을 받는 자(의로운 시민)를 종전보다 넓
  히는, 즉 소급입법을 할 수 있는지 여부에 관한 것으로 판단됩니다.
○ 대법원 판결(2005. 5. 13. 선고 2004다8630 판결)에 따르면, "법령은 일반적으로 장
  래 발생하는 법률관계를 규율하고자 제정되는 것이므로 그 시행 후의 현상에 대하
  여 적용되는 것이 원칙이고, 다만 예외적으로 법령이 그 시행 전에 생긴 현상에 대
  하여도 적용되는 경우가 있는바, 이것을 법령의 소급적용이라고 한다. 법령의 소급
  적용, 특히 행정법규의 소급적용은 일반적으로는 법치주의의 원리에 반하고, 개인의

권리·자유에 부당한 침해를 가하며, 법률생활의 안정을 위협하는 것이어서, 이를 인정하지 않는 것이 원칙이고(법률불소급의 원칙 또는 행정법규불소급의 원칙), 다만 법령을 소급적용하더라도 일반 국민의 이해에 직접 관계가 없는 경우, 오히려 그 이익을 증진하는 경우, 불이익이나 고통을 제거하는 경우 등의 특별한 사정이 있는 경우에 한하여 예외적으로 법령의 소급적용이 허용된다고 할 것이다."라고 하고 있습니다.

○ 따라서 이 건 조례안은 기존 혜택을 받는 자(의로운 시민)의 혜택을 박탈하지 아니하고, 종전 조례로 혜택을 받지 못하는 시민, 즉 종전 조례 시행 전에 의로운 행위를 한 시민에게 심사를 거쳐 새롭게 혜택을 주게 하려는 것이어서 소급적용하더라도 불이익이나 고통을 제거하는 경우 등의 특별한 사정이 있는 경우에 해당한다 할 것이므로 소급적용을 할 수 있다고 판단됩니다.[32]

○ 참고로, 이 건과 직접적인 관련은 되지 아니하나, 최근 제정된 「지방행정체제 개편에 관한 특례법」 부칙 제3조에서도 이 특례법 제정 전에 통합된 통합창원시에 대하여도 혜택을 주도록 하고 있습니다.

2. 조례안의 시행일

1) 질의 내용

「○도시마케팅공사 조례」의 시행일은 "공포한 날부터"로 정하였는데, 실제 ○도시마케팅공사는 조례 공포 후 일정기간(1개월 정도) 이후에 설립등기할 것으로 예상되므로, 「○도시마케팅공사 조례」 부칙 제2조(다른 조례의 폐지)의 시행일을 별도로 정하여야 하는지 여부

2) 회신

○ 「○도시마케팅공사 조례안」(이하 "조례"라 함) 부칙 제2조(다른 조례의 폐지)에서 「지방공사○엑스포과학공원 조례」와 「○컨벤션뷰로 설립 및 운영에 관한 조례」를 각각 폐지하고 있습니다.

○ 조례 시행일은 공포한 날이고, 실제 ○도시마케팅공사는 조례 공포 후 일정기간(1개

---

32) 언제까지 소급적용하여야 할지 여부는 정책적인 판단 사항임.

월 정도) 이후에 설립등기할 것으로 예상됨에 따라, 부칙 제2조의 시행일을 별도로 정하여야 하는지에 관한 것으로 보입니다.

○ 만약, 부칙 제2조의 시행일을 "공포한 날"이 아닌 실제 ○도시마케팅공사가 설립하는 "공포 후 일정기간(1개월 정도)"으로 하는 경우에는, 조례 부칙 제4조에 따라 조례 시행(공포한 날) 당시 지방공사○과학공원과 ○컨벤션뷰로의 재산 등이 공사의 재산 등으로 되어야 하는데, 지방공사○과학공원과 ○컨벤션뷰로는 "공포한 날" 폐지가 되지 않고, "공포 후 일정기간(1개월 정도)" 후에 폐지되게 되므로 재산 등을 승계하지 못하는 문제가 발생합니다.

○ 또한, 설사 조례 부칙 제2조(다른 조례의 폐지)의 시행일을 실제 ○도시마케팅공사는 "조례 공포 후 일정기간(1개월 정도)"으로 할 수 있다고 하더라도, 조례 부칙 제3조에 설립준비를 두는 이유도 반감되게 됩니다. 즉, 준비행위를 두는 이유는 개정 조례를 시행하기 위한 준비를 하지 아니하면 조례의 시행일 되어도 시행준비가 끝날 때까지 사실상 시행이 늦추어지게 되므로 이런 문제가 없도록 사전에 대비하기 위한 것이기 때문입니다.

○ 따라서 부칙 제2조(다른 조례의 폐지)의 시행일을 별도로 규정할 것이 아니라 부칙 제1조(시행일)을 "공포한 날"에서 실제 ○도시마케팅공사가 설립되는 "공포 후 일정 기간(1개월 정도)"으로 변경하는 것이 맞다고 할 수 있습니다.

○ 참고로, 조례 부칙 제3조(설립준비)에 "이 조례 시행 전"이라는 문구를 추가하여 이 조례 시행 전에 설립준비행위를 할 수 있다는 것을 명확히 할 필요가 있을 것입니다.[33]

3. 의회규칙 및 의회규정

1) 질의 내용

(1) 의회규칙이나 규정을 공포(또는 발령)한다는 표현을 사용할 수 있는지 여부
(2) 의회규칙이나 규정을 ○시의회의장 명의로 하는 것이 옳은 것인지 ○의회사무처장의 명의로 하는 것이 옳은 것인지 여부

---

33) 법제처 법령입안 심사기준(2006년) 524~525쪽 참조.

2) 회신

(1) 의회규칙이나 규정을 공포(또는 발령)한다는 표현을 사용할 수 있는지 여부

○ 통상 법규명령은 일반국민에게 주지시킬 필요가 있으므로 공포를 요건[34]으로 하지만, 행정규칙은 법규명령과는 달리 공포를 요건으로 하지 않고 법령상 특별한 규정이 있는 경우를 제외하고는 일반적으로 수명자에게 도달하기만 하면 그 때부터 구속력이 발생하게 됩니다.[35]

○ 한편, 지방자치단체에도 위에서 말한 내용이 그대로 적용되어 조례와 규칙은 공포하고,[36] 지방자치단체의 장의 행정규칙(훈령, 예규, 고시 등)은 발령이라는 용어를 사용하고 있습니다.

○ 그렇다면 지방의회에서도 의회규칙이나 규정을 공포 또는 발령으로 하는 것이 맞는지에 관한 것으로 보입니다.

○ 먼저, 규칙에 대하여 살펴보면, 「지방자치법」 제23조[37]에서 지방자치단체의 장이 제정하는 일반적인 규칙과는 달리 지방의회에서는 같은 법 제43조(의회규칙)와 제71조(회의규칙)을 인정하고 있습니다.

○ 「지방자치법」 제43조에서는 "지방의회는 내부운영에 관하여 이 법에서 정한 것 외에 필요한 사항을 규칙으로 정할 수 있다."고 하고 있고, 같은 법 제71조에서는 "지방의회는 회의의 운영에 관하여 이 법에서 정한 것 외에 필요한 사항은 회의규칙으로 정한다."고 하고 있는데, 지방자치단체의 장이 제정하는 규칙과 달리 공포에 대한 언급이 없습니다.

○ 한편, 국회의 경우, 「국회법」 제166조(규칙제정) 제1항에서 국회는 헌법 및 법률에 저촉되지 아니하는 범위 안에서 의사와 내부규율에 관한 규칙을 제정할 수 있고, 제2항에서 위원회는 이 법 및 제1항의 규칙에 저촉되지 아니하는 범위 안에서 국회운영위원회와 협의하여 회의 및 안건심사 등에 관한 위원회의 운영규칙을 정할 수 있다고 하고 있는데, 실제 행정부와는 달리 국회규칙[38]에 대하여 공포를 사용하고 있

---

34) 「법령 등의 공포에 관한 법률」 제11조에 공포의 대상을 헌법개정·법률·조약·대통령령·총리령 및 부령의 공포와 헌법개정안·예산 및 예산 외 국고부담계약으로 하고 있음.

35) 일반적으로 행정규칙은 발령한다고 함.

36) 「지방자치법」 제26조

37) 지방자치단체의 장은 법령이나 조례가 위임한 범위에서 그 권한에 속하는 사무에 관하여 규칙을 제정할 수 있다.

38) 국회규칙은 국회의 활동이나 국회의원에 직접 관련되는 사항에 대하여는 본회의의 의결을 거쳐 제정(예: 「윤리특별위원회 구성 등에 관한 규칙」, 「전원위원회 운영에 관한 규칙」 등)하고, 국회 소속기관의 운영

지 않고, 공문시행으로 하고 있습니다.[39)40)]

○ 따라서, 「법령 등의 공포에 관한 법률」에 따른 공포대상에 국회규칙이나 지방의회의 의회규칙이 없는 점, 「지방자치법」에 의회규칙의 공포에 관한 것이 없는 점, 의회규칙의 공포에 관한 별도의 규정이 없는 점, 국회규칙의 경우 실제 국회에서 공포를 사용하지 하는 점 등을 종합적으로 고려할 때, 지방의회에서는 의회규칙에 공포를 사용할 수 없다고 주장할 수 있고, 일응 타당한 면이 있다고 할 수 있습니다.

○ 그러나 통상 지방의회의 의회규칙에는 지방자치단체의 장과 같이 공포라는 용어를 광범위하게 사용하고 있는 점, 심지어 제주특별자치도에서는 「제주특별자치도의회규칙 공포에 관한 규칙」까지 제정하여 운영하고 있는 점 등을 고려할 때, 의회규칙에 공포라는 용어를 사용한다고 하여 큰 문제가 발생한다고 보기도 곤란하다고 판단됩니다.

○ 개인적인 의견을 말씀드리면, 지방의회 규칙에는 현 단계에서 공포라는 용어를 사용하는 것은 곤란하다고 판단되나, 공포라는 용어를 관행적으로 너무 많이 사용하고 있으므로, 공포를 사용하여도 무방하다고 판단되고,[41)] 현 상황에서 실제 중요한 것은 공포라는 용어를 사용하느냐 않느냐가 아니라 의원이나 주민의 이해도라고 할 것입니다.

○ 다음으로, 규정 등에 대하여 살펴보면, 규정 등은 「지방자치법」이나 「국회법」에는 나오지 않는 용어입니다.

○ 통상 행정규칙의 발령권자는 특별한 규정이 없으므로 행정청의 지위를 가지는 행정기관은 행정규칙을 발령할 수 있고, 「법제업무 운영규정」 제25조 제1항에서는 "각급 행정기관"으로 그 주체를 규정하고 있습니다. 실제로 각 부·처·청은 물론, 공정거래위원회 등 각종 위원회의 명칭을 사용하는 행정기관, 감사원·국가정보원 등 대통령 소속기관, 중앙선거관리위원회 등 헌법기관, 그 밖에 영상물등급위원회 등 일부 위원회까지 다양합니다.

이나 그 소속직원에 관한 사항에 대하여는 특례규정을 두어 의장이 국회운영위원회의 동의를 받아 제정 (예: 「국회사무처 직제」, 「국회기록물관리규칙」 등)하는 것이 일반적임.

39) 이러한 이유로 국회규칙의 시행일이 대부분 공포한 날이나 공포 후 ○개월이 경과한 날이 아니라 의결한 날, 국회공보에 게재한 날 등으로 표현하고 있음.

40) 국회규칙 중에는 개별 법률에 따른 국회규칙 등은 관보에 게재도 되는데, 이때에는 "공고" 형태("언제 국회규칙 제○호로 개정되었음을 공고합니다.")로 이루어지고 있음.

41) 집행부에서 공포라는 용어를 사용하지 말라고 지방의회에 이야기하기 곤란하고, 이야기한다고 하더라도 지방의회에서 들어주지도 않으며, 새로운 논란만을 일으킬 가능성이 많음.

○ 따라서, 지방의회에서도 지방자치단체의 기관이므로 규정 등을 발령하지 못할 바가 없다고 판단됩니다.

○ 한편, 국회의 경우, 규정 등은 국회규칙과 같이 공문시행으로 하고 있으며, 시행일도 "발령"한다고 하지 않고, 결재한 날 등을 사용하고 있습니다.

(2) 의회규칙이나 규정을 ○시의회의장 명의로 하는 것이 옳은 것인지 ○의회사무처장의 명의로 하는 것이 옳은 것인지 여부

○ 통상 의회규칙은 지방의회가 제정하는 것이고, 행정규칙의 발령권자는 특별한 규정이 없으므로 행정청의 지위를 가지는 행정기관은 행정규칙을 발령할 수 있으며, 「지방자치법」 제49조에 따르면, 지방의회의 의장은 지방의회를 대표하므로, 지방의회의 의장이 의회규칙이나 규정의 권한자라고 할 수 있을 것이고, 명의도 당연히 지방의회의 의장으로 하여야 할 것입니다.

○ 한편, 국회의 경우, 「헌법」과 「국회법」에 근거한 국회규칙제정권에 의하여 국회가 자율적으로 제정·운영하는 법규에는 국회규칙 외에도 국회규정, 국회내규 등이 있습니다.

○ 즉, "국회규정"이란 법률이나 규칙에서 구체적으로 범위를 정하여 위임받은 사항과 법률과 규칙을 집행하기 위하여 필요한 사항 및 직권으로 소관사무에 관하여 의장이 정하는 법규(「국회사무관리규정」 제6조)를 말하고, "국회내규"란 국회소속기관의 장인 국회사무총장, 국회도서관장, 국회예산정책처장, 국회입법조사처장 등이 법률이나 규칙, 규정의 위임 또는 직권으로 소관사무에 관하여 정하는 법규(「국회사무관리규정」 제6조)를 말합니다.

○ 따라서 국회관계법 체계는 헌법, 법률, 국회규칙, 국회규정, 국회내규 순으로 이루어지고 있습니다.

4. 「전기용품안전 관리법 시행령」상 수수료

1) 질의 내용

「전기용품안전 관리법 시행령」 별표 2 제3호 가목에 따르면, "모델 1개당 해당 제품 1개 판매가격의 10퍼센트의 금액으로 하되, 50,000원을 초과할 수 없다"라고 하여 수수료의 기준과 상한을 정하고 있는데, 조례로 수수료를 정하면서 일률적으로 500원으로 정

한다든지 100원 미만은 반올림하는 것이 법령의 범위에 해당하는지 여부

2) 회신

○ 「전기용품안전 관리법」 제21조 제2항에 따르면, 안전인증 또는 자율안전확인신고 등의 면제를 받으려는 자는 대통령령으로 정하는 범위에서 해당 시·도의 조례로 정하는 바에 따라 수수료를 내도록 하고 있습니다.

○ 「전기용품안전 관리법 시행령」 별표 2 제3호 가목에 따르면, "모델 1개당 해당 제품 1개 판매가격의 10퍼센트의 금액으로 하되, 50,000원을 초과할 수 없다"[42]라고 하여 안전인증 또는 자율안전확인신고 등의 면제확인 수수료의 기준과 상한을 정하고 있습니다.

○ 결국, 조례로 수수료를 정하면서 일률적으로 500원으로 정한다든지 100원 미만은 반올림하는 것이 법령의 범위에 해당하는 지의 여부는 모델 1개당 해당 제품 1개 판매가격의 10퍼센트의 금액이 얼마인지에 따라 결정된다고 할 것입니다.

○ 다시 말하면, 500원으로 정한다든지 100원 미만은 반올림하는 것이 5만 원을 초과하지 아니하는 것이 분명하므로(물론 이론적으로 100원 미만을 반올림하는 것은 5만 원을 초과할 수도 있음), 모델 1개당 해당 제품 1개 판매가격의 10퍼센트의 금액을 초과하는지 아닌지에 달려 있게 된다고 할 수 있습니다.

○ 위 질의 내용만으로 정확하게 모델 1개당 해당 제품 1개 판매가격의 10퍼센트의 금액을 초과하는지 아닌지 속단할 수 없으나, 예시한 바와 같이 제품 1개 판매가격의 10퍼센트로 수수료를 정하게 되면 수수료 산정이 복잡하고 수수료가 매우 적으므로(예를 들면 제품 가격이 500원이면 50원) 일정금액 이하는 일률적으로 500원으로 정한다든지, 100원 미만은 반올림하는 방법으로 수수료를 정하는 것이라면, 모델 1개당 해당 제품 1개 판매가격의 10퍼센트의 금액을 초과하게 되므로 당연히 전기용품안전 관리법령을 위반하는 것이 될 것입니다.

---

42) 이 범위에서 시조례로 정한다는 것은 "모델 1개당 해당 제품 1개 판매가격의 10퍼센트의 금액을 초과하여서도 안 되고", 또한, "모델 1개당 해당 제품 1개 판매가격의 10퍼센트의 금액 이하로 하더라도 5만원을 초과하여서도 안 된다"는 두 가지 의미를 모두 충족시켜야 한다는 것임.

5. 지방공기업과 위탁

1) 질의 내용

(1) 「지방공기업법」에 따른 공사나 공단에 사무를 위탁하는 경우에도 민간위탁 관련 법령이나 조례를 적용하여야 하는지 여부
  - 지방공기업에 위탁하는 경우에도 민간위탁 관련 법령이나 조례에 따른 절차나 의회의 동의 등이 필요한지 여부
  - 「지방공기업법」의 대행(위탁계약)과 민간위탁의 차이점

(2) 지방공기업에 민간위탁 관련 법령이나 조례에 따른 민간위탁 가능 여부

2) 회신

(1) 「지방공기업법」에 따른 공사나 공단에 사무를 위탁하는 경우에도 민간위탁 관련 법령이나 조례를 적용하여야 하는지 여부
  - 지방공기업에 위탁하는 경우에도 민간위탁 관련 법령이나 조례에 따른 절차나 의회의 동의 등이 필요한지 여부
  - 「지방공기업법」의 대행(위탁계약)과 민간위탁의 차이점

○ 먼저, 위탁과 민간위탁의 개념을 살펴보면, 국가(중앙)의 경우, 「정부조직법」 제6조 제1항에서 "행정기관은 법령으로 정하는 바에 따라 그 소관사무의 일부를 보조기관 또는 하급행정기관에 위임하거나 다른 행정기관·지방자치단체 또는 그 기관에 위탁 또는 위임할 수 있다."고 하고 있고, 같은 조 제3항에서 "행정기관은 법령으로 정하는 바에 따라 그 소관사무 중 조사·검사·검정·관리 업무 등 국민의 권리·의무와 직접 관계되지 아니하는 사무를 지방자치단체가 아닌 법인·단체 또는 그 기관이나 개인에게 위탁할 수 있다."고 하고 있으며, 대통령령인 「행정권한의 위임 및 위탁에 관한 규정」 제2조 제2호에서 "위탁"이란 법률에 규정된 행정기관의 장의 권한 중 일부를 다른 행정기관의 장에게 맡겨 그의 권한과 책임 아래 행사하도록 하는 것을 말한다고 하고, 같은 조 제3호에서 "민간위탁"이란 법률에 규정된 행정기관의 사무 중 일부를 지방자치단체가 아닌 법인·단체 또는 그 기관이나 개인에게 맡겨 그의 명의로 그의 책임 아래 행사하도록 하는 것을 말한다고 하고 있습니다. 그러므로 중앙의 경우 민간위탁의 개념은 「정부조직법」이 아닌 「행정권한의 위임

및 위탁에 관한 규정」에서 규정하고 있습니다.

○ 한편, 지방의 경우, 「지방자치법」 제104조 제2항에서 "지방자치단체의 장은 조례나 규칙으로 정하는 바에 따라 그 권한에 속하는 사무의 일부를 관할 지방자치단체나 공공단체 또는 그 기관(사업소·출장소를 포함한다)에 위임하거나 위탁할 수 있다"고 하고 있고, 같은 조 제3항에서 "지방자치단체의 장은 조례나 규칙으로 정하는 바에 따라 그 권한에 속하는 사무 중 조사·검사·검정·관리업무 등 주민의 권리·의무와 직접 관련되지 아니하는 사무를 법인·단체 또는 그 기관이나 개인에게 위탁할 수 있다."고 하고 있으며, 같은 법 제151조 제1항에서 "지방자치단체나 그 장은 소관 사무의 일부를 다른 지방자치단체나 그 장에게 위탁하여 처리하게 할 수 있다."고 하고 있습니다.

○ 지방의 경우, 민간위탁이라는 개념은 「지방자치법」이 아닌 지방자치단체 조례에서 규정하고 있고, ○시의 경우에도 「지방자치법」 제104조에 따라 「○시 사무의 민간위탁 촉진 및 관리조례」를 제정·운영하고 있습니다. 「○시 사무의 민간위탁 촉진 및 관리조례」 제2조 제1호에서 "민간위탁"이라 함은 각종 법령 및 조례 등에 규정된 ○시장의 소관 사무 중 일부를 법인·단체 또는 그 기관이나 개인에게 맡겨 그의 명의와 책임하에 행사하도록 하는 것을 말한다고 하고 있음. 「○시 사무의 민간위탁 촉진 및 관리조례」의 용어 정의는 「지방자치법」 제104조 제3항과 유사한 것이라고 할 것입니다.

○ 또한, 행정자치부의 민간위탁 실무편람(2003년) 5쪽을 보면, 위탁은 각종 법률에 규정된 행정기관의 장의 권한 중 일부를 보조기관·하부행정기관 등 하위기관이 아닌 동등한 수준의 다른 행정기관의 장이나 법인·단체 또는 그 기관이나 개인 등 민간기관에게 맡겨 수탁자의 권한과 책임하에 행사하도록 하는 것을 말한다고 하고, 보다 세부적으로 위탁과 민간위탁을 구분히자면 전자는 수탁기관이 공공단체 또는 그 기관이고 후자는 사법인·단체 또는 그 기관이나 개인이다라고 되어 있습니다.[43]

○ 결국, 민간위탁의 수탁기관이 중앙의 경우 "지방자치단체가 아닌 법인·단체 또는 그 기관이나 개인"인 데 반하여 지방의 경우 "법인·단체 또는 그 기관이나 개인"(「지방자치법」 제104조 제3항)으로 중앙과 지방이 대체적으로 유사하나, 민간위탁의 수탁기관에서 한 가지 큰 차이를 발견할 수 있는데, 중앙의 경우에는 지방자치단체가

---

43) 현행 「지방자치법」 제104조 제2항은 1988년 지방자치법 전부개정 시 제95조 제2항에 반영된 것으로 기록을 찾아보았으나, 공공단체가 포함된 이유는 알 수 없었음.

아닌 "공공단체 또는 그 기관"도 민간위탁이라고 할 수 있으나, 지방의 경우 「○시 사무의 민간위탁 촉진 및 관리조례」 제2조 제1호와 같이 정의되므로 "공공단체 또는 그 기관"(「지방자치법」 제104조 제2항)[44]은 민간위탁이 아니라 위탁으로 분류되는 점임. 물론 이렇게 분류하는 것이 통상적으로 우리가 행정기관이 아닌 민간에게 하는 것을 민간위탁이라고 하는 개념과는 맞지 아니할 수 있습니다.

※ 중앙의 경우 「행정권한의 위임 및 위탁에 관한 규정」에서 위탁과 민간위탁을 구분하여 정의하고 있으나, 지방의 경우 조례에서 민간위탁만 정의하고 위탁은 정의하고 있지 아니하여 위탁과 민간위탁의 개념에 혼란이 있는 것으로 보임.

○ 다음으로, 시장이 「지방공기업법」에 따른 공사나 공단에 사무를 위탁하는 것이 민간위탁이어야 민간위탁 관련 법령이나 조례를 적용할 수 있으므로 민간위탁인지를 살펴보면,

○ 위에서 말한 바와 같이 민간위탁은 「○시 사무의 민간위탁 촉진 및 관리조례」 제2조 제1호에서 규정하고 있고, 이는 「지방자치법」 제104조 제3항과 유사한 것이므로 「지방자치법」 제104조 제2항의 "공공단체 또는 그 기관"에 위탁하는 것은 민간위탁이라고 할 수 없고, 위탁이라고 할 것입니다.

○ 따라서 "공공단체"의 정의와 범위가 문제가 될 것인데, 논란이 있을 수 있지만 "공공단체"는 행정기관에 준하는 공공성·특수성을 지닌 단체라고 할 수 있을 것이고, "공공단체"에는 지방자치단체, 공공조합, 영조물법인, 공법상재단이 포함되며, 「지방공기업법」에 따른 공사와 공단은 영조물법인에 포함될 수 있을 것입니다.[45]

○ 결국, 「지방공기업법」에 따른 공사와 공단은 "공공단체"이고, "공공단체"에 위탁하는 것은 민간위탁이 아니라 할 것이므로 민간 위탁 관련 법령이나 조례를 적용할 수 없을 것으로 판단됩니다.[46]

---

44) 「지방자치법」 제104조 제2항은 위임과 위탁이 규정되어 있고, 위임과 위탁을 받는 기관이 "관할 지방자치단체나 공공단체 또는 그 기관(사업소·출장소를 포함한다)"이라고 되어 있는데, 통상 위임은 관할 지방자치단체(광역시의 경우 구나 군) 또는 그 기관이므로 위탁은 "공공단체 또는 그 기관"이라고 할 수 있을 것임.

45) 김동희, 행정법Ⅰ, 박영사, 2004, 76~77쪽.

46) 물론 ① 「지방자치법」 제104조 제3항의 "단체"와 「○시 사무의 민간위탁 촉진 및 관리조례」 제2조 제1호의 "단체"에 "공공단체"도 포함시킬 수 있고, ② 행정자치부 민간위탁 실무편람(2003년) 34쪽에서 수탁자 결정 시 "민간위탁의 목적이 민간의 우수한 기술을 행정에 접목시켜 행정의 경영성과 효율성을 제고시키는 데 있다는 점을 감안할 때 산하단체인 시설관리공단 등 공공법인체보다는 순수 민간법인 및 개인참여가 바람직"이라고 하고 있으며, ③ 행정자치부 민간위탁 실무편람(2003년) 88쪽에서 수탁기관별 내역(예시)에 지방공사와 공단이 나와 있고, ④ 국민권익위원회의 지방자치단체 사무의 민간위탁 운영 합리화 제도개선(2010. 12. 6.) 4쪽에서 수탁기관 유형에 산하기관이 나오므로 지방공기업에게 수행하도

○ 한편, 「지방공기업법」상의 대행과 위탁의 차이점을 살펴보면, 「지방공기업법」상의
  대행의 개념이 무엇인지 명확하지는 않지만 일반적인 대행의 개념으로 유추해 볼
  수 있을 것입니다. 일반적으로 대행[47]은 행정기관이 법령상의 권한을 그의 명의와
  책임하에 행사하되 권한의 행사에 따른 실무를 대행기관에게 행하게 하거나, 대행기
  관이 그의 명의와 책임하에 권한을 행하되 그 법률적 효과가 본래의 권한자인 행정
  기관이 행한 것으로 보도록 의제하는 것을 말한다고 하고 있습니다.[48]
○ 따라서 민간위탁은 수탁자인 민간의 명의와 책임하에 수행하고, 법률효과도 수탁자
  인 민간에 귀속되는 데 반해, 대행은 행정기관이나 대행자의 명의로 사무를 수행하
  더라도 법률효과는 행정기관에 있는 차이가 있다고 할 것입니다.

(2) 지방공기업에 민간위탁 관련 법령이나 조례에 따른 민간위탁 가능 여부

○○시장의 권한을 지방공기업에게 수행하도록 하는 것은 민간위탁이 아니라 위탁이
므로, 민간위탁 관련 법령이나 조례에 따른 민간위탁이 가능하지 않다고 판단됩니다.

6. 개별 법령에 민간위탁의 근거가 있는 경우의 민간위탁 가능 여부

1) 질의 내용

조례나 규칙에 민간위탁의 근거가 없더라도 개별 법령에 민간위탁의 근거가 있는 경우
민간위탁할 수 있는지 여부

록 하고 있으므로 민간위탁이라고 주장할 수도 있을 것임. 그러나 ① 「지방자치법」 제104조 제2항에
"공공단체"가 들어간 이유는 잘 모르지만 민간위탁에서 "공공단체"를 제외하는 것으로 보이므로 이를
엄격히 해석하여야 하고, ② 행정자치부 민간위탁 실무편람(2003년) 4쪽에서 "공공단체"는 위탁으로 한
것으로 보이며, ③ 행정자치부 민간위탁 실무편람(2003년) 58~59쪽에 민간위탁추진 시 시설관리공단이
민간위탁조례 대상인지 여부(2001. 8. 14.)에 대한 인터넷 질의·답변에서 지방자치단체가 설립한 지방
공사·공단에게 위탁할 경우 지방자치단체의 민간위탁촉진조례 적용대상이 아니라고 본다고 되어 있으
므로 위탁으로 보아야 할 것으로 판단됨. 어쨌든 현실에서도 지방공기업에 주는 것을 위탁과 민간위탁을
혼용하여 사용하고 있고, 「지방자치법」 제104조 제2항이 논란이 되므로 중앙처럼 공기업에 위탁하는 경
우도 민간위탁으로 하는 것으로 개정할 필요는 있다고 판단됨.
47) 대행을 위탁과 혼용하여 사용하는 경우도 있다고 함.
48) 국회법제실, 입법이론과 법제실무, 2008년 5월, 1018쪽.

2) 회신

○ 「지방자치법」 제104조 제3항에 따르면, 지방자치단체의 장은 조례나 규칙으로 정하는 바에 따라 그 권한에 속하는 사무 중 조사·검사·검정·관리업무 등 주민의 권리·의무와 직접 관련되지 아니하는 사무를 법인·단체 또는 그 기관이나 개인에게 위탁할 수 있습니다. 그리고 각 개별법에서 지방자치단체 내부의 위탁에 대하여 특칙을 둔 경우에는 그 특칙이 「지방자치법」 제104조에 우선합니다.[49]

○ 또한, 「○시 사무의 민간위탁 촉진 및 관리조례」 제3조에 따르면, 사무의 민간위탁에 관하여는 다른 법령 또는 조례에 특별한 규정이 없는 한 이 조례가 정하는 바에 의한다고 하고 있어 이는 결국 다른 법령 또는 조례에 특별한 규정이 있으면 다른 법령 또는 조례를 우선 적용하도록 하고 있습니다.

○ 따라서 조례나 규칙에 민간위탁의 근거가 없더라도 개별 법령에 민간위탁의 근거가 있는 경우 민간위탁할 수 있다고 판단됩니다.

○ 나아가 개별 법령에 민간위탁의 근거가 있는 경우 민간위탁을 할 수 있다고 하더라도 민간위탁의 절차 등에 대하여는 개별 법령에 규정이 있는 경우 그 규정에 따라 민간위탁을 하여야 하며, 개별 법령에 규정이 없는 경우 「○시 사무의 민간위탁 촉진 및 관리조례」를 적용할 수 있다 할 것입니다.

○ 한편, 문화시설이 주민의 복리를 증진시키기 위한 공공시설로서 직접 행정목적의 달성에 공하는 행정재산에 속하고, 「공유재산 및 물품관리법」은 행정재산의 관리에 관한 일반법이므로 지방자치단체의 장이 설치한 공공시설인 문화시설의 위탁관리에 대하여 개별 법령에서 달리 규정하지 아니하는 한 「공유재산 및 물품관리법」이 정하는 바에 따라야 할 것이며, 위탁계약 시 「지방자치단체를 당사자로 하는 계약에 관한 법률」도 적용하여야 할 것이므로, 「공유재산 및 물품관리법」과 「지방자치단체를 당사자로 하는 계약에 관한 법률」[50]이 「○시 사무의 민간위탁 촉진 및 관리조례」보다 우선하여 적용된다 할 것입니다.

---

49) 법제처, 제2기 자치법규 심화과정, 2011, 92쪽.

50) 개별법에 특별한 규정이 있는 경우는 개별법이 「공유재산 및 물품관리법」과 「지방자치단체를 당사자로 하는 계약에 관한 법률」보다 우선 적용됨.

7. 민간위탁 시 수의계약 가능 여부

1) 질의 내용

「○시 사무의 민간위탁 촉진 및 관리조례」와 「지방자치단체를 당사자로 하는 계약에
관한 법률 시행령」에도 불구하고 공개모집이 아닌 수의계약으로 민간위탁을 할 수 있는
지 여부

2) 회신

○「○시 사무의 민간위탁 촉진 및 관리조례」 제3조에 따르면, 사무의 민간위탁에 관
  하여는 다른 법령 또는 조례에 특별한 규정이 없는 한 이 조례가 정하는 바에 의한
  다고 하고 있어 다른 법령 또는 조례에 특별한 규정이 있으면 다른 법령 또는 조례
  를 적용하도록 하고 있고, 같은 조례 제5조 제3항에 따르면, 수탁기관을 선정하고자
  하는 경우에는 공개모집을 원칙으로 한다고 하고 있으므로 원칙은 공개모집이지만
  예외가 있다는 것이고 이는 수의계약도 염두에 두고 있는 것으로 판단됩니다.

○한편, 「지방자치단체를 당사자로 하는 계약에 관한 법률」 제2조에서 이 법은 지방
  자치단체(「지방자치법」 제2조에 따른 지방자치단체를 말한다. 이하 같다)가 계약상
  대자와 체결하는 수입 및 지출의 원인이 되는 계약 등에 대하여 적용하고, 같은 법
  률 제4조에서 지방자치단체를 당사자로 하는 계약에 관하여는 다른 법률에 특별한
  규정이 있는 경우 외에는 이 법에서 정하는 바에 따르도록 하고 있으므로 민간위탁
  도 「지방자치단체를 당사자로 하는 계약에 관한 법률」 제2조에 해당한다 할 것이므
  로 이를 위반할 수는 없다 할 것입니다<별첨 12부터 별첨 14까지>.

○따라서 「○시 사무의 민간위락 촉진 및 관리조례」와 「지방자치단체를 당사자로 하
  는 계약에 관한 법률 시행령」에도 불구하고 다시 말하면 이를 배제하고는 할 수 없
  고, 위 조례와 시행령에 따라(요건에 맞는다면) 수의계약으로 민간위탁을 할 수 있다
  고 할 것입니다.

○참고로, 국민권익위원회의 지방자치단체 사무의 민간위탁 운영 합리화 제도개선
  (2010. 12. 6.)에 따르면, 수의계약으로 민간위탁하는 것이 많아 이에 대한 개선대책
  이 필요하다고 하고 있습니다.

□ 민간위탁업체 계약 방법

○수의계약이 전체 2,753건 가운데 824건(29.9%)으로 가장 높고, 일반경쟁입찰(637건, 23.1%)과 제한경쟁입찰(567건, 20.6%) 順
 ─지역경제, 체육, 환경위생 분야는 비경쟁 입찰 비율이 높음.

구분	계	일반경쟁	제한경쟁	지명경쟁	수의계약	협상계약	기타
개수	2,753	637	567	132	824	314	279
비율	100%	23.1%	20.6%	4.8%	29.9%	11.4%	10.1%

8. 공공시설의 장을 조례에서 규정할 수 있는지 여부

1) 질의 내용

공공시설에 관한 조례를 제정함에 있어 대부분의 시설이 민간위탁되어 운영되고 있으므로 ○시장이 아닌 공공시설의 장을 조례에 명시하여 규정할 수 있는지 여부

(1) 종합복지관이나 어린이회관의 경우에는 관장, 청소년문화센터의 경우에는 센터장이라는 표현을 조례에 사용할 수 있는지
(2) 실제 민간위탁이 되지 않더라도 관장 등 공공시설의 장으로 조례에 표현하고 다른 조례나 규칙을 개정하여 사무를 위임하거나 사무를 분장하는 것이 가능한 것인지

2) 회신

○「○시 기성종합복지관 관리 및 운영조례」 등과 같은 공공시설에 대한 조례를 제정할 때, 시장으로 규정하여야 하는지, 아니면 공공시설의 장(관장, 센터장 등)으로 규정하여야 하는지에 대한 질의로 판단됩니다.
○「지방자치법」 제144조에 따르면, 지방자치단체는 주민의 복지를 증진하기 위하여 공공시설을 설치할 수 있고, 그 공공시설의 설치와 관리에 관하여 다른 법령에 규정이 없으면 조례로 정하도록 하고 있습니다.
○공공시설에 대한 위탁은 다른 법률에 특별한 규정이 있으면 그 법률에 따라 하면 되고, 다른 법률에 특별한 규정이 없으면 대부분 「공유재산 및 물품관리법」 제27조에 따른 관리위탁에 해당할 것입니다.
○조례에서 공공시설의 장으로 되어 있으면 위탁을 주는 경우 위탁을 받은 자로 해석

하기 좋은 면도 없지 아니하나, ① 공공시설에 관한 조례 등 대부분의 조례의 주어 내지 주체가 지방자치단체의 장인 점, ② 공공시설의 장으로 하더라도 공공시설의 장이 시장인지 아니면 시설을 관리하는 장인지 등 누구인지 불분명하고 이를 해석을 하여야 하는 점, ③ 만약 공공시설의 장이 시장이라면 다른 조례나 규칙을 개정하여 사무를 위임하거나 사무를 분장을 할 수 있겠지만 공공시설의 장으로 규정할 필요가 없고, 만약 시설을 관리하는 장이라면 이미 시장으로부터 권한을 위임이나 위탁을 받은 것으로 위임이나 위탁을 할 필요가 없는 점, ④ 공공시설의 장으로 규정되어 있는 경우에는 다시 위임이나 위탁을 해 줄 수 없는 문제가 발생하는 점 등을 종합적으로 고려할 때, 공공시설에 관한 조례에는 지방자치단체의 장인 시장으로 하는 것이 타당하다 할 것입니다.

○ 특히 ④와 관련하여 「지방자치법」 제104조[51] 및 「행정권한의 위임 및 위탁에 관한 규정」 제4조[52]에 따른 위임이나 위탁은 아래 대법원 판례에서와 같이 "지방자치단체의 장"이 할 수 있는 것으로 규정하고 있을 뿐 보조기관이나 하부행정기관 등이 할 수 없기 때문에 조심하여야 할 것입니다<별첨 15 참조>.]

대법원 2000. 11. 10. 선고 2000추36 판결
【인천광역시동구주민자치센터설치및운영조례안재의결무효확인청구】

동장이 주민자치센터의 운영을 다시 민간에 위탁하는 것은 그 수임사무의 재위탁에 해당하는 것이므로 그에 관하여는 별도의 법령상 근거가 필요하다고 할 것인데, 지방자치법 제95조 제3항은 소정 사무의 민간위탁은 지방자치단체의 장이 할 수 있는 것으로 규정하고 있을 뿐 동장과 같은 하부행정기관이 할 수 있는 것으로는 규정하고 있지 아니하고, 행정권한의위임및위탁에관한규정 제4조 역시 동

---

51) 제104조(사무의 위임 등) ① 지방자치단체의 장은 조례나 규칙으로 정하는 바에 따라 그 권한에 속하는 사무의 일부를 보조기관, 소속 행정기관 또는 하부행정기관에 위임할 수 있다.
　② 지방자치단체의 장은 조례나 규칙으로 정하는 바에 따라 그 권한에 속하는 사무의 일부를 관할 지방자치단체나 공공단체 또는 그 기관(사업소·출장소를 포함한다)에 위임하거나 위탁할 수 있다.
　③ 지방자치단체의 장은 조례나 규칙으로 정하는 바에 따라 그 권한에 속하는 사무 중 조사·검사·검정·관리업무 등 주민의 권리·의무와 직접 관련되지 아니하는 사무를 법인·단체 또는 그 기관이나 개인에게 위탁할 수 있다.
　④ 지방자치단체의 장이 위임받거나 위탁받은 사무의 일부를 제1항부터 제3항까지의 규정에 따라 다시 위임하거나 위탁하려면 미리 그 사무를 위임하거나 위탁한 기관의 장의 승인을 받아야 한다.
52) 제4조(재위임) 특별시장·광역시장·도지사(특별시·광역시 및 도의 교육감을 포함한다) 또는 시장·군수·구청장(자치구의 구청장을 말한다. 이하 같다)은 행정의 능률향상과 주민의 편의를 위하여 필요하다고 인정되는 때에는 수임사무의 일부를 그 위임기관의 장의 승인을 얻어 규칙이 정하는 바에 따라 시장·군수·구청장(교육장을 포함한다) 또는 읍·면·동장 기타 소속기관의 장에게 다시 위임할 수 있다.

장이 자치사무에 관한 수임권한을 재위임 또는 재위탁할 수 있는 근거가 될 수 없음은 그 규정 내용
상 분명하며, 달리 동장이 그 수임권한을 재위임 또는 재위탁할 수 있도록 규정하고 있는 근거 법령
이 없으므로, 지방의회가 재의결한 조례안에서 동장이 주민자치센터의 운영을 다시 민간에 위탁할 수
있는 것으로 규정하고 있는 것은 결국 법령상의 근거 없이 동장이 그 수임사무를 재위탁할 수 있는
것으로 규정하고 있는 것이어서 법령에 위반된 규정이다.

9. 미술관의 관장이 없더라도 명예관장을 규정하는 것이 바람직한지 여부

1) 질의 내용

미술관의 관장도 조례에 규정되지 않은 상황에서 명예관장을 규정하는 것이 바람직한
것인지 여부

2) 회신

○ 일반적으로 "미술관의 장(관장)"이 있어야 "미술관의 명예관장"이 있을 수 있는 것
  은 당연한 해석이라 할 것입니다.

○ 이렇게 해석하여야 하는 이유는 "명예관장"이란 정식 관장은 아니지만, 명예로 관장
  과 같은 역할을 수행하는 것이기 때문입니다.

○ 그러나 한편으로는 ① 사실상 박물관이나 미술관에도 "장"은 있을 수밖에 없고, ②
  「박물관 및 미술관 진흥법 시행령」 제6조에서도 등록한 국공립의 박물관 또는 미술
  관에 두는 박물관·미술관 운영 위원회의 위원은 해당 박물관·미술관이 소재한 지
  역의 문화·예술계 인사 중에서 그 박물관·미술관의 장이 위촉하는 자와 그 박물
  관·미술관의 장이 된다고 하고 있어 "장"을 전제로 하고 있다고 할 수 있습니다.

○ 결국 박물관이나 미술관에도 "장"은 있으나, 조례에 관장을 규정하기 곤란한 면도
  있어 규정하지 아니한 것이라고 할 것입니다.

○ 또한, 기증자나 문화·예술계 인사를 명예관장으로 위촉하여 박물관이나 미술관의
  발전을 도모할 필요성도 있고, 위촉하는 경우 명예관장에게 여비 등도 지급하여야
  여비 등의 지급 근거도 마련하여야 하는 등 여러 이유가 있을 것입니다.

○ 한편, 「지방자치법」 제22조에 따르면, 지방자치단체는 법령의 범위 안에서 그 사무
  에 관하여 조례를 제정할 수 있되, 주민의 권리제한 또는 의무의 부과에 관한 사항

이나 벌칙을 정할 때에는 법률의 위임이 있어야 한다고 규정하고 있으므로, 지방자치단체는 그 내용이 주민의 권리의 제한 또는 의무의 부과에 관한 사항이거나 벌칙에 관한 사항이 아닌 한 법률의 위임이 없더라도 그의 사무에 관하여 조례를 제정할 수 있다 할 것입니다(대법원 1992. 6. 23. 선고 92추17 판결).

○ 따라서 명예관장을 두는 것이 주민의 권리의 제한 또는 의무 부과에 관한 사항이나 벌칙을 정하는 경우가 아니므로 법률의 위임이 필요하지 아니하고, 「박물관 및 미술관 진흥법」에도 이를 제한하는 규정이 없으므로, 「지방자치법」 제22조를 위반한 것이라고 볼 수 없습니다.

○ 참고로, 다른 지방자치단체의 조례를 살펴보더라도, 관장이 있는 곳도 있고 없는 곳도 있고, 명예관장이 있는 곳도 있고 없는 곳도 있습니다.

○ 다만, 명예관장을 조례로 규정할 수 있더라도, 「제주특별자치도립미술관 설치 및 운영 조례」 제5조 제2호의 "미술관 주요사업계획 수립 및 추진"과 같은 직무를 명예관장에게 부여하는 것은 실제 집행을 하는 "관장"의 역할이라 할 것이므로 문제가 있다고 할 것입니다.

10. 공공단체에 대한 사무의 위임 및 위탁

1) 질의 내용

(1) 조례로 설치한 법인이 「지방재정법」 제17조에 따른 공공기관에 해당하는지 여부

(2) 「지방재정법」 제17조에 따른 공공기관이 「지방자치법」 제104조 제2항에 따른 공공단체에 해당하는지 여부

(3) 공공단체에 대한 사무의 위임이나 위탁은 민간위탁이 아니므로 민간위탁 관련 조례의 적용 없이 조례나 규칙에 근거하여 위임이나 위탁계약의 체결만으로 가능한 것인지 여부

(4) 개별 조례에 따른 법인이 공공단체라면 공공단체와의 위임 및 위탁계약에 「지방자치단체를 당사자로 하는 계약에 관한 법률 시행령」 제25조 제1항 제8호 사목의 "다른 법령에 따라 국가 또는 지방자치단체의 사업을 위탁받거나 대행할 수 있는 자와의 해당 사업에 대한 계약을 하는 경우"를 적용하여 수의계약을 할 수 있는지 여부

(5) 사무위임 관련 조례나 규칙에는 현재 의회사무처, 소속기관, 자치구에의 사무위임

을 규정하고 있는데, 여기에 공공단체에 대한 사무위임이나 위탁을 정할 수 있는
지 여부

(6) 공공단체 또는 공공시설 관련 개별조례에 사무위임이나 위탁에 관한 사항을 구체
적으로 정할 수 있는지 여부

2) 회신

(1) 조례로 설치한 법인이 「지방재정법」 제17조에 따른 공공기관에 해당하는지 여부

○「지방재정법」 제17조 제1항 및 제2항에 따르면, 지방자치단체는 공공기관에 기부·
보조·출연, 그 밖의 공금 지출을 할 수 있는데, 여기서 "공공기관"이란 해당 지방
자치단체의 소관에 속하는 사무와 관련하여 지방자치단체가 권장하는 사업을 하는
기관으로써 그 목적과 설립이 법령 또는 그 지방자치단체의 조례에 정하여진 기관
이나 지방자치단체를 회원으로 하는 공익법인을 말합니다.

○따라서 조례로 법인을 설치하면 조례에 목적이 나오고, 지방자치단체가 권장하는 사
업을 하게 되므로, 대부분 "조례로 설치한 법인"은 「지방재정법」 제17조에 따른 공
공기관이라고 할 수 있을 것입니다.

(2) 「지방재정법」 제17조에 따른 공공기관이 「지방자치법」 제104조 제2항에 따른 공공단체에 해당하는지 여부

○「지방재정법」 제17조 제1항 및 제2항에서 "공공기관"이란 해당 지방자치단체의 소
관에 속하는 사무와 관련하여 지방자치단체가 권장하는 사업을 하는 기관으로서 그
목적과 설립이 법령 또는 그 지방자치단체의 조례에 정하여진 기관이나 지방자치단
체를 회원으로 하는 공익법인을 말합니다.

○한편, 「지방자치법」 제104조 제2항에서 "지방자치단체의 장은 조례나 규칙으로 정
하는 바에 따라 그 권한에 속하는 사무의 일부를 관할 지방자치단체나 공공단체 또
는 그 기관(사업소·출장소를 포함한다)에 위임하거나 위탁할 수 있다."고 하고, 여
기서 말하는 "공공단체"의 정의가 없어 어디까지가 "공공단체"에 해당하는지 논란
이 있을 수밖에 없을 것입니다.

○그러나 "공공단체"는 행정기관에 준하는 공공성·특수성을 지닌 단체라고 할 수 있
을 것이고, "공공단체"에는 지방자치단체, 공공조합, 영조물법인, 공법상재단이 포함
되며, 공법상 재단에는 지방자치단체가 출연한 재산을 관리하기 위하여 설립된 재단

법인인 공공단체를 말한다고 할 수 있을 것입니다.[53]

○ 결국 「지방재정법」 제17조 제1항 및 제2항의 "공공기관"에 해당하면, 대부분 「지방자치법」 제104조 제2항의 "공공단체"에 해당하겠지만, 반드시 일치한다고 할 수는 없다 할 것입니다.

○ 왜냐하면, 일례로 「지방재정법」 제17조 제1항 및 제2항의 "공공기관"에는 지방자치단체를 회원으로 하는 공익법인도 포함되나, 이것이 「지방자치법」 제104조 제2항의 "공공단체"에 해당되는지 의문이 있기 때문입니다.

○ 따라서 「지방재정법」 제17조에 따른 공공기관이 「지방자치법」 제104조 제2항에 따른 공공단체에 해당하는지 여부는 그때그때 상황이나 사건에 따라 법 취지 등을 고려하여 결정하여야 할 것입니다.

(3) 공공단체에 대한 사무의 위임이나 위탁은 민간위탁이 아니므로 민간위탁 관련 조례의 적용 없이 조례나 규칙에 근거하여 위임이나 위탁계약의 체결만으로 가능한 것인지 여부

○ 민간위탁은 「○시 사무의 민간위탁 촉진 및 관리조례」 제2조 제1호에서 규정하고 있고, 이는 「지방자치법」 제104조 제3항과 유사한 것이므로 「지방자치법」 제104조 제2항의 "공공단체 또는 그 기관"에 위탁하는 것은 위임이 아니고, 또한, 민간위탁이라고도 할 수 없으므로 위탁이라고 할 것입니다.[54]

---

53) 김동희, 행정법Ⅰ, 박영사, 2004, 76~77쪽. 종전 질의회신 참조.
54) 많은 시·도에서는 시·도지사가 시·도 산하기관에게 주는 것은 민간위탁이 아니라고 규정하고 있음.
   ① 위탁과 민간위탁을 동시에 규정한 예
      경기도(위탁은 다른 행정기관에게, 민간위탁은 지방자치단체가 아닌 법인 등에게 주는 것)
      경북(조례가 2개 있고, 민간위탁에서 도 산하기관에 주는 것은 제외)
   ② 민간위탁만 규정한 예
      서울(법인 등에게 주는 것)
      부산(지방자치단체가 아닌 법인 등에게 주는 것
      대구(민간의 법인 등에게 주는 것)
      인천(시 산하기관이 아닌 법인 등에게 주는 것)
      광주(시 산하기관이 아닌 법인 등에게 주는 것)
      울산(시 소속행정기관이 아닌 법인 등에게 주는 것)
      강원(도 산하기관이 아닌 법인 등에게 주는 것)
      경남(도 산하기관이 아닌 법인 등에게 주는 것)
      충남(도 산하기관이 아닌 법인 등에게 주는 것)
      전북(지방자치단체가 아닌 법인 등에게 주는 것)
      전남(시 산하기관이 아닌 법인 등에게 주는 것)
      제주(도 소속기관이나 하부행정기관이 아닌 법인 등에게 주는 것)
   ③ 위탁만 규정한 예

○ 따라서 공공단체에 대한 위탁이 민간위탁이 아니므로 「○시 사무의 민간위탁 촉진 및 관리조례」는 적용받지 아니하는 것은 분명합니다.

○ 또한, 위탁이라면 조례나 규칙에 근거하여 위탁계약의 체결만으로 가능한 것처럼 보일 수 있습니다.

○ 그러나 공공단체의 위탁에 관한 조례나 규칙이 없고, 설사 공공단체의 위탁에 관한 조례나 규칙이 있다고 하더라도 조례나 규칙을 먼저 적용하여야 하는 것이 아니라 개별법, 「지방자치단체를 당사자로 하는 계약에 관한 법률」(제4조에서 지방자치단체를 당사자로 하는 계약에 관하여는 다른 법률에 특별한 규정이 있는 경우 외에는 이 법에서 정하는 바에 따르도록 하고 있음) 및 「공유재산 및 물품관리법」(제2조의2에서 공유재산 및 물품의 관리·처분에 관하여는 다른 법률에 특별한 규정이 있는 경우 외에는 이 법에서 정하는 바에 따른다고 하고 있음) 등 관계 법령을 먼저 적용하여야 합니다.

○ 따라서 조례나 규칙에 근거하여 위임이나 위탁계약의 체결만으로 가능한 것이라고 단언할 수 없음. 다시 말하면, 위 관계 법령에 적용되지 아니한 경우에만 조례나 규칙에 근거하여 위임이나 위탁계약의 체결만으로 가능한 것이라 할 것입니다.

※ 공공시설 또는 재산에 대한 위임 또는 위탁은 대체적으로 ① 개별법, ② 「지방자치단체를 당사자로 하는 계약에 관한 법률」 또는 「공유재산 및 물품관리법」, ③ 개별 조례, ④ 위임조례 또는 민간위탁 조례, ⑤ 규칙 순으로 적용됨.

(4) 개별 조례에 따른 법인이 공공단체라면 공공단체와의 위임 및 위탁계약에 「지방자치단체를 당사자로 하는 계약에 관한 법률 시행령」 제25조 제1항 제8호 사목의 "다른 법령에 따라 국가 또는 지방자치단체의 사업을 위탁받거나 대행할 수 있는 자와의 해당 사업에 대한 계약을 하는 경우"를 적용하여 수의계약을 할 수 있는지 여부

○ 「지방자치단체를 당사자로 하는 계약에 관한 법률」 제9조 제1항에 따르면, 지방자치단체의 장 또는 계약담당자는 계약을 체결하려는 경우에는 원칙적으로 일반입찰에 부쳐야 하고, 수의계약은 계약의 목적·성질·규모 및 지역특수성 등을 고려하여 불가피한 경우로서 시행령에 열거된 사유에 해당하는 경우에만 할 수 있도록 되어 있는 점에 비추어 볼 때 각 수의계약 사유는 엄격하게 한정적으로 해석되어야

충북(다른 행정기관이 법인 등에게 주는 것)

할 것입니다<별첨 16>.

○ 통상 "법령"이란 법률, 대통령령, 총리령·부령을 의미하는 것으로 조례는 이에 해당하지 아니하므로 개별 조례에 따른 법인(공공단체)이라고 하더라도 「지방자치단체를 당사자로 하는 계약에 관한 법률 시행령」 제25조 제1항 제8호 사목의 "다른 법령"에는 해당하지 아니합니다.

○ 또한, 「지방자치법」 제104조 제2항의 "공공단체 또는 그 기관"에 위탁할 수 있다는 것만으로는 지방자치단체 사업을 위탁받거나 대행기관으로서 다른 법령에 그 기관의 명칭이 명시된 기관이 아니므로 「지방자치단체를 당사자로 하는 계약에 관한 법률 시행령」 제25조 제1항 제8호 사목의 "다른 법령에 따라 국가 또는 지방자치단체의 사업을 위탁받거나 대행할 수 있는 자와의 해당 사업에 대한 계약을 하는 경우"를 적용할 수는 없다 할 것입니다.

(5) 사무위임 관련 조례나 규칙에는 현재 의회사무처, 소속기관, 자치구에의 사무위임을 규정하고 있는데, 여기에 공공단체에 대한 사무위임이나 위탁을 정할 수 있는지 여부

○ 현재 ○시에는 위임과 위탁과 관련된 일반적인 조례에는 「○시 사무위임 조례」, 「○시 사무위임 규칙」 및 「○시 사무의 민간위탁 촉진 및 관리조례」가 있습니다.

○ 「지방자치법」 제104조 제2항의 "공공단체 또는 그 기관"에 사무를 주는 것은 위임은 분명 아니고, 민간위탁이냐 아니면 위탁이냐만 남는데, 위탁이라고 할 수 있습니다.[55]

○ 따라서 "공공단체"에 사무를 주는 것은 위임 조례나 규칙에는 관련이 없으므로 위임 조례나 규칙에는 규정할 수 없고, 민간위탁도 아니므로 민간위탁과 관련된 「○시 사무의 민간위탁 촉진 및 관리조례」도 적용할 수 없다 할 것입니다.

○ 그렇다면 위탁(민간위탁은 제외)에 관한 조례니 규칙이 필요한지 여부를 검토한 후 필요하다면 「○시 사무의 민간위탁 촉진 및 관리조례」를 개정하여 민간위탁뿐만 아니라 위탁도 포함하게 할 수도 있고, 아니면 별도의 위탁(민간위탁은 제외)에 관련한 조례나 규칙을 만들 수도 있을 것입니다.

---

55) 조례에서 민간위탁을 어떻게 정의하느냐에 따라 다를 수 있음.

(6) 공공단체 또는 공공시설 관련 개별조례에 사무위임이나 위탁에 관한 사항을 구체적으로 정할 수 있는지 여부

○ 사무위임이나 위탁을 조례로 규정하는 방식은 주로 ① 사무위임이나 위탁 조례가 아닌 개별조례에 규정하는 방식, ② 개별조례가 아닌 사무위임이나 위탁 조례에 규정하는 방식이 사용되고 있고, ③ 원칙 없이 ①과 ②를 혼용하는 방법을 사용하는 경우도 있는데, ③은 바람직한 방법이 아닙니다.[56]

○ 따라서 ○시가 취하는 방식에 따라 다르다고 할 수 있으므로 관례대로 하여야 할 것입니다.

○ 한편, 국가의 경우 민간위탁의 경우에는 수탁자가 당해 업무를 수행할 수 있는 자격이 있는지 여부를 법률단계에서 미리 검토하여 수탁기관이 공단 등인 경우에는 해당 기관을 법률에서 명시하도록 하되, 수탁기관을 명시할 수 없는 경우에는 수탁자가 갖추어야 할 인적·물적 기준을 총리령 또는 부령 등의 하위법령으로 정하도록 하고 있고, 대통령령의 위탁 규정에서 정부의 업무를 특정 사단법인에 위탁하면 그와 유사한 단체가 설립될 가능성이 있음을 고려할 때 나머지 유사 법인들과 비교하여 사실상 특혜가 될 수 있으므로 대통령령으로 특정 사단법인을 명시하는 것은 가능한 한 삼가도록 하고 있습니다.[57]

○ 그렇다면 ① 법률과 같이 공사·공단 등 공공기관인 경우 조례에서 공사·공단 등 공공기관을 명시할 수 있고, ② 재단법인은 사단법인과는 달리 특정 목적을 수행하여야 하므로 수의계약할 수 있으므로 공공시설 관련 조례에서 법률과 같이 재단 등 하나만을 특정하여 위탁할 수 있는 것처럼 보입니다.

○ 그러나 ○시의 경우 ① 공공단체에게 주는 것은 민간위탁이 아니지만 이를 유추적용한다면 위탁의 경우에도 특정 단체 등 하나만을 규정하지 아니하여야 하고, 「행정권한의 위임 및 위탁에 관한 규정」 제12조 제2항에 따르면, 행정기관은 민간수탁기관을 선정하려는 경우에는 다른 법령에서 정한 경우를 제외하고는 공개모집을 하여야 하되, 민간위탁의 목적·성질·규모 등을 고려하여 필요하다고 인정될 때에는 관계 법령에 위배되지 아니하는 범위에서 민간수탁기관의 자격을 제한할 수 있도록 하고 있는 점, ② 경쟁력을 강화하기 위하여 경쟁을 제한하던 것을 일반경쟁으로

---

56) 국가에서는 개별 법률에 위임이나 위탁 규정이 있으면 개별 법률에 규정하고, 개별 법률에 위임이나 위탁 규정이 없으면 「행정권한의 위임 및 위탁에 관한 규정」에서 규정하도록 하고 있음.

57) 법제처, 「법령입안심사기준」, 2006, 443~447쪽.

전환하는 추세에 있는 점, ③ 공공시설 관련 조례에서 위탁기관을 하나만 특정하는 경우 결국 수의계약을 체결하여야 하는데, 「지방자치단체를 당사자로 하는 계약에 관한 법률」상 수의계약을 체결할 수 있는 경우가 아니어서 이를 위반하게 되는 문제가 있는 점 등을 종합적으로 고려할 때, 다른 법률에서 특별한 규정이 없으면 공공시설 관련 조례에서 특정 단체에게만 위탁하는 것은 문제가 있다고 판단됩니다.

11. 위탁대상을 한정할 수 있는지 여부

1) 질의 내용

「지방자치법」 제104조 제3항에 따르면, 위탁대상으로 "법인·단체 또는 그 기관이나 개인"이라 정하고 있는데, 개별 조례를 제정함에 있어 위탁사무의 성질, 규모 등을 고려하여 위탁대상을 한정할 수 있는지 여부

2) 회신

○「지방자치법」 제104조 제3항에 따르면 지방자치단체의 장은 조례나 규칙으로 정하는 바에 따라 그 권한에 속하는 사무 중 조사·검사·검정·관리업무 등 주민의 권리·의무와 직접 관련되지 아니하는 사무를 법인·단체 또는 그 기관이나 개인에게 위탁할 수 있습니다.

○「지방자치법」 제104조 제3항은 지방자치단체의 장이 조례 또는 규칙이 정하는 바에 따라 사무를 민간위탁할 수 있게 함으로써 민간위탁의 주체를 지방자치단체의 장으로 규정하고 있다고 할 것이나, 같은 조항은 민간위탁에 대하여 조례가 정할 수 있는 내용을 특별히 한정하고 있지는 않으바, 이러한 조례의 제정 범위가 반드시 민간위탁에 필요한 절차적 사항 등에 한정된다고 보기는 어렵습니다<별첨 5>.

○그러므로 법령에 특별히 제한하는 규정이 없거나 지방자치단체의 장의 고유권한의 침해하지 아니하는 한 조례로 민간위탁대상 사무, 지방의회의 동의 여부뿐만 아니라 민간위탁의 목적·성질·규모 등을 고려하여 민간위탁 대상기관을 한정하여 규정할 수 있다 할 것입니다.

○또한, 국가 민간위탁의 경우에는 수탁자가 당해 업무를 수행할 수 있는 자격이 있는 지 여부를 법률단계에서 미리 검토하여 수탁기관이 공단 등인 경우에는 해당 기관

을 법률에서 명시하도록 하고 있으므로, 조례의 경우에도 법령이나 조례에 따른 해당 기관(특정기관 하나만을 열거하는 것은 위에서 설명한 바와 같이 문제가 있음)을 조례에서 명시할 수 있다고 할 것입니다.

○ 한편, 「행정권한의 위임 및 위탁에 관한 규정」 제12조 제2항에 따르면, 행정기관은 민간수탁기관을 선정하려는 경우에는 다른 법령에서 정한 경우를 제외하고는 공개모집을 하여야 하되, 민간위탁의 목적·성질·규모 등을 고려하여 필요하다고 인정될 때에는 관계 법령에 위배되지 아니하는 범위에서 민간수탁기관의 자격을 제한할 수 있도록 하고 있으며, 「○시 사무의 민간위탁 촉진 및 관리조례」 제5조에 따르면, 시장은 수탁기관을 선정하려는 경우에는 수탁기관의 인력과 기구, 재정부담능력, 수탁기관의 시설과 장비, 기술보유 정도 등을 종합적으로 검토하여 수탁기관을 선정하도록 하고 있는데, 선정단계에서만 이런 것들을 고려하여야 하는 것이 아니라 애당초부터 자격 등이 해당되지 아니하는 기관은 조례에서 제외할 수도 있다 할 것입니다.

○ 참고로, 「정부조직법」 제6조 제3항에서 행정기관은 법령으로 정하는 바에 따라 그 소관사무 중 조사·검사·검정·관리 업무 등 국민의 권리·의무와 직접 관계되지 아니하는 사무를 지방자치단체가 아닌 법인·단체 또는 그 기관이나 개인에게 위탁할 수 있도록 되어 있으나, 「농지법」 제51조 제2항(농림수산식품부장관은 이 법에 따른 업무의 일부를 대통령령으로 정하는 바에 따라 그 일부를 한국농어촌공사, 농업 관련 기관 또는 농업 관련 단체에 위탁할 수 있다)에서 보듯이 개별법에서부터 개인을 제외하는 사례도 많이 있다고 할 것입니다.

12. 창의학습을 위한 특별휴가를 규정할 수 있는지 여부

1) 질의 내용

특별휴가는 「지방공무원 복무규정」에 따라 조례에 위임되어 있는데, 창의학습을 위한 특별휴가를 조례로 규정하는 것이 다른 법령과의 관계에서 법령위반의 소지가 있는지 여부

2) 회신

○ 「○시 지방공무원 복무조례」 제18조(특별휴가)에 제7항(시장은 독서 등 창의학습을 위하여 공무원에게 2일 이내의 학습휴가를 부여할 수 있다)을 신설할 수 있는지, 다

시 말하면 「지방공무원법」, 「지방공무원 복무규정」 등 법령에 위반되는 것은 아닌
지에 관한 질의라고 판단됩니다.

○ 「지방공무원법」 제59조에 따르면, 공무원의 복무에 필요한 사항은 이 법에서 규정
하는 것 외에는 대통령령 또는 해당 지방자치단체의 조례로 정하도록 하고 있습니다.

○ 2005. 1. 27. 「지방공무원법」 제59조[58]의 개정취지는 종전에 지방공무원의 복무에
관한 사항은 이 법 또는 이 법에 의한 대통령령이 규정하는 것을 제외하고는 조례
로 정하도록 하였으나, 근무시간 등 전국적 통일이 필요한 사항은 대통령령에서 규
정할 필요가 있어 그 위임근거를 명확히 규정하려는 것이라고 합니다.

○ 또한, 「지방공무원 복무규정」 제7조의3 제1항에 따르면, 공무원의 특별휴가는 이 영
에서 정하는 바에 따르되, 이 영에서 정하지 아니하는 사항은 지방자치단체의 조례
로 정하는 바에 따르도록 하고 있습니다.

○ 따라서 지방공무원의 복무에 관한 사항 중 전국적 통일이 필요한 사항은 대통령령
인 「지방공무원 복무규정」으로 정하고, 그 외 지방자치단체의 자율로 정하는 사항
은 해당 지방자치단체의 조례로 정할 수 있도록 하고 있는 것입니다.

○ 그리하여 「지방공무원 복무규정」에 없는 한국방송통신대학교에 재학 중인 공무원
등에 대한 특별휴가를 「○시 지방공무원 복무조례」 제18조에서 규정하고 있는 것입니다.

○ 그렇다면 「지방공무원 복무규정」에서 규정하지 아니한 학습휴가를 ○시에서 자율적
으로 판단하여 「○시 지방공무원 복무조례」에 정할 수 있도록 하는 것은 법적으로
가능하다 할 것입니다.

○ 다만, 법적으로 가능하다 할지라도 학습휴가를 줄 필요성이 있는지 유무, 특별휴가
의 과다 유무, 다른 지방자치단체의 입법례, 다른 지방자치단체에 특수한 특별휴가
가 있는지 유무 등을 종합적으로 고려하여 입법정책적으로 판단할 문제라 할 것입
니다.[59]

---

[58] <2005. 1. 27. 개정 전>
제59조(위임규정) 공무원의 복무에 관하여 필요한 사항은 이 법 또는 이 법에 의한 대통령령이 규정하는
것을 제외하고는 당해 지방자치단체의 조례로 정한다.
<2005. 1. 27. 개정>
제59조(위임규정) 공무원의 복무에 관하여 필요한 사항은 이 법이 규정하는 것을 제외하고는 대통령령
또는 당해 지방자치단체의 조례로 정한다.
<2008. 12. 31. 개정>
제59조(위임규정) 공무원의 복무에 필요한 사항은 이 법에서 규정하는 것 외에는 대통령령 또는 해당 지
방자치단체의 조례로 정한다.

[59] ○시의회의 의결을 거쳐야 하므로, ○시의회를 설득할 수 있는 객관적인 자료가 필요할 것임.

○ 참고적으로 세 가지 점에 대하여 말씀드리면,

첫째는, 「지방공무원법」 제59조는 공무원의 복무에 관한 사항을 "대통령령 또는 해당 지방자치단체 조례"로 정하도록 하고 있으나, 대통령령이 우선인지 해당 지방자치단체 조례가 우선인지 논란이 있을 수 있으므로 입법기술적으로 바람직하지 못하다고 판단됩니다.

둘째는, 공무원의 복무에 관한 사항 중 전국적 통일이 필요한 사항은 대통령령인 「지방공무원 복무규정」으로 정하고, 그 외 지방자치단체의 자율로 정하는 사항은 해당 지방자치단체의 조례로 정한다고 한다면, 「지방공무원 복무규정」에 규정되어 있는 사항은 입법경제, 집행상 혼란 방지 등을 이유로 조례로 정하지 아니하는 것이 좋다 할 것입니다.

셋째는, 특별휴가인 학습휴가는 지방공무원에게 지급하는 "수당 및 실비보상 등"에 해당하지 아니하므로 「지방공무원 수당 등에 관한 규정」을 적용할 여지가 없다고 판단됩니다.

13. 사무 재위임에 따른 승인 여부

1) 질의 내용

이미 재위임한 사무와 관련하여 관련 법령의 개정으로 재위임할 사무가 신설·추가 등이 되는 경우 다시 그 사무를 위임한 기관의 장의 승인을 받아야 하는지 여부(「의료기기법 시행령」(2011. 10. 7. 개정 전) 제13조에 따라 식품의약품안전청장에게 위임받은 사무(9개 사무)를 「○시 사무위임규칙」으로 자치구청장에게 위임하였는데, 2011. 10. 7. 「의료기기법 시행령」 제13조가 개정되어 위임받은 사무가 14개로 확대되었으므로 종전에 재위임한 사무 외에 5개의 사무를 추가로 자치구청장에게 재위임하여야 하는데, 이 경우에도 식품의약품안전청장의 승인이 필요한지 여부)

2) 회신

○ 어떤 사무를 재위임해주기 위하여 받은 중앙행정기관의 장의 승인의 효과가 앞으로 추가되는 사무도 영향을 미치는지에 관한 것으로 판단됩니다.

○ 「지방자치법」 제104조 제4항에 따르면, 지방자치단체의 장이 위임받거나 위탁받은

사무의 일부를 제1항부터 제3항까지의 규정에 따라 다시 위임하거나 위탁하려면 미리 그 사무를 위임하거나 위탁한 기관의 장의 승인을 받도록 하고 있습니다.

○ 결국 위임이나 재위임은 "사무"를 중심으로 이루어지므로, 위임이나 재위임은 "조항"이 아니라 "사무"라 할 것입니다.

○ 따라서 「의료기기법 시행령」 제13조의 9개 사무에 대하여 식품의약품안전청장의 승인을 받아 구청장에게 위임하였다면, 9개 사무에 대하여 재위임한 것이고, 같은 법 시행령 제13조의 위임대상 사무가 14개가 되었다면 다시 승인을 받지 아니한 사무 5개에 대하여는 다시 식품의약품안전청장의 승인을 받아야만 재위임할 수 있다 할 것입니다.

○ 만약 「의료기기법 시행령」 제13조의 사무에 대하여 승인을 받았다고 하여 새로 추가된 사무에 대하여도 승인을 받았다고 하면, ○○시장의 입장에서 보면, 재위임하려는 경우는 따로 승인을 받을 필요가 없어 간편하겠지만, 재위임을 하지 아니하려는 경우는 쓸모없이 승인받게 되고, 식품의약품안전청장의 입장에서 보면, 새로 추가된 사무에 대하여 승인을 하려는 경우에는 문제가 없겠지만, 승인을 해 주지 않으려고 하여도 이미 승인이 되게 되므로 매우 불합리하다고 할 수 있을 것입니다.

○ 그렇다면 재위임과 관련된 식품의약품안전청장의 승인은 하나의 조문에 대하여 승인을 하였더라도 개개의 사무별로 한 것이라고 할 수밖에 없을 것이고, 앞으로 추가되는 사무까지 승인의 효과가 미친다고는 할 수 없다 할 것입니다.

14. 수의계약 가능 여부

1) 질의 내용

(1) 축협이나 수협이 「공유재산 및 물품관리법 시행령」 제13조 제3항 제1호의 공법인에 해당되어 수의계약할 수 있는지 여부

(2) 축협과 수협이 공법인이 아니라면 「농수산물유통 및 가격안정에 관한 법률」 제52조를 「공유재산 및 물품관리법 시행령」 제13조 제3항 제13호의 다른 법률에 따라 공유재산을 우선 임대할 수 있는 자로 볼 수 있는지 여부

2) 회신

(1) 축협이나 수협이 「공유재산 및 물품관리법 시행령」 제13조 제3항 제1호의 공법
   인에 해당되어 수의계약할 수 있는지 여부

○ 「공유재산 및 물품관리법」 제20조 제2항에서는 지방자치단체의 장은 사용·수익을
   허가하려면 일반입찰로 하되, 허가의 목적·성질 등을 고려하여 필요하다고 인정되
   는 경우로서 대통령령으로 정하는 경우 등에는 수의계약으로 허가할 수 있도록 하
   고 있고, 「공유재산 및 물품관리법 시행령」 제13조 제3항 제1호에서는 국가·지방
   자치단체·공법인·공익법인이 직접 사용하려는 경우 수의계약으로 허가할 수 있도
   록 하고 있습니다.

○ 결국 축협이나 수협이 위에서 말하는 "공법인"에 해당된다면, 수의계약을 할 수 있
   고, "공법인"이 아니라면 수의계약을 체결하지 못한다고 할 것입니다.

○ 그렇다면 축협이나 수협이 "공법인"인지 살펴보면, 일반적으로 "공법인"이란 사법의
   적용을 받는 법인인 사법인에 대응하여 공법의 적용을 받는 법인을 말합니다. 다시
   말하면, 공법인과 사법인의 구별은 전통적인 것으로, "설립형식"을 강조하여 공법인은
   공법상 설립행위 또는 법률에 근거하고, 사법인은 설립계약 등 법률행위에 근거한다고
   하기도 하고, 그 "존립목적"을 강조하여 공법인은 국가적 목적 내지 공공목적을 위하
   여 존재하는 것인 반면, 사법인은 그 구성원의 공동이익을 위하여 존재합니다.

○ 따라서 축협이나 수협은 그 "존립목적" 및 "설립형식"에서의 자주성에 비추어 볼
   때, 오로지 국가의 목적을 위하여 존재하고 국가에 의하여 설립되는 공법인이라기보
   다는 사법인에 가깝거나 사법인이라고 할 수 밖에 없을 것입니다<별첨 17부터 별
   첨 19까지 참고>.

○ 한편, 헌법재판소 결정례에서 공법인으로 보고 있는 것은 국가, 지방자치단체, 국민
   건강보험공단, 대한주택공사, 한국토지공사, 한국방송공사, 예금보험공사, 대한변리사
   회 등이 있습니다.

○ 참고로, 축협이나 수협은 공법인이 아니지만, 농협중앙회나 수협중앙회가 공법인에
   해당하는지 살펴보면, 오늘날 사회복지국가의 등장으로 국가가 국민의 모든 생활영
   역에 간섭하고 활발한 경제활동을 하게 되자, 위와 같은 전통적인 기준만으로는 공
   법인과 사법인의 구별이 어려운 중간적 영역의 법인도 많이 생겨나고 있고, "축협중
   앙회"도 지역별·업종별 축협과 비교할 때, 회원의 임의탈퇴나 임의해산이 불가능한
   점 등 그 공법인성이 상대적으로 크다고 할 것이지만, 이로써 축협중앙회를 공법인

이라고 단정할 수는 없을 것이고, 이 역시 그 존립목적 및 설립형식에서의 자주적 성격에 비추어 사법인적 성격을 부인할 수 없으므로 축협중앙회는 공법인성과 사법 인성을 겸유한 특수한 법인이라고 하고 있습니다<별첨 19>.

○ 그러면 공법인성과 사법인성을 겸유한 특수한 법인인 농협중앙회나 수협중앙회가 「공유재산 및 물품관리법 시행령」 제13조 제3항 제1호의 "공법인"에 해당하는지 논란이 될 수 있습니다.

○ 농협중앙회나 수협중앙회의 공법인성을 강조하면 당연히 "공법인"에 해당하므로 수의계약을 체결할 수 있다고 주장할 수 있습니다.

○ 그러나 「공유재산 및 물품관리법」 제20조 제2항에 따르면, 행정재산을 사용허가할 때에는 일반경쟁이 원칙이고, 수의계약은 허가의 목적·성질 등을 고려하여 필요하다고 인정되는 경우로서 대통령령에 열거된 사유에 해당하는 경우에만 할 수 있도록 되어 있는 점에 비추어 볼 때, 각 수의계약 사유는 엄격하게 한정적으로 해석되어야 할 것이므로, 농협중앙회나 수협중앙회는 「공유재산 및 물품관리법 시행령」 제13조 제3항 제1호의 "공법인"에 해당한다고 할 수 없다고 판단됩니다.

(2) 축협과 수협이 공법인이 아니라면 「농수산물유통 및 가격안정에 관한 법률」 제 52조를 「공유재산 및 물품관리법 시행령」 제13조 제3항 제13호의 다른 법률에 따라 공유재산을 우선 임대할 수 있는 자로 볼 수 있는지 여부

○ 「농수산물유통 및 가격안정에 관한 법률」 제52조에서는 국가나 지방자치단체는 그가 설치한 농수산물 유통시설에 대하여 생산자단체, 농림수협중앙회 또는 공익법인으로부터 이용 요청을 받으면 해당 시설의 이용, 면적 배정 등에서 우선적으로 편의를 제공하도록 하고 있습니다.

○ 한편, 「공유새산 및 물품관리법」 제20조 제2항에서는 지방자치단체의 장은 사용·수익을 허가하려면 일반입찰로 하되, 허가의 목적·성질 등을 고려하여 필요하다고 인정되는 경우로서 대통령령으로 정하는 경우 등에는 수의계약으로 허가할 수 있도록 하고 있고, 「공유재산 및 물품관리법 시행령」 제13조 제3항 제13호에서는 다른 법률에 따라 공유재산을 우선 임대할 수 있는 자에게 그 재산의 사용을 허가하는 경우 수의계약으로 허가할 수 있도록 하고 있습니다.

○ 결국 「농수산물유통 및 가격안정에 관한 법률」 제52조[60]의 "해당 시설의 이용, 면

---

60) 「농수산물유통 및 가격안정에 관한 법률」 제52조의 연혁을 살펴보더라도 제정이나 개정취지가 잘 나타

적 배정 등에서 우선적으로 편의를 제공하는 것"에 「공유재산 및 물품관리법 시행령」 제13조 제3항 제13호에서 말하는 "우선 임대"도 포함되는지에 관한 것입니다.

○「농수산물유통 및 가격안정에 관한 법률」 제52조에서 "편의"[61]가 무엇이고 그 범위가 어디까지인지 명확하지 않고, "해당 시설의 이용, 면적 배정 등"으로 나열하고 있어 "등"을 생산자단체, 농림수협중앙회 또는 공익법인을 위하여 넓게 해석한다면 "임대"도 포함되는 것으로 해석할 수도 있습니다.

○그러나 "등"은 앞에 나열한 것과 유사한 것이므로 한없이 넓게 해석할 수는 없고, 「공유재산 및 물품관리법」 제20조 제2항에 따르면, 행정재산을 사용허가할 때에는 일반경쟁이 원칙이고, 수의계약은 허가의 목적·성질 등을 고려하여 필요하다고 인정되는 경우로서 대통령령에 열거된 사유에 해당하는 경우에만 할 수 있도록 되어 있는 점에 비추어 볼 때 각 수의계약 사유는 엄격하게 한정적으로 해석되어야 할 것이므로, 「장애인복지법」 제48조 제1항(국가와 지방자치단체는 이 법에 따른 장애인복지시설을 설치하거나 장애인복지단체가 장애인복지사업과 관련한 시설을 설치하는 데에 필요할 경우 국유·공유 토지와 시설 등을 우선 매각하거나 임대 또는 무상으로 대부할 수 있다) 등과 같이 "우선 임대"가 명시적으로 규정되어야 수의계약이 가능할 것으로 판단됩니다.

○따라서 「농수산물유통 및 가격안정에 관한 법률」 제52조의 "편의제공"에는 '우선 임대'가 명시적으로 규정하지 아니하므로, 농협중앙회나 수협중앙회는 「공유재산 및 물품관리법 시행령」 제13조 제3항 제13호의 '우선 임대할 수 있는 자'가 아니어서 수의계약으로 허가할 수 없다고 판단됩니다.

○참고로, 「농수산물유통 및 가격안정에 관한 법률」 제52조의 "농림수협중앙회"는 같은 법 제9조제3항에서 농업협동조합중앙회·산림조합중앙회·수산업협동조합중앙회

를 약칭한 것이므로, 지역농업협동조합, 지역축산업협동조합 등과는 명백히 구별할
필요가 있습니다.

15. 「도시재정비 촉진을 위한 특별법 시행령」 위임조례 해석 관련

1) 질의 내용

「도시재정비 촉진을 위한 특별법 시행령」 제34조 제1항 제4호는 "「보금자리주택건설
등에 관한 특별법」 제6조에 따라 보금자리주택지구가 지정되는 시·군·구에서의 「도시
및 주거환경정비법」에 따른 주택재개발사업의 경우 제1호에 따른 비율(100분의 20)의 2
분의 1의 범위에서 보금자리주택지구에 건설되는 임대주택 세대수를 고려하여 시·도
또는 대도시의 조례로 정하는 비율"이라고 규정하고 있는데, 「도시재정비 촉진을 위한
특별법 시행령」 제34조 제1항 제4호에 따라 조례를 정하는 경우, ① 제1호에 따른 비율
(100분의 20)의 2분의 1의 범위에서 정하여야 하므로 100분의 10 이하의 범위에서 규정
하는 것이 바람직한지, 아니면 ② 제1호에 따른 비율(100분의 20)을 100으로 보고 100
분의 50 이하의 범위에서 정하는 것이 바람직한 것인지 여부

2) 회신

○「도시재정비 촉진을 위한 특별법」 제31조 제1항 전단에서는 사업시행자는 세입자의
  주거안정과 개발이익의 조정을 위하여 해당 재정비촉진사업으로 증가되는 용적률의 75
  퍼센트 범위에서 대통령령으로 정하는 비율을 임대주택으로 공급하도록 하고 있습니다.
○ 또한, 「도시재정비 촉진을 위한 특별법 시행령」 제34조 제1항 제4호에서는 「보금자
  리주택건설 등에 관한 특별법」 제6조에 따라 보금자리주택지구가 지정되는 시·군·
  구에서의 「도시 및 주거환경정비법」에 따른 주택재개발사업의 경우 제1호에 따른
  비율(100분의 20)의 2분의 1의 범위에서 보금자리주택지구에 건설되는 임대주택 세
  대수를 고려하여 시·도 또는 대도시의 조례로 정하는 비율로 정하고 있습니다.
○ 결국 이 문제는 「도시재정비 촉진을 위한 특별법 시행령」 제34조 제1항 제4호에서
  "제1호에 따른 비율(100분의 20)의 2분의 1의 범위에서"의 해석문제로 판단됩니다.
○ "100분의 20"의 "2분의 1"은 100분의 10이므로 ①과 같이 해석하여 규정하는 것이
  맞다고 판단됩니다. 다시 말하면, 「보금자리주택건설 등에 관한 특별법」 제6조에 따

라 보금자리주택지구가 지정되는 시·군·구에서의 「도시 및 주거환경정비법」에 따
른 주택재개발사업의 경우에는 동 사업으로 증가되는 용적률의 100분의 10(10%)
범위에서 규정하면 될 것입니다.

○ 참고로, ②처럼 해석하여 규정하는 경우, 즉 제1호에 따른 비율(100분의 20)을 100
으로 보고 100분의 50 범위에서 규정하는 경우에는 "제1호에 따른 비율(100분의
20)"의 의미가 없어지게 되어 오히려 제1호에 따른 비율(100분의 20)보다 높게 되
는 모순이 발생하게 되는 문제가 있습니다.

16. 의회사무처에 대한 감사 가능 여부

1) 질의 내용

(1) 의회사무처의 법적 지위
(2) 의회사무처가 감사대상인지 여부

2) 회신

(1) 의회사무처의 법적 지위

○ 지방자치단체의 기관은 크게 의결기관과 집행기관으로 나누고, 양 기관으로 하여금
견제와 균형을 유지하도록 하고 있습니다.

○ 국회사무처와 같이 의회에 사무를 처리하기 위하여 조례로 정하는 바에 따라 사무
처를 두고, 사무처장은 의장의 명을 받아 의회의 사무를 처리하고 있습니다(「지방자
치법」 제90조 제1항 및 제92조 제1항).

○ 그러나 국회의장이 인사권을 가지는 국회사무처와는 달리 의회사무처는 집행부와
독립되어 있는 것이 아니라 사무직원은 지방의회의 의장의 추천에 따라 지방자치단
체의 장이 임명하고(「지방자치법」 제91조 제2항), 의회사무처장과 직원은 그 지방자
치단체의 집행기관에 소속된 공무원에게 업무를 겸하게 할 수 있도록 되어 있어(「지
방자치법 시행령」 제63조) 그 지위가 명확하지 아니합니다.

○ 따라서 의회사무처는 의결기관인 의회에 속해 있어 의장의 명령을 받지만, 중앙정부
로부터 완전히 독립된 국회사무처와는 달리 인사 등이 지방자치단체의 장이 행사함
으로써 집행부의 영향을 많이 받게 되는 위치에 있다고 할 것입니다.

(2) 의회사무처가 감사대상인지 여부

○ 의회사무처에 대하여 자체감사기구에서 의회사무처를 감사할 수 있는지 여부에 대한 논란으로 판단됩니다.

○ 의회사무처는 의회에 사무를 처리하기 위하여 조례로 정하는 바에 따라 사무처를 두고, 사무처장은 의장의 명을 받아 의회의 사무를 처리하고 있고(「지방자치법」 제90조 제1항 및 제92조 제1항), 관련 법률 어디에도 감사대상으로 명시하고 있지 아니하므로 의회사무처를 감사할 수 없다고 주장할 수 있습니다.

○ 그러나 「공공감사에 관한 법률」 제2조 제1호에 자체감사란 지방자치단체의 감사기구의 장이 그 소속되어 있는 기관(그 소속 기관 및 소관 단체를 포함한다) 및 그 기관의 속한 자의 모든 업무와 활동 등을 조사·점검·확인·분석·검증하고 그 결과를 처리하는 것을 말하는데, 의회사무처는 "감사기구의 장이 그 소속되어 있는 기관(그 소속 기관 및 소관 단체를 포함한다) 및 그 기관의 속한 자"에 포함됩니다.

○ 물론 감사기구의 장이 그 소속되어 있는 기관은 본청이고, 그 소속 기관은 「지방자치법」 제6장제3절의 소속 행정기관(직속기관, 사업소, 출장소 및 합의제 행정기관)만을 의미하는 것으로 좁게 해석한다면 포함되지 아니할 것이나, 이렇게 해석한다면 하부행정기관인 읍·면·동의 장도 포함되지 아니하여 감사를 하지 못한다는 결론에 도달할 수 있고, 「지방자치단체의 행정기구와 정원기준 등에 관한 규정」 제2조 제2호에서 의회사무기구를 지방자치단체의 행정기구의 하나로 규정하고 있으므로 맞지 아니한다고 할 것입니다.

○ 또한, 「지방자치법」 제105조에서는 지방자치단체의 장은 소속 직원을 지휘·감독하고 법령과 조례·규칙으로 정하는 바에 따라 그 임면·교육훈련·복무·징계 등에 관한 사항을 처리하도록 하고 있고, 「지방공무원법」 제6조 제1항에서 지방자치단체의 장은 이 법에서 정하는 바에 따라 그 소속 공무원이 임명·휴직·면직과 징계를 하는 권한을 가진다고 하고 있는바, 지방자치단체의 소속 공무원을 지휘·감독하고 법령과 조례·규칙이 정하는 바에 따라 그 임면·교육훈련·복무·징계 등에 관한 사항을 처리하는 것(감사 및 감독권한)은 지방자치단체 장의 당연한 권한행사의 일환이라고 할 것입니다＜법제처 유권해석 09-0045(2009. 3. 24.)＞.

○ 따라서 의회사무처에 대하여도 감사를 실시할 수 있다고 판단됩니다.

○ 참고로, 「지방자치단체에 대한 행정감사규정」은 ○시의회에 대하여 감사기구의 장이 감사를 할 수 있도록 하는 법령이 아니라 주무부장관 또는 행정안전부장관이 ○

시, ○시장이 자치구에 감사를 하는 법령입니다.

17. 자치구 소속 5급 이상 공무원에 대한 징계양정규칙을 누구의 규칙으로 정하여야 하는지 여부

1) 질의 내용

자치구 소속 5급 이상 공무원의 징계의결 시 기준이 되는 징계양정규칙을 자치구의 규칙으로 하여야 하는지, 아니면 ○광역시의 규칙으로 하여야 하는지 여부

2) 회신

○「지방공무원법」 제72조 제1항에 따르면, 징계처분 등은 인사위원회의 의결을 거쳐 임용권자가 하되, 5급 이상 공무원 또는 이와 관련된 하위직공무원의 징계처분 등은 시·도의 인사위원회의 의결로 하도록 되어 있습니다.

○그리고 「지방공무원 징계 및 소청 규정」 제8조 제1항에 따르면, 징계 등 양정(量定)에 관한 기준은 행정안전부장관 또는 교육과학기술부장관이 정한 기준의 범위에서 (인사)위원회의 의결을 거쳐 해당 지방자치단체의 규칙으로 정하도록 하고 있습니다.

○따라서 다음과 같은 점을 종합적으로 검토해 볼 때, ○광역시의 규칙으로 정하여야 할 것입니다.

① 자치구 5급 이상 공무원 징계는 임용권자의 요구에 따라 ○광역시인사위원회가 하는데, 이때의 징계양정규칙은 ○광역시인사위원회가 의결 시 활용하는 기준이고, ○광역시인사위원회의 의결을 거쳐야 하므로, "해당 지방자치단체"도 ○광역시인사위원회에 대응되는 ○광역시라고 할 것이라는 점

② 만약 "해당 지방자치단체"를 자치구로 본다면, ○광역시인사위원회의 의결을 거쳐 자치구의 규칙으로 정하여야 하는데, 이는 이론상으로도 맞지 아니하고, 실제로도 번잡한 점

③ 임용권자인 자치구의 구청장은 이들에 대한 징계를 요구하고, ○광역시인사위원회의 의결에 따라 징계하며, ○광역시인사위원회의 의결이 가볍다고 인정하면 심사 또는 재심사를 요구하는 것인 점

별첨 자료 모음

<별첨 1> 소방공무원법 제14조의2 제1항 등 위헌소원

[2005. 9. 29. 선고 2004헌바53]

【판시사항】

경찰공무원은 교육훈련 또는 직무수행 중 사망한 경우 국가유공자등예우및지원에관한 법률(이하 '예우법'이라 한다)상 순직군경으로 예우받을 수 있는 것과는 달리, 소방공무원은 화재진압, 구조·구급 업무수행 또는 이와 관련된 교육훈련 중 사망한 경우에 한하여 순직군경으로서 예우를 받을 수 있도록 하는 소방공무원법 제14조의2 제1항과 제2항 (이하 '이사건 법률조항'이라 한다)이 합리적 근거 없는 차별로서 청구인들의 평등권을 침해하는지 여부(소극)

【결정요지】

소방공무원과 경찰공무원은 업무의 내용이 서로 다르고, 그로 인해 업무수행 중에 노출되는 위험상황의 성격과 정도에 있어서도 서로 동일하다고 볼 수 없다. 더욱이 경찰공무원의 경우에는 전쟁이 발생하거나 이에 준하는 상황이 발생하는 경우 군인과 마찬가지로 고도의 위험을 무릅쓰고 부여된 업무를 수행할 것이 기대되므로 정책적인 배려에서 예우법은 군인이나 경찰공무원이 직무수행 중 사망한 경우에는 순직군경으로 예우하도록 하고 있다. 그리고 그동안 국가는 소방공무원이 국가유공자로 예우를 받게 되는 대상자의 범위 등을 국가의 재정능력, 전체적인 사회보장의 수준과 국가에 대한 공헌과 희생의 정도 등을 감안하여 합리적인 범위 내에서 단계적으로 확대해 왔다.

그렇다면 국가에 대한 공헌과 희생, 업무의 위험성의 정도, 국가의 재정상태 등을 고려하여 화재진압, 구조·구급 업무수행 또는 이와 관련된 교육훈련 이외의 사유로 직무수행 중 사망한 소방공무원에 대하여 순직군경으로서의 보훈혜택을 부여하지 않는다고 해서 이를 합리적인 이유 없는 차별에 해당한다고 볼 수 없다.

재판관 윤영철, 재판관 조대현의 반대의견

소방업무나 경찰업무 모두 국민의 생명·신체 및 재산에 대한 구체적이고 직접적인 위험을 예방하고 보호하는 것을 목적으로 한다는 점에서 다르지 않다. 그리고 업무수행 중에 노출되는 위험상황의 성격과 정도에 있어서도 경찰공무원과 소방공무원 간에 크게 차이가 있다고 보기 어렵다.

나아가 소방공무원의 경우 화재진압, 구조·구급 업무수행 또는 이와 관련된 교육훈련 중 사망하여 순직군경으로 예우받는 비율이 40% 정도에 불과하다는 점, 직무수행과 관련하여 순직하였으나 이 사건 법률조항의 요건에 해당하지 아니하여 예우법상 순직군경의 보훈혜택을 받지 못하는 순직 소방공무원의 수가 매년 10명 정도밖에 되지 않는 점 등을 종합하면, 직무를 성실히 수행함으로써 국민을 위해 봉사하다가 순직한 소방공무원에 대하여 국가가 응분의 예우를 하지 못하고 있는 것으로 판단될 뿐만 아니라 직무수행 중 순직한 것이라는 동일한 사유에도 불구하고 소방공무원을 경찰공무원과 달리 예우하는 것은 합리적 근거 없는 차별로서 청구인들의 평등권을 침해한다고 본다.

【전 문】

【당사자】

청 구 인 윤○경 외 3인
대리인 변호사 김경영 외 1인
당해사건 서울행정법원 2003구합33827 순직공무원유족결정처분취소 등

【주 문】

소방공무원법(2001. 5. 24. 법률 제6485호로 개정된 것) 제14조의2 제1항과 제2항은 헌법에 위반되지 아니한다.

【이 유】

1. 사건의 개요와 심판의 대상

가. 사건의 개요

(1) 청구외 조○상(이하 '망인'이라 한다)은 서울○○소방서 ○○소방파출소의 지방소방교로 재직 중이던 2003. 6. 28. 06:00경 위 파출소에서 상황근무 중 같은 파출소에 근무하는 소방대원인 청구외 박○현이 휘두르는 칼에 찔려 그 자리에서 사망하였다. 청구인 윤○경은 망인의 처이며, 같은 조○영, 조○백은 망인의 자녀들이다.

(2) 청구인들은 망인이 취침 중이던 다른 동료 소방공무원을 구조하던 중 사망한 것이므로 이는 소방공무원법 제14조의2 제1항에 규정된 구조·구급 업무수행 중 사망한 경우에 해당하여 국가유공자등예우및지원에관한법률(이하 '예우법'이라 한다) 제4조 제1항 제5호 가목 소정의 '순직군경'에 해당한다는 이유로 서울북부보훈지

청장에게 국가유공자등록신청을 하였으나, 위 서울북부보훈지청장은 2003. 9. 2. 망인이 예우법 제4조 제1항 제11호 가목 소정의 '순직공무원'에 해당한다는 이유로 청구인들의 순직군경유족등록신청을 거부하고 순직공무원유족등록결정을 하였다. 이에 청구인들은 2003. 11. 8. 위 순직공무원유족결정의 취소와 청구인들이 순직군경의 유족이라는 확인을 구하는 소를 서울행정법원에 제기하였다가(서울행정법원 2003구합33827) 이후 순직군경유족등록신청 거부처분의 취소를 구하는 것으로 청구취지를 변경하였으며, 그 소송계속 중 위 소방공무원법 제14조의2가 청구인들의 평등권을 침해하여 위헌이라고 주장하면서 위헌제청신청(서울행정법원 2004아655)을 하였다.

그러나 서울행정법원이 2004. 7. 7. 청구인들의 청구를 기각하는 판결을 선고함과 동시에 위 위헌제청신청을 기각하자, 청구인들은 2004. 7. 30. 이 사건 헌법소원심판청구를 하였다.

나. 심판의 대상

이 사건 심판의 대상은 소방공무원법(2001. 5. 24. 법률 제6485호로 개정된 것, 이하 '법'이라 한다) 제14조의2 제1항과 제2항(이하 '이 사건 법률조항'이라 한다)이 헌법에 위반되는지 여부이며, 이 사건 법률조항 및 관련조항의 내용은 다음과 같다.

(1) 이 사건 법률조항법 제14조의2(보훈)

① 소방공무원으로서 화재진압, 구조·구급 업무수행 또는 이와 관련된 교육훈련 중 사망한 자(상이로 인하여 사망한 자를 포함한다. 이하 이 조에서 같다) 및 상이(화재진압, 구조·구급 업무수행 또는 이와 관련된 교육훈련으로 인한 질병을 포함하며, 국가유공자등예우및지원에관한법률 제6조의4의 규정에 의한 상이등급에 해당하는 경우에 한한다. 이하 이 조에서 같다)를 입고 퇴직한 자와 그 유족 또는 가족은 대통령령이 정하는 바에 의하여 국가유공자등예우및지원에관한법률에 의한 예우를 받는다.

② 제1항의 경우 사망한 자와 그 유족은 국가유공자등예우및지원에관한법률 제4조 제1항 제5호의 규정에 의한 순직군경과 그 유족으로 보고, 상이를 입고 퇴직한 자와 그 가족은 동법 제4조 제1항 제6호의 규정에 의한 공상군경과 그 가족으로 본다.

(2) 관련 규정국가유공자등예우및지원에관한법률 제4조(적용대상 국가유공자) ① 다음
각 호의 1에 해당하는 국가유공자와 그 유족 등(다른 법률에서 이 법에 규정된 예
우 등을 받도록 규정된 자를 포함한다)은 이 법에 의한 예우를 받는다.

5. 순직군경: 다음 각 목의 1에 해당하는 자

가. 군인 또는 경찰공무원으로서 교육훈련 또는 직무수행 중 사망한 자(공무상의 질병
으로 사망한 자를 포함한다)

11. 순직공무원: 다음 각 목의 1에 해당하는 자

가. 국가공무원법 제2조 및 지방공무원법 제2조에 규정된 공무원(군인 및 경찰공무원
을 제외한다)과 국가 또는 지방자치단체에서 일상적으로 공무에 종사하는 대통령
령이 정하는 직원으로서 공무로 인하여 사망한 자(공무상의 질병으로 인하여 사망
한 자를 포함한다)

국가유공자등예우및지원에관한법률 제12조(연금) ① 다음 각 호의 1에 해당하는 자에
대하여는 연금을 지급한다. 다만, 이 법 또는 다른 법률의 규정에 의하여 연금지급대상에
서 제외되는 자는 그러하지 아니하다.

1. 전상군경·공상군경·재일학도의용군인·4.19혁명부상자 및 특별공로상이자

2. 전몰군경·순직군경·4.19혁명사망자 및 특별공로순직자의 유족과 제1호에 해당하
는 자가 사망한 경우의 그 유족 중 선순위자 1인

국가유공자등예우및지원에관한법률 제69조(국립묘지에의 안장) 국가유공자중 대통령령
이 정하는 자의 유골 또는 시체는 본인 또는 유족의 희망에 따라 국립묘지에 안장할 수
있다.

국가유공자등예우및지원에관한법률시행령 제88조(국립묘지안장대상) 법 제69조에서 "대
통령령이 정하는 자"라 함은 다음 각 호의 1에 해당하는 자를 말한다.

1. 법 제4조 제1항 제3호 가목 또는 제5호 가목에 해당하는 자

국립묘지령 제3조(안장대상) ① 묘지에는 다음 각 호의 1에 해당하는 자의 유골(수장
된 자 기타 시체를 찾을 수 없는 자의 모발을 포함한다. 이하 같다) 또는 시체를 안장한
다. 다만, 그 유가족이 이를 원하지 아니하는 경우에는 그러하지 아니하다.

4. 전투에 참가하여 전사한 향토예비군대원과 임무수행중 전사 또는 순직한 경찰관(국
가유공자등예우및지원에관한법률 제73조의2의 규정에 의한 국가유공자에 준하는 경
찰관을 포함한다)

5. 국가 또는 사회에 공헌한 공로가 현저한 자 중 사망한 자로서 국방부장관의 제청에

의하여 국무회의의 심의를 거쳐 대통령이 지정한 자

2. 청구인들의 주장, 법원의 위헌제청신청 기각이유와 관계기관의 의견 요지

가. 청구인들의 주장군인 또는 경찰공무원이 교육훈련 또는 직무수행 중 사망한 경우 직무의 내용에 관계없이 예우법 제4조 제1항 제5호 가목에 의하여 '순직군경'이 되지만, 소방공무원의 경우 이 사건 법률조항에 의하여 화재진압, 구조·구급 업무수행 또는 이와 관련된 교육훈련 중 사망한 경우에 한하여 예우법 제4조 제1항 제5호 가목의 순직군경으로 간주되고, 그 이외의 직무수행 중 사망한 자는 예우법 제4조 제1항 제11호 가목에 의하여 순직공무원이 될 뿐이다. 순직군경은 예우법 제12조 제1항 제2호에 의하여 그 유족에게 연금이 지급되고 예우법시행령 제88조 제1호에 의하여 국립묘지에 안장되지만, 순직공무원의 경우에는 이러한 보훈혜택 을 받을 수 없다. 그러나 경찰공무원과 소방공무원은 그 연혁, 조직, 직급체계, 업 무수행의 위험성, 직업수행의 공공성 등에 있어 차별을 두어야 할 이유가 없음에 도 불구하고 위와 같은 차별을 두는 것은 청구인들의 평등권을 침해한다.

나. 법원의 위헌제청신청 기각결정이 사건 법률조항이 소방공무원을 군인 또는 경찰공 무원과 비교하여 달리 취급하고 있는 것은, 비록 군인 또는 경찰공무원이나 소방 공무원 모두 국민의 생명·신체 및 재산에 대한 구체적이고 직접적인 위험을 예방 하고 보호하는 업무를 수행하고 그 과정에서 생명과 신체에 대한 상당한 위험을 부담한다는 점에서 유사하기는 하지만, 반면에 군인 또는 경찰공무원이 업무수행 중에 노출되는 위험상황과 소방공무원이 업무수행 중에 노출되는 위험상황의 성격 과 정도가 반드시 동일하다고 볼 수는 없다는 점을 고려하여 군인 또는 경찰공무 원의 경우에는 전쟁이 발생하거나 이에 준하는 상황에서 고도의 위험을 무릅쓰고 부여된 업무를 수행할 것을 기대하면서, 그와 같은 상황에서 업무를 수행하도록 뒷받침하기 위한 정책적인 배려에 의한 것으로 볼 것이다. 소방공무원의 경우 일 반공무원과 달리 구조·구급 업무수행 또는 이와 관련된 교육훈련 중 사망한 자를 예우법 제4조 제1항 제5호의 '순직군경'으로 간주하고 있는 것도 역시 위와 같은 취지이다.

따라서 이 사건 법률조항은 업무수행의 위험성에 내재하는 차이를 고려하여 소방 공무원을 군인 또는 경찰공무원과 달리 처우하도록 규정한 것으로서 합리성이 있 으므로 청구인들의 평등권을 침해하여 위헌이라고 볼 수 없다.

다. 국가보훈처장의 의견

　　위 법원의 위헌제청신청 기각결정의 내용과 대체로 같다.

3. 판단

가. 소방공무원의 신분체계·보훈제도의 변천

(1) 1949. 8. 12. 법률 제44호로 국가공무원법이 제정되면서 소방공무원은 경찰공무원
　　과 마찬가지로 일반직 공무원의 신분을 가지게 되었다. 1950. 6. 25. 전쟁을 전후
　　한 공비토벌 및 적과의 교전 중 발생한 전사상 경찰공무원에 대한 원호를 위해
　　1951. 4. 12. 제정된 「경찰원호법」은 그 부칙에서 '소방관으로서 경찰과 행동을
　　같이하여 전투 또는 전투에 준하는 행위로 인하여 상이를 입거나 전몰한 자'를 원
　　호대상자로 규정하였는바 이것이 소방공무원 보훈제도에 관한 최초의 근거법령이다.
「경찰원호법」과 「군사원호법」은 1961. 11. 1. 「군사원호보상법」으로 통합되었는데, 통
합 군사원호보상법에서도 1962. 12. 24. 개정 시 부칙을 신설하여 '소방관으로서 군경과
행동을 같이하여 전투 또는 전투에 준한 행위로 상이를 입거나 사망한 자는 상이군경 또
는 전몰군경의 유족으로 본다'고 규정함으로써 역시 전투 중 사망하거나 부상당한 소방
공무원이 원호대상임을 명백히 하였다.

(2) 이후 1969. 1. 7. 법률 제2077호로 제정된 경찰공무원법은 경찰공무원과 소방공무
　　원을 별정직공무원으로 규정하고 위 법에 의하여 규율하였다.

　1973. 소방법의 개정으로 지방자치사무로 이관된 소방사무를 수행할 지방소방공무원의
지위를 규정하기 위하여 1973. 2. 8. 법률 제2502호 지방소방공무원법이 제정되었는데,
위 법에서는 소방공무원은 별정직공무원으로 하고 지방자치단체의 장이 임명하도록 하였
다. 그 결과 국가소방공무원은 경찰공무원법에 의하여, 지방소방공무원은 지방소방공무원
법에 의하여 규율됨으로써 신분이 이원화되었다.

　그러나 경찰공무원과 소방공무원은 그 직무가 이질적이고, 종래 경찰에서 관장하던 소
방사무가 민방위체제로 이관됨에 따라 지휘·감독체계가 서로 달라졌음에도 불구하고 아
직 단일신분법으로 규율하는 불비가 있어 국가소방공무원의 신분에 관한 규정을 경찰공
무원법에서 분리하여 지방소방공무원법과 통합된 단일신분법을 제정하기로 하여 1977.
12. 31. 법률 제3042호로 소방공무원법이 제정되었다. 이후 1982. 12. 31. 법률 제3593
호 소방공무원법 개정으로 소방공무원은 별정직공무원에서 특정직공무원으로 변환되었다.

보훈혜택과 관련하여서는 1974. 국가유공자및월남귀순자특별원호법이 개정되면서 순직공무원의 유족에 대한 원호제도가 신설됨에 따라 공무수행 중 사망한 소방공무원의 유족은 순직공무원의 유족으로 보훈혜택을 받을 수 있게 되었으나, 연금 및 제수당의 지급대상에서는 배제되었다.

(3) 그 후 1995. 12. 6. 소방공무원법 개정 시 제14조의2를 신설, 화재진압 또는 구조·구급업무 수행 중 사망·상이자는 「국가유공자등예우및지원에관한법률」상의 순직·공상군경으로 보아 국가유공자로서의 자격을 갖추고 국가보훈혜택을 받을 수 있도록 제도개선이 이루어졌다.

이 사건 법률조항은 2001. 5. 24. 법률 제6485호로 개정되면서 화재진압, 구조·구급업무 수행 중 사망 또는 상이를 입은 소방공무원 외에 이와 관련된 교육훈련 중 사망 또는 는 상이를 입은 소방공무원에 대하여도 보훈혜택이 미치도록 그 대상이 확대되었다.

나. 예우법상 소방공무원에 대한 보훈혜택

(1) 소방공무원이 화재진압, 구조·구급 업무수행 또는 이와 관련된 교육훈련(이하 '현장활동 등'이라 한다) 중 사망하는 경우 예우법 제4조 제1항 제5호 가목의 순직군경으로 간주되고, 그 이외의 직무수행 중 사망한 경우에는 예우법 제4조 제1항 제11호 가목에 의하여 순직공무원으로서 보훈혜택을 받게 된다. 이때 소방공무원이 순직군경이나 순직공무원으로 보훈혜택을 받음에 있어서 그 차이점은 연금과 사망일시금 등을 수령할 수 있는지 여부이다.

(2) 예우법상 경찰공무원에 대한 보훈혜택과의 비교

(가) 우선 보훈대상의 범위와 관련하여, 소방공무원과는 달리 경찰공무원은 교육훈련 또는 직무수행 중 사망한 경우 예우법상 순직군경으로 예우를 받도록 되어 있어 국가유공자가 될 수 있는 대상자의 범위가 소방공무원보다 넓다.

(나) 지원내용에 있어서도 소방공무원과 경찰공무원은 차이가 있다. 경찰공무원이 교육훈련 또는 직무수행 중 사망하여 순직군경에 해당되면 그 유족은 연금, 사망일시금 등을 지급받게 된다. 그러나 소방공무원이 현장활동 등 이외의 직무수행 중 사망하여 순직공무원에 해당되는 때에는 이러한 금전적 지원을 받을 수 없다.

그리고, 예우법 제69조에 의하면 국가유공자중 대통령령이 정하는 자의 유골 또는 시체는 본인 또는 유족의 희망에 따라 국립묘지에 안장할 수 있으며, 예우법시행령 제88조에서는 군인 또는 경찰공무원으로서 전투 또는 이에 준하는 직무수행 중 사망한 전몰군경과 교육훈련 또는 직무수행 중 사망한 순직군경을 국립묘지안장대상으로 규정하고 있다. 그런데 국립묘지령 제3조 제1항 제3호는 임무수행 중 전사 또는 순직한 경찰관만을 안장대상으로 하고 있음에 따라 경찰공무원은 직무수행 중 사망한 경우 국립묘지에 안장될 수 있는 반면, 소방공무원은 현장활동 등으로 사망하여 순직군경으로 간주되는 경우라 하더라도 국립묘지령 제3조 제1항 제5호에서 규정하는 "국가 또는 사회에 공헌한 공로가 현저한 자중 사망한 자로서 국방부장관의 제청에 의하여 국무회의의 심의를 거쳐 대통령이 지정한 자"에 해당될 때에만 국립묘지안장대상이 된다. 소방공무원이 현장활동 등 이외의 사유로 사망하여 순직공무원으로 보는 경우에도 마찬가지이다.

다. 평등권 침해 여부

(1) 쟁점

헌법 제11조는 "모든 국민은 법 앞에 평등하다. 누구든지 성별·종교·사회적 신분에 의하여 정치적·경제적·사회적·문화적 생활의 모든 영역에 있어서 차별을 받지 아니한다."라고 규정하여 모든 국민에게 평등권을 보장하고 있는바, 평등의 원칙은 국민의 기본권 보장에 관한 우리 헌법의 최고원리로서 국가가 입법을 하거나 법을 해석 및 집행함에 있어 따라야 할 기준인 동시에, 국가에 대하여 합리적 이유 없이 불평등한 대우를 하지 말 것과, 평등한 대우를 요구할 수 있는 국민의 권리이다(헌재 1989. 1. 25. 88헌가7, 판례집 1, 1, 2). 헌법 제11조 제1항의 평등의 원칙은 일체의 차별적 대우를 부정하는 절대적 평등을 의미하는 것이 아니라 입법과 법의 적용에 있어서 합리적 근거 없는 차별을 하여서는 아니 된다는 상대적 평등을 뜻하고, 따라서 합리적 근거 있는 차별 내지 불평등은 평등의 원칙에 반하는 것이 아니다.

이 사건에서는 이 사건 법률조항으로 인하여 소방공무원이 예우법에 의한 보훈대상이나 지원내용의 측면에서 경찰공무원과 달리 대우받고 있는 것이 합리적 근거 없는 차별로서 청구인들의 평등권을 침해하는지 여부가 문제된다.

(2) 소방공무원과 경찰공무원의 지위 비교

(가) 업무의 성격

소방공무원은 화재를 예방·경계하거나 진압하고 화재, 재난·재해 그 밖의 위급한 상황에서의 구조·구급활동 등을 통하여 국민의 생명·신체 및 재산을 보호하는 업무를 수행한다(소방기본법 제1조, 제2조 제5호).

한편 경찰공무원은 국민의 생명·신체 및 재산의 보호, 범죄의 예방·진압 및 수사, 치안정보의 수집, 교통의 단속 기타 공공의 안녕과 질서유지를 그 임무로 한다(경찰법 제3조).

(나) 순직·공상 발생 현황

소방공무원은 2004년 말 현재 총 27,604명으로, 2000년부터 2004년 사이에 순직한 소방공무원은 총 53명이며, 그중 현장활동 등으로 인한 순직자는 22명, 그 외의 직무수행으로 인한 순직자는 31명이다. 그리고 위 같은 기간 동안 공상자는 총 1,414명이며, 그중 현장활동 등으로 인한 공상자는 954명, 기타 직무수행으로 인한 공상자는 460명에 이른다(소방방재청 제출자료). 이러한 자료에 따르면 직무수행으로 사망한 소방공무원 중 화재진압, 구조·구급 업무수행 또는 이와 관련된 교육훈련 중 사망한 경우에 해당하여 예우법상 순직군경으로 보훈혜택을 받는 비율은 41% 정도이다.

한편 경찰공무원은 2004년 말 현재 총 93,271명으로, 2000년부터 2004년 사이에 순직한 경찰공무원은 총 162명이며, 그 원인을 보면 과로로 인한 순직자가 107명으로 제일 비율이 높고, 그다음이 교통사고로 40명이다. 위 같은 기간 동안의 공상자는 총 4,395명이며, 그 원인은 안전사고가 1,713명, 교통사고가 1,217명의 순으로 높게 나타난다(경찰청홈페이지 통계자료).

(3) 평등권 침해 여부

(가) 법에 의한 국가유공자 등에 대한 예우는 생명 또는 신체의 손상이라는 특별한 희생에 대한 국가 보상적 내지 국가 보훈적 성격을 띠는 한편, 장기간에 걸쳐 수급권자의 생활보호를 위하여 주어지는 특성을 가지고 있으므로 사회보장적 성질도 겸하고 있다고 하지 않을 수 없다.

따라서 국가가 국가유공자에게 예우할 구체적인 의무의 내용이나 범위, 그 방법·시기 등은 국가의 재정부담능력과 전체적인 사회보장의 수준, 국가유공자에 대한 평가기준 등에 따라 정하여지는 입법자의 광범위한 입법형성의 자유영역에 속하는 것으로 기본적으로는 국가의 입법정책에 달려 있다고 할 것이다(헌재 1995. 7. 21. 93헌가14, 판례집 7-2, 1, 19-22; 1997. 6. 26. 94헌마52, 판례집 9-1, 659, 668-669; 1998. 2. 27. 97헌가

10등, 판례집 10-1, 15; 2000. 6. 1. 98헌마216, 판례집 12-1, 622, 639-641 각 참조).

또한 헌법상 평등의 원칙은 국가가 언제 어디에서 어떤 계층을 대상으로 하여 기본권에 관한 사항이나 제도의 개선을 시작할 것인지를 선택하는 것을 방해하지 않는다. 말하자면 국가는 합리적인 기준에 따라 능력이 허용하는 범위 내에서 법적 가치의 상향적 구현을 위한 제도의 단계적인 개선을 추진할 수 있는 길을 선택할 수 있어야 한다. 그것이 허용되지 않는다면 모든 사항과 계층을 대상으로 하여 동시에 제도의 개선을 추진하는 예외적인 경우를 제외하고는 어떠한 제도의 개선도 평등의 원칙 때문에 그 시행이 불가능하다는 결과에 이르게 되어 불합리할 뿐만 아니라 평등의 원칙이 실현하고자 하는 가치에도 어긋나기 때문이다(헌재 1990. 6. 25. 90헌마107, 판례집 2, 178, 197; 1991. 2. 11. 90헌가27, 판례집 3, 11, 25 각 참조).

(나) 우선 업무의 측면에서 소방공무원과 경찰공무원을 비교해 보면, 양쪽 모두 국민의 생명·신체 및 재산에 대한 구체적이고 직접적인 위험을 예방하고 보호하는 업무를 수행하고 그 과정에서 생명과 신체에 대한 상당한 위험을 부담한다는 점에서 유사하다고 할 수 있지만, 소방공무원은 화재의 예방·경계·진압과 구조·구급활동을, 경찰공무원은 치안유지와 교통단속 등을 주된 업무로 한다는 점에서 서로 다르다. 연혁적으로 보더라도 1969년 경찰공무원법 제정 당시 위 법에서 경찰공무원과 소방공무원을 같이 별정직 공무원으로 규율하였으나, 경찰공무원과 소방공무원의 직무의 이질성 등을 고려하여 1977년 소방공무원의 신분에 관한 규정을 경찰공무원법에서 분리하여 별도로 소방공무원법을 제정하게 된 것이다.

나아가 이와 같이 업무의 내용이 다름으로 인해 업무수행 중에 노출되는 위험상황의 성격과 정도에 있어서도 경찰공무원과 소방공무원이 서로 동일하다고 볼 수 없다. 더욱이 경찰공무원의 경우에는 전쟁이 발생하거나 이에 준하는 상황이 발생하는 경우 군인과 마찬가지로 고도의 위험을 무릅쓰고 부여된 업무를 수행할 것이 기대되므로 그와 같은 상황에서 업무를 수행하도록 뒷받침하기 위하여 정책적인 배려에서 예우법은 군인이나 경찰공무원이 직무수행 중 사망한 경우에는 순직군경으로 예우하도록 하고 있다.

그리고 그동안 국가는 소방공무원이 국가유공자로 예우를 받게 되는 대상자의 범위 등을 국가의 재정능력, 전체적인 사회보장의 수준과 국가에 대한 공헌과 희생의 정도 등을 감안하여 합리적인 범위 내에서 단계적으로 확대해왔다. 소방공무원에 대한 보훈혜택의 연혁을 보면, 1951. 경찰원호법 제정으로 소방관으로서 군경과 행동을 같이하여 전투 또는 전투에 준한 행위로 상이를 입거나 사망한 자만이 원호대상이었다가, 1974. 국가유공자및월남귀순자특별원호법의 개정으로 순직공무원이 원호대상에 포함되면서 공무수행 중 사망한 소방공무원은 순직공무원으로 보훈혜택을 받을 수 있게 되었다. 나아가 1995. 이 사건 법률조항의 신설로 화재진압 또는 구조·구급업무 수행 중 사망한 자에 대하여는 예우법상 순직군경으로서 보훈혜택을 받을 수 있도록 제도개선이 이루어졌고, 2001. 5. 24. 개정 시에는 화재진압, 구조·구급업무 수행 중 사망 또는 상이를 입은 소방공무원 외에 이와 관련된 교육훈련 중 사망 또는 상이를 입은 소방공무원에 대하여도 보훈혜택이 미치도록 그 대상이 확대되었다.

그렇다면 국가에 대한 공헌과 희생, 업무의 위험성의 정도, 국가의 재정상태 등을 고려하여 현장활동 등 이외의 사유로 직무수행 중 사망한 소방공무원에 대하여 순직군경으로서의 보훈혜택을 부여하지 않는다고 해서 이를 합리적인 이유 없는 차별에 해당한다고 볼 수 없다.

다만 매년 현장활동 등 이외의 직무수행과 관련하여 순직하는 소방공무원의 수가 해마다 10명이 채 되지 않으므로 이들에게 연금지급 등의 혜택을 부여하더라도 국가에 큰 재정적인 부담을 주는 것은 아니라는 점에서 소방공무원에 대한 처우개선, 사기진작을 위하여 직무수행 중 사망한 경우에도 순직군경으로 보훈혜택을 받을 수 있도록 하는 것이 바람직하다고 할 수 있다.

그러나 그렇다 하더라도 국가예산이나 재정, 전체적인 사회보장의 수준 등을 고려하여 단계적인 입법을 통하여 해결하는 것이 합리적이고 타당한 방안이며, 앞서 본 바와 같이 이 사건 법률조항이 현장활동 등 이외의 사유로 직무수행 중 사망한 소방공무원에 대하여 순직군경으로서의 보훈혜택을 부여하지 않는다고 해서 평등원칙이나 청구인들의 평등권을 침해하여 위헌이라고 할 수는 없다.

4. 결론

그렇다면 이 사건 법률조항은 헌법에 위반되지 아니하므로 주문과 같이 결정한다. 이 결정은 재판관 윤영철, 재판관 조대현의 아래 5.와 같은 반대의견이 있는 외에는 관여 재판관 전원의 일치된 의견에 의한 것이다.

5. 재판관 윤영철, 재판관 조대현의 반대의견

우리는 이 사건 법률조항이 청구인들의 평등권을 침해하여 위헌이라고 생각하므로 다음과 같이 반대의견을 밝힌다.

다수의견은 소방공무원과 경찰공무원이 수행하는 업무의 내용이 서로 다르고, 이로 인해 업무수행 중에 노출되는 위험상황의 성격과 정도도 동일하지 않으며, 경찰공무원의 경우 전시 또는 이에 준하는 상황이 발생하는 경우 군인과 같이 고도의 위험을 무릅쓰고 부여된 업무를 수행할 것이 기대되어 정책적인 배려를 하는 것이므로, 이로 인해 경찰공무원과 소방공무원 간에 보훈대상의 범위나 보훈혜택의 내용에 있어 차이가 있다 하더라도 평등원칙에 반하지 않는다고 한다.

그러나 소방업무나 경찰업무 모두 국민의 생명·신체 및 재산에 대한 구체적이고 직접적인 위험을 예방하고 보호하는 것을 목적으로 한다는 점에서 다르지 않다. 그리고 업무수행 중에 노출되는 위험상황의 성격과 정도에 있어서도 경찰공무원과 소방공무원 간에 크게 차이가 있다고 보기 어렵다. 앞서 나온 경찰공무원의 순직 또는 공상발생현황자료에 의하면, 순직원인 중 과로가 약 66%, 교통사고가 약 25%에 이르며, 공상원인은 안전사고가 약 38%, 교통사고가 약 27%로 나타나고 있는바, 이와 같은 경찰공무원의 순직·공상원인을 볼 때 범죄의 예방·진압 및 수사, 교통안전을 주된 업무로 하는 경찰업무가 화재의 예방·경계·진압, 화재, 재난·재해 그 밖의 위급한 상황에서의 구조·구급활동을 주된 업무로 하는 소방업무에 비하여 특별히 더 위험하다고 볼 만한 사정이 없다.

나아가 소방공무원의 경우 화재진압, 구조·구급 업무수행 또는 이와 관련된 교육훈련 중 사망하여 순직군경으로 예우받는 비율이 40% 정도에 불과하다는 점, 직무수행과 관련하여 순직하였으나 이 사건 법률조항의 요건에 해당하지 아니하여 예우법상 순직군경의 보훈혜택을 받지 못하는 순직 소방공무원의 수가 매년 10명 정도밖에 되지 않는 점 등을 종합하면, 직무를 성실히 수행함으로써 국민을 위해 봉사하다가 순직한 소방공무원에 대하여 국가가 응분의 예우를 하지 못하고 있는 것으로 판단될 뿐만 아니라 직무수행 중 순직한 것이라는 동일한 사유에도 불구하고 소방공무원을 경찰공무원과 달리 예우하는 것은 합리적 근거 없는 차별로서 청구인들의 평등권을 침해한다고 본다.

재판관 윤영철(재판장) 권　성 김효종 김경일 송인준 주선회
전효숙(주심) 이공현 조대현

<별첨 2> 대법원 2008. 6. 12. 선고 2007추42
판결【조례안재의결무효확인】

【판시사항】

[1] 지역주민에게 통행료를 지원하는 내용의 사무가 구 지방자치법 제9조 제2항에 정한 '지방자치단체의 사무'에 해당하는지 여부(적극)

[2] 지방자치단체에 의해 제정된 조례가 법령을 위반하는 경우의 효력(무효) 및 그 위반 여부의 판단 기준

[3] '인천광역시 공항고속도로 통행료지원 조례안'이 헌법의 평등원칙과 구 지방자치법 제13조 제1항 등에 위배되지 않는다고 한 사례

【판결요지】

[1] 인천광역시의회가 의결한 '인천광역시 공항고속도로 통행료지원 조례안'이 규정하고 있는 인천국제공항고속도로를 이용하는 지역주민에게 통행료를 지원하는 내용의 사무는, 구 지방자치법(2007. 5. 11. 법률 제8423호로 전문 개정되기 전의 것) 제9조 제2항 제2호 (가)목에 정한 주민복지에 관한 사업으로서 지방자치사무이다.

[2] 구 지방자치법(2007. 5. 11. 법률 제8423호로 전문 개정되기 전의 것) 제15조 본문은 "지방자치단체는 법령의 범위 안에서 그 사무에 관하여 조례를 제정할 수 있다."고 규정하고 있으므로, 지방자치단체가 제정한 조례가 법령을 위반하는 경우에는 효력이 없고, 조례가 법령을 위반하는지 여부는 법령과 조례 각각의 규정 취지, 규정의 목적과 내용 및 효과 등을 비교하여 둘 사이에 모순·저촉이 있는지의 여부에 따라서 개별적·구체적으로 결정하여야 한다.

[3] '인천광역시 공항고속도로 통행료지원 조례안'은 그 내용이 현서하게 힙리성을 결여하여 자의적인 기준을 설정한 것이라고 볼 수 없으므로 헌법의 평등원칙에 위배된다고 할 수 없고, 구 지방자치법(2007. 5. 11. 법률 제8423호로 전문 개정되기 전의 것) 제13조 제1항 등에도 위배되지 않는다고 한 사례

【참조조문】

[1] 구 지방자치법(2007. 5. 11. 법률 제8423호로 전문 개정되기 전의 것) 제9조 제2항 제2호 (가)목 / [2] 구 지방자치법(2007. 5. 11. 법률 제8423호로 전문 개정되

기 전의 것) 제15조(현행 제22조 참조) / [3] 헌법 제11조 제1항, 구 지방자치법 (2007. 5. 11. 법률 제8423호로 전문 개정되기 전의 것) 제10조 제3항, 제13조 제1항, 제98조 제1항(현행 제107조 제1항 참조), 제99조 제1항(현행 제108조 제101항 참조), 지방재정법 제17조

【참조판례】

[2] 대법원 2002. 4. 26. 선고 2002추23 판결(공2002상, 1272), 대법원 2003. 9. 23. 선고 2003추13 판결(공2003하, 2101), 대법원 2004. 4. 23. 선고 2002추16 판결

【전 문】

【원 고】

인천광역시장 (소송대리인 변호사 허은강)

【피 고】

인천광역시의회 (소송대리인 변호사 박철원)

【변론종결】

2008. 5. 15.

【주 문】

원고의 청구를 기각한다. 소송비용은 원고가 부담한다.

【청구취지】

피고가 2007. 4. 20.에 한 인천광역시 공항고속도로 통행료지원 조례안에 대한 재의결은 무효임을 확인한다.

【이 유】

1. 이 사건 조례안의 재의결 및 그 내용의 요지

갑 제1호증의 1, 2, 갑 제2호증의 1 내지 5, 갑 제3호증의 1, 2의 각 기재에 의하면,

다음과 같은 사실을 인정할 수 있다.

가. 피고가 2007. 3. 9. 인천광역시 공항고속도로 통행료지원 조례안(이하 '이 사건 조례안'이라 한다)을 의결하여 원고에게 이송하였고, 원고는 2007. 3. 28. 피고에게 위 조례안이 법령의 한계를 일탈하였다는 등의 이유로 피고에게 재의를 요구하였으나, 피고는 2007. 4. 20. 이 사건 조례안을 원안대로 재의결함으로써 위 조례안이 확정되었다.

나. 이 사건 조례안은 인천국제공항고속도로를 이용하는 지역주민에게 통행료를 지원함으로써 주민의 경제적 부담 경감과 이동권을 보장하여 지역주민의 복리증진에 기여함을 목적으로 제정된 것으로서(제1조), '통행료'라 함은 영종·용유지역 등 주민이 인천국제공항고속도로의 북인천 IC(북인천영업소)를 통과하여 인천(서울 포함)을 왕래하는 때에 납부하는 요금을 말하고(제2조), 지원대상은 인천광역시 중구(영종도, 용유도, 무의도, 잠진도, 실미도를 말한다) 및 옹진군(북도면을 말한다)에 주민등록을 필하고 실제로 거주하는 주민으로 하며(제5조), 시장은 제5조 제1항에서 규정하고 있는 지역에 거주하는 주민에 대하여 예산의 범위 안에서 통행료를 지원할 수 있고, 그에 따른 통행료 지원금액은 별도로 시장이 결정하며(제4조), 1가구에 차량 2대 이내로 지원하고, 이 경우 차량 1대에 대하여 4인 이내로 하며, 감면횟수는 감면대상차량 1대당 1일 왕복 1회로 하고, 이 경우 감면횟수를 초과한 차량은 정상요금을 납부하도록 하는 것(제6조)을 주요 내용으로 하고 있다.

2. 이 사건 사무의 성질에 대하여

원고는 이 사건 사무는 국가사무로서 지방자치법(2007. 5. 11. 법률 제8423호로 전문 개정되기 전의 것, 이하 같다) 제15조에 의하면 지방자치단체의 조례는 자치사무에 관하여 제정할 수 있고, 국가사무에 관한 사항은 조례제정의 범위 밖이라 할 것이어서 이 사건 조례안은 이 점에서 위법하다고 주장한다.

살피건대, 앞서 본 바와 같이 이 사건 조례안은 인천국제공항고속도로를 이용하는 지역주민에게 통행료를 지원하는 것을 주요 내용으로 하고 있는바, 위와 같이 지역주민에게 통행료를 지원하는 내용의 이 사건 사무는 지방자치법 제9조 제2항 제2호 (가)목에 정한 주민복지에 관한 사업에 해당하여 지방자치단체의 고유의 자치사무라고 할 것이므로, 위 사무가 국가사무임을 전제로 하는 원고의 주장은 이유 없다.

3. 이 사건 조례안의 법령 위반 여부

지방자치법 제15조 본문은 "지방자치단체는 법령의 범위 안에서 그 사무에 관하여 조례를 제정할 수 있다."고 규정하고 있으므로 지방자치단체가 제정한 조례가 법령에 위반되는 경우에는 효력이 없는 것이고(대법원 2002. 4. 26. 선고 2002추23 판결; 대법원 2003. 9. 23. 선고 2003추13 판결 등 참조), 조례가 법령에 위반되는지 여부는 법령과 조례의 각각의 규정 취지, 규정의 목적과 내용 및 효과 등을 비교하여 양자 사이에 모순·저촉이 있는지의 여부에 따라서 개별적·구체적으로 결정하여야 할 것이다(대법원 2004. 4. 23. 선고 2002추16 판결 참조).

가. 이 사건 조례안이 헌법상 평등원칙 등을 위반하였는지 여부

원고는, 이 사건 조례안은 아무런 합리적 이유 없이 특정지역주민들에 한정하여 통행료를 지원하는 것으로 그 밖의 인천광역시 주민들뿐만 아니라 해당 특정지역 주민들 중 자가용차량을 소유하지 않은 주민들까지 부당하게 차별대우하는 것이어서 헌법상의 평등원칙에 위배되어 위법하다고 주장한다.

살피건대, 이 사건 조례안은 영종도 등 주민에게 혜택을 부여하는 것으로서, 주민의 권리를 제한하거나 새로운 의무를 부과하는 조례안과는 달리 조례입안자에게 보다 광범위한 입법형성의 자유가 인정되는 것이므로 조례입안자는 그 조례제정의 목적, 수혜자의 상황, 예산 등 여러 사항을 고려하여 그에 합당하다고 스스로 판단하는 내용의 조례를 제정할 권한이 있다고 할 것이고, 그렇게 하여 제정된 조례의 내용이 현저하게 합리성이 결여되어 있는 것이 아닌 한 헌법에 위반된다고 할 수는 없다(헌법재판소 1993. 12. 23. 선고 89헌마189 결정; 헌법재판소 2007. 7. 26. 선고 2004헌마914 결정 등 참조).

그런데 이 사건 조례안에 의하더라도 영종·용유지역 등 주민이 인천국제공항고속도로의 북인천 IC(북인천영업소)를 통과하여 인천(서울 포함)을 왕래하는 때에 납부하는 통행요금을 지원하되, 지원액은 예산의 범위 안에서 1가구에 차량 2대 이내로 지원하고, 감면횟수는 감면대상차량 1대당 1일 왕복 1회로 하며, 감면횟수를 초과한 차량은 정상요금을 납부하도록 되어 있는바, 이 사건 조례안 제정의 목적, 수혜자의 상황, 예산 등 여러 상황을 고려할 때, 이 사건 조례안의 시행으로 인하여 다른 지역에 거주하는 주민과의 사이에 다소 규율의 차이가 발생하기는 하나, 이 사건 조례안은 그에 정한 일정한 조건에 해당하는 경우에는 아무런 차별 없이 지원하겠다는 것으로서, 위와 같이 통행요금 지원대상의 조건으로 정한 내용이 현저하게 합리성이 결여되어 자의적인 기준을 설정한

것이라고 볼 수 없으므로 이 사건 조례안이 평등원칙에 위배된다고 할 수 없다.

　나. 이 사건 조례안이 그 밖에 법령의 한계를 일탈하였는지 여부

　원고는, 이 사건 조례안은 주민은 법령이 정하는 바에 의하여 지방자치단체로부터 균등하게 행정의 혜택을 받을 권리를 가진다는 지방자치법 제13조에 위배된다고 주장하나, 지방자치법 제13조 제1항은 주민이 지방자치단체로부터 행정적 혜택을 균등하게 받을 수 있다는 권리를 추상적이고 선언적으로 규정한 것으로서, 위 규정에 의하여 주민이 지방자치단체에 대하여 구체적이고 특정한 권리가 발생하는 것이 아닐 뿐만 아니라, 지방자치단체가 주민에 대하여 균등한 행정적 혜택을 부여할 구체적인 법적 의무가 발생하는 것도 아니므로, 이 사건 조례안으로 인하여 주민들 가운데 일정한 조건에 해당하는 일부 주민이 지원을 받게 되는 혜택이 발생하였다고 하여 위 조례안이 지방자치법 제13조 제1항에 위반한 것이라고 볼 수는 없으므로, 원고의 위 주장은 이유 없다.

　원고는, 또한 이 사건 조례안은 지방자치법 제10조의 지방자치단체의 종류별 사무배분기준에 의하여 이들 도서지역의 주민들이 거주하고 있는 해당 기초자치단체인 인천 중구, 옹진군의 조례로 제정할 일이지, 광역자치단체인 피고의 조례로 제정하는 것은 지방자치단체의 종류별 사무배분기준을 정한 지방자치법 제10조 제3항에 위배된다고 주장하나, 지방자치법 제10조는 지방자치단체의 사무를 분담·수행하는 의무적 측면에서 사무배분기준을 정한 것이므로, 이 사건 조례안과 같이 광역지방자치단체가 산하 기초자치단체의 관할 구역에서 거주하는 주민들에게 재정적인 지원을 하는 수익적 내용의 조례를 제정하였다고 하여, 그 조례안이 지방자치법 제10조 제3항에 위반되는 것은 아니라고 할 것이므로, 원고의 위 주장도 이유 없다.

　원고는 그 밖에, 이 사건 조례안이 발효되어 시행되는 경우에는 원고의 재정부담 가중으로 예산상 십행에 어려움이 있으므로, 이 사건 조례안은 지방자치법 제98조 제1항의 공익을 현저히 해하고 같은 법 제99조 제1항의 예산상 집행할 수 없는 경비가 포함되어 있다고 인정되는 경우에 해당되어 위법하다거나 지방재정법 제17조에 위배되어 위법하다고 주장하나, 지방자치법 제98조 제1항 및 제99조 제1항에 정한 사유는 조례안 재의요구 사유에 불과할 뿐, 그에 해당한다고 하여 곧바로 이 사건 조례안이 위법하다고 단정할 수 없을 뿐만 아니라, 지방자치단체는 이론상 재정고권의 범위 내에서 예산을 집행할 수 있고, 이 사건 조례안의 내용에 의하더라도, 원고는 영종도 등 지역에 거주하는 주민에 대하여 예산의 범위 안에서 통행료를 지원하는 것이어서 어느 정도 자의적인 예산집

행이 방지된다고 보이기 때문에 이 사건 조례안이 시행되더라도 원고가 우려하는 바와 같이 지방재정에 압박을 받을 것으로 보이지도 않으며, 또한 이 사건 조례안이 정하고 있는 바와 같이 지방자치단체가 지방자치법 제9조 제2항 제2호 (가)목에 정한 주민복지에 관한 사업으로서 일정한 조건에 해당하는 주민이면 누구에게나 일정한 지원을 하겠다는 것은 지방재정법 제17조에 정한 '개인 또는 공공기관이 아닌 단체'에 특정하여 기부 등을 하는 것과는 구별되어야 할 것이므로, 이 사건 조례안이 지방자치법 제98조 제1항, 제99조 제1항, 지방재정법 제17조에 위반된다는 원고의 위 주장도 모두 이유 없다.

4. 결론

그러므로 이 사건 조례안은 적법하다고 할 것이므로, 이와 전제를 달리하는 원고의 청구는 이유 없어 이를 기각하기로 하고, 소송비용은 패소자가 부담하기로 하여, 관여 대법관들의 일치된 의견으로 주문과 같이 판결한다.

대법관　차한성(재판장) 고현철 김지형(주심) 전수안

<별첨 3> 한국철도공사법 부칙 제8조 위헌확인
[2007. 7. 6. 선고 2004헌마914 결정]

【판시사항】

1. 시혜적인 법령조항의 적용 대상자가 그 시혜의 내용이 기대에 미치지 못한다는 이유로 당해 법령조항을 대상으로 헌법소원심판을 청구한 경우, 기본권침해의 가능성이나 위험성이 있는지 여부(소극)
2. 시혜적인 법률의 적용대상에서 제외되었다는 이유만으로 재산권 침해가 발생하는지 여부(소극)
3. 시혜적인 법률에 관한 입법재량

【결정요지】

1. 어떤 법령조항이 헌법소원을 청구하고자 하는 사람에 대하여 시혜적인 내용을 담고 있는 경우라면, 그 법령조항은 적용 대상자에게 자유의 제한, 의무의 부과, 권리 또는 법적 지위의 박탈을 초래하지 아니하여 애당초 기본권침해의 가능성이나 위험성이 없다 할 것이므로, 당해 법령조항을 대상으로 헌법재판소법 제68조 제1항이 정한 권리구제형 헌법소원심판을 청구하는 것은 허용되지 아니한다.
2. 재산권에 관계되는 시혜적인 입법의 적용대상에서 제외되었다 하더라도 그 이유만으로 재산권의 침해가 생기는 것은 아니고, 또 시혜적 입법이 적용될 경우 얻을 수 있는 재산상 이익의 기대가 성취되지 않았다고 하여도, 그러한 단순한 재산상 이익의 기대는 헌법이 보호하는 재산권의 영역에 포함되지 않는다.
3. 시혜적인 법률은 국민의 권리를 제한하거나 새로운 의무를 부과하는 법률과는 달리 입법자에게 보다 광범위한 입법형성의 자유가 인정되므로, 입법자는 그 입법의 목적, 수혜자의 상황, 국가예산 등 제반사항을 고려하여 그에 합당하다고 스스로 판단하는 내용의 입법을 할 권한이 있다 할 것이고, 그렇게 하여 제정된 법률의 내용이 현저하게 합리성이 결여되어 있다고 보이지 아니하는 한 헌법에 위반된다 할 수 없다.

【참조조문】

헌법 제11조 제1항, 제13조 제2항, 제23조 제1항

헌법재판소법 제68조 제1항

공무원연금법(2000. 12. 30. 법률 제6328호로 일부 개정된 것) 부칙 제10조

(퇴직연금의 지급에 관한 경과조치) ① 생략

② 이 법 시행 당시 재직 중인 공무원(1995년 12월 31일 이전에 임용되었거나, 1996년 1월 1일 이후에 임용된 공무원으로서 1995년 12월 31일 이전의 공무원·군인 및 사립학교교직원 경력을 합산받은 자를 말한다. 이하 제3항 및 제4항에서 같다)으로서 재직기간이 20년 미만인 자가 이 법 시행 이후 재직기간이 20년 이상이 되어 퇴직한 경우의 퇴직연금은 제46조 제1항 제1호 및 제2호의 개정규정에 불구하고 다음 각 호의 퇴직연도(퇴직한 날의 전날이 속하는 연도 또는 사망한 날이 속하는 연도를 말한다)별로 정한 해당 연령에 도달한 때부터 지급한다. 다만, 제46조 제1항 제2호의 개정규정에 의한 정년 또는 근무상한연령에 먼저 도달한 때에는 그러하지 아니하다.

1. 2001년부터 2002년: 50세
2. 2003년부터 2004년: 51세
3. 2005년부터 2006년: 52세
4. 2007년부터 2008년: 53세
5. 2009년부터 2010년: 54세
6. 2011년부터 2012년: 55세
7. 2013년부터 2014년: 56세
8. 2015년부터 2016년: 57세
9. 2017년부터 2018년: 58세
10. 2019년부터 2020년: 59세

③~⑤ 생략

공무원연금법 제42조

(장기급여) 이 법에 의한 장기급여는 다음과 같다.

1. 퇴직급여

가. 퇴직연금

나. 퇴직연금일시금

다. 퇴직연금공제일시금

라. 퇴직일시금

마. 삭제

2. 장해급여

가. 장해연금

나. 장해보상금

3. 유족급여

가. 유족연금

나. 유족연금부가금

다. 유족연금특별부가금

라. 유족연금일시금

마. 유족일시금

바. 삭제

사. 유족보상금

4. 퇴직수당

공무원연금법 제46조

(퇴직연금 또는 퇴직연금일시금) ① 공무원이 20년 이상 재직하고 퇴직한 때에는 다음 각 호의 1에 해당하는 때부터 사망할 때까지 퇴직연금을 지급한다.

1. 60세에 도달한 때

2. 법률 또는 국회규칙·대법원규칙·헌법재판소규칙·중앙선거관리위원회규칙 및 대통령령(이하 "공무원임용관계법령 등"이라 한다)에서 정년 또는 근무상한연령(공무원임용관계법령 등에서 근무상한연령을 정하지 아니한 공무원의 근무상한연령은 공무원임용관계법령 등에서 정한 그 공무원과 유사한 직위의 공무원의 근무상한연령 등을 고려하여 대통령령이 정하는 연령을 말한다)을 60세 미만으로 정한 경우에는 당해 정년 또는 근무상한연령에 도달한 때

3. 공무원임용관계법령 등에서 정한 계급정년에 도달하여 퇴직한 때

4. 직제와 정원의 개폐 또는 예산의 감소 등에 의하여 폐직 또는 과원으로 인하여 퇴직한 때

5. 대통령령이 정하는 폐질상태로 된 때

②~③ 생략

④ 재직기간 20년에 대한 퇴직연금의 금액은 평균보수월액의 100분의 50에 상당하는

금액으로 하고, 재직기간(공제일시금을 지급받는 때에는 재직기간에서 공제일시금지급계산에 산입된 재직기간을 공제한 잔여재직기간)이 20년을 초과할 때에는 그 초과하는 매 1년(1년 미만의 매 1월은 12분의 1년으로 계산한다. 이하 같다)에 대하여 평균보수월액의 100분의 2에 상당하는 금액을 가산한 금액으로 한다. 이 경우에 퇴직연금의 금액은 평균보수월액의 100분의 76을 초과하지 못한다.

⑤~⑧ 생략

공무원연금법 제47조

(퇴직연금 또는 조기퇴직연금의 지급정지) ① 퇴직연금 또는 조기퇴직연금의 수급자가 이 법, 군인연금법 또는 사립학교교직원연금법의 적용을 받는 공무원·군인 또는 사립학교교직원으로 임용된 때에는 그 재직기간 중 해당 연금의 전부의 지급을 정지한다.

② 퇴직연금 또는 조기퇴직연금 수급자가 연금 외의 「소득세법」 제19조 제2항의 규정에 의한 사업소득금액(대통령령이 정하는 사업소득금액을 제외한다) 또는 같은 법 제20조 제2항의 규정에 의한 근로소득금액이 있고, 각 소득금액 또는 이를 합산한 소득금액의 월평균금액(이하 "소득월액"이라 한다)이 전년도 평균임금월액을 초과한 때에는 퇴직연금 또는 조기퇴직연금에서 다음의 금액을 지급정지한다. 이 경우 지급정지액은 퇴직연금 또는 조기퇴직연금의 2분의 1을 초과할 수 없다.

③ 제2항의 "평균임금월액"이라 함은 상시 5인 이상의 근로자를 사용하는 사업 또는 사업장(농업·임업 및 수산업을 제외한다)을 기준으로 「통계법」 제2조의 규정에 따라 노동부장관이 작성하는 매월 노동통계보고서상의 근로자 1인의 임금총액의 연평균금액을 말한다.

④ 제2항의 규정에 따른 소득월액 및 평균임금월액의 산정과 지급정지방법 등에 관하여 필요한 사항은 대통령령으로 정한다.

공무원연금법 제48조

(퇴직일시금) ① 공무원이 20년 미만 재직하고 퇴직한 때에는 퇴직일시금을 지급한다.

② 생략

공무원연금법 제50조

(공사화 관련 퇴직급여의 연계) ① 국가 또는 지방자치단체의 특정업무가 공사 또는 이와 유사한 기관·단체(이하 "공사"라 한다)로 이관됨에 따라 그 업무(관련업무를 포함한다)에 종사하던 공무원이 퇴직하고 공사의 임·직원이 되는 경우에는 당해 공사의 퇴직급여계산에 있어서는 그 임·직원의 제23조의 규정에 의한 종전의 공무원재직기간을

당해 공사의 재직기간으로 합산하고, 그 임·직원이 공사에서 퇴직하거나 사망한 때에 이 법에 의한 종전의 공무원으로서의 퇴직급여인 퇴직연금일시금 또는 퇴직일시금에 상당하는 금액을 공단에서 당해 공사에 이체한다.

② 생략

국가공무원법 제70조

(직권면직) ① 공무원이 다음 각 호의 1에 해당할 때에는 임용권자는 직권에 의하여 면직시킬 수 있다.

1.~2. 삭제

3. 직제와 정원의 개폐 또는 예산의 감소 등에 의하여 폐직 또는 과원이 되었을 때

4. 휴직기간의 만료 또는 휴직사유가 소멸된 후에도 직무에 복귀하지 아니하거나 직무를 감당할 수 없을 때

5. 제73조의3 제3항의 규정에 의하여 대기명령을 받은 자가 그 기간 중 능력 또는 근무성적의 향상을 기대하기 어렵다고 인정된 때

6. 전직시험에서 3회 이상 불합격한 자로서 직무수행능력이 부족하다고 인정된 때

7. 징병검사·입영 또는 소집의 명령을 받고 정당한 이유 없이 이를 기피하거나 군복무를 위하여 휴직 중에 있는 자가 재영 중 군무를 이탈하였을 때

8. 당해 직급에서 직무를 수행하는 데 필요한 자격증의 효력이 상실되거나 면허가 취소되어 담당 직무를 수행할 수 없게 된 때

9. 고위공무원단에 속하는 공무원이 제70조의2의 규정에 의한 적격심사 결과 부적격결정을 받은 때

②~⑥ 생략

국민연금법 제12조

(가입자 자격의 상실시기) ① 사업장가입자는 다음 각 호의 1에 해당하게 된 날의 다음 날에 그 자격을 상실한다. 다만, 제6호의 경우에는 그 해당하게 된 날에 그 자격을 상실한다.

1.~4. 생략

5. 60세에 달한 때

6. 생략

②~③ 생략

국민연금법 제56조

(노령연금의 수급권자) ① 가입기간이 20년 이상인 가입자 또는 가입자이었던 자가 60세(특수직종근로자의 경우에는 55세)에 달한 때에는 그 때부터 그가 생존하는 동안 노령연금을 지급한다.

② 가입기간이 10년 이상 20년 미만인 가입자 또는 가입자이었던 자가 60세(특수직종근로자의 경우에는 55세)에 달한 때에는 그 때부터 그가 생존하는 동안 제1항의 규정에 의한 노령연금액에서 일정한 금액을 감액한 연금(이하 "감액노령연금"이라 한다)을 지급한다.

③ 가입기간이 10년 이상인 자로서 소득이 있는 업무에 종사하고 있는 경우 60세 이상 65세 미만의 기간(특수직종근로자의 경우에는 55세 이상 60세 미만의 기간) 동안에는 일정한 금액의 연금(이하 "재직자노령연금"이라 한다)을 지급한다.

④ 가입기간이 10년 이상인 가입자 또는 가입자이었던 자로서 55세 이상인 자가 소득이 있는 업무에 종사하지 아니하는 경우에는 제1항의 규정에 불구하고 60세에 달하지 아니하더라도 본인의 희망에 의하여 그가 생존하는 동안 일정한 금액의 연금(이하 "조기노령연금"이라 한다)을 지급받을 수 있다.

⑤ 제3항 및 제4항의 규정에 의한 소득이 있는 업무의 범위는 대통령령으로 정한다.

철도산업발전기본법 제25조

(고용승계 등) ① 철도공사 및 철도시설공단은 철도청 직원 중 공무원 신분을 계속 유지하는 자를 제외한 철도청 직원 및 고속철도건설공단 직원의 고용을 포괄하여 승계한다.

② 국가는 제1항의 규정에 의하여 철도청 직원 중 철도공사 및 철도시설공단 직원으로 고용이 승계되는 자에 대하여는 근로여건 및 퇴직급여의 불이익이 발생하지 않도록 필요한 조치를 한다.

한국철도공사법(2003. 12. 31. 법률 제7052호로 제정된 것) 부칙 제7조

(직원의 임용특례 등) ① 철도청장은 소속 공무원 중 공무원 신분을 계속 유지하고자 하는 자와 공사의 직원으로 신분이 전환될 자를 확정하여 공사가 직원을 임용할 수 있도록 조치하여야 한다.

② 공사 설립 당시 공무원 신분을 계속 유지하는 자와 한국철도시설공단법에 의하여 한국철도시설공단(이하 "공단"이라 한다) 직원으로 임용된 자를 제외한 철도청 직원은 공사의 직원으로 임용한다.

③ 공사는 이 법 시행 당시 고속철도와 관련하여 차량점검·운전 등 차량운영업무에

종사하던 공단의 직원이 희망할 경우 공사의 직원으로 임용한다.

④ 제2항의 규정에 의하여 공사의 직원으로 임용된 때에는 공무원 신분에서 퇴직한 것으로 본다.

⑤ 제2항의 규정에 의하여 공무원이었던 자가 공사의 직원으로 임용된 자의 정년은 그 직원의 공무원 퇴직 당시의 직급에 적용되던 국가공무원법상의 정년에 의한다. 다만, 공사의 직원정년이 국가공무원법상의 정년보다 장기인 때에는 그러하지 아니하다.

⑥ 제3항의 규정에 의하여 공단의 직원이었던 자가 공사의 직원으로 임용된 자의 정년은 그 직원의 공단퇴직시의 직급에 적용되던 정년에 의한다. 다만, 공사의 직원정년이 공단의 정년보다 장기인 때에는 그러하지 아니하다.

한국철도공사법(2003. 12. 31. 법률 제7052호로 제정된 것) 제8조

(철도청에서 퇴직하고 공사 또는 공단의 직원으로 임용된 자에 대한 공무원연금법의 적용에 관한 특례) ① 생략

② 제1항의 규정에 의한 연금법의 적용신청을 하여 연금법 제3조 제1항 제1호의 규정에 의한 공무원으로 의제되는 철도공사 등의 직원(이하 이 조에서 "연금법적용대상직원"이라 한다)은 연금법에 의한 재직기간이 20년에 도달하는 달의 말일에 공무원에서 퇴직한 것으로 본다. 다만, 재직기간이 20년에 도달하기 전에 공사에서 퇴직하거나 사망한 경우에는 그 퇴직한 날의 전날 또는 사망한 날까지 공무원으로 재직한 것으로 본다.

③ 생략

④ 연금법적용대상직원에 대하여는 철도공사 등의 장을 연금법 제3조 제1항 제6호의 규정에 의한 기관장으로, 철도공사 등의 직원으로서 소득세법에 의한 원천징수의무자를 연금법 제3조 제1항 제7호의 규정에 의한 기여금징수의무자로 본다.

⑤ 생략

⑥ 제5항의 규정에 불구하고 연금법에 의한 재직기간이 20년에 도달한 연금법적용대상직원이 제5항 제1호 및 제2호의 규정에 의한 연령에 달하지 아니하고 제2항의 규정에 의하여 공무원에서 퇴직한 때에는 본인이 원하는 경우에는 그가 사망할 때까지 연금법 제46조 제2항 각 호의 규정에 의하여 조기퇴직연금을 지급할 수 있다.

⑦ 연금법적용대상직원에 대하여 연금법 제64조의 규정을 적용함에 있어서 동조 제1항 제1호 및 동조 제2항의 규정에 의한 "재직 중의 사유"는 이를 "재직 중의 사유(제1항의 규정에 의하여 공무원으로 의제되는 기간 중의 사유를 포함한다)"로, 동조 제1항 제2호의 규정에 의한 "탄핵 또는 징계에 의하여 파면된 때"를 "제1항의 규정에 의하여 공무원으

로 의제되는 기간 중의 사유로 철도공사 등에서 징계에 의하여 파면된 때"로 각각 본다.

⑧ 연금법적용대상직원에 대한 퇴직수당의 지급에 소요되는 비용은 연금법 제65조 제3항의 규정에 불구하고 철도공사 등이 이를 부담·관리한다. 다만, 연금법적용대상직원이 부칙 제7조 제2항의 규정에 의하여 철도청 소속 공무원에서 퇴직한 때에 지급하여야 할 퇴직수당에 상당하는 금액은 연금법적용대상직원이 철도공사 등의 직원으로 임용된 때에 연금관리공단에서 철도공사 등으로 이체한다.

⑨ 연금법적용대상직원에 대한 연금법 제69조 제1항의 규정에 의한 연금부담금 및 보전금은 철도공사 등이 이를 부담한다.

⑩ 연금법적용대상직원은 제1항의 규정에 의하여 공무원으로 의제되는 기간까지 국민연금법 제6조의 규정에 의한 국민연금의 가입대상에서 제외한다.

⑪ 연금법적용대상직원이 제1항의 규정에 의하여 공무원으로 의제되는 기간은 근로기준법 제34조의 규정에 의한 퇴직금 산정을 위한 계속근로연수에서 이를 제외한다.

⑫ 연금법적용대상직원에 대한 퇴직급여·유족급여(유족보상금을 제외한다) 및 퇴직수당의 산정·지급, 그 비용의 징수 등에 관하여 이 조에서 특별히 정하지 아니한 사항에 대하여는 연금법의 규정을 적용한다.

한국철도시설공단법 제8조

(철도운영자와의 협의 등) ① 공단은 제7조의 규정에 의한 사업을 시행함에 있어서 철도의 안전 확보, 철도의 운영개선 및 철도기능의 원활한 발휘를 위하여 철도운영자와 상호협력체계 구축 등 필요한 조치를 강구하여야 한다.

② 철도시설의 건설·유지보수·관리 및 역세권 개발 등의 계획과 그 시행방법 등 공단과 철도운영자 간의 상호 협력·협의에 관하여 필요한 사항은 건설교통부령으로 정한다.

【참조판례】

1. 헌재 1992. 11. 12. 91헌마192, 판례집 4, 813, 823

   헌재 1995. 7. 21. 94헌마191, 판례집 7-2, 195, 201

2. 헌재 1999. 7. 22. 98헌바14, 판례집 11-2, 205, 220-221

3. 헌재 1993. 12. 23. 89헌마189 판례집 5-2, 623, 640

   헌재 1999. 7. 22. 98헌바14 판례집 11-2, 205, 219

【전 문】

【당사자】

청 구 인   전○근 외 8인

청구인들 대리인   1. 법무법인 세종 담당변호사 황상현 외 3인

2. 법무법인 광장 담당변호사 곽현수 외 2인

【주 문】

1. 청구인 전○근, 변○종, 정○철, 신○경, 김○웅, 노○옥, 서○원, 최○영의 심판청구를 각하한다.

2. 청구인 조○희의 심판청구를 기각한다.

【이 유】

1. 사건의 개요와 심판의 대상

가. 사건의 개요

(1) 철도산업의 경쟁력을 높이고 발전기반을 조성하여 철도산업의 효율성 및 공익성의 향상과 국민경제 발전에 이바지할 목적으로, 2003. 7. 29. 법률 제6955호로 철도산업발전기본법이 제정되어, 2003. 10. 30.부터 시행되었다.

이 법은 철도산업을 '철도시설'과 '철도운영'으로 양분하고, 철도청과 고속철도건설공단의 관련조직을 통폐합 또는 전환하여 구조개혁을 추진하되, 철도시설은 국가가 소유하는 것을 원칙으로 하여 그 건설 및 관리를 한국철도시설공단(이하 '시설공단'이라 한다)이 담당하고, 철도운영은 시장경제원리에 따라 국가 이외의 자가 운영하는 것을 원칙으로 하여 그 관련사업의 경영을 한국철도공사(이하 '철도공사'라 한다)가 담당하도록 하였고, 이를 위하여 2003. 7. 29. 한국철도시설공단법(이하 '시설공단법'이라 한다)이, 2003. 12. 31. 법률 제7052호로 한국철도공사법(이하 '법'이라 한다)이 제정되어, 2004. 1. 1. 시설공단과 2005. 1. 1. 철도공사가 설립되었다.

(2) 법 부칙 제7조는, 철도공사의 출범에 즈음하여, 철도청장은 그 소속 공무원 중 공무원의 신분을 계속 유지하려는 자와 철도공사의 직원으로 신분이 전환될 자를 확정하여 철도공사가 직원을 임용할 수 있도록 조치하고(제1항), 철도공사 설립 당시 공무원의 신분을 계속 유지하는 자 및 시설공단법에 의하여 시설공단 직원으로 임용된 자를 제외한 철도청 직원은 철도공사의 직원으로 임용하도록 하며(제2항), 이들이 철도공사 직원으로

임용된 때에는 공무원 신분에서 퇴직한 것으로 보도록 하였다(제4항).

(3) 또 법 부칙 제8조는, 2003. 10. 29. 이전에 철도청 소속 공무원으로 재직(휴직 중인 자 포함)한 자 및 2003. 10. 29. 이전에 철도청 소속 공무원으로 재직하였다가 법 시행일인 2005. 1. 1. 이전에 철도청 소속 공무원으로 다시 임용된 자(이하 '2003. 10. 29. 이전 재직자'라 한다)가 공무원에서 퇴직하고 철도공사 또는 시설공단(이하 '철도공사 등'이라 한다)의 직원으로 임용되는 경우, 공무원연금법에 의한 재직기간이 20년 미만인 자가 철도공사 등의 직원으로 임용된 날부터 2월 이내에 공무원연금관리공단에 공무원연금법의 적용신청을 한 때에는 공무원연금법에 의한 재직기간이 20년이 될 때까지 공무원으로 봄으로써 공무원연금법의 적용을 부분적으로 인정하되, 다만 종래 공무원 신분에서 받을 수 있던 공무원연금법상의 여러 급여들을 그 요건과 내용에 있어 일부 제한하는 특례(이하 '공무원의제특례'라 한다)를 마련하였다.

(4) 청구인들은 원래 철도청 소속 5급 이하 공무원들로, 그중 전○근, 변○종, 정○철, 신○경, 김○웅, 노○옥(이하 '청구인 전○근 등'이라 한다)은 2003. 10. 29. 이전부터 재직하였고, 서○원, 최○영, 조○희는 2003. 10. 30. 이후 임용되었다.

(5) 청구인들은 2004. 11. 25. 법 부칙 제8조 제1항, 제3항, 제5항이 청구인들의 재산권 및 평등권을 침해하고 신뢰보호의 원칙에 위배된다며, 그중 법 부칙 제8조 제1항에 대하여는 청구인들 모두가, 제3항, 제5항에 대하여는 청구인 전○근 등이 이 사건 헌법소원심판을 청구하였다.

(6) 그 후 청구인 서○원, 최○영은 2004. 12. 30. 타 부처로 전출되어 공무원의 신분을 그대로 유지하였고, 나머지 청구인들은 2005. 1. 1. 철도공사 설립과 동시에 그 직원으로 임용되어 공무원 신분에서 퇴직하게 되었다.

(7) 2003. 10. 29. 이전의 재직자인 청구인 전○근 등은 법 부칙 제8조 제1항에 의하여 철도공사 직원으로 임용된 날로부터 2월 이내에 공무원연금법의 적용신청을 하여, 같은 조 제1항, 제3항 및 제5항의 적용을 받게 되었다.

나. 심판의 대상

청구인 전○근 등은 법 부칙 제8조 제3항 전체에 대하여 헌법소원심판을 청구하였으나, 이들 모두 연봉제 대상의 공무원이 아니므로, 이 사건 심판대상을 위 조항 중 본문만으로 한정하기로 한다.

그렇다면 이 사건의 심판대상은 법 부칙 제8조 제1항, 제3항 본문, 제5항(이하 '이 사건 심판대상조항'이라 한다)이고, 이들과 그 관련조항의 내용은 다음과 같다.

한국철도공사법(2003. 12. 31. 법률 제7052호로 제정된 것) 부칙 제8조

(철도청에서 퇴직하고 공사 또는 공단의 직원으로 임용된 자에 대한 공무원연금법의 적용에 관한 특례) ① 2003년 10월 29일 이전에 철도청 소속 공무원으로 재직(휴직 중인 자를 포함한다)한 자와 2003년 10월 29일 이전에 철도청 소속 공무원으로 재직했던 자로서 이 법 시행일 이전에 철도청 소속 공무원으로 새로이 임용된 자가 부칙 제7조 제2항 및 한국철도시설공단법 부칙 제8조 제1항의 규정에 의하여 공무원에서 퇴직하고 철도공사 또는 시설공단(이하 '철도공사 등'이라 한다)의 직원으로 임용되는 경우 공무원연금법(이하 이 조에서 '연금법'이라 한다)에 의한 재직기간이 20년 미만인 자는 철도공사 등의 직원으로 임용된 날부터 2월 이내에 연금법 제4조의 규정에 의하여 설립된 공무원연금관리공단(이하 이 조에서 '연금관리공단'이라 한다)에 연금법의 적용신청을 한 때에는 연금법에 의한 재직기간이 20년이 될 때까지 연금법 제3조 제1항 제1호의 규정에 의한 공무원으로 보되, 연금법 제42조의 규정에 의한 장기급여 중 퇴직급여·유족급여(유족보상금을 제외한다) 및 퇴직수당에 한하여 이를 지급한다.

③ 연금법 적용대상 직원의 연금법 제3조 제1항 제4호의 규정에 의한 보수월액은 철도공사 등의 직원으로 임용되기 전날의 공무원의 직급·호봉에서 계속 승급한 것으로 보아 획정한 호봉에 의하여 산정한 보수월액의 상당액으로 한다.

⑤ 연금법에 의한 재직기간이 20년에 도달한 연금법 적용대상 직원에 대하여는 연금법 제46조 제1항의 규정에 불구하고 다음 각 호의 1에 해당하는 때부터 퇴직연금을 지급한다.

1. 60세에 도달한 때
2. 철도공사 등의 정년에 도달한 때
3. 연금법 제46조 제1항 제5호에 해당한 때
4. 법률 제6328호 공무원연금법 중 개정법률 부칙 제10조 제2항에 해당한 때

[관련조항]

철도산업발전기본법 제25조(고용승계 등) ① 철도공사 및 철도시설공단은 철도청 직원 중 공무원 신분을 계속 유지하는 자를 제외한 철도청 직원 및 고속철도건설공단 직원의 고용을 포괄하여 승계한다.

② 국가는 제1항의 규정에 의하여 철도청 직원 중 철도공사 및 철도시설공단 직원으로 고용이 승계되는 자에 대하여는 근로여건 및 퇴직급여의 불이익이 발생하지 않도록

필요한 조치를 한다.

한국철도공사법(2003. 12. 31. 법률 제7052호로 제정된 것) 부칙 제7조

(직원의 임용특례 등) ① 철도청장은 소속 공무원 중 공무원 신분을 계속 유지하고자 하는 자와 철도공사의 직원으로 신분이 전환될 자를 확정하여 철도공사가 직원을 임용할 수 있도록 조치하여야 한다.

② 철도공사 설립 당시 공무원 신분을 계속 유지하는 자와 한국철도시설공단법에 의하여 한국철도시설공단 직원으로 임용된 자를 제외한 철도청 직원은 철도공사의 직원으로 임용한다.

④ 제2항의 규정에 의하여 철도공사의 직원으로 임용된 때에는 공무원 신분에서 퇴직한 것으로 본다.

제8조

(철도청에서 퇴직하고 공사 또는 공단의 직원으로 임용된 자에 대한 공무원연금법의 적용에 관한 특례) ① (생략: 이 사건 심판대상조항)

② 제1항의 규정에 의한 연금법의 적용신청을 하여 연금법 제3조 제1항 제1호의 규정에 의한 공무원으로 의제되는 철도공사 등의 직원(이하 이 조에서 '연금법 적용대상 직원'이라 한다)은 연금법에 의한 재직기간이 20년에 도달하는 달의 말일에 공무원에서 퇴직한 것으로 본다. 다만, 재직기간이 20년에 도달하기 전에 철도공사에서 퇴직하거나 사망한 경우에는 그 퇴직한 날의 전날 또는 사망한 날까지 공무원으로 재직한 것으로 본다.

③ (본문 생략: 이 사건 심판대상조항) 다만, 연봉을 받는 공무원이었던 연금법 적용대상 직원의 보수월액은 행정자치부장관이 별도로 정하는 바에 따른다.

④ 연금법 적용대상 직원에 대하여는 철도공사 등의 장을 연금법 제3조 제1항 제6호의 규정에 의한 기관장으로, 철도공사 등의 직원으로서 소득세법에 의한 원천징수의무자를 연금법 제3조 제1항 제7호의 규정에 의한 기여금징수의무자로 본다.

⑤ (생략: 이 사건 심판대상조항)

⑥ 제5항의 규정에 불구하고 연금법에 의한 재직기간이 20년에 도달한 연금법 적용대상 직원이 제5항 제1호 및 제2호의 규정에 의한 연령에 달하지 아니하고 제2항의 규정에 의하여 공무원에서 퇴직한 때에는 본인이 원하는 경우에는 그가 사망할 때까지 연금법 제46조 제2항 각 호의 규정에 의하여 조기퇴직연금을 지급할 수 있다.

⑦ 연금법 적용대상 직원에 대하여 연금법 제64조의 규정을 적용함에 있어서 동조 제1항 제1호 및 동조 제2항의 규정에 의한 '재직 중의 사유'는 이를 '재직 중의 사유(제1

항의 규정에 의하여 공무원으로 의제되는 기간 중의 사유를 포함한다)'로, 동조 제1항 제2호의 규정에 의한 '탄핵 또는 징계에 의하여 파면된 때'를 '제1항의 규정에 의하여 공무원으로 의제되는 기간 중의 사유로 철도공사 등에서 징계에 의하여 파면된 때'로 각각 본다.

⑧ 연금법 적용대상 직원에 대한 퇴직수당의 지급에 소요되는 비용은 연금법 제65조 제3항의 규정에 불구하고 철도공사 등이 이를 부담·관리한다. 다만, 연금법 적용대상 직원이 부칙 제7조 제2항의 규정에 의하여 철도청 소속 공무원에서 퇴직한 때에 지급하여야 할 퇴직수당에 상당하는 금액은 연금법 적용대상 직원이 철도공사 등의 직원으로 임용된 때에 연금관리공단에서 철도공사 등으로 이체한다.

⑨ 연금법 적용대상 직원에 대한 연금법 제69조 제1항의 규정에 의한 연금부담금 및 보전금은 철도공사 등이 이를 부담한다.

⑩ 연금법 적용대상 직원은 제1항의 규정에 의하여 공무원으로 의제되는 기간까지 국민연금법 제6조의 규정에 의한 국민연금의 가입대상에서 제외한다.

⑪ 연금법 적용대상 직원이 제1항의 규정에 의하여 공무원으로 의제되는 기간은 근로기준법 제34조의 규정에 의한 퇴직금 산정을 위한 계속근로연수에서 이를 제외한다.

⑫ 연금법 적용대상 직원에 대한 퇴직급여·유족급여(유족보상금을 제외한다) 및 퇴직수당의 산정·지급, 그 비용의 징수 등에 관하여 이 조에서 특별히 정하지 아니한 사항에 대하여는 연금법의 규정을 적용한다.

공무원연금법 제42조(장기급여) 이 법에 의한 장기급여는 다음과 같다.

1. 퇴직급여

가. 퇴직연금

나. 퇴직연금일시금

다. 퇴직연금공세일시금

라. 퇴직일시금

마. 삭제

2. 장해급여

가. 장해연금

나. 장해보상금

3. 유족급여

가. 유족연금

나. 유족연금부가금

다. 유족연금특별부가금

라. 유족연금일시금

마. 유족일시금

바. 삭제

사. 유족보상금

4. 퇴직수당

제46조

(퇴직연금 또는 퇴직연금일시금) ① 공무원이 20년 이상 재직하고 퇴직한 때에는 다음 각 호의 1에 해당하는 때부터 사망할 때까지 퇴직연금을 지급한다.

1. 60세에 도달한 때

2. 법률 또는 국회규칙·대법원규칙·헌법재판소규칙·중앙선거관리위원회규칙 및 대통령령(이하 '공무원 임용관계 법령 등'이라 한다)에서 정년 또는 근무상한연령(공무원 임용관계 법령 등에서 근무상한연령을 정하지 아니한 공무원의 근무상한연령은 공무원 임용관계 법령 등에서 정한 그 공무원과 유사한 직위의 공무원의 근무상한연령 등을 고려하여 대통령령이 정하는 연령을 말한다)을 60세 미만으로 정한 경우에는 당해 정년 또는 근무상한연령에 도달한 때

3. 공무원 임용관계 법령 등에서 정한 계급정년에 도달하여 퇴직한 때

4. 직제와 정원의 개폐 또는 예산의 감소 등에 의하여 폐직 또는 과원으로 인하여 퇴직한 때

5. 대통령령이 정하는 폐질상태로 된 때

④ 재직기간 20년에 대한 퇴직연금의 금액은 평균보수월액의 100분의 50에 상당하는 금액으로 하고, 재직기간(공제일시금을 지급받는 때에는 재직기간에서 공제일시금 지급계산에 산입된 재직기간을 공제한 잔여재직기간)이 20년을 초과할 때에는 그 초과하는 매 1년(1년 미만의 매 1월은 12분의 1년으로 계산한다. 이하 같다)에 대하여 평균보수월액의 100분의 2에 상당하는 금액을 가산한 금액으로 한다. 이 경우에 퇴직연금의 금액은 평균보수월액의 100분의 76을 초과하지 못한다.

2000. 12. 30. 법률 제6328호 공무원연금법 중 개정법률 부칙 제10조

(퇴직연금의 지급에 관한 경과조치) ② 이 법 시행당시 재직 중인 공무원(1995년 12월 31일 이전에 임용되었거나, 1996년 1월 1일 이후에 임용된 공무원으로서 1995년 12월 31일 이전의 공무원·군인 및 사립학교교직원 경력을 합산받은 자를 말한다. 이하 제3항 및 제4항에서 같다)으로서 재직기간이 20년 미만인 자가 이 법 시행 이후 재직기간이 20년 이상이 되어 퇴직한 경우의 퇴직연금은 제46조 제1항 제1호 및 제2호의 개정규정에 불구하고 다음 각 호의 퇴직연도(퇴직한 날의 전날이 속하는 연도 또는 사망한 날이 속하는 연도를 말한다)별로 정한 해당 연령에 도달한 때부터 지급한다. 다만, 제46조 제1항 제2호의 개정규정에 의한 정년 또는 근무상한연령에 먼저 도달한 때에는 그러하지 아니하다.

1. 2001년부터 2002년: 50세
2. 2003년부터 2004년: 51세
3. 2005년부터 2006년: 52세
4. 2007년부터 2008년: 53세
5. 2009년부터 2010년: 54세
6. 2011년부터 2012년: 55세
7. 2013년부터 2014년: 56세
8. 2015년부터 2016년: 57세
9. 2017년부터 2018년: 58세
10. 2019년부터 2020년: 59세

2. 청구인들의 주장 및 관계기관의 의견

가. 청구인들의 주장

(1) 청구인 전○근 등의 주장

(가) 법 부칙 제8조 제1항에 관한 부분

법 부칙 제8조 제1항은 철도청 소속 공무원에서 철도공사 등의 직원으로 전환된 사람들에 대하여 공무원연금법 적용에 관하여 특례를 인정하고 있으나, 그 가입기간을 최장 20년까지로 한정함으로써 평균 보수월액의 100분의 50에 상당하는 금액만큼만을 퇴직연금으로 받을 수 있을 뿐, 계속하여 공무원 신분을 유지할 경우 20년을 초과하여 재직함으로써 많게는 평균보수월액의 100분의 76에 상당하는 금액을 퇴직연금으로 받을 수 있

는 기회를 상실하게 되므로, 위 조항은 청구인 전○근 등의 공무원연금법상 퇴직연금수급권을 침해한다.

그리고 법 부칙 제8조 제1항 후단은 청구인 전○근 등이 철도청 소속 공무원 신분에서 퇴직하여 철도공사의 직원으로 임용되면 공무원연금법상의 여러 급여 중 단기급여 전부와 장기급여 중 장해급여의 혜택을 받을 수 없게 함으로써 공무원연금법상 급여수급권을 침해한다.

따라서 법 부칙 제8조 제1항은 입법재량의 한계를 벗어난 것으로서, 이로 인하여 종전 법률에 기하여 형성된 공무원연금법상의 퇴직연금수급권의 존속에 대한 신뢰가 침해되었다 할 것이고, 이는 헌법 제13조 제2항이 정한 소급입법에 의한 재산권침해금지원칙에 위반된다.

(나) 법 부칙 제8조 제3항 본문에 관한 부분

청구인 전○근 등이 공무원 신분을 그대로 유지할 경우 호봉승급은 물론 승진도 하게 되고 그에 비례하여 퇴직연금 액수도 증가하게 되는데, 법 부칙 제8조 제3항 본문은 보수월액의 산정에 있어 호봉승급만을 인정하고 승진은 인정하지 않아 철도청에서 퇴직하여 철도공사에 임용되는 이들의 퇴직연금수급권을 침해한다.

따라서 입법재량의 한계를 벗어난 법 부칙 제8조 제3항 본문에 의하여 종전의 법률에 의하여 형성된 공무원연금법상의 퇴직연금수급권의 존속에 대한 청구인 전○근 등의 신뢰가 침해되었다고 할 것이고, 이는 헌법 제13조 제2항이 정한 소급입법에 의한 재산권 침해금지원칙에 위반된다.

(다) 법 부칙 제8조 제5항에 관한 부분

철도공사 설립 당시 재직기간이 20년 이상인 자는 공무원 신분에서 퇴직함과 동시에 공무원연금법 제46조 제1항 제4호가 정한 '직제와 정원의 개폐에 의하여 폐직 또는 과원으로 인하여 퇴직한 때'에 해당한다는 이유로 즉시 공무원연금법상 퇴직연금의 수급요건을 충족하게 되어 그 때부터 바로 퇴직연금을 수령하게 된다.

반면, 재직기간이 20년 미만인 청구인 전○근 등은 철도공사 설립 당시 공무원연금법상 퇴직연금의 수급요건을 충족하지 못하여 퇴직연금을 수령하지 못함은 물론, 이후 재직기간이 20년에 달하더라도 그 때부터 바로 퇴직연금을 수령하는 것이 아니고, 다시 법 부칙 제8조 제5항이 정한 일정한 요건에 해당하여야만 퇴직연금을 수령할 수 있다.

즉 청구인 전○근 등은 법 부칙 제8조 제2항에 의하여 재직기간이 20년에 도달하는 달의 말일에 공무원 신분에서 퇴직한 것으로 보고, 이는 '직제와 정원의 개폐에 의하여 폐직 또는 과원으로 인하여 퇴직한 때'에 해당하여 그 때부터 바로 공무원연금법상 퇴직연금을 수령할 수 있어야 하는데, 법 부칙 제8조 제5항으로 인하여 퇴직연금 수령 시기(始期)가 늦어지는 불이익을 입게 된다.

특히 청구인 전○근, 변○종, 정○철, 신○경의 경우 공무원 임용시기가 불과 2~3개월가량 늦다는 이유로 약간 먼저 입사하여 철도공사 설립 당시 재직기간이 20년 이상 된 동료 직원에 비하여 퇴직연금 수령시기가 무려 11~14년이나 늦어짐으로써 재산상의 불이익을 입게 된다.

위와 같은 사정에 비추어 볼 때, 재직기간 20년을 기준으로 일률적으로 퇴직연금 수령시기에 차이를 두어 구체적인 경우에 있어 불과 2~3개월의 입사 시기 차이로 퇴직연금 수령시기가 무려 11~14년이나 차이가 나는 결과를 초래한 법 부칙 제8조 제5항은 아무런 합리적인 이유 없이 자의적으로 설정한 기준에 의하여 경제적 생활영역에서 차별을 한 경우에 해당하여 청구인 전○근 등의 평등권을 침해한다.

(2) 청구인 서○원, 최○영, 조○희(이하 '청구인 서○원 등'이라 한다)의 주장
(가) 재산권 침해 주장

청구인 서○원 등은 법이 제정·공포된 2003. 12. 31.에야 비로소 자신들이 공무원의제특례의 적용대상자에 해당되지 않는다는 사실을 알 수 있었고, 오히려 그 이전에는 "국가는 철도청 직원 중 철도공사 직원으로 고용이 승계되는 자에 대하여는 퇴직급여의 불이익이 발생하지 않도록 필요한 조치를 한다."고 규정한 철도산업발전기본법 제25조 제2항에 따라 철도공사 직원으로 임용되어도 퇴직급여에 있어서 아무런 불이익도 없을 것으로 예상하였다.

그런데 법 부칙 제8조 제1항은 공무원의제특례의 적용을 받을 수 있는 대상자의 범위를 2003. 10. 29. 이전 재직자로 한정함으로써, 2003년에 시행된 7급(철도행정직) 국가공무원 필기 공채시험에 합격하여 2003. 10. 30. 이후에 철도청 소속 공무원으로 임용된 청구인 서○원 등은 공무원의제특례의 적용을 받지 못하여 공무원연금법상 퇴직연금수급권을 완전히 상실하는 재산권의 침해를 당하게 된다.

따라서 법 부칙 제8조 제1항에 의하여 종전의 법률에 기하여 형성된 공무원연금법상의 퇴직연금수급권의 존속에 대한 청구인 서○원 등의 신뢰가 침해되었다고 할 것이고,

이는 명백히 헌법 제13조 제2항이 정한 소급입법에 의한 재산권침해금지원칙에 위반된다.

  (나) 평등권 침해 주장

  철도청 소속 공무원들을 2003. 10. 29. 이전 재직자와 그 후에 임용된 사람으로 구분하여, 전자에 대해서만 공무원연금법의 적용에 있어 공무원의제특례를 인정하고 후자에 해당하는 청구인 서○원 등에 대하여는 이를 인정하지 않는 것은, 아무런 합리적인 이유 없이 자의적으로 설정한 기준에 의하여 경제적 생활영역에서 차별을 한 경우로서 청구인 서○원 등의 평등권을 침해한다.

  나. 건설교통부장관의 의견

  국가는 공무원연금법상의 연금수급권의 구체적인 내용을 국가의 재정능력, 국민 전체의 소득 및 생활수준 기타 여러 가지 사회적·경제적 여건 등을 종합하여 결정하거나 변경할 수 있는 폭넓은 재량을 가지고, 더욱이 공무원의 신분을 상실하는 사람에 대한 공무원연금수급권 부여 여부 및 급여의 구체적 내용에 대하여는 재직 중에 있는 공무원에 대한 것보다 더 넓은 재량을 가진다.

  공무원연금법상의 연금수급권은 아직 완성되지 아니하고 형성 중에 있는 권리이므로, 소급입법에 의한 재산권의 박탈은 문제가 되지 않고, 종래 법적 상태의 존속에 대한 신뢰보호만이 문제될 뿐이다.

  철도산업발전기본법은 철도청을 철도공사로 전환하는 것으로 정책방향을 삼고 있는데, 위 법 시행 후 철도청 공무원으로 임용된 사람들은 철도청이 공사화 함에 따라 공무원연금의 혜택을 받을 수 없게 되리라 예상할 수 있는 상태에서 임용되었으므로, 2003. 10. 29. 이전 재직자와 그 후 임용된 사람 사이에 공무원의제특례의 적용을 달리하는 것을 두고 명백히 불합리하다거나 자의적 차별에 해당한다고 할 수 없다.

  따라서 이 사건 심판대상조항은 청구인들의 재산권, 평등권을 침해하지 않으며, 헌법상 신뢰보호의 원칙에도 위배되지 않는다.

  다. 행정자치부장관의 의견

  철도청 소속 공무원에서 철도공사 직원으로 전환된 사람들의 경우, ① 공무원연금에 20년까지만 한정하여 가입하도록 한 것은 공무원연금 재정의 안정화 등을 위한 것이고, ② 공무원연금법상 인정되는 단기급여(공무상요양비, 공무상요양일시금, 재해부조금, 사망조위금)와 장해급여 등이 배제된 것은, 철도공사 직원은 일반 기업체 근로자와 동일한 신분으로 업무상 재해 등에 대한 보상에 관하여 산업재해보상보험법의 적용을 받게 되는 점을 감안한 것으로, 이들 모두 합리적인 이유가 있다.

공무원 신분에서 퇴직하고 철도공사 직원으로 임용된 사람들은 공무원 재직 시에 비하여 높은 보수를 지급받고, 승진의 경우도 공무원과는 별개의 규정에 의하여 이루어지는 관계로 공무원연금법상 보수월액 산정에 있어 승진을 반영할 객관적 기준이 없는 점을 고려하면, 법 부칙 제8조 제3항 본문이 공무원연금법상의 보수월액 산정에 있어 승진을 반영하지 않는 것에도 합리적인 이유가 있다.

철도공사 설립 시인 2005. 1. 1.을 기준으로 20년 이상 재직자가 퇴직과 동시 퇴직연금을 지급받을 수 있는 것은 공무원연금법 제46조 제1항이 정한 퇴직연금 지급사유, 즉 '직제와 정원의 개폐에 의하여 폐직 또는 과원으로 인하여 퇴직한 때'에 해당하기 때문이고, '20년 이상 재직자'와 '20년 미만 재직자 중 2003. 10. 29. 이전 재직자' 사이에 퇴직연금 지급개시 시점에 있어 차이가 나는 것은 법 부칙 제8조 제5항으로 인한 것이 아니다.

그 밖에는 건설교통부장관의 의견과 대체로 같다.

3. 판단

가. 철도청의 공사화(公社化)와 소속 공무원의 퇴직연금수급권 등

(1) 공사화와 관련된 퇴직급여의 연계제도

공무원연금법 제50조 제1항은, 국가 또는 지방자치단체의 특정업무가 공사 또는 이와 유사한 기관·단체로 이관됨에 따라 그 업무에 종사하던 공무원이 퇴직하여 공사의 임·직원이 되는 경우에는 당해 공사의 퇴직급여 계산에 있어 그 임·직원의 종전 공무원 재직기간을 당해 공사의 재직기간에 합산하고, 그 임·직원이 공사에서 퇴직하거나 사망한 때에 공무원연금법에 의한 종전의 공무원으로서의 퇴직급여인 퇴직연금일시금 또는 퇴직일시금에 상당하는 금액을 공무원연금관리공단에서 당해 공사에 이체하도록 하였다.

(2) 철도청 소속 공무원의 신분 변화와 공무원연금 수급권

(가) 철도산업발전기본법 제25조 제1항, 법 부칙 제7조 및 시설공단법 부칙 제8조는, 철도공사 등은 철도청 직원 중 공무원 잔류를 희망한 자를 제외한 철도청 직원 및 고속철도건설공단 직원의 고용을 포괄하여 승계하고, 철도공사 설립 당시 공무원 잔류를 희

망하여 공무원 신분을 유지하게 된 사람 및 시설공단 직원으로 임용된 사람을 제외한 철도청 직원은 철도공사의 직원으로 임용하도록 하였으므로, 철도청 소속 공무원은 자신의 선택에 따라 공무원의 신분을 계속 유지하거나 철도공사 등의 직원으로 임용될 수 있게 되었다.

(나) 공무원 신분을 유지하는 경우

철도청 소속 공무원이 공무원으로 잔류할 것을 희망하면 공무원 신분이 계속 유지되므로 공무원연금법상의 불이익을 받을 수 없으나, 철도공사 설립 후에는 철도청의 직제가 폐지되므로, 잔류 공무원이 다른 부처로 전출되지 못하면 국가공무원법 제70조 제1항에 의하여 직권으로 면직될 위험성을 안게 되었다.

(다) 철도공사 등의 직원으로 임용되는 경우

1) 공무원연금법 제46조 제1항, 제48조 제1항에 의하면, 20년 이상 재직한 공무원만이 퇴직연금수급권자가 될 수 있는 반면, 20년 미만 재직자는 퇴직일시금만을 받을 수 있다.

그런데 법 부칙 제7조 제4항과 시설공단법 제8조 제3항은, 철도청 소속 공무원이 철도공사 등의 직원으로 임용된 때에는 공무원 신분에서 퇴직한 것으로 보므로, 퇴직 당시를 기준으로 공무원 재직기간이 20년 이상인지 여부에 따라 공무원연금법상의 퇴직급여에 있어 큰 차이가 발생하게 된다.

2) 퇴직 당시를 기준으로 20년 이상 재직자

공무원연금법 제46조 제1항 제4호는, 공무원이 20년 이상 재직하고 직제와 정원의 개폐 또는 예산의 감소 등에 의하여 폐직 또는 과원으로 인하여 퇴직한 때에는 60세에 도달하지 아니한 경우에도 퇴직연금을 지급하도록 하고 있다.

철도청 소속 공무원이 철도청의 공사화에 수반하여 철도공사 등의 직원으로 임용됨으로써 공무원 신분에서 퇴직하는 것은 공무원연금법 제46조 제1항 제4호의 요건에 해당하므로, 철도청 퇴직 당시를 기준으로 20년 이상 재직함으로써 퇴직연금수급권을 취득한 직원들은 철도공사 등으로부터 급여를 수령함과 아울러 퇴직연금 중 공무원연금법 제47조에 의하여 산출된 지급정지액을 공제한 금액을 받을 수 있다.

3) 퇴직 당시를 기준으로 20년 미만 재직자

퇴직 당시를 기준으로 20년 미만 재직자는, 공무원연금법 제46조 제1항이 정하고 있는 퇴직연금수급 요건을 갖추지 못한 상태에서 공무원 신분에서 퇴직하게 되므로 공무원연금법상 퇴직연금을 받을 권리를 상실하고, 다만 앞서 본 바와 같이 공무원연금법 제50조 제1항에 의하여 종전의 공무원 재직기간을 철도공사 등의 재직기간으로 합산 받는 것에 그치므로, 이를 보완하기 위하여 법 부칙 제8조는 공무원연금법의 적용과 관련하여 2003. 10. 29. 이전 재직자에 대한 공무원의제특례를 규정하게 된 것이다.

(3) 20년 미만 재직자들이 퇴직연금수급권 등에 있어 불이익을 받게 되는 원인

철도청 소속 공무원 중 20년 미만 재직자들이 철도공사 등 직원으로 신분이 전환되어 공무원연금법상 퇴직연금수급권 등에 있어 불이익을 받게 되는 것은, 공무원으로 잔류할 것을 신청하지 아니하여 철도공사 등의 직원으로 임용됨으로써 공무원 신분에서 퇴직한 것으로 보기 때문이다.

(4) 법 부칙 제8조의 성격

(가) 입법 경위

앞서 본 바와 같이 철도청 소속 공무원에서 철도공사 직원으로 신분이 전환될 당시를 기준으로 공무원 재직기간이 20년 이상인 사람은 공무원연금법상 퇴직연금을 수령할 수 있음에 반하여, 공무원 재직기간이 20년 미만인 사람은 공무원연금법상 퇴직연금을 받을 수 없게 되므로, 그러한 불이익을 조정해야 할 필요성이 제기되었다.

현행법상 국민연금과 공무원·군인·사립학교교직원연금 등 특수직역의 연금 사이에는 연계가 인정되지 않고, 국민연금법에 의하면 국민연금 가입기간이 최소한 10년 이상이어야 60세에 달한 때에 노령연금 수급권을 취득하며(제56조), 사업장 가입자는 60세에 달한 날의 다음 날 가입자격을 상실한다(제12조 제1항 제5호).

특히 철도청 소속 공무원에서 철도공사 직원으로 신분이 전환된 직원 중 공무원 재직기간이 20년 미만이고 60세에 이르기 전의 기간이 10년에 미치지 못하는 사람은 공무원연금과 국민연금 중 어느 것의 수급권도 취득하지 못하므로, 최소한의 사회적 안전망의 차원에서 연금수급권이 발생하지 않는 이러한 상황을 사전에 방지할 필요가 있게 되었다.

이에 입법과정에서 국민연금과 공무원·군인·사립학교교직원연금 등 특수직역의 연금 사이에 연계를 구축하는 방안과 일정한 요건 아래 철도공사의 직원으로 신분이 전환

되더라도 20년을 한정하여 공무원연금 가입을 인정하는 방안을 두고 논의한 끝에, 공적 연금재정의 건전성을 유지하고 재직기간이 20년 미만인 철도청 소속 공무원의 퇴직연금 상의 불이익을 방지하는 두 가지 목적을 달성하는 데 있어, 후자가 보다 합리적인 방안 이라는 결론에 이르게 됨으로써 법 부칙 제8조가 추가되었다.

(나) 법률조항의 성격

철도청 소속 공무원 중 공무원연금법에 의한 재직기간이 20년 미만인 상태에서 철도 공사 직원으로 임용되어 공무원 신분에서 퇴직하게 된 사람들은 공무원연금법 제50조 제 1항에 의하여 공무원 재직기간을 철도공사의 재직기간으로 합산받아 나중에 철도공사로 부터 합산된 기간에 해당하는 퇴직금을 수령하는 데 그치고, 퇴직연금을 받을 수 없는 것이 원칙이다.

그런데 예외적으로 법 부칙 제8조는, 철도청 소속 공무원 중 2003. 10. 29. 이전 재직 자가 공무원연금법에 의한 재직기간이 20년 미만인 상태에서 철도공사 직원의 임용을 선 택하여 공무원 신분에서 퇴직한 경우에는 제한된 범위 내에서 공무원연금법상 퇴직연금 을 받을 수 있도록 하는 공무원의제특례를 규정하고 있다.

이는 IMF 구제금융 사태 이후 현저해진 저금리 기조의 정착과 평균수명의 연장으로 인하여 퇴직일시금을 받는 것보다 퇴직연금을 받는 것이 유리하다고 판단하여 후자를 선 택하는 직원이 증가하는 현상을 고려하여, 사회보장적 내지 사회복지적 목적에서 특별히 제정된 것이다.

따라서 위 법률조항은 그 적용 대상자에게 권리·이익을 부여하기 위한 것으로서 시 혜적인 성격을 갖는다 할 것이다.

나. 청구인 전○근 등의 청구에 대한 판단

(1) 헌법재판소법 제68조 제1항은 "공권력의 행사 또는 불행사로 인하여 헌법상 보장 된 기본권을 침해받은 자는…… 헌법재판소에 헌법소원심판을 청구할 수 있다."고 규정 하고 있다.

이는 공권력의 행사 또는 불행사로 인하여 헌법상 보장된 자신의 기본권을 현재 직접 적으로 '침해'당한 자만이 헌법소원심판을 청구할 수 있다는 것이고, 법령으로 인한 기본 권침해를 이유로 헌법소원을 청구하려면 당해 법령 자체에 의하여 자유의 제한, 의무의 부과, 권리 또는 법적 지위의 박탈이 생긴 경우이어야 한다(헌재 1992. 11. 12. 91헌마

192, 판례집 4, 813, 823; 헌재 1995. 7. 21. 94헌마191, 판례집 7-2, 195, 201 등 참조).

따라서 어떤 법령조항이 헌법소원을 청구하고자 하는 사람에 대하여 시혜적인 내용을 담고 있는 경우라면, 그 법령조항은 적용 대상자에게 자유의 제한, 의무의 부과, 권리 또는 법적 지위의 박탈을 초래하지 아니하여 애당초 기본권침해의 가능성이나 위험성이 없다 할 것이므로, 당해 법령조항을 대상으로 헌법재판소법 제68조 제1항이 정한 권리구제형 헌법소원심판을 청구하는 것은 허용되지 아니한다.

앞서 본 바와 같이 이 사건 심판대상조항은 청구인 전○근 등 2003. 10. 29. 이전 재직자들이 공무원의 신분을 상실함으로써 공무원연금법상 퇴직연금 등을 전혀 지급받지 못하게 되는 불이익을 입는 것을 방지하기 위하여 제한적으로나마 공무원연금법 적용에 있어서 공무원으로 의제하기 위하여 마련된 시혜적인 규정이다.

청구인 전○근 등은 공무원으로 잔류하는 경우와 철도공사 직원으로 임용되는 경우의 장·단점을 합리적으로 형량하여 후자를 선택하였다 할 것이므로, 그들이 공무원연금법상 퇴직연금 가입기간, 급여의 범위, 보수월액 산정 등에 있어 공무원 신분을 유지하는 경우보다 불리해졌다 하더라도, 이는 공무원 신분에서 퇴직하였음에 따른 것일 뿐이고, 공무원 신분의 상실로 인한 퇴직연금수급권 등의 불이익을 완화하기 위하여 제정된 이 사건 심판대상조항에서 비롯된 것은 아니라 할 것이다.

설령 이 사건 심판대상조항에 의하여 청구인 전○근 등에게 부여하는 혜택이 그들의 기대에 미치지 못한다 하더라도, 그 이유만으로 헌법상 기본권이 침해되거나 제한된다 할 수는 없다.

따라서 이 사건 심판대상조항은 청구인 전○근 등에게 의무의 부과, 권리 또는 법적 지위의 박탈이라는 불이익을 초래하지 아니하므로, 애당초 기본권침해의 가능성이나 위험성이 없다 할 것이다.

(2) 청구인 전○근 등은, 법 부칙 제8조 제5항으로 인하여 공무원 신분에서 퇴직하는 날짜인 2005. 1. 1.을 기준으로 공무원 재직기간 20년 이상인 자는 즉시 퇴직연금을 지급받을 수 있음에 반하여, 20년 미만인 청구인 전○근 등은 퇴직연금의 수령시기가 뒤로 늦춰짐으로써 평등권을 침해당한다고 주장한다.

그러나 2005. 1. 1.을 기준으로 공무원 재직기간 20년 이상인 사람들이 퇴직과 동시에 퇴직연금을 지급받을 수 있는 것은, 그들이 공무원연금법 제46조 제1항이 정한 퇴직연금 대상자가 된 상태에서 같은 항 제4호가 정하고 있는 퇴직연금의 지급요건, 즉 '20년 이상 재직 후 직제와 정원의 개폐에 의한 퇴직'에 해당하게 되었기 때문이다.

이에 반하여 청구인 전○근 등은 2005. 1. 1. 퇴직 당시 재직기간 20년 이상을 채우지 못하였기 때문에 원칙적으로는 퇴직연금수급권이 없다.

그럼에도 불구하고 법 부칙 제8조는 사회보장적 내지 사회복지적 목적에서 공무원의제특례를 규정하여 그들로 하여금 퇴직연금을 지급받을 수 있도록 하되, 같은 조 제5항은 퇴직연금 지급 시기(始期)에 관하여 일반 공무원의 경우와 유사하게 정하고 있을 뿐이다.

청구인 전○근 등을 위한 시혜적인 법률조항의 일부인 법 부칙 제8조 제5항에 정한 혜택의 내용이 그들의 기대에 미치지 못한다 하더라도, 그 이유만으로 시혜적인 법률조항이 그 적용대상자의 평등권을 침해하는 것은 아니라 할 것이다.

따라서 위 조항으로 인하여 청구인 전○근 등의 평등권이 침해될 가능성이나 위험성도 없다 할 것이다.

(3) 그렇다면 청구인 전○근 등이 기본권침해의 가능성이나 위험성이 없는 이 사건 심판대상조항에 대하여 헌법재판소법 제68조 제1항이 정한 권리구제형의 헌법소원심판을 청구하는 것은 부적법하다.

다. 청구인 서○원, 최○영의 청구에 대한 판단

청구인 서○원, 최○영은 이 사건 헌법소원심판청구 후인 2004. 12. 30. 다른 부처로 전출하여 공무원 신분을 그대로 유지하고 철도공사 등의 직원으로 임용되지 않았으므로, 이들은 법 부칙 제8조 제1항에 의한 기본권침해를 주장할 수 있는 지위에 있지 아니하고, 따라서 이들의 이 사건 헌법소원심판청구는 기본권침해의 자기관련성이 없어 부적법하다(헌재 2003. 2. 27. 2001헌마550, 공보 78, 263 참조).

라. 청구인 조○희의 청구에 대한 판단

(1) 재산권 침해 주장에 대한 판단

(가) 철도청 소속 공무원에서 퇴직할 당시 공무원 재직기간 20년 미만자들 중 2003. 10. 30. 이후 공무원으로 임용된 사람들을 공무원의제특례의 적용대상에서 제외하고 있는 법 부칙 제8조 제1항이, 소급입법으로 청구인 조○희의 재산권을 침해하여 헌법 제13조 제2항에 위반되는지 및 헌법상 신뢰보호의 원칙에 위반되는지 여부가 문제된다.

(나) 소급입법에 의한 재산권 침해 해당 여부

청구인 조○희가 공무원연금법상 퇴직연금수급권 등 각종 급여수급권을 상실한 것은, 그가 철도공사 직원으로 임용됨으로써 법 부칙 제7조 제4항에 의하여 공무원 신분에서 퇴직한 것으로 의제되기 때문이다.

법 부칙 제8조 제1항은 2003. 10. 29. 이전 재직자 중 공무원 신분에서 퇴직한 것으로 볼 당시 공무원연금법에 의한 재직기간이 20년 미만인 사람이 철도공사 직원으로 임용된 날부터 2월 이내에 공무원연금관리공단에 공무원연금법의 적용신청을 한 때에는 공무원 의제특례를 적용한다는 시혜적인 조항인데, 2003. 10. 30. 이후 철도청 소속 공무원으로 임용된 청구인 조○희는 위 조항의 적용대상에 포함되지 않는다.

그러나, 이처럼 재산권에 관계되는 시혜적인 입법의 적용대상에서 제외되었다 하더라도 그 이유만으로 재산권의 침해가 생기는 것은 아니고, 또 시혜적 입법이 적용될 경우 얻을 수 있는 재산상 이익의 기대가 성취되지 않았다고 하여도, 그러한 단순한 재산상 이익의 기대는 헌법이 보호하는 재산권의 영역에 포함되지 않으므로, 이 사건에서는 청구인 조○희에 대한 재산권 침해가 문제되지 않는다 할 것이다(헌재 1999. 7. 22. 98헌바14, 판례집 11-2, 205, 220-221 참조).

따라서 법 부칙 제8조 제1항으로 인하여 청구인 조○희의 공무원연금법상 퇴직연금수급권 등이 침해되었다 할 수 없고, 종래의 법적 상태의 존속을 신뢰한 청구인 조○희에 대한 신뢰보호만이 문제될 뿐 소급입법에 의한 재산권 침해는 문제되지 아니하므로, 이는 소급입법에 의한 재산권 박탈을 금하고 있는 헌법 제13조 제2항에 위반되지 아니한다.

(다) 신뢰보호의 원칙 위배 여부

법 부칙 제8조 제1항이 청구인 조○희와의 관계에서 신뢰보호의 원칙에 위배되는지에 관하여 보면, ① 2003. 10. 30.부터 시행된 철도산업발전기본법에 의하여, 철도청 및 고속철도건설공단의 관련조직을 통폐합 또는 전환하여 구조개혁을 추진하되, 철도시설은 국가가 소유하는 것을 원칙으로 하여 그 건설 및 관리를 시설공단이 담당하고, 철도운영은 시장경제원리에 따라 국가 이외의 자가 운영하는 것을 원칙으로 하여 그 관련사업의 경영을 철도공사가 담당하도록 한 점, ② 청구인 조○희는 위 법률이 시행된 후인 2004. 3. 22. 철도청 소속 공무원으로 임용되었으므로 공무원으로 임용될 당시 조만간 철도청의 공사화로 공무원 신분에서 퇴직하여 공무원연금법상 퇴직연금 등 여러 급여를 받을 수 없으리라 예상할 수 있었을 것으로 보이는 점, ③ 청구인 조○희의 공무원 재직기간이 1년 미만이고, 철도공사 입사 후에는 국민연금에 가입할 수 있는 점, ④ 철도산업발전기본법 제25조 제2항이, 국가가 철도청 직원 중 철도공사 등 직원으로 고용이 승계되는 사람들에 대하여 근로여건 및 퇴직급여의 불이익이 발생하지 않도록 필요한 조치를 취하도록 규정하고는 있으나, 이는 국가가 철도공사 등 입사 후의 임금인상, 처우개선 등을 모두 고려하여 퇴직급여의 불이익이 발생하지 않도록 노력할 것을 요구하는 선언적인 규정으로서, 공무원 신분을 유지하는 경우와 동일한 퇴직연금을 보장한 것으로 보기는 어려운 점 등에 비추어 볼 때, 설령 청구인 조○희가 공무원연금법상의 퇴직연금 등을 받을 수 있을 것으로 신뢰하였다 하더라도 그 신뢰이익은 보호가치가 있다고 하기 어렵고, 공무원연금법상 퇴직연금 등을 받지 못함으로써 청구인 조○희가 받게 되는 불이익 또한 크지 않다 할 것이다.

또한 공무원연금법상 '저부담·고급여'의 구조 및 평균수명의 연장으로 인하여 기존의 공무원연금 재정이 어려운 상황에 있음을 감안하면, 위 조항과 같이 2003. 10. 30. 이후 공무원으로 임용된 사람들을 퇴직연금과 관련된 공무원의제특례의 적용대상에서 제외함으로써 달성되는 공익 또한 크다 하지 않을 수 없다.

따라서 위 조항이 신뢰보호의 원칙에 위배되는 것이라고 할 수 없다.

(2) 평등권 침해 주장에 대한 판단

(가) 법 부칙 제8조 제1항이 철도청 소속 공무원에서 퇴직할 당시 공무원 재직기간 20년 미만자들 중 2003. 10. 29. 이전 재직자들만 공무원의제특례의 적용을 인정하고, 2003. 10. 30. 이후 공무원으로 임용된 사람들에 대하여는 이를 인정하지 않는 것이 청구인 조○희의 평등권을 침해하여 헌법에 위반되는지 여부가 문제된다.

(나) 시혜적 법률에 관한 입법재량

헌법 제11조 제1항이 규정하는 평등원칙은 일체의 차별적 대우를 부정하는 절대적인 평등을 의미하는 것이 아니라, 법의 적용이나 입법에 있어 불합리한 조건에 의한 차별을 하여서는 안 된다는 상대적·실질적인 평등을 뜻하는 것이므로, 합리적 근거 없이 차별하는 경우에 한하여 평등의 원칙에 반할 뿐이다.

그리고 시혜적인 법률은 국민의 권리를 제한하거나 새로운 의무를 부과하는 법률과는 달리 입법자에게 보다 광범위한 입법형성의 자유가 인정되므로, 입법자는 그 입법의 목적, 수혜자의 상황, 국가예산 등 제반사항을 고려하여 그에 합당하다고 스스로 판단하는 내용의 입법을 할 권한이 있다 할 것이고, 그렇게 하여 제정된 법률의 내용이 현저하게 합리성이 결여되어 있다고 보이지 아니하는 한 헌법에 위반된다 할 수는 없다(헌재 1993. 12. 23. 89헌마189, 판례집 5-2. 623, 640; 헌재 1999. 7. 22. 98헌바14, 판례집 11-2, 205, 219 참조).

(다) 차별의 합리성 유무

법 부칙 제8조 제1항이 2003. 10. 30. 이후 공무원으로 임용된 경우는 공무원의제특례의 적용을 인정하지 않고 있는 것이 청구인 조○희의 평등권을 침해하는지 여부에 관하여 보면, ① 앞서 본 바와 같은 위 법률조항의 입법 경위, ② 철도산업발전기본법 시행 후 철도청 소속 공무원으로 임용된 청구인 조○희는 장차 철도청이 공사화되리라는 사정을 알면서 임용된 것으로 보이는 점, ③ 청구인 조○희는 공무원 잔류를 신청함으로써 철도공사 직원으로 임용되지 아니하고 공무원 신분을 계속 유지하는 것을 선택할 수도 있었던 점, ④ 위 조항은 재정적 뒷받침을 요하는 시혜적 입법인데, 입법자는 이러한 시혜적 입법에서 광범위한 입법재량을 갖는 점, ⑤ 앞서 본 바와 같이 '저부담·고급여'의 구조 및 평균수명의 연장으로 인하여 기존의 공무원연금 재정이 어려운 상황에 있는 점 등에 비추어 볼 때, 위 조항이 입법자에게 허용되는 재량의 범위를 벗어나 현저하게 합리성이 결여된 입법으로서 평등권을 침해하는 것이라고 할 수는 없다.

(3) 소결론

그렇다면 법 부칙 제8조 제1항은 청구인 조○희의 재산권 및 평등권을 침해하지 않고, 그 법률조항이 달리 헌법에 위반되는 점을 발견할 수 없다.

4. 결론

그렇다면 청구인 전○근, 변○종, 정○철, 신○경, 김○웅, 노○옥, 서○원, 최○영의 심판청구는 부적법하므로 이를 각하하고, 청구인 조○희의 심판청구는 이유 없으므로 이를 기각하기로 하여, 관여 재판관 전원의 일치된 의견으로 주문과 같이 결정한다.

재판관　이강국(재판장) 이공현 조대현 김희옥 김종대
민형기(주심) 이동흡 목영준 송두환

〈별첨 4〉 대법원 1996. 10. 25. 선고 96추107
판결【조례안재의결무효확인등】

【판시사항】

지방자치단체가 소속 공무원의 대학생 자녀에게 학비를 지급하기 위하여 만든 장학기금출연조례안의 적법 여부(소극)

【판결요지】

지방자치단체가 그 재정권에 기하여 확보한 재화는 구성원인 주민의 희생으로 이룩된 것이므로 가장 효율적으로 사용하여야 함은 물론 경비지출로 인하여 얻어지는 이익이 균점되게 함으로써 어느 특정의 개인이나 단체에 재화를 공급함으로 인하여 형평을 잃는 일이 없도록 하여야 할 것인바, 지역주민이 부담하는 지방세 등으로 조성된 지방자치단체의 수입 일부를 출연하여 소속 공무원의 대학생 자녀에 한정하여 학비를 지급한다면, 이는 지역주민 중 대학생 자녀를 둔 소속 공무원에 한정하여 특혜를 베푸는 조치로서 일반주민은 물론 대학생 자녀를 두지 아니한 다른 공무원과의 관계에서 형평에 반하고, 이는 결과적으로 공익에도 부합되지 아니하므로, 그러한 내용의 장학기금출연조례안은 지방자치법 제133조 제1항 소정의 기금설치를 위한 요건을 구비하였다고 볼 수 없다.

【참조조문】

지방자치법 제133조 제1항, 지방공무원법 제44조 제3항, 제45조 제1항, 지방공무원보수규정(1996. 1. 19. 대통령령 제14900호) 제3조, 제30조 제2항, 지방공무원수당규정(1996. 1. 19. 대통령령 제14901호) 제11조, 지방재정법 제14조 제1항 제4호

【전 문】

【원 고】

내무부장관 (소송대리인 변호사 장원찬)

【피 고】

인천광역시의회 (소송대리인 법무법인 동호합동법률사무소 담당변호사 김영준 외 1인)

【변론종결】

1996. 9. 20.

【주 문】

피고가 1996. 6. 17.에 한 인천광역시공무원자녀장학기금설치및운용에관한조례안에 대한 재의결은 그 효력이 없다. 소송비용은 피고의 부담으로 한다.

【이 유】

1. 성립에 다툼이 없는 갑 제1호증, 갑 제2호증의 1 내지 4, 갑 제3호증의 1, 2, 을 제1호증의 1, 을 제2호증, 을 제3호증의 각 기재에 의하면, 피고는 1996. 5. 6. 제42회 임시회 본회의에서 주문 기재의 조례안(이하 <이 사건 조례안>이라 한다)을 의결한 후 같은 달 6. 이를 소외 인천광역시장에게 이송하였고, 원고의 재의요구지시에 따라 위 시장이 같은 해 5. 29. 피고에 대하여 재의를 요구하였으나 피고는 같은 해 6. 17. 제43회 임시회 본회의에서 종전과 같은 재의결을 하여 그 의결사항이 확정된 사실, 이 사건 조례안은 인천광역시 소속 공무원의 자녀를 위한 장학기금 조성과 효율적인 운용관리에 필요한 사항을 규정함을 목적으로 하고(제1조), 그 지급대상을 시 소속 공무원의 자녀 중 교육부장관이 인정하는 국내의 전문대학, 일반대학 및 대학원에 재학 중인 자(단, 한국방송통신대학교에 재학 중인 자는 제외)로 하며(제2조 제1항), 기금은 시의 출연금과 기금운용으로 생기는 수익금을 재원으로 조성하도록(제3조) 하는 등의 내용을 규정하고 있는 사실을 인정할 수 있다.

2. 원고 주장의 요지

원고는, 이 사건 조례안 중 제2조는 지방공무원법 제44조, 지방공무원수당규정 제11조에 위반되고, 그 제3조는 지방재정법 제14조, 같은 법 시행령 제24조에 위반되며, 이 사건 조례안은 지방재정의 건전운영 및 형평성·공평성을 저해할 뿐만 아니라 지역주민이 부담하는 지방세 등으로 조성된 자치단체의 수입을 공무원에 한정하여 특혜를 부여하는 것이 되어 공익·공공성에 반하고, 지방자치법 제133조, 기금관리기본법 제1조에도 위반된다고 주장한다.

3. 이 법원의 판단

가. 이 사건 조례안 제2조에 대하여

지방공무원법 제44조 제3항은 "이 법 기타 법령에 의한 보수에 관한 규정에 의하지 아니하고는 어떠한 금전 또는 유가물도 공무원의 보수로 지급될 수 없다."고 규정하고, 같은 법 제45조 제1항, 지방공무원보수규정(1996. 1. 19. 대통령령 제14900호) 제3조는 지방공무원의 보수는 봉급과 기타 각종 수당을 합산한 금액을 말한다고 규정하고, 위 보수규정 제30조 제2항, 지방공무원수당규정(1996. 1. 19. 대통령령 제14901호)은 지방공무원에게 지급하는 수당인 가계보전수당의 하나로 자녀학비보조수당을 들고 있고, 위 수당규정 제11조는 공무원에 대한 자녀학비보조수당의 지급대상을 중·고등학교에 취학 중인 자녀에 한정하고 있다.

그런데 이 사건 조례안 제2조는 학비의 지급대상을 소속 공무원의 대학에 취학 중인 자녀를 그 대상으로 하고 있는바, 비록 그 학비를 보수(수당)로서 공무원에게 직접 지급하는 것은 아니라고 하더라도 그 자녀의 학비를 위 장학기금에서 대신 지급하여 줌으로써 공무원이 지출하여야 할 학비를 지출하지 않게 하여 그 실질에 있어서는 법령에서 규정하지 아니한 명목의 금전을 소속 공무원에게 변형된 보수로서 지급하는 것에 다름 아니고, 이는 결과적으로 위 관계 법령의 규정을 위반하는 것이라고 하지 않을 수 없다.

따라서 피고가 주장하는 바와 같이, 인천광역시가 종전부터 이 사건 조례안과 같은 내용의 '인천광역시공무원자녀장학생선발규정'(1992. 4. 24. 훈령 제709호)을 제정·시행하여 왔다거나 또는 이 사건 조례안에 의한 장학금이 소속 공무원의 대학생 자녀에게 일률적으로 지급되는 것이 아니라 심사·선별된 성적우수자와 불우공무원의 자녀 대학생에 대해서만 선별적으로 지급되고, 위 장학금이 퇴직 시 보수로서 계상되지도 아니한다고 하여 결론이 달라지는 것은 아니라고 할 것이다.

한편 지방자치단체가 그 재정권에 기하여 확보한 재화는 구성원인 주민의 희생으로 이룩된 것이므로 가장 효율적으로 사용하여야 함은 물론 경비지출로 인하여 얻어지는 이익이 균점되게 함으로써 어느 특정의 개인이나 단체에 재화를 공급함으로 인하여 형평을 잃는 일이 없도록 하여야 할 것인바, 지역주민이 부담하는 지방세 등으로 조성된 지방자치단체의 수입 일부를 출연하여 소속 공무원의 대학생 자녀에 한정하여 학비를 지급한다면 이는 지역주민 중 대학생 자녀를 둔 소속 공무원에 한정하여 특혜를 베푸는 조치로서 일반주민은 물론 대학생 자녀를 두지 아니한 다른 공무원과의 관계에서 형평에 반하고, 이는 결과적으로 공익에도 부합되지 아니한다고 할 것이므로, 이 사건 조례안은 지방자치법 제133조 제1항 소정의 기금설치를 위한 요건을 구비하였다고 볼 수도 없다.

따라서 이 점에 관한 원고의 주장은 이유가 있다.

나. 조례안 제3조에 대하여

이 사건 조례안 제3조는 장학기금의 재원은 시의 출연금과 기금운용으로 생기는 수익금으로 조성하도록 규정하고 있는바, 이는 결국 장학기금의 형식을 통하여 소속 공무원 개인에게 기부·보조하는 등으로 공금을 지출하는 경우라고 할 것인데, 지방자치단체가 개인 또는 공공기관이 아닌 단체에 기부·보조 등의 명목으로 무분별하게 공금을 지출하는 것을 규제하기 위한 지방재정법 제14조 제1항의 규정취지와 같은 법조 제2항, 같은 법 시행령 제24조 제2항의 규정내용 및 이 사건 조례안 제2조의 규정이 지방공무원법 제44조 제3항 등 관계 법령의 규정에 저촉되고 형평성 및 공익에도 반하는 등 앞에서 본 바와 같은 사정을 종합하여 보면, 이 사건 조례안 제3조는 예외적으로 지방자치단체가 개인 또는 공공기관이 아닌 단체에 기부·보조 또는 기타 공금을 지출할 수 있는 경우의 하나인 지방재정법 제14조 제1항 제4호 소정의 '지방자치단체가 권장하는 사업을 위하여 필요하다고 인정되는 경우'에 해당하지 아니한다고 할 것이다.

그리고 이 사건 조례안에 의하면 장학기금을 위한 시의 출연금의 규모에 대하여는 아무런 제한이 없는바, 이를 무한정으로 허용할 경우 시의 재정상의 불균형을 초래할 우려가 있고, 이러한 결과는 지방재정의 건전한 운영과 엄정한 관리를 도모하기 위한 지방재정법의 입법취지(같은 법 제1조 참조)를 저해한다고 할 것이다.

따라서 이 점을 지적하는 원고의 주장도 이유가 있다.

다만, 원고는 이 사건 조례안 제3조의 규정이 기금관리기본법에도 위반된다고 주장하나, 위 기금관리법은 '법률에 의하여 설치된 기금'에 한하여 적용되므로(같은 법 제1조 참조) 지방자치법 제133조 제2항의 규정에 의하여 조례로써 설치되는 기금에 관한 이 사건 조례안에 대하여는 그 적용의 여지가 없다고 할 것이다.

4. 결론

위에서 살펴본 바와 같이 이 사건 조례안은 그 일부가 위법하고 이와 같은 경우에는 이 사건 조례안에 대한 재의결은 전부 효력이 부인되어야 할 것이므로 원고의 이 사건 청구를 인용하고, 소송비용은 패소자인 피고의 부담으로 하기로 하여 관여 법관의 의견이 일치되어 주문과 같이 판결한다.

대법관　안용득(재판장) 천경송 신성택(주심)

〈별첨 5〉 서울특별시 양천구 - 자치사무의 민간위탁에 관한 조례의 제정범위(「지방자치법」 제104조 제3항 관련)

안건번호 09-0194   회신일자 2009. 7. 3.

1. 질의요지

조례로 자치사무의 민간위탁 여부에 관하여 사전에 지방의회의 동의를 받도록 규정할 수 있는지?

2. 회답

조례로 자치사무의 민간위탁 여부에 관하여 사전에 지방의회의 동의를 받도록 규정할 수 있습니다.

3. 이유

「지방자치법」에 따르면 지방자치단체의 조례는 법령의 범위 안에서 그 사무에 관하여 제정할 수 있는바(제22조), 여기서 말하는 "법령의 범위 안에서"란 "법령에 위반되지 않는 범위 내에서"를 가리키므로 지방자치단체가 제정한 조례가 법령에 위반되는 경우에는 효력이 없고, 또한 「지방자치법」은 지방의회와 지방자치단체의 장에게 독자적인 권한을 부여하여 상호 견제와 균형을 이루도록 하고 있으므로, 법률에 특별한 규정이 없는 한 조례로써 견제의 범위를 넘어서 상대방의 고유권한을 침해하는 규정을 제정할 수 없습니다(대법원 2007. 2. 9. 선고 2006추45 판결).

한편 「지방자치법」에 따르면 지방자치단체의 장은 그 지방자치단체의 사무와 법령에 따라 그 지방자치단체의 장에게 위임된 사무를 관리하고 집행하고(제103조), 또한 지방자치단체의 장은 조례나 규칙으로 정하는 바에 따라 그 권한에 속하는 사무 중 조사·검사·검정·관리업무 등 주민의 권리·의무와 직접 관련되지 아니하는 사무를 법인·단체 또는 그 기관이나 개인에게 위탁할 수 있습니다(제104조 제3항).

여기서는 「지방자치법」 제104조 제3항에 따른 지방자치단체의 장의 권한위탁과 관련하여, 조례로 자치사무의 민간위탁 여부의 결정 시 지방의회의 사전 동의를 받도록 규정하는 것이 지방자치단체의 장의 고유권한의 침해에 해당하는지 여부가 문제됩니다.

그런데 「지방자치법」 제104조 제3항은 지방자치단체의 장이 조례 또는 규칙이 정하는 바에 따라 사무를 민간위탁할 수 있게 함으로써 민간위탁의 주체를 지방자치단체의 장으로 규정하고 있다고 할 것이나, 같은 조항은 민간위탁에 대하여 조례가 정할 수 있는 내용을 특별히 한정하고 있지는 않은바, 이러한 조례의 제정 범위가 반드시 민간위탁에 필요한 절차적 사항 등에 한정된다고 보기는 어렵습니다.

다음으로 지방자치단체의 장이 그 사무를 민간위탁할 것인지 여부에 관한 결정 권한이 「지방자치법」 제103조에 따른 지방자치단체의 장의 사무 관리 및 집행권의 내용으로서 지방자치단체의 장의 고유권한으로 볼 수 있는지 여부를 살펴보면, 지방자치단체의 장이 그 사무를 지방자치단체의 조직을 통해 직접 수행할지 민간에 위탁할지 여부는 직접적으로 행정서비스의 품질 등을 좌우할 수 있는 사항으로서 사실상 주민의 복리에 직·간접적인 영향을 미칠 수 있는 점, 민간위탁이 이루어지는 경우에는 이에 따른 지방자치단체의 조직 및 공무원 정원의 변경, 예산 조치 등이 함께 수반되는 등 일정한 파급 효과가 예상되는 점 등을 종합하여 고려하면, 민간위탁 여부에 관한 결정은 다른 지방자치단체의 장의 사무의 집행방법에 관한 사항과는 중요성 및 그 성질을 다소 달리한다고 보이는바, 이를 단순한 집행방법에 관한 문제로서 한정적으로 파악하여 지방자치단체의 장의 고유권한으로 보기는 어렵다고 할 것입니다.

이러한 점을 종합하면 조례로 지방자치단체의 장이 그 사무를 위탁할 것인지 여부를 결정할 때 지방의회의 사전 동의를 얻도록 규정하는 것은 그 결정의 정당성 및 적법성을 담보하기 위한 지방의회의 견제의 범위 내에 해당하며, 이를 지방자치단체의 장의 고유권한의 침해로 보기는 어렵다고 할 것입니다.

따라서 지방자치단체의 자치사무를 민간위탁할지 여부에 관하여 조례로 사전에 지방의회의 동의를 받도록 규정할 수 있습니다.

〈별첨 6〉 보상금 [대법원 1996. 4. 26. 선고 94다16052 판결]

【판시사항】

한국보훈복지공단의 제안제도 규정상 '예산의 범위 내에서' 보상금을 지급하기로 한 규정의 해석 및 효력

【판결요지】

한국보훈복지공단의 설립 목적, 예산 편성·집행상의 규제와 감독 및 제안제도의 취지, 제안에 따른 보상방법의 다양성, 보상금 지급의 운영 실태 등 제반 사정을 참작하여 보면, 그 제안제도 규정상 '예산의 범위 내에서'라고 함은 책정·계상되어 있는 예산의 범위 내에서라는 뜻으로 해석하여야 하고, 예산의 범위 내에서 보상금을 지급하기로 하였다 하여 보상금에 대한 예산을 반드시 책정·계상하여 이를 지급할 의무까지 부담하기로 한 것은 아니며, 그러한 의무가 신의칙이나 형평의 원칙상 인정된다고 볼 수도 없다.

【참조조문】

민법 제2조, 제105조, 한국보훈복지공단법 제1조, 제19조, 제20조

【참조판례】

대법원 1979. 8. 14. 선고 79다1037 판결(공1979, 12157)

【전 문】

【원고, 상고인】

이현옥 (소송대리인 변호사 김종식)

【피고, 피상고인】

한국보훈복지공단 (소송대리인 법무법인 을지합동법률사무소 담당변호사 노종상)

【원심판결】

서울고법 1994. 2. 2. 선고 92나70016 판결

【주 문】

상고를 기각한다. 상고비용은 원고의 부담으로 한다.

【이 유】

상고이유와 상고이유서 제출기간 경과 후에 제출된 상고이유보충서 중 상고이유를 보충하는 부분을 함께 판단한다.

1. 상고이유 제1점에 대하여

원심판결 이유에 의하면 원심은, 그 판결에서 채택한 증거에 의하여 피고의 매사업연도의 잉여금은 보훈병원의 손실금과 직업재활 교육비의 보전 및 보훈병원의 자본투자, 국가유공자 복지증진사업의 보조금으로 사용하도록 법에 정하여져 있는 데다가 예산을 최대한 절감한다는 취지에서 1984년부터 1992년까지의 예산에는 보상금 항목이 전혀 편성되어 있지 아니한 사실, 피고의 회계규정에는 비용과 수익은 발생기간에 배분되도록 수익과 이에 대응하는 모든 비용을 계상하도록 규정하고 있으나 이 사건 창안보상금은 그 수익적, 자본적 지출 기준에 정해진 고정자산의 어느 항목에도 해당되지 아니하고 사업원가비용으로도 평가할 수 없어 예산과목, 대차대조표, 손익계산서, 결산서 등 어디에도 독립된 지출 근거가 없는 사실 및 피고의 예산에는 예측할 수 없는 예산 외의 지출에 충당하기 위한 예비비가 있어 그 사용 이유와 금액을 명시, 이사회의 승인을 얻어 이를 사용할 수 있으나, 이 사건 창안보상금은 예산 외의 예측할 수 없는 지출항목이 아니라 예산에 정식으로 편성되어야 지급할 수 있는 것으로서 예비비의 지급 대상이 아닌 사실을 인정하고 있는바, 이를 기록과 대조하여 살펴보면 원심의 위와 같은 사실인정은 옳다고 여겨진다.

한편 원심이 증거로 재용한 피고의 회계규정에 의하면, 피고의 예산은 예산총칙, 추정손익계산서 및 추정대차대조표로 하고, 추정손익계산서와 추정대차대조표는 각각 관, 항, 목으로 구분하며(회계규정 제54조), 사장은 예산집행상 불가피하다고 인정하는 경우에는 추정손익계산서의 각 항 간의 금액을 전용할 수 있다고 규정되어 있어(회계규정 제57조), 피고로서는 추정손익계산서의 각 항간의 예산을 전용하여 원고에게 이 사건 창안보상금을 지급할 수는 있다고 할 것이나, 위와 같은 예산의 전용 여부는 피고의 재량에 속하는 것으로, 피고에 대하여 예산을 전용할 것을 요구할 수 있는 권리가 원고에게 있는 것은 아니라고 할 것인바, 원심은 피고의 예산전용 가능성을 아예 부정함으로써 표현에 있어 다소 부적절한 부분이 있으나 피고의 예산전용 의무를 인정하지 아니한 결론은 정당하다.

따라서, 원심의 위와 같은 사실인정과 판단에 채증법칙을 위반하거나 심리를 다하지 아니함으로써 사실을 오인하여 판결 결과에 영향을 미친 위법이 있다고 할 수 없으므로, 이 부분에 관한 상고이유의 주장은 이유 없다.

2. 상고이유 제2점에 대하여

원심판결 이유에 의하면 원심은, 그 판결에서 채택한 증거에 의하여 피고가 시행하고 있는 제안제도에 따라 원고가 그 판시와 같이 2차례에 걸쳐 제안을 하고, 피고가 그 제안들을 창안으로 채택·실시한 결과 그로 인한 순이익금의 누계가 각각 금 1,295,192,000원 및 금 1,060,307,000원에 이른 사실 및 피고의 제안제도 규정에 의하면 피고가 채택한 창안의 실시 결과 업무개선 및 경비절감으로 얻어지는 이득금이 있을 때에는 소정의 계산방식에 따른 보상금을 지급하되, 예산의 범위 내에서 수여한다고 규정되어 있는 사실을 확정하였다.

그런데, 피고는 독립유공자예우에관한법률 및 국가유공자예우등에관한법률의 적용 대상자에 대한 진료와, 중상이자에 대한 의학적·정신적 재활 및 직업 재활을 행하여 그 자립정착을 도모하고, 복지증진에 기여함을 목적으로 하여 설립된 법인으로(한국보훈복지공단법 제1조, 제2조), 피고의 사장은 정관이 정하는 바에 의하여 피고의 회계를 관리하되(같은 법 제18조), 대통령령이 정하는 바에 의하여 사업연도마다 사업계획 및 예산서를 작성하여 이사회의 의결을 거쳐 매년 10. 31.까지 국가보훈처장에게 제출하여 승인을 얻어야 하고, 이를 변경하고자 할 때에도 같은 절차를 취하여야 하도록 되어 있으며(같은 법 제19조, 같은 법 시행령 제16조), 또 사업연도마다 세입세출결산서를 작성하여 다음 연도 2월 말까지 국가보훈처장에게 제출하여야 하고(같은 법 제20조), 이때에는 당해연도의 손익계산서 및 대차대조표, 당해연도의 사업계획과 그 집행실적과의 대비표, 감사보고서를 첨부하도록 되어 있으며(같은 법 시행령 제17조), 매사업연도의 잉여금은 보훈병원 등의 자본적 투자에 우선 충당하고, 차년도 사업을 위한 유보액을 제외한 금액은 보훈기금법에 의한 기금의 수입으로 하며(같은 법 제23조 제1항), 위 기금에의 수입금은 국가유공자등복지증진사업(호국정신의 함양 및 고취에 관한 사업을 포함한다)을 위한 보조금으로 사용하여야 하도록 되어 있는(같은 법 제23조 제2항) 등의 제한이 있고, 나아가 업무 전반에 관하여 국가보훈처장의 감독을 받도록 되어 있는바(같은 법 제24조), 이와 같은 피고의 설립 목적, 예산 편성·집행상의 규제와 감독 및 원심 판시에 나타나 있는 제안

제도의 취지, 제안에 따른 보상방법의 다양성, 보상금 지급의 운영 실태 등 제반 사정을 참작하여 보면, 피고의 제안제도 규정상 '예산의 범위 내에서'라고 함은 책정·계상되어 있는 예산의 범위 내에서라는 뜻으로 해석하여야 할 것이고, 예산의 범위 내에서 보상금을 지급하기로 하였다 하여 보상금에 대한 예산을 반드시 책정·계상하여 이를 지급할 의무까지 부담하기로 한 것은 아니라고 할 것이며, 그러한 의무가 신의칙이나 형평의 원칙상 인정된다고 볼 수도 없다.

따라서 같은 취지의 원심판결에 제안제도 규정의 법리를 오해하거나 제안제도 규정의 해석을 그르친 위법이 있다고 할 수 없으므로, 이 부분에 관한 상고이유의 주장도 이유 없다.

3. 상고이유 제3점에 대하여

기록에 의하면 원고는, 이 사건 보상금에 대한 예산의 책정·계상 여부를 불문하고 피고는 원고에게 보상금을 지급할 의무가 있다고 함을 전제로, 주위적 청구로서 1984년경부터 1991. 12. 31.까지 기간 동안의, 예비적 청구로서 1993. 1. 1.부터 이 사건 제안제도가 폐지될 때까지 기간 동안의 각 보상금 내지는 보상금 상당의 부당이득금 혹은 불법행위로 인한 손해배상금의 지급을 구하고 있고, 이에 대하여 원심은 주위적 청구에 대한 그 판시와 같은 판단을 기초로, 일련의 법정절차를 거쳐 원고에 대한 보상금이 예산항목에 구체적으로 반영되기 이전에는 원고가 피고에 대하여 그 권리를 주장할 수 없다고 판시하여 원고의 주장을 배척하였는바, 위와 같은 원심의 판단은 수긍이 가고, 거기에 상고이유에서 지적한 바와 같은 이유불비·이유모순의 위법이 있다고 볼 수 없으므로 이 부분에 관한 상고이유의 주장 역시 이유 없다.

4. 그러므로 상고를 기각하고 상고비용은 패소한 당사자의 부담으로 하기로 관여 법관들의 의견이 일치되어 주문과 같이 판결한다.

대법관   박만호(재판장) 박준서 김형선(주심) 이용훈

〈별첨 7〉 포상금 [대법원 1979. 8. 14. 선고 79다1037 판결]

【판시사항】

축산물가공처리법 시행령 제5조 제1항에 규정된 "예산의 범위 안에서"의 의미

【판결요지】

축산물가공처리법 시행령 제5조 제1항에 이른바, "예산의 범위 안에서"라고 함은 책정 계상 되어 있는 예산의 범위 안에서라는 뜻으로 해석하여야 한다.

【참조조문】

축산물가공처리법 시행령 제5조 제1항

【전문】

【원고, 상고인】

김병문 소송대리인 변호사 김병수

【피고, 피상고인】

대한민국 법률상 대표자 법무부장관 김치열 소송수행자 민석기, 이갑일

【원판결】

서울고등법원 1979. 4. 16. 선고 79나91 판결

【주 문】

상고를 기각한다.

상고 소송비용은 원고의 부담으로 한다.

【이 유】

원고 소송대리인의 상고이유를 판단한다.

그러나 축산물가공처리법 시행령 제5조 제1항에 이른바, "예산의 범위 안에서"라고 함

은 책정 계상되어 있는 예산의 범위 안에서라는 뜻으로 해석하여야 할 것이므로 원심이 이 건 원고의 수축밀도살자 신고포상금지급청구에 대하여 국가예산에 포상금에 관한 예산이 전혀 계상되어 있지 아니하니 예산이 계상되어 있음을 전제로 하는 원고의 청구는 이유 없다고 하였음은 정당하다 할 것이고 이에 관한 예산을 책정하지 아니하는 책임을 추궁하는 것은 별문제로 본다.

원판결에 축산물가공처리법령의 법리오해나 심리미진 이유불비의 위법 있다고 할 수 없으므로 논지는 이유 없다.

그러므로 상고를 기각하기로 하고 상고 소송비용은 패소자의 부담으로 하기로 하여 관여 법관의 일치된 의견으로 주문과 같이 판결한다.

대법관　서윤홍(재판장) 양병호 안병수 유태홍

<별첨 8> 「제주특별자치도 설치 및 국제자유도시 조성을 위한 특별법
시행령」 제30조 제3항에 따른 '지정 절차 등'의 범위
[법제처 11-0304, 2011. 7. 7. 교육과학기술부]

【질의요지】

「제주특별자치도 설치 및 국제자유도시 조성을 위한 특별법 시행령」 제30조 제3항은 '그 밖에 자율학교의 지정 절차 등에 관하여 필요한 사항은 제주자치도의 교육규칙으로 정한다.'고 규정하고 있는데, 여기서의 '지정 절차 등'의 범위는 단순히 지정 절차에 한정되는 것인지, 아니면 자율학교의 운영에 관한 사항 등을 포함하는 것인지?

【회 답】

「제주도특별자치도 설치 및 국제자유도시 조성을 위한 특별법 시행령」 제30조 제3항에서는 '그 밖에 자율학교의 지정 절차 등에 관하여 필요한 사항은 제주자치도의 교육규칙으로 정한다.'고 규정하고 있는데, 여기서의 '지정 절차 등'의 범위는 지정 절차와 관련된 사항에 한정되며, 운영 등에 관한 사항은 포함되지 않습니다.

【이 유】

「제주특별자치도 설치 및 국제자유도시 조성을 위한 특별법」(이하 "제주특별법"이라고 함) 제186조는 「초·중등교육법」의 일부 규정을 적용하지 않는 자율학교를 지정할 수 있도록 하고 있고, 자율학교 지정과 자율학교로 지정된 학교의 운영에 대하여 구체적인 사항은 제주도특별법 시행령에서 규정하고 있습니다.

그런데, 제주특별법 시행령 제30조에서는 자율학교의 지정절차에 대하여 규정하면서 제3항에서 '그 밖에 자율학교의 지정 절차 등에 관하여 필요한 사항은 제주자치도의 교육규칙으로 정한다.'고 하고 있어 지정 절차 외에 자율학교의 운영 등에 대한 관한 기준도 제주특별법 시행령 제30조제3항의 '지정 절차 등'에 포함되는 것인지 문제가 됩니다.

그러나 제주특별법 시행령 제30조 제1항에서는 초·중등학교가 자율학교로 지정받고자 하는 경우에 해당 학교의 장이 각 호의 사항이 기재된 서류를 교육감에게 제출하여야 한다는 것을 규정하고 있고, 제2항에서는 교육감이 제1항에 따른 서류를 제출한 초·중등학교를 자율학교로 지정하고자 하는 경우에는 미리 자율학교심의위원회의 심의를 거쳐야 한다고 규정하고 있어 제주특별법 시행령 제30조 제1항·제2항은 초·중등학교를 자

율학교로 지정하기 위한 형식적·절차적인 사항을 규정하고 있는 것으로 보이는바, 제1항 및 제2항 외에 자율학교의 지정 절차 등에 관하여 필요한 사항을 제주자지도의 교육규칙으로 정하도록 한 제3항에서의 지정 절차 "등"에 포함되는 것은 지정 방법, 수단 등과 같은 형식적·절차적인 사항에 한정되는 것이지 자율학교 운영 등이라는 실제적인 내용까지 포함된다고 보기는 어렵습니다.

특히, 자율학교의 운영에 대하여는 제주특별법 시행령 제31조가 별도로 규정하고 있고, 위 제31조에서 「초·중등교육법」과 달리 자율적으로 운영될 수 있는 자율학교 운영 전반에 관한 내용을 담고 있다는 점을 고려한다면 제주특별법 시행령 제30조는 조문의 제목에서 "자율학교의 지정절차"라고 표현된 것처럼 자율학교의 운영이 아닌 자율학교의 지정절차와 관련된 조항이라고 보아야 할 것입니다.

따라서, 제주특별법 시행령 제30조 제3항에서는 '그 밖에 자율학교의 지정 절차 등에 관하여 필요한 사항은 제주자치도의 교육규칙으로 정한다.'고 규정하고 있는데, 이때의 '지정 절차 등'의 범위는 지정 절차와 관련된 사항에 한정되며, 운영 등에 관한 사항은 포함되지 않습니다.

〈별첨 9〉 자치사무의 민간위탁에 관한 조례의 제정범위
(「지방자치법」 제104조 제3항 관련)
[법제처 09-0194, 2009. 7. 3. 양천구 창의정책담담관]

【질의요지】

조례로 자치사무의 민간위탁 여부에 관하여 사전에 지방의회의 동의를 받도록 규정할 수 있는지?

【회 답】

조례로 자치사무의 민간위탁 여부에 관하여 사전에 지방의회의 동의를 받도록 규정할 수 있습니다.

【회 답】

「지방자치법」에 따르면 지방자치단체의 조례는 법령의 범위 안에서 그 사무에 관하여 제정할 수 있는바(제22조), 여기서 말하는 "법령의 범위 안에서"란 "법령에 위반되지 않는 범위 내에서"를 가리키므로 지방자치단체가 제정한 조례가 법령에 위반되는 경우에는 효력이 없고, 또한 「지방자치법」은 지방의회와 지방자치단체의 장에게 독자적인 권한을 부여하여 상호 견제와 균형을 이루도록 하고 있으므로, 법률에 특별한 규정이 없는 한 조례로써 견제의 범위를 넘어서 상대방의 고유권한을 침해하는 규정을 제정할 수 없습니다(대법원 2007. 2. 9. 선고 2006추45 판결).

한편 「지방자치법」에 따르면 지방자치단체의 장은 그 지방자치단체의 사무와 법령에 따라 그 지방자치단체의 장에게 위임된 사무를 관리하고 집행하고(제103조), 또한 지방자치단체의 장은 조례나 규칙으로 정하는 바에 따라 그 권한에 속하는 사무 중 조사·검사·검정·관리업무 등 주민의 권리·의무와 직접 관련되지 아니하는 사무를 법인·단체 또는 그 기관이나 개인에게 위탁할 수 있습니다(제104조 제3항).

여기서는 「지방자치법」 제104조 제3항에 따른 지방자치단체의 장의 권한위탁과 관련하여, 조례로 자치사무의 민간위탁 여부의 결정 시 지방의회의 사전 동의를 받도록 규정하는 것이 지방자치단체의 장의 고유권한의 침해에 해당하는지 여부가 문제됩니다.

그런데 「지방자치법」 제104조 제3항은 지방자치단체의 장이 조례 또는 규칙이 정하는 바에 따라 사무를 민간위탁할 수 있게 함으로써 민간위탁의 주체를 지방자치단체의 장으로 규정하고 있다고 할 것이나, 같은 조항은 민간위탁에 대하여 조례가 정할 수 있는 내용을 특별히 한정하고 있지는 않은바, 이러한 조례의 제정 범위가 반드시 민간위탁에 필요한 절차적 사항 등에 한정된다고 보기는 어렵습니다.

다음으로 지방자치단체의 장이 그 사무를 민간위탁할 것인지 여부에 관한 결정 권한이 「지방자치법」 제103조에 따른 지방자치단체의 장의 사무 관리 및 집행권의 내용으로서 지방자치단체의 장의 고유권한으로 볼 수 있는지 여부를 살펴보면, 지방자치단체의 장이 그 사무를 지방자치단체의 조직을 통해 직접 수행할지 민간에 위탁할지 여부는 직접적으로 행정서비스의 품질 등을 좌우할 수 있는 사항으로서 사실상 주민의 복리에 직·간접적인 영향을 미칠 수 있는 점, 민간위탁이 이루어지는 경우에는 이에 따른 지방자치단체의 조직 및 공무원 정원의 변경, 예산 조치 등이 함께 수반되는 등 일정한 파급 효과가 예상되는 점 등을 종합하여 고려하면, 민간위탁 여부에 관한 결정은 다른 지방자치단체의 장의 사무의 집행방법에 관한 사항과는 중요성 및 그 성질을 다소 달리한다고 보이는바, 이를 단순한 집행방법에 관한 문제로서 한정적으로 파악하여 지방자치단체의 장의 고유권한으로 보기는 어렵다고 할 것입니다.

이러한 점을 종합하면 조례로 지방자치단체의 장이 그 사무를 위탁할 것인지 여부를 결정할 때 지방의회의 사전 동의를 얻도록 규정하는 것은 그 결정의 정당성 및 적법성을 담보하기 위한 지방의회의 견제의 범위 내에 해당하며, 이를 지방자치단체의 장의 고유권한의 침해로 보기는 어렵다고 할 것입니다.

따라서 지방자치단체의 자치사무를 민간위탁할지 여부에 관하여 조례로 사전에 지방의회의 동의를 받도록 규정할 수 있습니다.

〈별첨 10〉 하수도법 제32조 제5항 위헌소원

[2004. 9. 23. 선고 2002헌바76 결정]

【판시사항】

1. 하수도법 제32조 제2항·제5항이 하수도법상의 원인자부담금 부과의 방법과 절차를 조례에 위임한 것이 위헌인지 여부(소극)
2. 조례에 위임할 사항에 있어서 위임입법의 한계

【결정요지】

1. 헌법 제117조 제1항은 "지방자치단체는 주민의 복리에 관한 사무를 처리하고 재산을 관리하며, 법령의 범위 안에서 자치에 관한 규정을 제정할 수 있다."고 규정하고, 지방자치법 제15조는 이를 구체화하여 "지방자치단체는 법령의 범위 안에서 그 사무에 관하여 조례를 제정할 수 있다. 다만, 주민의 권리제한 또는 의무부과에 관한 사항이나 벌칙을 정할 때에는 법률의 위임이 있어야 한다."고 규정하고 있다. 즉, 우리 헌법 제117조 제1항은 자치입법권의 수권규정으로 지방자치단체의 조례제정권을 보장하고 있고, 나아가 지방자치법은 개별 법률의 위임이 있는 경우에는 조례로써도 주민의 권리를 제한하거나 주민에게 의무를 부과하는 것은 가능함을 밝히고 있다.

   그런데, 하수도법 제32조 제2항, 제5항은 지방자치단체(공공하수도관리청)에 공공하수도의 개축이나 공사와 관련한 원인자부담금을 부과할 수 있는 권한을 부여하고 있고, 그 방법이나 절차에 관하여 당해 지방자치단체에 별도의 조례제정권을 부여하고 있다. 따라서 이 사건 원인자부담금에 관한 조례는 헌법상의 자치입법권을 근거로 하여 개별 법률에서 구체적으로 위임한 조례제정권에 의거하여 제정된 것으로서 제정형식에는 문제가 없다.
2. 지방자치단체는 헌법상 자치입법권이 인정되고, 법령의 범위 안에서 그 권한에 속하는 모든 사무에 관하여 조례를 제정할 수 있다는 점과 조례는 선거를 통하여 선출된 그 지역의 지방의원으로 구성된 주민의 대표기관인 지방의회에서 제정되므로 지역적인 민주적 정당성까지 갖고 있다는 점을 고려하면, 조례에 위임할 사항은 헌법 제75조 소정의 행정입법에 위임할 사항보다 더 포괄적이어도 헌법에 반하지 않는다고 할 것이다.

【참조조문】

　헌법 제75조, 제117조 제1항

　지방자치법 제15조

　(조례) 지방자치단체는 법령의 범위 안에서 그 사무에 관하여 조례를 제정할 수 있다.
다만, 주민의 권리제한 또는 의무부과에 관한 사항이나 벌칙을 정할 때에는 법률의 위임
이 있어야 한다.

【참조판례】

　2. 헌재 1995. 4. 20. 92헌마264등(병합), 판례집 7-1, 564, 572

【전　문】

【당사자】

　청구인　　명곡지구 토지구획정리조합(대표자 조합장　박인수) 외 4인

　대리인 법무법인　우일

　담당변호사　이철환

　당해사건　울산지방법원 2002구합107 원인자부담금부과처분취소

【주　문】

　하수도법(1994. 8. 3. 법률 제4782호로 개정된 것) 제32조 제5항 중 제32조 제2항에
관한 부분은 헌법에 위반되지 아니한다.

【이　유】

　1. 사건의 개요 및 심판의 대상

　가. 사건의 개요

　(1) 청구인들은 양산시 웅상읍 평산리, 주남리, 명곡리, 삼호리 일대의 토지 소유자들을
　　　구성원으로 하여 결성된 토지구획정리조합으로서 1995. 5.경부터 1996. 4.경까지
　　　사이에 경상남도지사로부터 조합설립 및 사업시행 인가를 받아 위 일대의 토지들
　　　에 대하여 토지구획정리사업을 시행하여 왔다.

　(2) 한편, 양산시는 위 토지구획정리사업을 포함한 택지개발사업 등이 예정된 웅상지역

전체의 하수처리를 위하여 1995. 7. 10.경 울산광역시장에게 기존의 회야하수처리장을 증설하여 장차 웅상지역에서 발생할 하수를 처리하여 주도록 협조요청을 하였다. 이에 울산광역시장은 위 웅상지역뿐만 아니라 울산광역시 관내의 웅촌지역 등에서 발생할 하수를 모두 처리할 수 있도록 기존의 회야하수처리장의 처리시설과 그곳까지의 차집관거를 증설하기로 하고 1995. 12. 27. 환경부장관으로부터 회야댐 상류 하수도정비기본계획의 변경승인을 받은 후 같은 해 12. 31. 회야하수처리장에 대한 증설허가를 받아 공사를 시행하였다.

(3) 위 증설공사 시행 도중, 감사원은 울산광역시장에게 회야하수처리장 증설공사 대신에 인근의 온산하수처리장을 통하여 위 각 지역에서 발생한 하수를 처리하는 방안이 하수처리시설의 증설과 관련된 전체 공사비용을 절감할 수 있을 것이라는 의견을 제시하였고, 이에 울산광역시장은 2000. 8.경 회야하수처리장 증설공사를 중단하고, 그 대신 위 토지구획정리사업지역과 온산하수처리장 사이에 유입관로를 개설하는 내용으로 위 하수도공사의 사업계획 및 설계를 변경한 다음, 2000. 11.경 환경부장관으로부터 그 변경인가를 받아 이에 따른 차집관로 및 이송관로공사를 시행하였다.

(4) 한편, 울산광역시장은 2001. 10. 13. 및 같은 달 23. 하수도법 제32조 제2항, 제5항, 울산광역시하수도사용조례 제24조 제2항에 근거하여 청구인들에게 위 변경된 공사에 따른 원인자부담금을 각 부과하는 처분(이하 "이 사건 각 부과처분"이라 한다)을 하였다.

(5) 이에 대하여 청구인들은 이 사건 각 부과처분이 위법하다고 주장하며 울산광역시장을 상대로 울산지방법원에 위 각 부과처분의 취소를 구하는 소송(2002구합107호)을 제기하고, 그 소송 계속 중 하수도법 제32조 제5항에 대하여 위헌여부심판의 제청신청을 하였으나, 위 법원은 2002. 8. 28. 위 신청을 기각하였다.

나. 심판의 대상

이 사건 심판대상은 이 사건 부과처분의 근거가 된 울산광역시하수도사용조례 제24조 제2항의 수권규정인 하수도법(1994. 8. 3. 법률 제4782호로 개정된 것, 이하 "법"이라고 한다) 제32조 제5항 중 법 제32조 제2항의 원인자부담금에 관하여 필요한 사항을 당해 지방자치단체의 조례에 의하여 정하도록 한 부분의 위헌 여부(이하 "이 사건 법률조항"이라 한다)이고, 관련 법률조항의 내용은 다음과 같다.

하수도법 제32조(원인자부담금 등) ①, ③, ④ 생략

② 공공하수도관리청은 타공사 또는 타행위(공공하수도에 영향을 미치는 공사 외의 행위를 말한다. 이하 같다)로 인하여 필요하게 된 공공하수도에 관한 공사에 요하는 비용의 전부 또는 일부를 당해 타공사의 시행자 또는 타행위자에게 부담시키거나 당해 공사를 시행하게 할 수 있다.

⑤ 제1항 내지 제4항의 부담금에 관하여 필요한 사항은 당해 지방자치단체의 조례로 정한다.

울산광역시하수도사용조례(2001. 9. 29. 울산광역시 조례 제505호로 개정된 것) 제24조

① 법 제32조 규정에 의한 원인자부담금은 공공하수도(하수관거 및 펌프시설·하수종말처리시설)의 신·증설에 필요한 기본 및 실시설계비·환경평가비·용지비(지장물보상비 포함)·공사비(부대공사비 포함)·시공감리비 기타 부대비로 한다. 다만, 하수관거는 개발지역에서 하수종말처리시설까지 유입시키기 위한 하수관거 설치비로 한다.

② 제1항의 규정에 의한 원인자부담금은 다음 각 호의 기준에 따라 별표 6과 같이 산정한다(별표 생략).

1. 생략

2. 시장은 법 제32조 제2항의 규정에 의한 타공사 또는 타행위로 인하여 필요하게 된 공공하수도에 관한 공사에 요하는 비용의 전부를 당해 타공사의 시행자 또는 타행위자가 부담하게 하여야 함.

가, 나, 다 생략

③ 생략

④ 원인자부담금은 원칙적으로 당해사업 또는 시설물의 착공 후부터 완공 전에 징수하며, ㄱ 납부시기 및 납부방법은 조례시행규칙으로 정한다.

2. 청구인들의 주장 및 관계기관의 의견

가. 청구인들의 주장

(1) 이 사건 원인자부담금은 국민의 권리의 제한에 관한 사항이므로 법률로 정하여야 하고, 그 제한의 내용을 조례에 위임할 수 없다. 따라서 이 사건 부담금에 관한 사항을 지방자치단체의 조례에서 정하도록 한 이 사건 법률조항은 헌법에 근거가 없는 위헌규정이다.

(2) 가사, 국민의 권리의무에 관한 사항을 조례에 위임할 수 있다고 하더라도, 의회 입법주의와 법치주의의 원칙상 조례에 규정될 내용 및 범위의 기본사항이 구체적으로 규정되어 있어서 누구라도 조례로 규정될 대강의 내용을 예측할 수 있어야 할 것임에도 이 사건 법률조항은 하수배출량의 산출방법, 산출시기, 산출기준에 대하여 막연하고 포괄적인 규정만을 두고 있어 포괄적 위임입법금지원칙에 반하여 위헌이다.

나. 울산광역시장 및 환경부장관의 의견

(1) 헌법 제117조 제1항은 "지방자치단체는 주민의 복리에 관한 사무를 처리하고 재산을 관리하며, 법령의 범위 안에서 자치에 관한 규정을 제정할 수 있다."고 규정하고, 지방자치법 제15조는 "지방자치단체는 법령의 범위 안에서 그 사무에 관하여 조례를 제정할 수 있다. 다만, 주민의 권리제한 또는 의무부과에 관한 사항이나 벌칙을 정할 때에는 법률의 위임이 있어야 한다."고 규정하고 있다.
따라서 법률의 위임이 있는 경우에는 조례에 의하여 주민의 권리를 제한하거나 주민에게 의무를 부과하는 것이 가능하다고 할 것인바, 이 사건 법률조항은 공공하수도의 개축이나 공사와 관련한 원인자부담금의 설정 및 징수방법 등에 관하여 당해 지방자치단체에 조례제정권을 부여하고 있으므로, 조례에 의한 이 사건 원인자부담금의 부과는 헌법 및 법률상의 근거를 갖추고 있어 정당하다.

(2) 헌법 제75조의 "구체적으로 범위를 정하여"라 함은 법률에 대통령령 등 하위법규에 규정될 내용 및 범위의 기본사항이 가능한 한 구체적이고도 명확하게 규정되어 있어서 누구라도 당해 법률 그 자체로부터 대통령령 등에 규정될 내용의 대강을 예측할 수 있어야 함을 의미하고, 이러한 예측가능성의 유무는 당해 특정조항 하나만을 가지고 판단할 것은 아니고 관련 법조항 전체를 유기적·체계적으로 종합판단하여야 하며, 각 대상 법률의 성질에 따라 구체적·개별적으로 검토하여야 하므로, 법률조항과 법률의 입법취지를 종합적으로 고찰할 때 합리적으로 그 대강이 예측될 수 있는 것이라면 위임의 한계를 일탈하지 아니한 것이다. 특히 주민의 대표기관인 지방의회의 의결로 제정되는 조례는 행정명령과는 달리 법령에 위반되지 않는 한 포괄적인 위임도 가능하다.
그리고 법 제32조 제5항은 공공하수도공사의 비용산출의 기준과 방법, 비용부담의 시기 및 방법 등에 관한 위임입법이므로 기술적, 세부적인 사항을 하위법규에 위임한 것에 불과하므로 포괄위임금지의 원칙에 반하지 않는다.

3. 판단

(1) 조례에 의한 부담금 부과의 근거

울산광역시하수도사용조례는 하수도법과 같은 법 시행령 및 같은 법 시행규칙에서 위임된 사항과 그 시행에 관하여 필요한 사항을 규정함을 목적으로 하여 제정되었고, 위 조례 제24조 제1항, 제2항 제2호, 제4항은 법 제32조 제2항의 원인자부담금의 구체적인 부과대상 및 부과한도를 비롯한 부과시기와 방법 등을 정하고 있는바, 청구인들은 조례로써 국민의 권리를 제한하는 것은 허용될 수 없으므로 위 조례 및 조례의 수권규정인 법 제32조 제5항은 위헌규정이라고 주장한다.

살피건대, 헌법 제117조 제1항은 "지방자치단체는 주민의 복리에 관한 사무를 처리하고 재산을 관리하며, 법령의 범위 안에서 자치에 관한 규정을 제정할 수 있다."고 규정하고, 지방자치법 제15조는 이를 구체화하여 "지방자치단체는 법령의 범위 안에서 그 사무에 관하여 조례를 제정할 수 있다. 다만, 주민의 권리제한 또는 의무부과에 관한 사항이나 벌칙을 정할 때에는 법률의 위임이 있어야 한다."고 규정하고 있다. 즉, 우리 헌법 제117조 제1항은 자치입법권의 수권규정으로 지방자치단체의 조례제정권을 보장하고 있고, 나아가 지방자치법은 개별 법률의 위임이 있는 경우에는 조례로써도 주민의 권리를 제한하거나 주민에게 의무를 부과하는 것이 가능함을 밝히고 있다.

그런데, 이 사건 법률조항은 지방자치단체(공공하수도관리청)에 공공하수도의 개축이나 공사와 관련한 원인자부담금을 부과할 수 있는 권한을 부여하고 있고, 그 방법이나 절차에 관하여 당해 지방자치단체에 별도의 조례제정권을 부여하고 있다. 따라서 적어도 이 사건 원인자부담금에 관한 조례는 헌법상의 자치입법권을 근거로 하여 개별 법률에서 구체적으로 위임한 조례제정권에 의거하여 제정된 것으로서 제정형식에는 문제가 없다.

(2) 위임입법의 한계 일탈 여부

헌법 제117조 제1항과 지방자치법 제15조가 조례에 관한 일반적인 수권규정인 사실은 앞서 본 바와 같다. 그런데 헌법은 자치입법권의 허용근거만을 마련해 두고 있을 뿐 조례에의 위임입법은 어떤 범위 내에서 어떤 기준에 의하여 위임할 수 있는지에 관하여 명시적 규정을 두고 있지 않다.

살피건대, 지방자치단체는 헌법상 자치입법권이 인정되고, 법령의 범위 안에서 그 권한에 속하는 모든 사무에 관하여 조례를 제정할 수 있다는 점과 조례는 선거를 통하여 선출된 그 지역의 지방의원으로 구성된 주민의 대표기관인 지방의회에서 제정되므로 지역적인 민주적 정당성까지 갖고 있다는 점을 고려하면, 조례에 위임할 사항은 헌법 제75조 소정의 행정입법에 위임할 사항보다 더 포괄적이어도 헌법에 반하지 않는다고 할 것이다. 헌법재판소는 이미 "조례의 제정권자인 지방의회는 선거를 통해서 그 지역적인 민주적 정당성을 지니고 있는 주민의 대표기관이고 헌법이 지방자치단체에 포괄적인 자치권은 보장하고 있는 취지로 볼 때, 조례에 대한 법률의 위임은 법규명령에 대한 법률의 위임과 같이 반드시 구체적으로 범위를 정하여 할 필요가 없으며 포괄적인 것으로 족하다"고 판시한 바도 있다(헌재 1995. 4. 20. 92헌마264등, 판례집 7-1, 564, 572).

또한 법 제32조 제5항이 준용하는 법 제32조 제2항은 조례에의 위임과 관련하여 핵심적인 내용이라고 할 수 있는 위임사항(원인자부담금의 부과), 부담금 부과의 대상자(공공하수도의 공사를 필요로 하게 한 타공사의 시행자 또는 타행위자) 및 부담금의 범위(공사비의 전부 또는 일부)에 관하여 대강을 규정하고 있고, 나머지 구체적인 공사비의 내용이나 산정방법, 시기, 징수절차 등에 관하여 필요한 사항을 지방자치단체의 조례에 의하여 정하도록 위임하고 있다.

따라서 조례에 있어서 위임범위의 포괄성과 이 사건 법률규정의 내용을 고려해 볼 때, 이 사건 법률규정이 조례에 있어서 위임입법의 한계를 벗어난 것이라고 볼 수 없다.

4. 결론

그렇다면, 법 제32조 제5항 중 제32조 제2항에 관한 부분은 헌법에 위반되지 아니하므로 관여재판관 전원의 일치된 의견으로 주문과 같이 결정한다.

재판관　윤영철(재판장) 김영일 권　성 김경일(주심) 송인준
주선회 전효숙 이상경

〈별첨 11〉 원인자부담금부과처분취소
[대법원 2007. 7. 26. 선고 2005두2612 판결]

【판시사항】

[1] 조세나 부담금에 관한 규정이 명확성을 결여하여 위헌인지 여부의 판단 방법

[2] 조세나 부담금에 관한 법령의 불소급의 원칙의 적용 범위

[3] 사업을 개시할 당시에 원인자부담금에 관한 구 하수도법 제32조 제2항이 시행되고 있었고 그 사업의 완공 이전에 원인자부담금에 관하여 필요한 사항의 규정을 위임 받은 지방자치단체의 조례가 제정된 경우, 당해 사업에 그 조례를 적용하는 것이 소급입법금지의 원칙에 위배되는지 여부(소극)

[4] 구 하수도법 제32조 제2항 에서 정하는 '타행위로 인하여 필요하게 된 공공하수도'에 공공하수도의 설치 후에 비로소 당해 사업으로 인하여 발생할 하수를 처리 하게 된 공공하수도가 포함되는지 여부(적극)

【판결요지】

[1] 조세나 부담금의 부과요건과 징수절차를 법률로 규정하였다고 하더라도 그 규정 내용이 지나치게 추상적이고 불명확하면 부과관청의 자의적인 해석과 집행을 초래 할 염려가 있으므로 법률 또는 그 위임에 따른 명령·규칙의 규정은 일의적이고 명확해야 할 것이나, 법률규정은 일반성, 추상성을 가지는 것이어서 법관의 법보충 작용으로서의 해석을 통하여 그 의미가 구체화, 명확화될 수 있으므로, 조세나 부담금에 관한 규정이 관련 법령의 입법 취지와 전체적 체계 및 내용 등에 비추어 그 의미가 분명해 질 수 있다면 이러한 경우에도 명확성을 결여하였다고 하여 위헌이라고 할 수는 없다.

[2] 조세나 부담금에 관한 법령의 불소급의 원칙은 그 법령의 효력발생 전에 완성된 요건사실에 대하여는 특별한 사정이 없는 한 당해 법령을 적용할 수 없다는 의미 일 뿐 계속된 사실이나 그 이후에 발생한 요건사실에 대한 법령적용까지를 제한하 는 것은 아니다.

[3] 구 하수도법(2006. 9. 27. 법률 제8014호로 전문 개정되기 전의 것) 제32조 제2항 에서 정한 원인자부담금은 타공사 또는 타행위로 인하여 필요하게 된 공공하수도 에 관한 공사비용의 전부 또는 일부를 당해 타공사의 시행자 또는 타행위자에게

부담시키기 위해 부과하는 것으로서, 그 공공하수도에 관한 공사비용은 당해 사업으로 인한 하수발생량을 기준으로 하여 부과함이 상당하고, 그 하수발생량은 당해 사업의 완공 시까지는 사업계획의 변경 등에 의하여 변경될 수 있는 점에 비추어 당해 사업의 완공 시까지 원인자부담금을 부과할 수 있다고 할 것이므로, 당해 사업을 개시할 당시에 구 하수도법 제32조 제2항이 시행되고 있었고 그 사업의 완공 이전에 같은 조 제5항에 의하여 같은 조 제2항의 원인자부담금에 관하여 필요한 사항의 규정을 위임받은 지방자치단체의 조례가 제정된 경우 당해 사업에 그 조례를 적용하는 것이 소급입법금지의 원칙에 위배된다고 할 수 없다.

[4] 구 하수도법(2006. 9. 7. 법률 제8014호로 전문 개정되기 전의 것) 제32조 제2항 소정의 '타행위로 인하여 필요하게 된 공공하수도'에는, 타행위에 해당하는 사업으로 인하여 발생할 하수를 처리하기 위하여 당해 사업 시행 이후 새로이 설치되는 공공하수도뿐만 아니라, 당해 사업 시행 전에 이미 설치되었고 그 설치 당시까지는 당해 사업으로 인하여 발생할 하수를 처리할 예정이 없었으나 설치 후에 비로소 당해 사업으로 인하여 발생할 하수를 처리하게 된 공공하수도까지 포함된다.

【참조조문】

[1] 헌법 제59조

[2] 헌법 제13조 제2항, 국세기본법 제18조

[3] 구 하수도법(2006. 9. 27. 법률 제8014호로 전문 개정되기 전의 것) 제32조(현행 제61조 참조), 헌법 제13조

[4] 구 하수도법(2006. 9. 27. 법률 제8014호로 전문 개정되기 전의 것) 제32조 제2항 (현행 제61조 참조)

【참조판례】

[1] 대법원 1994. 2. 25. 선고 93누20726 판결(공1994상, 1133); 대법원 2003. 11. 14. 선고 2002두6231 판결

[2] 대법원 2003. 11. 14. 선고 2002두6231 판결

【전 문】

【원고, 상고인】

명곡지구 토지구획정리조합 외 4인 (소송대리인 법무법인 화우 외 2인)

【피고, 피상고인】

울산광역시장 (소송대리인 법무법인 국제 담당변호사 하만영)

【원심판결】

부산고법 2005. 1. 28. 선고 2002누4631 판결

【주 문】

상고를 모두 기각한다. 상고비용은 원고들의 부담으로 한다.

【이 유】

상고이유(상고이유서 제출기간이 경과한 후에 제출된 각 상고이유보충서의 기재는 상고이유를 보충하는 범위 내에서)를 판단한다.

1. 상고이유 제1, 2, 3, 5, 6점에 대하여

조세나 부담금의 부과요건과 징수절차를 법률로 규정하였다고 하더라도 그 규정 내용이 지나치게 추상적이고 불명확하면 부과관청의 자의적인 해석과 집행을 초래할 염려가 있으므로 법률 또는 그 위임에 따른 명령·규칙의 규정은 일의적이고 명확해야 할 것이나, 법률규정은 일반성, 추상성을 가지는 것이어서 법관의 법보충작용으로서의 해석을 통하여 그 의미가 구체화, 명확화될 수 있으므로, 조세나 부담금에 관한 규정이 관련 법령의 입법 취지와 전체적 체계 및 내용 등에 비추어 그 의미가 분명해 질 수 있다면 이러한 경우에도 명확성을 결여하였다고 하여 위헌이라고 할 수는 없고, 조세나 부담금에 관한 법령의 불소급의 원칙은 그 법령의 효력발생 전에 완성된 요건사실에 대하여는 특별한 사정이 없는 한 당해 법령을 적용할 수 없다는 의미일 뿐 계속된 사실이나 그 이후에 발생한 요건사실에 대한 법령적용까지를 제한하는 것은 아니라고 할 것이다(대법원 1994. 2. 25. 선고 93누20726 판결, 2003. 11. 14. 선고 2002두6231 판결 등 참조).

하수도법(2006. 9. 27. 법률 제8014호로 전문 개정되기 전의 것, 이하 '하수도법'이라고 한다) 제32조 제2항에서 정한 원인자부담금은 타공사 또는 타행위로 인하여 필요하게 된 공공하수도에 관한 공사비용의 전부 또는 일부를 당해 타공사의 시행자 또는 타행위자에게 부담시키기 위해 부과하는 것으로서, 그 공공하수도에 관한 공사비용은 당해 사업으로 인한 하수발생량을 기준으로 하여 부과함이 상당하고, 그 하수발생량은 당해 사업의 완공 시까지는 사업계획의 변경 등에 의하여 변경될 수 있는 점에 비추어 당해 사업의 완공 시까지 원인자부담금을 부과할 수 있다고 할 것이므로, 당해 사업을 개시할 당시에 하수도법 제32조 제2항이 시행되고 있었고 그 사업의 완공 이전에 하수도법 제32조 제5항에 의하여 같은 조 제2항의 원인자부담금에 관하여 필요한 사항의 규정을 위임받은 지방자치단체의 조례가 제정된 경우 당해 사업에 그 조례를 적용하는 것이 소급입법금지의 원칙에 위배된다고 할 수 없고 , 또한 하수도법 및 그 조례의 관련 규정의 해석을 통하여 원인자부담금 부과대상 및 그 요건과 징수절차의 의미·내용을 분명하게 이해할 수 있다면 명확성의 원칙에 위배된다고 할 수도 없다.

원심은, 원고들이 1995. 5.경부터 1996. 4.경까지 사이에 경상남도지사로부터 조합설립 및 사업시행인가를 받아 토지구획정리사업(이하 '이 사건 사업'이라고 한다)을 시행하고 있는 사실, 하수도법 제32조 제5항에 의하여 원인자부담금에 관한 사항을 위임받아 제정된 종전의 울산시하수도사용조례(1997. 3. 29. 울산시조례 제268호로 개정되기 전의 것)는 원인자부담금 부과의 대상이 되는 타행위의 내용을 구체적으로 규정하지 않았으나 울산시하수도사용조례가 1997. 3. 29. 개정되면서 부담금의 범위 및 나머지 구체적인 공사비의 내용이나 산정방법, 시기, 징수절차 등에 관하여 필요한 사항과 더불어 원인자부담금 부과의 대상으로 토지구획정리사업 등의 도시개발사업이 포함되는 것으로 규정하게 된 사실, 이 사건 원인자부담금 부과 당시 시행되던 울산광역시하수도사용조례(2001. 9. 29. 울산광역시 조례 제505호로 개정된 것, 이하 '이 사건 하수도사용조례'라고 한다) 제24조 제1항에서는 "하수도법 제32조 규정에 의한 원인자부담금은 공동하수도(하수관거 및 펌프시설·하수종말처리시설)의 신·증설에 필요한 기본 및 실시설계비·환경평가비·용지비(지장물보상비 포함)·공사비(부대공사비 포함)·시공감리비 기타 부대비로 한다. 다만, 하수관거는 개발지역에서 하수종말처리시설까지 유입시키기 위한 하수관거 설치비로 한다."고, 제2항에서는 "제1항의 규정에 의한 원인자부담금은 다음 각 호의 기준에 따라 [별표 6]과 같이 산정한다."고 하면서 제2호 (나)목에서 타행위에 의한 공공하수도 공사의 하나로 토지구획정리사업 등의 도시개발사업을 규정하고, 제5항에서 원인자부담

금은 원칙적으로 당해사업 또는 시설물의 완공 전에 징수하며, 그 납부시기 및 납부방법
은 조례시행규칙으로 정한다고 규정하고 있으며, 한편 울산광역시하수도사용조례 시행규
칙(1999. 5. 4. 규칙 제166호로 개정된 것, 이하 '조례 시행규칙'이라고 한다) 제17조 제1
항 제1호에서 원인자부담금은 공사착공일 이전에 부과·징수한다고 규정하고 있으나, 제
2호에서 원인자부담금이 1억 원 이상일 경우 분납할 수 있도록 규정하고 있는 사실을 인
정한 다음, 이 사건 사업은 하수도법 제32조 제2항의 원인자부담금의 부과대상인 타행위
에 해당한다고 판단하고, 나아가 위 원인자부담금은 당해 사업의 완공 전까지 부과할 수
있다 할 것이며, 조례 시행규칙이 조례로부터 원인자부담금의 '납부시기 및 방법'만을 위
임받은 점 등에 비추어 그 부담금을 공사착공일 이전에 부과하도록 한 조례 시행규칙 제
17조의 규정은 행정사무처리준칙에 불과하므로, 공사착공일을 원인자부담금 부과제척기
간의 기산점으로 삼을 수 없고, 이 사건 사업의 공사착공일 후에 원인자부담금을 부과하
였다고 하더라도 이를 위법한 것으로 볼 수 없다는 취지로 판단하였다.

앞서 본 법리와 기록에 비추어 보면, 원심의 위와 같은 판단은 정당하고, 거기에 상
고이유의 주장과 같은 조세나 부담금에 관한 법령의 불소급 원칙이나 명확성 원칙 또는
원인자부담금의 부과대상인 타행위 및 그 부과요건, 부과제척기간의 기산점과 관련한 하
수도법 제32조 제2항, 제5항, 이 사건 하수도사용조례 및 조례 시행규칙의 해석에 관한
법리오해의 위법 등이 있다고 할 수 없다.

2. 상고이유 제4점에 대하여

원심은, 일반적으로 행정상의 법률관계에 있어서 행정청의 행위에 대하여 신뢰보호의
원칙이 적용되기 위해서는, 우선적으로 행정청이 개인에 대하여 신뢰의 대상이 되는 공
적인 견해표명을 하여야 한다고 전제한 다음, 이 사건 사업시행인가 당시에 원인자부담
금의 부과에 관하여 언급이 없있다는 사유만으로 피고가 원고들에 대하여 원인자부담금
을 부과하지 않겠다는 공적인 견해표명을 한 것으로 볼 수 없다고 판단하였는바, 기록에
비추어 보면, 원심의 위와 같은 판단은 정당하고, 거기에 상고이유의 주장과 같은 신뢰보
호 원칙에 관한 법리오해의 위법 등이 없다.

원심은 또한, 하수도법의 제정취지, 하수도 시설의 확충을 위한 재원마련의 필요성, 이
사건 사업 시행 당시 원고들은 이 사건 사업으로 인하여 발생하게 될 하수처리를 위하여
원인자부담금이 부과될 수 있음을 예측할 수 있었던 점 등을 고려해 보면 이 사건 원인
자부담금의 부과로 인하여 원고들이 입는 사적불이익에 비해 이로 인하여 달성하려는 공

익이 훨씬 크다 할 것이므로 이 사건 처분에 재량권의 일탈·남용의 위법이 있다고 할 수 없다는 취지로 판단하였는바, 기록에 비추어 보면, 원심의 위와 같은 판단은 정당하고, 거기에 상고이유의 주장과 같은 재량권의 일탈·남용에 관한 법리오해나 이유모순의 위법 등이 없다.

3. 상고이유 제7, 8점에 대하여

기록에 의하면, 이 사건 하수도사용조례에서 이 사건 사업 구역을 회야하수처리장의 배수구역으로 정하였으므로 온산하수종말처리장 시설공사와 이 사건 하수관거공사에 관하여 원인자부담금을 부과할 근거가 없다거나, 이 사건 원인자부담금 부과처분에 절차적 위법이 있다는 상고이유는 원고들이 상고심에 이르러 비로소 내어 놓은 주장임이 명백하여 원심판결에 대한 적법한 상고이유가 될 수 없을 뿐만 아니라, 이 사건 사업구역 내에서 발생할 하수의 처리장이 회야하수처리장에서 온산하수종말처리장으로 변경되기 전에 개정된 이 사건 하수도사용조례 제3조 제1항에서 이 사건 사업 구역을 포함한 양산시 웅상읍 일대를 회야하수처리장의 배수구역으로 규정하고 있었다 하더라도 위 조례 조항은 울산광역시가 설치·관리하는 하수도의 배수구역에 울산광역시의 관할구역 밖인 양산시 웅상읍 일대를 포함하기 위한 조항으로 보아야 하므로 이 사건 사업 구역에서 발생한 하수를 회야하수처리장이 아닌 온산하수종말처리장에서 처리하는 것으로 결정된 이상 온산하수종말처리장의 배수구역에 이 사건 사업구역이 포함되는 내용으로 위 조례 조항이 개정되기 전에 피고가 하수도법 제32조 제2항, 제5항, 이 사건 하수도사용조례 제24조에 의하여 한 이 사건 원인자부담금 부과처분이 위법하다고 할 수는 없다. 위 상고이유는 이 점에서도 이유 없다.

4. 상고이유 제9점에 대하여

하수도법 제32조 제2항 및 이 사건 하수도사용조례 제24조 제1항, 제2항 제2호의 제정취지, 하수도법 제32조 제2항과 제4항의 관계 등을 참작하여 보면, 하수도법 제32조 제2항 소정의 타행위로 인하여 필요하게 된 공공하수도란, 타행위에 해당하는 사업으로 인하여 발생할 하수를 처리하기 위하여 당해 사업 시행 이후 새로이 설치되는 공공하수도뿐만 아니라, 당해 사업 시행 전에 이미 설치되었고 그 설치 당시까지는 당해 사업으로 인하여 발생할 하수를 처리할 예정이 없었으나 설치 후에 비로소 당해 사업으로 인하여 발생할 하수를 처리하게 된 공공하수도까지 포함하는 개념으로 봄이 상당하다.

원심이 같은 취지에서 온산하수종말처리장이 원고들의 각 토지구획정리사업 지구에서 배출된 하수처리를 위하여 사용되는 것으로 결정된 이상 기존의 온산하수처리종말처리장 시설공사 비용 역시 원고들이 시행하는 이 사건 사업으로 인하여 필요하게 된 공공하수도에 관한 공사비용으로 봄이 타당하다고 한 것은 정당하고, 거기에 상고이유의 주장과 같은 하수도법 제32조 제2항이 정한 원인자부담금 부과요건에 관한 법리오해의 위법 등이 없다.

5. 상고이유 제10점에 대하여

하수도법 제32조 제2항에서는 원인자부담금을 부과할 수 있는 공사를 타공사 또는 타행위로 인하여 필요하게 된 공공하수도에 관한 공사라고 규정하고, 제5항에서는 원인자부담금에 관한 사항을 지방자치단체의 조례에 위임하고 있으며, 그 위임을 받은 이 사건 하수도사용조례 제24조 제2항 제2호 (나)목, 제4항은 토지구획정리사업 등의 도시개발사업을 타행위로 열거하면서 타행위로 인하여 필요하게 된 공공하수도에 관한 공사에 요하는 비용의 전부를 당해 사업의 시행자인 타행위자로 하여금 부담하도록 하면서, 이러한 타행위로 인하여 발생할 것으로 예상되는 하수량을 ‘당해 사업의 기본 또는 실시설계보고서상의 수량’에 의하여 산정하도록 규정하고 있는바, 위 법령의 취지가 타행위에 해당하는 사업으로 인하여 발생할 것이 예상되는 하수를 처리하는 데 필요한 공공하수도 설치에 소요되는 비용을 그 원인을 조성한 타행위자인 사업시행자로 하여금 부담하게 하려는 데 있고, 타행위로 인하여 발생할 것으로 예상되는 하수량이란 당해 사업으로 조성된 토지의 이용을 포함하여 당해 사업을 사업계획에 따라 시행할 경우 발생할 것으로 예상되는 하수량이 될 것임을 참작하면, 위 조례 규정에서 당해 사업의 기본 또는 실시설계보고서상의 수량에 의하여 원인자부담금을 산정하도록 정한 것은 타당하다고 할 것이고, 한편 당해 사업의 기본 또는 실시설계보고서상의 수량이란 당해 사업으로 조성된 토지에 그 사업계획에서 정해진 규모 및 용도에 따라 건축되는 건축물로부터 발생할 것으로 예상되는 하수량도 포함된다고 할 것이므로 당해 사업을 시행할 경우 발생할 것으로 예상되는 하수량의 변경을 초래하는 사업계획변경이 이루어지지 않은 이상 당해 사업으로 조성되는 개개의 토지에 건축물을 건축하기로 한 건축업자가 사업계획에서 정해진 규모 범위 내에서 건축허가신청 내지 사업 승인신청을 하였다는 사정 또는 막연히 계획인구가 감소될 것이 예상된다는 사정만으로 당해 사업을 시행할 경우 발생할 것으로 예상되는 하수량이 줄어드는 것으로 보아 원인자부담금을 감액할 수는 없다 할 것이다.

같은 취지의 원심의 판단은 정당하고, 거기에 상고이유의 주장과 같은 조세법률주의 또는 하수도법 제32조 제2항 소정의 원인자부담금 산정에 관한 법리오해의 위법 등이 없다.

6. 기타의 상고이유에 대하여

(1) 이 사건 처분이 확정판결의 기속력에 반하는지 여부의 점

부담금의 부과처분을 취소하는 확정판결의 기속력은 개개의 위법사유에 대한 판단에 관하여 생기는 것으로, 법원이 위법하다고 판단한 동일한 사유에 기하여 동일한 내용의 처분을 하는 것을 금할 뿐이므로, 확정판결에서 판단된 개개의 위법사유를 보완하거나 기본적 사실관계가 동일하지 아니한 별도의 사유에 기하여 한 새로운 부과처분은 확정판결의 기속력에 저촉되지 아니한다.

원심은, 채택 증거를 종합하여, 피고는 원고들이 시행하는 토지구획정리사업 지역 내에서 발생될 하수를 회야하수처리장을 증설하여 처리할 수 있도록 1995. 12. 27. 회야댐 상류 하수도정비 기본계획의 변경승인을 받고 그 비용을 원고 삼호지구 토지구획정리조합을 제외한 나머지 원고들에게 원인자부담금으로 부과하였으나 위 원고들이 울산지방법원 98구765호로 위 원인자부담금 부과처분 취소소송을 제기한 사실, 위 원고들은 위 소송에서 일부승소판결을 받았으나 이에 불복하여 부산고등법원 99누3904호로 항소하였는데 위 소송도중 피고가 감사원의 권고를 받아들여 원고들이 시행하는 토지구획정리사업 지역 내에서 발생될 하수를 회야하수처리장이 아닌 기존의 온산하수종말처리장에서 처리할 수 있도록 회야하수처리장의 증설공사를 포기하고 원고들의 사업구역과 온산하수종말처리장 사이에 유입관로를 개설하기로 한 사실, 그에 따라 위 항소심에서는 2001. 9. 14. 피고가 당초 계획하였던 공사와 변경된 공사는 공사의 규모·내용·위치·공사비 등 여러 가지 면에서 전혀 다른 공사로 평가되어야 할 정도로 다르므로 위 원인자부담금 부과처분의 적법한 처분사유가 더 이상 존재하지 아니하고, 위 처분에는 절차상 위법사유도 있다는 이유로 위 제1심판결을 파기하고 원고 삼호지구 토지구획정리조합을 제외한 원고들에 대하여 전부승소 판결을 하여 그 판결이 그대로 확정된 사실, 이에 피고는 위 확정판결의 취지에 따라 당초의 위 원인자부담금 부과처분을 취소하고 2001. 10. 13. 및 같은 달 23. 원고들에게 그들이 시행하는 토지구획정리사업 지역 내에서 발생될 하수를 온산하수종말처리장에서 처리하는 것으로 하여 새로운 원인자부담금을 부과한 사실을 인정한 다음, 위 확정판결에 의하여 취소된 최초의 원인자부담금 부과처분과 새로운 원인자

부담금 부과처분은 별개의 사실관계에 기한 것으로서 위 확정판결의 기속력에 저촉된다고 볼 수 없을 뿐만 아니라 신의칙에도 위반되지 않는다고 판단하였다.

앞서 본 법리에 비추어 보면, 원심의 위와 같은 판단은 정당하고, 거기에 상고이유의 주장과 같은 법리오해의 위법이 없다.

(2) 하수도법 제32조 제5항의 위헌 여부의 점

하수도법 제32조 제2항, 제5항은 공공하수도관리청인 지방자치단체에 대하여 공공하수도의 개축이나 공사와 관련한 원인자부담금을 부과할 수 있는 권한을 부여하고 있고, 그 방법이나 절차에 관하여 당해 지방자치단체에 별도의 조례제정권을 부여하고 있으므로, 이 사건 하수도사용조례는 헌법상의 자치입법권을 근거로 하여 하수도법 제32조 제2항, 제5항에서 구체적으로 위임한 조례제정권에 의거하여 제정된 것이라 할 것이고, 하수도법 제32조 제2항은 조례에의 위임과 관련하여 핵심적인 내용이라고 할 수 있는 위임사항(원인자부담금의 부과), 부담금 부과의 대상자(공공하수도의 공사를 필요로 하게 한 타 공사의 시행자 또는 타행위자) 및 부담금의 범위(공사비의 전부 또는 일부)에 관하여 대강을 규정하고 있고, 나머지 구체적인 공사비의 내용이나 산정방법, 시기, 징수절차 등에 관하여 필요한 사항을 지방자치단체의 조례에 의하여 정하도록 위임하고 있으므로, 하수도법 제32조 제5항이 위임입법의 한계를 벗어난 것이라고 볼 수 없다(헌법재판소 2004. 9. 23. 선고 2002헌바76 결정 참조).

같은 취지의 원심의 판단은 정당하고, 거기에 상고이유의 주장과 같은 법리오해의 위법은 없다.

7. 결론

그러므로 상고를 모두 기각하고, 상고비용은 패소자들이 부담하기로 하여, 관여 대법관의 일치된 의견으로 주문과 같이 판결한다.

대법관 김황식(재판장) 김영란 이홍훈 안대희(주심)

〈별첨 12〉 서울특별시 - 「지방자치법」제104조 및 「공유재산 및 물품관리법」제27조 등(시립병원 운영 위탁 시 적용 법령) 관련

안건번호 08-0315 회신일자 2008. 12. 30.

1. 질의요지

진료업무의 수행 및 수탁재산인 병원시설의 관리 등을 포괄하는 내용의 서울특별시립병원 관리운영을 민간에 위탁하는 경우, 그 위탁기간 및 위탁기간 연장에 관하여 「지방자치법」제104조 및 「서울특별시 행정사무의 민간위탁에 관한 조례」를 따라야 하는지, 아니면 「공유재산 및 물품관리법」제27조 및 「공유재산 및 물품관리법 시행령」제19조 제2항을 따라야 하는지?

2. 회답

진료업무의 수행 및 수탁재산인 병원시설의 관리 등을 포괄하는 내용의 서울특별시립병원 운영을 민간에게 위탁하는 경우는 「공유재산 및 물품관리법」에 따른 행정재산의 관리위탁에 해당하며, 그 위탁기간 및 위탁기간 연장에 관하여는 같은 법 제27조 및 같은 법 시행령 제19조 제2항에 따라야 합니다.

3. 이유

○「지방자치법」제9조 제2항 제2호 마목에 따르면 보건진료기관의 설치·운영을 지방자치단체의 사무로 예시하고 있고, 같은 법 제104조 제3항에 따르면 지방자치단체의 장은 조례나 규칙으로 정하는 바에 따라 그 권한에 속하는 사무 중 조사·검사·검정·관리업무 등 주민의 권리·의무와 직접 관련되지 아니하는 사무를 법인·단체 또는 그 기관이나 개인에게 위탁할 수 있다고 규정하고 있으며, 같은 법 제144조에 따르면 지방자치단체는 주민의 복지를 증진하여 위하여 공공시설을 설치할 수 있고, 공공시설의 설치와 관리에 관하여 다른 법령에 규정이 없으면 조례로 정한다고 규정하고 있습니다.

○한편, 「공유재산 및 물품관리법」제4조 제1항에 따르면 같은 법에서 "공유재산"이라 함은 지방자치단체의 소유로 된 부동산과 그 종물 등을 말하며, 같은 법 제5조에 따르면 공유재산을 그 용도에 따라 행정재산·보존재산 및 잡종재산으로 구분하면서 다시 행정재산은 공용재산(지방자치단체가 직접 사무용·사업용 또는 공무원의 거주용으로 사

용하거나 사용하기로 결정한 재산과 사용을 목적으로 건설 중인 재산), 공공용 재산(지방
자치단체가 직접 공공용에 사용하거나 사용하기로 결정한 재산과 사용을 목적으로 건설
중인 재산) 및 기업용 재산(지방자치단체가 경영하는 기업용 또는 그 기업에 종사하는 직
원의 거주용으로 사용하거나 사용하기로 결정한 재산과 사용을 목적으로 건설 중인 재
산)으로 규정하고 있습니다.

　○ 또한「공유재산 및 물품관리법」제27조 제1항에 따르면 지방자치단체의 장은 행정
재산 등(같은 법 제19조 제1항에 따르면 행정재산과 보존재산을 말함. 이하 같음)의 효율
적인 관리를 위하여 필요하다고 인정되는 경우에는 대통령령이 정하는 바에 따라 지방자
치단체 외의 자에게 해당 재산의 관리를 위탁할 수 있다고 규정하고 있고, 같은 법 시행
령 제19조 제1항에 따르면 행정재산 등을 관리위탁함에 있어서 해당 재산의 관리를 위
하여 특별한 기술과 능력이 필요한 경우에는 그 기술과 능력을 갖추는 등 해당 재산을
관리하기에 적합한 자에게 관리위탁을 해야 한다고 규정하고 있으며, 같은 법 시행령 제
19조 제2항에 따르면 행정재산 등의 관리위탁 기간은 5년 이내로 하되, 천재·지변 그
밖의 재해로 관리위탁된 행정재산 등을 운영하지 못한 경우 또는 지방자치단체의 귀책사
유로 수탁자가 일정기간 재산사용의 제한을 받은 경우에는 1회에 한하여 5년 이내로 위
탁기간을 연장할 수 있도록 규정하고 있습니다.

　○ 서울특별시립병원의 운영은「지방자치법」제9조 제2항 제2호 마목의 보건진료기관
의 운영으로서 지방자치단체의 사무에 해당된다고 할 것이나, 서울특별시립병원은 주민
의 복리증진을 위한 보건진료라는 행정목적 달성에 직접 사용되는 서울특별시의 재산에
해당하므로「공유재산 및 물품관리법」제5조에 따른 행정재산에도 해당된다고 할 것이
며, 이에 따라 진료업무의 수행 및 수탁재산인 병원시설의 관리 등을 포괄하는 내용의
서울특별시립병원 관리운영을 민간에 위탁하는 경우라면 이러한 민간위탁은「공유재산
및 물품관리법」제27조에서 규정하고 있는 행정재산의 관리위탁에도 해당한다고 할 것
입니다.

　○ 행정재산은 그 자체가 공용 또는 공공용으로 사용되는 지방자치단체의 재산을 의미
하므로 행정재산을 관리·운영하는 행위는「지방자치법」에 따른 지방자치단체의 사무의
수행으로서의 성격을 갖는 경우가 많다고 할 것인데, 행정재산의 관리가 동시에 지방자
치단체 사무의 수행으로서의 성격을 갖는다고 하여「지방자치법」에 따른 사무의 위탁 규
정만이 적용되고「공유재산 및 물품관리법」에 따른 행정재산의 관리위탁 규정의 적용대
상에서는 제외된다고 할 수는 없습니다.

○「공유재산 및 물품관리법」제2조에 따르면 공유재산 및 물품의 취득·유지·보존 및 운용과 처분에 관하여는 다른 법률에 특별한 규정이 있는 경우를 제외하고는 같은 법에 따르도록 규정하고 있는 것과 같이 같은 법은 행정재산의 관리에 관한 일반법이라고 할 것이므로, 같은 법에 따른 행정재산의 관리위탁에 해당하는 경우라면, 해당 관리위탁의 기간 및 그 연장에 대해서도 개별 법령에서 달리 정하고 있지 않는 한, 같은 법 및 같은 법 시행령이 정하는 바에 따라야 할 것이며, 조례로 위 법령의 내용과 달리 위탁기간 및 그 연장에 관한 사항을 정하여 운영할 수는 없다 할 것입니다.

○「공유재산 및 물품관리법 시행령」제19조 제2항에서 행정재산 등의 관리위탁 기간을 5년 이내로 정하고, 위탁기간의 연장은 천재·지변 등으로 관리위탁된 행정재산 등을 운영하지 못한 경우 등에 있어 1회에 한하여 5년 이내로만 가능하도록 규정한 것은 행정재산 관리의 효율성을 높이기 위하여 위탁기간을 5년 이내로 제한하고 5년마다 새로 평가하여 가장 적합한 자에게 관리위탁을 하려고 한 것으로, 행정재산 중 병원시설에 대하여 그 관리·운영에 관한 사항을 법령에서 달리 정하고 있는 바도 없으며, 병원의 운영이라고 하여 위탁기간에 관한 위 규정의 적용대상에서 제외시켜야 할 합리적인 이유가 있다고 보기도 어려운바, 서울특별시립병원의 경우에도 병원시설의 관리·운영을 민간에 위탁하는 경우 위탁기간 및 기간의 연장에 관하여 같은 법 시행령 제19조 제2항을 적용받는다고 할 것입니다.

○따라서 진료업무의 수행 및 수탁재산인 병원시설의 관리 등을 포괄하는 내용의 서울특별시립병원의 운영을 민간에게 위탁하는 경우는 「공유재산 및 물품관리법」에 따른 행정재산의 관리위탁에도 해당하며, 그 위탁기간 및 위탁기간 연장에 관하여는 같은 법 제27조 및 같은 법 시행령 제19조 제2항에 따라야 합니다.

<별첨 13> 익산시 - 「공유재산 및 물품관리법」 제27조
(행정재산의 위탁관리) 관련

안건번호 07-0082 회신일자 2007. 04. 13.

1. 질의요지

청소년수련관 등 지방자치단체가 설치한 주민복리시설을 사인에게 위탁하여 운영하는 경우의 위탁기간과 위탁의 갱신에 관하여 당해 지방자치단체의 조례에서 「공유재산 및 물품관리법」 및 같은 법 시행령의 위탁기간 등에 관한 규정과 다르게 정하고 있는 경우에 그 조례에 따라 위탁기간을 갱신할 수 있는지?

2. 회답

지방자치단체가 설치한 주민복리시설을 사인에게 위탁하여 운영하고자 하는 경우, 다른 법령에 개별적인 규정이 없는 한, 「공유재산 및 물품관리법」 및 같은 법 시행령의 규정에 따라야 하고, 같은 법 및 같은 법 시행령의 규정에 반하는 조례가 정하는 바에 의하여 위탁기간을 갱신할 수 없습니다.

3. 이유

○ 「지방자치법」 제135조 제1항의 규정에 의하면, 지방자치단체는 주민의 복지를 증진하기 위하여 공공시설을 설치할 수 있고, 같은 조 제2항의 규정에 의하면, 공공시설의 설치 및 관리에 관하여 다른 법령에 규정이 없는 경우에는 조례로 정하도록 되어 있으며, 「공유재산 및 물품관리법」 제27조 제1항의 규정에 의하면, 지방자치단체의 장은 행정재산 등의 효율적인 관리를 위하여 필요하다고 인정되는 경우에는 대통령령이 정하는 바에 따라 지방자치단체 외의 자에게 당해 재산의 관리를 위탁(이하 "관리위탁"이라 한다)할 수 있도록 되어 있습니다.

○ 지방자치단체의 장은 어떠한 공공시설을 설치할 것인지, 또 설치된 공공시설을 지방자치단체가 직접 관리할 것인지, 또는 위탁하여 관리할 것인지 여부를 조례가 정하는 바에 의하여 정할 수 있으나, 설치한 공공시설을 위탁하여 관리하기로 하였다면, 청소년수련관 등 주민복리시설은 주민의 복리를 증진시키기 위한 공공시설로서 직접 행정목적의 달성에 공하는 행정재산에 속하고, 「공유재산 및 물품관리법」은 행정재산의 관리에 관한

일반법이므로 지방자치단체의 장이 설치한 공공시설의 위탁관리에 대하여 개별 법령에서 달리 규정하지 않는 한, 「공유재산 및 물품관리법」이 정하는 바에 따라야 할 것입니다.

○「공유재산 및 물품관리법」 제27조 제4항에 따르면, 위탁관리기간을 대통령령으로 정하며, 같은 법 시행령 제19조 제2항에 따르면, 행정재산 등의 관리위탁 기간은 5년 이내로 하지만, 천재·지변 그 밖의 재해로 관리위탁된 행정재산 등을 운영하지 못한 경우 또는 지방자치단체의 귀책사유로 수탁자가 일정기간 재산사용의 제한을 받은 경우에는 1회에 한하여 5년 이내로 연장할 수 있도록 되어 있습니다.

○따라서 지방자치단체가 설치한 주민복리시설을 사인에게 위탁하여 운영하고자 하는 경우, 지방자치단체가 설치한 공공시설의 위탁관리에 관하여 개별 법령에서 달리 규정하고 있지 않는 한, 「공유재산 및 물품관리법」 및 같은 법 시행령의 규정에 따라야 하고, 같은 법 및 같은 법 시행령의 규정에 반하는 조례가 정하는 바에 의하여 위탁기간을 갱신할 수 없습니다.

<별첨 14> 대법원 2009. 10. 15. 선고 2008추32 판결
【조례안재의결무효확인】

【판시사항】

[1] '원주 혁신도시 및 기업도시 편입지역 주민지원 조례안'이 평등원칙을 위반하고 있는지 여부(소극)

[2] 지방자치단체가 제정한 조례가 법령에 위배되는 경우의 효력 및 조례가 법령에 위배되는지 여부의 판단 기준

[3] '원주 혁신도시 및 기업도시 편입지역 주민지원 조례안' 제6조 제3호가 혁신·기업도시 주민고용센터 설립사업, 혁신·기업도시 기반시설 건립을 위해 시행하는 진입도로 확장 및 신설사업 등을 주민생계회사에 위탁해 시행할 수 있도록 한 것이, 사무의 위탁에 관한 지방자치법 제104조의 위임한계를 넘은 것인지 여부(소극)

[4] '원주 혁신도시 및 기업도시 편입지역 주민지원 조례안' 제6조 등이 '공공기관 지방이전에 따른 혁신도시 건설 및 지원에 관한 특별법' 제47조의2 등의 법령에 위배되지 않는다고 한 사례

【판결요지】

[1] 국가나 지방자치단체가 국민이나 주민을 수혜 대상자로 하여 재정적 지원을 하는 정책을 실행하는 경우 그 정책은 재정 상태에 따라 영향을 받을 수밖에 없다고 할 것인바, 국가나 지방자치단체가 합리적인 기준에 따라 능력이 허용하는 범위 내에서 법적 가치의 상향적 구현을 위한 제도의 단계적인 개선을 추진할 수 있는 길을 선택할 수 없다면, 모든 사항과 계층을 대상으로 하여 동시에 제도의 개선을 추진하는 예외적인 경우를 제외하고는 어떠한 제도의 개선도 그 시행이 불가능하다는 결과에 이르게 되어 불합리할 뿐만 아니라 평등의 원칙이 실현하고자 하는 가치에도 어긋난다. 따라서 '원주 혁신도시 및 기업도시 편입지역 주민지원 조례안'이 원주시 내에 건설되는 혁신도시, 기업도시의 주민 등에게만 일정한 지원을 하도록 하고 있더라도 그것만으로 위 조례안이 평등원칙을 위반하고 있다고 보기는 어렵다.

[2] 지방자치법 제22조 본문은 '지방자치단체는 법령의 범위 안에서 그 사무에 관하여 조례를 제정할 수 있다'고 규정하고 있으므로 지방자치단체가 제정한 조례가 법령에 위배되는 경우에는 효력이 없는 것이고, 조례가 법령에 위배되는지 여부는 법

령과 조례의 각각의 규정 취지, 규정의 목적과 내용 및 효과 등을 비교하여 둘 사이에 모순·저촉이 있는지의 여부에 따라서 개별적·구체적으로 결정하여야 할 것이다.

[3] '원주 혁신도시 및 기업도시 편입지역 주민지원 조례안' 제6조 제3호 규정이 정하고 있는 혁신·기업도시 주민고용센터 설립사업 등은 지방자치단체의 사무로서, 주민의 권리·의무와 직접 관련되는 사무로는 볼 수 없고, 그 위탁에 있어서도 주민생계회사가 법령에서 정하는 자격요건을 충족할 경우에 한하여 재량으로서 할 수 있도록 하고 있으므로, 위 조례안 규정에서 이를 주민생계회사에 위탁할 수 있다고 규정한다 하여 지방자치법 제104조에 의한 위임의 한계를 벗어난 것이라고 할 수 없다.

[4] '원주 혁신도시 및 기업도시 편입지역 주민지원 조례안' 제6조 단서, 제6조 제2호, 제3호, 제4호, 제7조 제1항 등이 '공공기관 지방이전에 따른 혁신도시 건설 및 지원에 관한 특별법' 제47조의2, 기업도시개발 특별법 제14조, 지방자치법 제13조 제1항, 제101조, 제102조, 제103조, 제104조, 제107조, 제108조, 제132조, 제142조, 지방재정법 제17조, 혁신도시 건설 및 지원에 관한 특별법 시행령 제44조의2, 지방자치단체 기금관리기본법 제8조 제3항 등에 위배되지 않는다고 한 사례

【참조조문】

[1] 헌법 제11조 제1항 / [2] 지방자치법 제22조 / [3] 지방자치법 제104조 제3항 / [4] 공공기관 지방이전에 따른 혁신도시 건설 및 지원에 관한 특별법 제47조의2, 공공기관 지방이전에 따른 혁신도시 건설 및 지원에 관한 특별법 시행령 제44조의2 제1항, 기업도시개발 특별법 제14조 제7항, 지방자치법 제13조 제1항, 제101조, 제102조, 제103조, 제104조, 제107조, 제108조, 제132조, 제142조, 지방재정법 제17조 제1항, 지방자치단체 기금관리기본법 제8조 제3항

【참조판례】

[1] 헌법재판소 2005. 9. 29. 2004헌바53 결정(헌공108, 1037) / [4] 대법원 2003. 9. 23. 선고 2003추13 판결(공2003하, 2101), 대법원 2004. 4. 23. 선고 2002추16 판결

【전 문】

【원 고】

　원주시장 (소송대리인 변호사 김선홍)

【피 고】

　원주시의회 (소송대리인 법무법인 치악종합법률사무소 담당변호사 송기헌 외 3인)

【변론종결】

　2009. 9. 10.

【주 문】

　원고의 청구를 기각한다. 소송비용은 원고가 부담한다.

【청구취지】

　피고가 2008. 6. 30.에 한 원주 혁신 및 기업도시 편입지역 주민지원조례안에 대한 재의결은 무효임을 확인한다.

【이 유】

　1. 이 사건 조례안의 재의결 및 그 내용의 요지

　갑 제1호증의 1에서 3, 갑 제2호증의 1, 2, 갑 제3호증의 1의 각 기재에 의하면, 다음과 같은 사실을 인정할 수 있다.

　가. 피고는 2008. 6. 5. '원주 혁신도시 및 기업도시 편입지역 주민지원 조례안'(이하 '이 사건 조례안'이라 한다)을 의결하여 원고에게 이송하였고, 원고는 2008. 6. 27. 이 사건 조례안 중 제2조, 제5조, 제6조, 제7조 등이 법령을 위반하였다는 등의 이유로 재의를 요구하였으나, 피고는 2008. 6. 30. 위 조례안을 재의결함으로써 이 사건 조례안을 확정하였다.

　나. 이 사건 조례안은 '공공기관 지방이전에 따른 혁신도시 건설 및 지원에 관한 특별법'(이하 '혁신도시법'이라 한다)과 '기업도시개발 특별법'(이하 '기업도시법'이라 한다)에 따라 지정된 원주 혁신도시 및 원주 기업도시 건설로 인해 생활기반을 잃게 되는 혁신도

시·기업도시 편입지역 주민들(각 '혁신도시 주민', '기업도시 주민'이라 한다)의 재정착을 돕고 생활보장 차원에서 주민들에 대한 지원 대책을 수립·시행함을 목적으로 제정된 것으로서(제1조), 지원대상은 원주시 내 혁신·기업도시 주민과 혁신·기업도시 주민 과반수가 참여한 단일 생계조합 또는 과반수가 출자한 단일법인(이하 '주민생계회사'라 한다)이며(제5조), 시장은 혁신·기업도시 주민들의 정서를 고려해 고향관을 건립하고(제6조 제1호), 혁신·기업도시 주민들의 주거안정을 위해 일정한 요건에 해당하는 혁신·기업도시 주민에 대해 임대보증금을 2천만 원 이내에서 지원할 수 있고(제6조 제2호), 주민생계회사가 법령에서 정하는 자격요건을 충족할 경우 혁신도시 및 기업도시 건설과 관련해 시가 직접 추진하는 혁신·기업도시 주민고용센터 설립사업, 혁신·기업도시 주민을 위한 고향관 건립사업, 혁신·기업도시 기반시설 건립을 위해 시행하는 진입도로 확장 및 신설사업을 주민생계회사에 위탁해 시행할 수 있으며(제6조 제3호), 혁신·기업도시 공동사업 시행자와 협의해 혁신·기업도시 지구 내에 시행되는 토목, 건축, 지장물 철거 등 각종 사업에 주민생계회사의 참여를 보장하는 양해각서(MOU)를 체결(제6조 제4호)할 수 있다는 것을 그 내용으로 하고 있다.

2. 이 사건 조례안이 평등원칙을 위반하였는지 여부

원고는 먼저, 이 사건 조례안 제2조 등은 원주 혁신 및 기업도시 주민들에 대해서만 지원 대책을 수립, 시행하도록 규정하고 있으므로 원주시 내 다른 공익사업에 따른 주민들을 합리적 이유 없이 차별하고 있다고 주장한다.

그러나 국가나 지방자치단체가 국민이나 주민을 수혜 대상자로 하여 재정적 지원을 하는 정책을 실행하는 경우 그 정책은 재정 상태에 따라 영향을 받을 수밖에 없다고 할 것인바, 국가나 지방자치단체가 합리적인 기준에 따라 능력이 허용하는 범위 내에서 법적 가치의 상향적 구현을 위한 제도의 단계적인 개선을 추진할 수 있는 길을 선택할 수 없다면, 모든 사항과 계층을 대상으로 하여 동시에 제도의 개선을 추진하는 예외적인 경우를 제외하고는 어떠한 제도의 개선도 그 시행이 불가능하다는 결과에 이르게 되어 불합리할 뿐만 아니라 평등의 원칙이 실현하고자 하는 가치에도 어긋난다(헌법재판소 2005. 9. 29. 2004헌바53 결정 참조). 따라서 이 사건 조례안이 원주시 내에 건설되는 혁신도시, 기업도시의 주민 등에게만 일정한 지원을 하도록 하고 있더라도 그것만으로 이 사건 조례안이 평등원칙을 위반하고 있다고 보기는 어렵다.

또한 원고는, 이 사건 조례안은 지원 대상을 원주 혁신·기업도시 주민들 중에서도 토지, 가옥 및 지장물 등을 수용당한 주민들로 한정하여 협의로 보상을 받은 주민들을 배제함으로써 합리적 이유 없이 이들을 차별하고 있다고 주장한다.

그런데 을 제1호증, 을 제2호증의 2 각 기재에 변론 전체의 취지를 종합하면, 이 사건 조례안 원안 제2조 제1호, 제2호 등에서는 '수용'이라는 용어 대신 '강제수용'이라는 용어를 사용하고 있었으나, 강원도지사가 2008. 2. 28. 위 조례안에서 그 지원 대상을 혁신·기업도시 건설로 인해 토지 등의 소유권을 상실한 자 중 '강제수용'된 자로 한정한 것과 관련하여 원고로 하여금 재의결 요구를 하도록 재의요구서를 보내자, 원고가 재의요구를 하였고, 이에 피고가 2008. 4. 30. 제120회 임시회에서 '이 문구(강제수용)대로 할 경우에 협의로 보상을 받은 주민들이 배제될 뿐만 아니라 협의가 아닌 강제수용을 유도할 수 있어 입법 취지에 어긋난다.'라고 하여 '강제수용'에서 '강제'라는 문구를 삭제하였던 사실을 인정할 수 있고, 나아가 피고도 위 규정상의 '수용'에는 '공익사업을 위한 토지 등의 취득 및 보상에 관한 법률'에 따라 보상받은 자 모두가 포함된다는 점에 관하여 다투지 아니한다.

사정이 위와 같다면, 이 사건 조례안의 '수용'에는 '협의'에 의한 취득의 경우도 포함된다고 풀이함이 상당하고, 그와 같이 보는 이상, 이 사건 조례안이 '협의'와 '수용'을 나누어 차별하고 있다는 원고의 주장은 이유 없다.

3. 이 사건 조례안이 법령의 한계를 일탈하였는지 여부

지방자치법 제22조 본문은 '지방자치단체는 법령의 범위 안에서 그 사무에 관하여 조례를 제정할 수 있다.'고 규정하고 있으므로 지방자치단체가 제정한 조례가 법령에 위반되는 경우에는 효력이 없는 것이고(대법원 2003. 9. 23. 선고 2003추13 판결 등 참조), 조례가 법령에 위반되는지 여부는 법령과 조례의 각각의 규정 취지, 규정의 목적과 내용 및 효과 등을 비교하여 양자 사이에 모순·저촉이 있는지의 여부에 따라서 개별적·구체적으로 결정하여야 할 것이다(대법원 2004. 4. 23. 선고 2002추16 판결 참조).

가. 혁신도시법 제47조의2 및 기업도시법 제14조 위반 여부

원고는, 이 사건 조례안 제6조 단서에서는 이 사건 조례안에 의한 지원 범위에서 혁신도시법 제47조의2 및 기업도시법 제14조에서 규정하는 혁신·기업도시 주민에 대한 지원 대책을 제외한다고 규정하고 있고, 혁신도시법 및 기업도시법에 따른 지원 대책에는 고향관 건립이 포함되어 있음에도 불구하고, 이 사건 조례안 제6조 제1호에서는 시장으

로 하여금 혁신·기업도시 주민들의 정서를 고려해 고향관을 건립하도록 규정하고 있어 그 규정 사이에 서로 모순되어 위법하다고 주장한다.

그런데 우선 혁신도시법 제47조의2, 같은 법 시행령 제44조의2 제1항에 의하면, 혁신도시 주민 지원 대책은 직업전환훈련, 소득창출사업 지원, 직업알선 등으로 고향관 건립은 포함하지 않고 있으므로, 이를 전제로 한 원고의 주장은 이유 없다.

그리고 기업도시법 제14조 제7항, 같은 법 시행령 제19조 규정에 의한 '기업도시개발에 따른 이주대책 등에 관한 기준' 제44조는, 사업시행자는 주민의견을 수렴하여 필요한 경우에 문화유적 및 향토박물관 등의 설치에 관한 계획을 개발계획에 반영하여야 한다고 규정하고 있는바, 이러한 규정 내용과 이 사건 조례안 제6조 규정의 취지 등을 종합적으로 고려하여 보면, 이 사건 조례안 규정은 기업도시법에 따른 사업시행에 고향관 건립이 예정되어 있지 않은 경우 비로소 적용되는 것으로 봄이 상당하여 위 규정들 사이에 상호 모순이 있다고 볼 수 없다. 이 부분 원고 주장도 받아들일 수 없다.

나. 지방자치법 제13조 제1항, 제107조, 제108조, 지방재정법 제17조 위반 여부

원고는 이 사건 조례안 제6조 제2호가 혁신·기업도시 주민에게 임대아파트의 임대보증금을 2천만 원의 한도에서 지원하도록 하고 있는 것은 지방자치법 제13조 제1항에 위반된다고 주장한다.

지방자치법 제13조 제1항은 주민은 지방자치단체로부터 균등하게 행정의 혜택을 받을 권리를 가진다고 규정하고 있는데, 이 규정은 주민이 지방자치단체로부터 행정적 혜택을 균등하게 받을 수 있다는 권리를 추상적이고 선언적으로 규정한 것으로서 위 규정에 의하여 주민에게 구체적이고 특정한 권리가 발생하는 것이 아닐 뿐만 아니라, 지방자치단체가 주민에 대하여 균등한 행정적 혜택을 부여할 구체적인 법적 의무가 발생하는 것도 아니므로(대법원 2008. 6. 12. 선고 2007추42 판결 참조) 이 사건 조례안 규정으로 인하여 주민들 가운데 일정 조건에 해당하는 일부 주민이 지원을 받는 일이 발생하였다 하더라도 이것이 지방자치법 제13조 제1항을 위반한 것이라고 볼 수 없다. 따라서 원고의 위 주장은 이유 없다.

또한 원고는 이 사건 조례안 제6조 제2호의 내용이 지방자치법 제107조 제1항의 공익을 현저히 해하고, 같은 법 제108조 제1항의 예산상 집행할 수 없는 경비가 포함되어 있어 위법하며, 지방자치단체의 기부·보조 등을 금지한 지방재정법 제17조에도 위반된다고 주장한다.

그런데 지방자치법 제107조 제1항 및 제108조 제1항에 정한 사유는 조례안 재의요구 사유에 불과할 뿐, 그에 해당한다고 하여 곧바로 이 사건 조례안이 위법하다고 단정할 수는 없으며, 또 이 사건 조례안이 혁신·기업도시 주민들의 재정착을 위해 자금을 지원하도록 한 것은 혁신도시법 제47조의2, 기업도시법 제14조 등의 법률 규정에 근거한 것이므로 지방재정법 제17조에 위반된다고 할 수 없다. 이 부분 원고의 주장도 이유 없다.

다. 지방자치법 제104조, '지방자치단체를 당사자로 하는 계약에 관한 법률' 제9조 위반 여부

원고는 이 사건 조례안 제6조 제3호가 혁신·기업도시 주민고용센터 설립사업, 혁신·기업도시 주민을 위한 고향관 건립사업, 혁신·기업도시 기반시설 건립을 위해 시행하는 진입도로 확장 및 신설사업을 주민생계형회사에 위탁해 시행할 수 있도록 하고 있는 것은 지방자치법 제104조의 위임한계를 넘은 것이고, 사실상 수의계약을 허용하는 것과 동일한 것으로서 '지방자치단체를 당사자로 하는 계약에 관한 법률' 제9조에 위반된다고 주장한다.

그런데 지방자치단체는 그 내용이 주민의 권리 제한 또는 의무 부과에 관한 사항이거나 벌칙에 관한 사항이 아닌 한 법률의 위임이 없더라도 그의 사무에 관하여 조례를 제정할 수 있을 뿐 아니라(대법원 1992. 6. 23. 선고 92추17 판결; 대법원 2006. 10. 12. 선고 2006추38 판결 등 참조), 지방자치법 제104조 제3항에서는 '지방자치단체의 장은 조례나 규칙으로 정하는 바에 따라 그 권한에 속하는 사무 중 조사·검사·검정·관리 업무 등 주민의 권리·의무와 직접 관련되지 아니하는 사무를 법인·단체 또는 그 기관이나 개인에게 위탁할 수 있다.'고 규정하고 있는바, 이 사건 조례안 규정이 정하고 있는 위와 같은 혁신·기업도시 주민고용센터 설립사업 등은 지방자치단체의 사무로서, 주민의 권리·의무와 직접 관련되는 사무로는 볼 수 없다고 할 것이고, 그 위탁에 있어서도 주민생계회사가 법령에서 정하는 자격요건을 충족할 경우에 한하여 재량으로서 할 수 있도록 하고 있으므로, 이 사건 조례안 규정에서 이를 주민생계회사에 위탁할 수 있다고 규정한다 하여 법령에 의한 위임의 한계를 벗어난 것이라고 할 수 없다.

또한 '지방자치단체를 당사자로 하는 계약에 관한 법률' 제9조 제1항은 '지방자치단체의 장 또는 계약담당자는 계약을 체결하고자 하는 경우 이를 공고하여 일반경쟁에 부쳐야 한다.'고 하면서, 단 '계약의 목적·성질·규모 및 지역특수성 등에 비추어 필요하다고 인정되는 경우에는 수의계약에 의할 수 있다.'라고 하고 있고, 같은 법 시행령 제25조

제1항 제8호 (아)목은 다른 법령의 규정에 의하여 국가 또는 지방자치단체사업을 위탁 또는 대행할 수 있는 자와 당해 사업에 대한 계약을 하는 경우에는 수의계약을 할 수 있다고 규정하고 있으므로, 이 사건 조례안 규정에 의해 사실상 수의계약을 허용하는 셈이 된다 하여 이 사건 조례안 규정이 위 법률 제9조 제1항에 위반된다고 볼 수도 없다. 이 부분 원고 주장은 모두 이유 없다.

　라. 지방자치법 제101조에서 제103조, 혁신도시법 제47조의2 및 같은 법 시행령 제44
　　　조의2 위반 여부

　원고는 이 사건 조례안 제6조 제4호가 시장으로 하여금 혁신·기업도시 공동사업 시행자와 협의해 혁신·기업도시 지구 내에 시행되는 토목, 건축, 지장물 철거 등 각종 사업에 주민생계회사의 참여를 보장하는 양해각서(MOU)의 체결을 위하여 적극 노력하도록 규정한 것은 지방자치단체의 장이 사업시행자인 공기업 또는 민간 기업에게 근거 없이 영향력을 행사하도록 하는 것으로서 지방자치법 제101조에서 제103조를 위반한 것이고, 또 혁신도시법 제47조의2 및 같은 법 시행령 제44조의2에서 규정하고 있는 위탁의 범위를 벗어난 것이라고 주장한다.

　그러나 이 사건 조례안 제6조 제4호 규정은 시장의 양해각서 체결에 대한 노력을 촉구하는 선언적 규정에 불과하고 양해각서 체결을 의무화하는 강제력을 가진다고 볼 수 없다. 따라서 이를 전제로 한 원고의 주장은 이유 없다.

　마. 지방자치법 제142조, 지방재정법 제17조 제1항에 위반되는지 여부

　원고는, 이 사건 조례안 제7조 제1항은 시장으로 하여금 시의 출연금과 기금 운영의 수익금으로 혁신·기업도시 주민지원기금을 조성하도록 하고 있고, 같은 조 제2항에서 주민생계회사에 향후 5년 동안 매년 2억 원씩 모두 10억 원의 기금을 각각 지원하도록 하고 있는바, 이는 지방자치법 제142조, 지방재정법 제17조 제1항에 위반된다고 주장한다.

　그러나 지방자치법 제142조 제1항은, 지방자치단체는 행정목적을 달성하기 위한 경우나 공익상 필요한 경우에는 재산을 보유하거나 특정한 자금을 운용하기 위한 기금을 설치할 수 있다고 규정하고 있고, 이 사건 혁신도시, 기업도시 건설로 발생하는 이주민들에 대한 지원은 이주 주민의 복리를 위해 행정상 또는 공익상 필요한 경우에 해당한다고 할 것이므로 이 사건 조례안 제7조 제1항에서 주민지원 및 주민생계회사의 안정적인 운영을 위하여 주민지원기금을 설치하도록 한 것이 지방자치법 제142조 제1항의 범위를 벗어난

것이라고 볼 수 없고, 또한 앞서 본 바와 같이 혁신도시 또는 기업도시 건설에 따라 발생한 이주민들의 재정착을 위한 지원은 혁신도시법 제47조의2, 기업도시법 제14조 등의 지원 대책에 해당한다고 볼 수 있어 이를 위한 보조금 지급은 지방재정법 제17조 제1항 제1호의 '법률에 규정이 있는 경우'에 해당한다 할 것이므로 이 사건 제2조례안 제7조 제1항이 지방재정법 제17조 제1항에 위반된다고 볼 수 없다. 원고의 이 부분 주장은 모두 이유 없다.

바. 지방자치단체 기금관리기본법 제8조 제3항 등 위반 여부

원고는 피고가 원고의 의견을 반영하지 않고 이 사건 주민생계회사에 지원할 기금을 조성하는 조례를 제정한 것은 지방자치단체 기금관리기본법 제8조 제3항 등을 위반한 것이라고 주장한다.

그러나 지방의회는 지방자치단체의 장의 동의 없이 기금운용계획안의 주요항목지출금액을 증액하거나, 새로운 비목을 설치할 수 없다는 위 규정은 같은 조 제1항과 제2항에 따라 매 회계연도에 지방자치단체의 장이 기금운용계획을 수립하여 이를 세입·세출예산안과 함께 지방의회에 제출하여 의결을 얻어야 하는 경우에 적용되는 것일 뿐, 지방의회가 지방자치법 제142조에 따라 지방자치단체의 행정목적을 달성하거나 공익상 필요에 의해 특정 기금의 설치나 운영에 관하여 필요한 사항을 조례로 제정하는 경우에까지 적용된다고 볼 수 없으므로, 이 부분 원고 주장은 받아들이지 않는다.

나아가 지방자치법 제132조에서는 지방의회로 하여금 새로운 재정부담을 수반하는 조례나 안건을 의결하려면 미리 지방자치단체의 장의 의견을 들어야 한다고 규정하고 있으므로 이 사건 기금 조성 조례안 규정과 관련해서도 피고는 사전에 원고의 의견을 들어야 한다고 볼 여지도 있으나, 위와 같은 경우에 지방자치법이 지방자치단체의 장의 의견을 들어야 한다고 규정한 취지는 지방재정의 계획적이고 건전한 운영을 확보하기 위한 것인 바, 지방의회가 지방자치단체의 장의 의견에 반드시 따라야 한다는 것이 아님은 물론이고, 이 사건 조례안은 원고가 지방자치법 제26조 제3항에 따라 피고에 대해 재의를 요구하여 피고가 다시 심의한 후 재의결한 것이어서 원고의 의견을 듣는 절차를 거친 것으로 볼 수 있으므로 원고의 이 부분 주장도 받아들이지 아니한다.

4. 결론

그렇다면 이 사건 조례안이 법령에 위반됨을 전제로 그 효력을 다투는 원고의 이 사건

청구는 이유 없어 이를 기각하기로 하고, 소송비용은 패소자가 부담하기로 하여, 관여 대법관들의 일치된 의견으로 주문과 같이 판결한다.

대법관　신영철(재판장) 박시환 안대희(주심)

<별첨 15> 대법원 2000. 11. 10. 선고 2000추36
판결【인천광역시동구주민자치센터설치및운영조례안재의결무효확인청구】

【판시사항】

[1] 지방자치법 제107조 소정의 '합의제 행정기관'의 범위 및 지역주민을 위하여 동사무소에 설치된 각종 편익시설과 프로그램을 총칭하는 주민자치센터의 운영에 관하여 주민자치위원회의 의결을 거치도록 한 조례안의 규정이 법령에 위반되는지 여부(소극)

[2] 동장이 주민자치센터의 운영을 다시 민간에 위탁할 수 있는 것으로 한 조례안의 규정이 법령에 위반되는지 여부(적극)

[3] 구청장이 주민자치위원회 위원을 위촉함에 있어 동장과 당해 지역 구의원 개인과의 사전 협의 절차가 필요한 것으로 한 조례안의 규정이 법령에 위반되는지 여부(적극)

[4] 조례안의 일부가 위법한 경우, 그에 대한 재의결 전부의 효력이 부인되는지 여부(적극)

【판결요지】

[1] 지방자치법 제107조와 같은 법 시행령 제41조 및 제42조의 규정에 따르니, 지방자치단체는 그 소관 사무의 범위 내에서 필요한 경우에는 심의 등을 목적으로 자문기관을 조례로 설치할 수 있는 외에, 그 소관 사무의 일부를 독립하여 수행할 필요가 있을 경우에는 합의제 행정기관을 조례가 정하는 바에 의하여 설치할 수 있는바, 그러한 합의제 행정기관에는 그 의사와 판단을 결정하여 외부에 표시하는 권한을 가지는 합의제 행정관청뿐만 아니라 행정주체 내부에서 행정에 관한 의사 또는 판단을 결정할 수 있는 권한만을 가지는 의결기관도 포함되는 것이므로, 지방의회가 재의결한 조례안에서 주민자치위원회가 지역주민이 이용할 수 있도록 동사무소에 설치된 각종 문화·복지·편익시설과 프로그램을 총칭하는 주민자치센터의 운영에 관하여 의결을 할 수 있는 것으로 규정하고 있는 것 자체는, 그러한 의결기관으로서의 주민자치위원회의 설치에 관하여 같은 법 시행령 제41조에서 규정하고 있는 행정자치부 장관의 승인이 가능한 것인지의 여부는 별론으로 하고, 같은 법 제159조 제3항에서 재의결의 효력 배제의 사유로 정하고 있는 법령 위반

에 해당한다고 단정할 수 없다.

[2] 동장이 주민자치센터의 운영을 다시 민간에 위탁하는 것은 그 수임사무의 재위탁에 해당하는 것이므로 그에 관하여는 별도의 법령상 근거가 필요하다고 할 것인데, 지방자치법 제95조 제3항은 소정 사무의 민간위탁은 지방자치단체의 장이 할 수 있는 것으로 규정하고 있을 뿐 동장과 같은 하부행정기관이 할 수 있는 것으로는 규정하고 있지 아니하고, 행정권한의위임및위탁에관한규정 제4조 역시 동장이 자치사무에 관한 수임권한을 재위임 또는 재위탁할 수 있는 근거가 될 수 없음은 그 규정 내용상 분명하며, 달리 동장이 그 수임권한을 재위임 또는 재위탁할 수 있도록 규정하고 있는 근거 법령이 없으므로, 지방의회가 재의결한 조례안에서 동장이 주민자치센터의 운영을 다시 민간에 위탁할 수 있는 것으로 규정하고 있는 것은 결국 법령상의 근거 없이 동장이 그 수임사무를 재위탁할 수 있는 것으로 규정하고 있는 것이어서 법령에 위반된 규정이다.

[3] 지방자치법상 지방자치단체의 집행기관과 지방의회는 서로 분립되어 제각각 그 고유권한을 행사하되 상호 견제의 범위 내에서 상대방의 권한 행사에 대한 관여가 허용되는 것이므로, 집행기관의 고유권한에 속하는 인사권의 행사에 있어서도 지방의회는 견제의 범위 내에서 소극적·사후적으로 개입할 수 있을 뿐 사전에 적극적으로 개입하는 것은 허용되지 아니하고, 또 집행기관을 비판·감시·견제하기 위한 의결권·승인권·동의권 등의 권한도 지방자치법상 의결기관인 지방의회에 있는 것이지 의원 개인에게 있는 것이 아니므로, 지방의회가 재의결한 조례안에서 구청장이 주민자치위원회 위원을 위촉함에 있어 동장과 당해 지역 구의원 개인과의 사전 협의 절차가 필요한 것으로 규정함으로써 지방의회 의원 개인이 구청장의 고유권한인 인사권 행사에 사전 관여할 수 있도록 규정하고 있는 것 또한 지방자치법상 허용되지 아니하는 것이다.

[4] 조례안의 일부 규정이 법령에 위반된 이상, 다른 규정이 법령에 위반되지 아니한다고 하더라도 조례안에 대한 재의결은 그 효력을 모두 부정할 수밖에 없다.

【참조조문】

[1] 지방자치법 제107조, 제135조, 제159조 제3항, 지방자치법 시행령 제41조, 제42조

[2] 지방자치법 제95조 제1항, 제3항, 제110조, 제135조, 제159조 제3항, 지방자치법 시행령 제41조, 제42조, 행정권한의위임및위탁에관한규정 제4조

[3] 지방자치법 제35조, 제36조, 제37조의2, 제92조, 제94조, 제96조, 제110조, 제135
조, 제159조 제3항, 지방자치법 시행령 제41조, 제42조, 행정권한의위임및위탁에관
한규정 제4조

[4] 지방자치법 제159조

【참조판례】

[3][4] 대법원 1994. 4. 26. 선고 93추175 판결(공1994상, 1506), 대법원 1996. 5. 14.
선고 96추15 판결(공1996하, 1893) / [3] 대법원 1993. 3. 9. 선고 92추116 판결 / [4]
대법원 1992. 7. 28. 선고 92추31 판결(공1992, 2575), 대법원 1994. 5. 10. 선고 93추
144 판결(공1994상, 1712), 대법원 1996. 10. 25. 선고 96추107(공1996하, 3464), 대법
원 2000. 5. 30. 선고 99추85 판결(공2000하, 1547)

【전 문】

【원 고】

인천광역시 동구청장 (소송대리인 법무법인 부일 담당변호사 이병호 외 1인)

【피 고】

인천광역시 동구의회

【변론종결】

2000. 10. 27.

【주 문】

피고가 2000. 5. 15. 인천광역시동구주민자치센터설치및운영조례안에 대하여 한 재의
결은 효력이 없다. 소송비용을 피고의 부담으로 한다.

【이 유】

1. 갑 제1 내지 8호증의 각 기재에 의하여, 원고가 주민자치단체설치와 주민자치위원
회 운영의 근거를 마련하기 위하여 2000. 2. 10. 피고에게 '인천광역시동구주민자

치센터설치및운영조례안'(이하 '이 사건 조례안'이라고 한다)에 대한 의결을 요구하였으나, 피고는 같은 달 25일 그중 제7조 제1항과 제2항 및 제17조 제2항(이하 '이 사건 계쟁 조항'이라고 한다) 등을 수정 의결하였고, 그에 따라 원고가 인천광역시장의 지시에 의하여 같은 해 3월 18일 이 사건 계쟁 조항 등이 법령에 위반된 것이라는 이유로 그에 대한 재의결을 요구하였으나, 피고는 2000. 5. 15. 당초의 수정 의결과 같은 내용으로 재의결을 한 사실과 이 사건 계쟁 조항 중 (1) 제7조 제1항은 지역주민이 이용할 수 있도록 동사무소에 설치된 각종 문화·복지·편익시설과 프로그램을 총칭하는 주민자치센터의 운영을 관할 동장이 하되, 주민자치위원회의 사전 의결을 거치도록 규정하고, (2) 제7조 제2항은 위와 같은 주민자치센터의 운영을 동장이 민간에 위탁할 수 있는 것으로 규정하는 한편, (3) 제17조 제2항은 동장이 주민자치위원회 위원의 위촉을 원고에게 추천함에 있어 당해 지역 구의원과 사전 협의를 거치도록 규정하고 있음을 인정할 수 있다.

2. 이 사건 계쟁 조항의 법령위반 여부에 관하여 살피건대, 먼저 지방자치법(이하 '법'이라고 한다) 제107조와 영 제41조 및 제42조의 규정에 따르니, 지방자치단체는 그 소관 사무의 범위 내에서 필요한 경우에는 심의 등을 목적으로 자문기관을 조례로 설치할 수 있는 외에, 그 소관 사무의 일부를 독립하여 수행할 필요가 있을 경우에는 합의제 행정기관을 조례가 정하는 바에 의하여 설치할 수 있는바, 그러한 합의제 행정기관에는 그 의사와 판단을 결정하여 외부에 표시하는 권한을 가지는 합의제 행정관청뿐만 아니라 행정주체 내부에서 행정에 관한 의사 또는 판단을 결정할 수 있는 권한만을 가지는 의결기관도 포함되는 것이므로, 이 사건 조례안 제7조 제1항에서 그 소정의 주민자치위원회가 주민자치센터의 운영에 관하여 의결을 할 수 있는 것으로 규정하고 있는 것 자체는, 그러한 의결기관으로서의 주민자치위원회의 설치에 관하여 영 제41조에서 규정하고 있는 행정자치부장관의 승인이 가능한 것인지의 여부는 별론으로 하고, 법 제159조 제3항에서 재의결의 효력 배제의 사유로 정하고 있는 법령 위반에 해당한다고 단정할 수 없다.

그러나 법 제95조 제1항은 지방자치단체의 장은 조례 등이 정하는 바에 의하여 그 권한에 속하는 사무의 일부를 그 하부행정기관에 위임할 수 있는 것으로 규정하고 있고 이 사건 조례안 제7조 제1항에서 주민자치센터를 관할 동장이 운영하도록 규정하고 있는 것은 이러한 위임 규정에 기한 것이라고 할 수 있겠으나, 동장이 주민자치센터의 운영을 다시 민간에 위탁하는 것은 그 수임사무의 재위탁에 해당하는 것이므로 그에 관하여는 별도의 법령상 근거가 필요하다고 할 것인데, 법 제95조 제3항은 소정 사무의 민간위탁은 지방자치단체의 장이 할 수 있는 것으로 규정하고 있을 뿐 동장과 같은 하부행정기관이 할 수 있는 것으로는 규정하고 있지 아니하고, 행정권한의위임및위탁에관한규정 제4조 역시 동장이 자치사무에 관한 수임권한을 재위임 또는 재위탁할 수 있는 근거가 될 수 없음은 그 규정 내용상 분명하며, 달리 동장이 그 수임권한을 재위임 또는 재위탁할 수 있도록 규정하고 있는 근거 법령이 없으므로, 이 사건 조례안 제7조 제2항에서 동장이 주민자치센터의 운영을 다시 민간에 위탁할 수 있는 것으로 규정하고 있는 것은 결국 법령상의 근거 없이 동장이 그 수임사무를 재위탁할 수 있는 것으로 규정하고 있는 것이어서 법령에 위반된 규정이라고 할 것이다.

또한 법상 지방자치단체의 집행기관과 지방의회는 서로 분립되어 제각각 그 고유권한을 행사하되 상호 견제의 범위 내에서 상대방의 권한 행사에 대한 관여가 허용되는 것이므로, 집행기관의 고유권한에 속하는 인사권의 행사에 있어서도 지방의회는 견제의 범위 내에서 소극적·사후적으로 개입할 수 있을 뿐 사전에 적극적으로 개입하는 것은 허용되지 아니하고, 또 집행기관을 비판·감시·견제하기 위한 의결권·승인권·동의권 등의 권한도 법상 의결기관인 지방의회에 있는 것이지 의원 개인에게 있는 것이 아니므로(대법원 1994. 4. 26. 선고 93추175 판결; 1996. 5. 14. 선고 96추15 판결 등 참조), 이 사건 조례안 제17조 제2항에서 구청장이 주민자치위원회 위원을 위촉함에 있어 동장과 당해 지역 구의원 개인과의 사전 협의 절차가 필요한 것으로 규정함으로써 지방의회 의원 개인이 구청장의 고유권한인 인사권 행사에 사전 관여할 수 있도록 규정하고 있는 것 또한 법상 허용되지 아니하는 것이다.

따라서, 이 사건 계쟁 조항 중 제7조 제2항 및 제17조 제2항은 법령에 위반된 규정이라 할 것이고, 그 각 규정이 법령에 위반된 이상, 다른 규정이 법령에 위반되지 아니한다고 하더라도 이 사건 조례안에 대한 재의결은 그 효력을 모두 부정할 수밖에 없으므로(대법원 1992. 7. 18. 선고 92추31 판결 참조), 이 사건 조례안에 대한 재의결의 효력 배제를 구하는 원고의 이 사건 청구는 결국 정당하여 받아들인다.

3. 그러므로 이 사건 청구를 인용하고, 소송비용을 피고의 부담으로 하기로 관여 대법관들의 의견이 일치되어 주문과 쓴 바와 같이 판결한다.

대법관　강신욱(재판장) 조무제(주심) 이용우 이강국

<별첨 16> 통계청 - 「국가를 당사자로 하는 계약에 관한 법률 시행령」 제26조 제1항 제8호 아목(다른 법령의 규정에 의하여 국가사업을 위탁 또는 대행할 수 있는 자의 범위) 관련

안건번호 07-0044 회신일자 2007. 3. 23.

1. 질의요지

「통계법 시행령」 제21조 제3항과 「통계청 통계자료 제공규정」 제9조 및 부칙에 따라 통계청의 통계자료제공업무의 위탁을 받은 재단법인 대한통계협회가 「국가를 당사자로 하는 계약에 관한 법률 시행령」 제26조 제1항 제8호 아목의 "다른 법령의 규정에 의하여 국가사업을 위탁 또는 대행할 수 있는 자"에 해당하는지

2. 회답

「통계법 시행령」 제21조 제3항과 「통계청 통계자료 제공규정」 제9조 및 부칙에 따라 통계청의 통계자료제공업무의 위탁을 받은 재단법인 대한통계협회는 「국가를 당사자로 하는 계약에 관한 법률 시행령」 제26조 제1항 제8호 아목의 "다른 법령의 규정에 의하여 국가사업을 위탁 또는 대행할 수 있는 자"에 해당하지 아니합니다.

3. 이유

○ 「국가를 당사자로 하는 계약에 관한 법률」 제7조에 따르면 각 중앙관서의 장 또는 계약담당공무원은 계약을 체결하고자 하는 경우에는 일반경쟁에 부치되, 계약의 목적·성질·규모 등을 고려하여 필요하다고 인정될 때에는 대통령령이 정하는 바에 의하여 참가자의 자격을 제한하거나 참가자를 지명하여 경쟁에 부치거나 수의계약에 의할 수 있다고 되어 있고, 같은 법 시행령 제26조 제1항 제8호 아목에 따르면 다른 법령의 규정에 의하여 국가사업을 위탁 또는 대행할 수 있는 자와 당해 사업에 대한 계약을 하는 경우 수의계약에 의할 수 있도록 되어 있습니다.

○ 위 「국가를 당사자로 하는 계약에 관한 법률」 제7조 및 같은 법 시행령 제26조에 따르면 국가를 당사자로 하는 계약은 원칙적으로 일반경쟁에 부치도록 하고 있고, 수의계약은 계약의 목적·성질·규모 등에 비추어 불가피한 경우로서 시행령에 열거된 사유에 해당하는 경우에만 할 수 있도록 되어 있는 점에 비추어 볼 때 각 수의계약 사유는

엄격하게 한정적으로 해석되어야 할 것이며, 따라서 같은 법 시행령 제26조 제1항 제8호 아목에서의 "다른 법령의 규정에 의하여 국가사업을 위탁 또는 대행할 수 있는 자"도 국가사업의 수탁 또는 대행기관으로서 다른 법령에 그 기관의 명칭이 명시된 기관만을 말한다고 할 것입니다.

○ 그런데, 「통계법 시행령」 제21조 제3항에 따르면 통계자료의 제공에 관하여는 다른 기관에 위탁하여 할 수 있다는 것만 규정되어 있고, 재단법인 대한통계협회는 동 조항에 근거하여 통계청 훈령인 「통계청 통계자료 제공규정」 제9조 및 부칙에 따라 통계청의 통계자료제공업무의 위탁을 받은 기관일 뿐입니다.

○ 그렇다면, 재단법인 대한통계협회는 위 「국가를 당사자로 하는 계약에 관한 법률 시행령」 제26조 제1항 제8호 아목의 "다른 법령의 규정에 의하여 국가사업을 위탁 또는 대행할 수 있는 자"에 해당하지 아니한다고 할 것입니다.

　　먼저 농지개량조합의 조합장을 제외한 나머지 조합장부터 본다. 농업협동조합의 예를 보면 농업협동조합은 농민의 자주적인 협동조직을 통하여 농업생산의 증진과 농민의 경제적·사회적 지위향상을 도모함을 목적으로 하는 농민을 위한 협동조직체이다(농협법 제1조). 구역 내에 거주하는 농민 20인 이상이 발기인이 되어 설립하며(농협법 제16조), 구역 내에 거주하는 농민을 조합원으로 하여 그 출자로 자금을 조달하는(농협법 제22조, 제23조) 농민의 자치조직으로서 임의탈퇴가 허용되며(농협법 제31조) 그 조합장은 국가임명 아닌 조합원의 직선제에 의하여 조합원 중에서 선출된다(농협법 제46조 제2항). 따라서 국가의 강력한 감독은 받지만 행정목적수행을 위해 설립한 것도 아니고, 그 설립면에 있어서나 관리면에 있어서 자주적인 단체이기 때문에 공법인성보다도 사법인성이 강하고 그 조합장은 공무원이 아닌 것이다. 다만 농업협동조합법 제6조가 조합에 대하여서는 정치관여를 금지시켰지만, 자연인인 조합의 조합장을 비롯한 임원에 대하여서는 같은 규정이 없으며, 오히려 농업협동조합법 제7조는 그 정치적 자유를 존중하여 선거에 의하여 취임하는 공무원을 겸직할 수 있도록 규정하였다.

〈별첨 18〉 축산업협동조합법 제99조 제2항 위헌소원
[1996. 4. 25. 선고 92헌바47 전원재판부 결정]

축협법상 축협(업종별축협과 지역별축협을 말한다)과 중앙회는 정치에 관하여는 일체의 행위를 하여서는 아니 되고(축협법 제7조), 축협과 중앙회의 임직원은 공무원(선거에 의하여 취임하는 공무원을 제외한다)을 겸직할 수 없으며(축협법 제8조 제1항), 정부는 조합과 중앙회의 사업과 운영에 필요한 자금의 전부 또는 일부를 보조·융자할 수 있고, 정부와 공공단체는 조합과 중앙회의 사업과 업무에 적극적으로 협력하고 그 시설장비 등의 이용에 있어 우선적으로 편의를 제공하여야 하며(축협법 제9조), 정부가 위탁하는 사업이나 정부보조사업을 그 사업의 범위 내에 두고 있고(축협법 제53조 제1항 제22호·제23호, 제102조 제21호·제22호), 공정한 조합장 선거를 위하여 엄격한 법적 규제를 하고 있으며(축협법 제46조, 제103조, 제144조의2, 제145조), 조합의 회계에 대하여 많은 제한 규정을 두고 있는(축협법 제56조 내지 제68조, 제103조) 외에, 축협중앙회는 국정감사의 대상기관이 되고(국정감사및조사에관한법률 제7조 제3호), 조합이 국가 또는 지방자치단체로부터 재정원조를 받은 경우에는 감사원의 선택적 감사대상이 되며(감사원법 제23조 제1항 제2호·제3호), 법인세 등에 대한 과세특례(조세감면규제법 제59조, 제60조, 제61조 제4항), 부가가치세법상의 과세특례(부가가치세법 제12조 제1항제17호, 같은 법 시행령 제38조 제1항 제16호) 등 세제상의 특혜를 받고, 독점규제및공정거래에관한법률 등 일부 법률의 적용도 배제되는 등(독점규제및공정거래에관한법률 제60조, 축협법 제11조) 축협에 일반적인 사법인과는 다른 점들을 찾아 볼 수 있으나, 이와 같은 특수성은 헌법 제123조 제5항에 의한 국가의 협동조합육성의무와 축협을 비롯한 우리나라 협동조합의 육성과정에서 나타나는 국가의 강력한 지원 및 감독에 따라 나타나는 것에 불과하여 이를 근거로 축협을 공법인이라고 할 수는 없고, 오히려 공법상의 사단법인은 국가의 목적을 위하여 존재하고 국가에 의하여 설립된다는 점에서 사법상의 법인과 근본적인 차이가 있는바, 기본적으로 축협은 축산업의 진흥과 그 구성원의 경제적·사회적 지위향상과 공동이익을 도모함을 목적으로 하는 양축인의 자주적 협동조직이고(축협법 제1조, 제98조), 구역 내에 거주하는 유자격자 50인 이상이 발기인이 되어 설립하며(축협법 제14조, 제100조), 조합원의 출자로 자금을 조달하며(축협법 제103조, 제20조), 축협의 결성이나 가입이 강제되지 아니하고, 조합원의 임의탈퇴나 해산이 허용되며(축협법 제103조, 제27조, 제74조), 조합장은 조합원 중에서 조합원이 선출하는 등(축협법 제103조, 제41조 제3

항) 그 목적이나 설립·관리면에서 자주적인 단체로서 공법인이라고 하기보다는 사법인
이라고 할 것이다(헌법재판소 1991. 3. 11. 선고 90헌마28 결정 참조).

〈별첨 19〉 농업협동조합법 위헌확인

[2000. 6. 1. 선고 99헌마553 전원재판부 결정]

(가) 공법인과 사법인의 구별

공법인과 사법인의 구별은 전통적인 것으로, "설립형식"을 강조하여 공법인은 공법상 설립행위 또는 법률에 근거하고, 사법인은 설립계약 등 법률행위에 근거한다고 하기도 하고, 그 "존립목적"을 강조하여 공법인은 국가적 목적 내지 공공목적을 위하여 존재하는 것인 반면, 사법인은 그 구성원의 공동이익을 위하여 존재한다고 하여 왔다.

그런데 오늘날 사회복지국가의 등장으로 국가가 국민의 모든 생활영역에 간섭하고 활발한 경제활동을 하게 되자, 위와 같은 기준만으로는 구별이 어려운 중간적 영역의 법인도 많이 생겨나고 있다.

(나) 현행 축협법의 관련조문을 중심으로 한 축협중앙회의 법적 성격

① 공법인적 성격

축협법상 축협(지역별·업종별 축협)과 중앙회는 정치에 관여하는 일체의 행위를 하여서는 아니 되고(축협법 제7조), 축협과 중앙회의 임직원은 공무원(선거에 의하여 취임하는 공무원을 제외한다)을 겸직할 수 없으며(축협법 제8조 제1항), 정부는 조합과 중앙회의 사업과 운영에 필요한 자금의 전부 또는 일부를 보조·융자할 수 있고, 정부와 공공단체는 조합과 중앙회의 사업과 업무에 적극적으로 협력하고 그 시설장비 등의 이용에 있어 우선적으로 편의를 제공하여야 하며, 중앙회장은 조합과 중앙회의 발전에 관하여 정부에 의견을 제출할 수 있고(축협법 제9조), 정부가 위탁하는 사업이나 정부보조사업을 그 사업의 범위 내에 두고 있으며(축협법 제53조 제1항 제22호·제23호, 제102조 제21호·제22호, 제123조 제16호·제17호), 공정한 조합장 선거를 위하여 엄격한 법적 규제를 하고 있고(축협법 제46조, 제103조, 제133조, 제144조의2, 제145조), 조합의 회계에 대하여 많은 제한 규정을 두고 있는(축협법 제56조 내지 제68조, 제103조, 제133조) 외에, 축협중앙회는 국정감사의 대상기관이 되고(국정감사및조사에관한법률 제7조 제3호), 조합이 국가 또는 지방자치단체로부터 재정원조를 받은 경우에는 감사원의 선택적 감사대상이 되며(감사원법 제23조 제2호·제3호), 법인세, 부가가치세, 인지세 등에 대한 과세특례(조세특례제한법 제72조 제1항 제3호, 제116조 제1항 제10호, 제106조 제1항, 동법 시행령 제106조 제6항 제16호) 등 세제상의 특혜를 받고, 독점규제및공정거래에관한

법률, 보험업법 등 일부 법률의 적용도 배제되는 등(독점규제및공정거래에관한법률 제60조, 축협법 제11조) 일반 사법인에서는 볼 수 없는 공법인적 성격이 있다.

특히 축협중앙회는, 지역별 축협이나 업종별 축협에서 그 조합원이 조합에서 임의탈퇴하거나(축협법 제27조 제1항, 제103조) 조합 자체를 스스로 해산할 수 있는 것(축협법 제74조, 제103조)과는 달리, 중앙회의 회원조합은 스스로 해산함으로써 자연탈퇴되는 경우(축협법 제109조)를 제외하고는 임의탈퇴가 불가능하고, 중앙회 자체의 해산은 반드시 따로 법률을 제정하여서만 해산하도록 되어 있는 점(축협법 제111조)을 주목하지 않을 수 없다.

② 사법인적 성격

축협은 축산업의 진흥과 그 구성원의 경제적·사회적 지위향상과 공동이익을 도모함을 목적으로 하는 양축인의 자주적 협동조직이고(축협법 제1조, 제98조, 제104조), 지역별 축협 및 업종별 축협은 조합원자격을 가진 50인 이상이, 중앙회는 회원자격을 가진 20인 이상이 각 발기인이 되어 설립하며(축협법 제14조, 제100조, 제106조), 조합원의 출자로 자금을 조달하고(축협법 제20조, 제103조, 제108조), 축협의 결성이나 가입이 강제되지 아니하며, 지역별 축협 및 업종별 축협의 경우는 조합원의 임의탈퇴 및 해산이 허용되고(축협법 제27조, 제103조), 축협중앙회 역시 그 회원조합이 스스로 해산함으로써 탈퇴할 수 있으며(축협법 제109조), 조합장이나 중앙회장은 조합원들이 직접 선출하거나 총회에서 선출하는 등(축협법 제41조 제3항, 제103조, 제119조)의 사법인적 성격이 있다.

(다) 소결론

지금까지 살펴본 축협중앙회 및 축협(지역별·업종별 축협)의 특성들에 의하면, 이들은 공법인적 성격과 사법인적 성격을 함께 구비하고 있는 중간적 성격의 단체인 것은 분명하나, 우선 "지역별·업종별 축협"은 그 "존립목적" 및 "설립형식"에서의 자주성에 비추어 볼 때, 오로지 국가의 목적을 위하여 존재하고 국가에 의하여 설립되는 공법인이라기보다는 사법인에 가깝다고 할 수밖에 없을 것이다(헌재 1991. 3. 11. 90헌마28, 판례집 3, 63, 77; 헌재 1996. 4. 25. 92헌바47, 판례집 8-1, 370, 378-379 참조).

그러나 "축협중앙회"는 지역별·업종별 축협과 비교할 때, 회원의 임의탈퇴나 임의해산이 불가능한 점 등 그 공법인성이 상대적으로 크다고 할 것이지만, 이로써 축협중앙회를 공법인이라고 단정할 수는 없을 것이고, 이 역시 그 존립목적 및 설립형식에서의 자주적 성격에 비추어 사법인적 성격을 부인할 수 없다.

따라서 축협중앙회는 공법인성과 사법인성을 겸유한 특수한 법인으로서 이 사건에서 기본권의 주체가 될 수 있다고는 할 것이지만, 위와 같이 두드러진 공법인적 특성이 축협중앙회가 가지는 기본권의 제약요소로 작용하는 것만은 이를 피할 수 없다고 할 것이다.

박영욱 ─

1966년 충남 논산에서 태어나 논산대건고등학교와 충남대학교 행정학과를 졸업하고, 1993년 제37회 행정고시에 합격하여 산림청 법무담당관실에서 3년 가까이 근무하다가 1997년 7월 법제처로 옮겼다.

법제처에서 행정관리담당관실, 일반행정심판담당관실 및 심판총괄과 사무관을 거쳐 2001년 서기관으로 승진하여 행정자치부(지방행정)와 법무부 담당 법제관실, 처장 비서관, 법제정보담당관을 지냈다.

제주특별자치도가 출범하기 전인 2006년 4월 11일부터 2007년 12월 2일까지 제주특별자치도에 파견되어 법제심의관실 T/F팀장으로 조례·규칙 심사, 「제주특별자치도 설치 및 국제자유도시 조성을 위한 특별법」 및 개별 법령 등에 대한 자문을 수행하였다.

2007년 12월 3일부터 2009년 12월 31일까지 법제처 사회문화법제국 농림수산식품부 담당 법제관으로 근무하였고, 2010년 1월 1일부터 2012년 1월 31일까지 정치적 감각을 키우고 지방의회를 더 알고 싶어 국회 법제사법위원회 입법조사관으로 파견되어 「특별수사청의 설치 및 운영에 관한 법률안」, 「상법」(회사편), 「주택임대차보호법」 등을 담당하였다.

현재는 국토해양부의 교통·해양 담당 법제관으로 근무하고 있으며, 저서로는 『쟁점으로 보는 제주특별자치도법』이 있다.

사례로 보는
조례의 이해

초판인쇄 | 2013년 2월 8일
초판발행 | 2013년 2월 8일

지 은 이 | 박영욱
펴 낸 이 | 채종준
펴 낸 곳 | 한국학술정보㈜
주　　소 | 경기도 파주시 문발동 파주출판문화정보산업단지 513-5
전　　화 | 031) 908-3181(대표)
팩　　스 | 031) 908-3189
홈페이지 | http://ebook.kstudy.com
E-mail | 출판사업부 publish@kstudy.com
등　　록 | 제일산-115호(2000. 6. 19)

ISBN　　978-89-268-4085-6 93360 (Paper Book)
　　　　　978-89-268-4086-3 95360 (e-Book)